工信精品网络技术
系列教材

Network Technology

微课版

高级
路由交换技术

尧海昌 卞昌军 ◉主编
余久方 张沛昊 ◉副主编

人民邮电出版社
北京

图书在版编目（CIP）数据

高级路由交换技术：微课版 / 尧海昌，卞昌军主编.
北京：人民邮电出版社，2025. --（工信精品网络技术
系列教材）. -- ISBN 978-7-115-66473-0

Ⅰ. TN915.05

中国国家版本馆 CIP 数据核字第 2025Y34P18 号

内 容 提 要

本书立足企业实际需求，系统深入地讲解路由交换技术的高阶知识，帮助读者构建完整的网络设计、部署与运维的高级知识体系。本书围绕一个完整的网络工程项目展开介绍，细分为 8 个子项目，分别是大型企业内网互联、运营商内网互联、自治系统间网络互联、企业总部与分支网络互联、提升网络可靠性、部署与实施无线局域网、部署与实施 IPv6 网络，以及实现网络自动化运维。每个子项目按照"学习目标→项目概述→知识图谱→知识准备→项目实施→项目小结→拓展知识→知识巩固→拓展任务"的学习路径编写，包含理论知识的讲解与项目实施的详细过程，旨在提升读者理论知识的理解能力与实践技能的应用能力。

本书可作为高校电子信息类和计算机类相关专业的教材，也可作为网络技术培训班的培训教材，以及网络工程技术人员的参考书。

◆ 主　　编　尧海昌　卞昌军
　　副 主 编　余久方　张沛昊
　　责任编辑　顾梦宇
　　责任印制　王　郁　焦志炜

◆ 人民邮电出版社出版发行　　北京市丰台区成寿寺路 11 号
　　邮编　100164　电子邮件　315@ptpress.com.cn
　　网址　https://www.ptpress.com.cn
　　天津千鹤文化传播有限公司印刷

◆ 开本：787×1092　1/16
　　印张：15.5　　　　　　　　2025 年 8 月第 1 版
　　字数：447 千字　　　　　　2025 年 8 月天津第 1 次印刷

定价：59.80 元

读者服务热线：(010)81055256　印装质量热线：(010)81055316
反盗版热线：(010)81055315

　　在信息化浪潮席卷全球的今天，网络已成为国家发展的重要基础设施，是推动经济和社会发展的关键力量。党的二十大报告明确提出："坚持把发展经济的着力点放在实体经济上，推进新型工业化，加快建设制造强国、质量强国、航天强国、交通强国、网络强国、数字中国。"不仅为网络技术领域的发展指明了方向，还对网络技术领域的人才培养提出了新的要求。高级路由交换技术作为网络建设的核心技术，是网络技术领域高端技术技能人才的必备技能。为适应新时代发展对高端技术技能人才的要求，本书编者立足产业发展趋势，围绕职业素养、专业能力、工匠精神与创新意识的综合培养，依据高级网络工程师（含网络架构师、运维工程师等）成长规律，结合大型企业网络架构师与运维工程师的岗位需求，依托真实工程项目，基于工作过程，系统设计并开发了本书内容。

1. 混编团队设计，填补高本衔接教材空白

　　本书设计团队由南京工业职业技术大学、江苏建筑职业技术学院、扬州工业职业技术学院和华为技术有限公司这 4 家单位组成。设计团队成员具有丰富的网络技术知识和较高的专业素养，熟悉教学规律，对新一代网络技术的应用和发展有较深刻的认识。设计团队依据网络工程项目由单一到综合，工作过程由简单到复杂，理论知识由初级到高级的进阶学习规律，统筹规划并组织编写《路由交换技术（微课版）》和《高级路由交换技术（微课版）》。这两本书采用初高级一体化设计，内容循序渐进，衔接紧密得当，分别满足高等职业教育专科学生与高等职业教育本科学生对路由交换技术的学习需求。

2. 紧密结合高等职业教育本科教学标准，兼顾课证融通

　　本书紧密结合高等职业教育本科教学标准，内容巧妙融入网络证书考试的相关考点。在内容选取上，融合课程标准与职业标准，同时兼顾华为 Datacom 认证系列、华为 "1+X" 网络系统建设与运维职业技能等级证书系列考试相关内容。本书采取项目化的组织形式，旨在为读者提供一条从理论学习至实际应用的无缝衔接学习路径。这种兼顾理论与实践、课程与认证双重目标的编排设计，能为读者后续的职业发展奠定坚实的基础。

3. 融入学思元素，深化素质教育建设

　　本书紧密结合我国新一代信息技术产业的蓬勃发展态势，创新性地将多元化的学思元素深度融入本书的每一个环节，确保读者在学习技术知识的同时，能够逐步理解工匠精神，树立正确的职业观，成长为既具备扎实专业技能又具备高尚品德的新时代高端网络技术技能人才。

4．配套全方位教学资源，赋能混合式学习模式

本书配有全面的教学资源库，旨在全方位赋能"线上+线下"混合式教学模式的实施。本书以二维码的形式提供重难点知识的讲解视频与任务实施的指导视频。同时，本书配有在线开放课程，课程涵盖丰富的习题库、动画仿真等其他数字资源。读者可以根据自己的学习节奏和习惯，灵活选择线上或线下学习途径。无论是课前预习、课中学习还是课后复习，读者都能轻松获取到高质量的学习材料，实现个性化学习。

本书的建议学时为 48～72 学时，具体安排如下。

项目	建议学时/学时
项目 1　大型企业内网互联	6～8
项目 2　运营商内网互联	6～8
项目 3　自治系统间网络互联	6～10
项目 4　企业总部与分支网络互联	6～10
项目 5　提升网络可靠性	4～8
项目 6　部署与实施无线局域网	6～8
项目 7　部署与实施 IPv6 网络	6～8
项目 8　实现网络自动化运维	8～12
总计	48～72

本书由南京工业职业技术大学的尧海昌和卞昌军主编。由于编者水平有限，书中难免存在不妥之处，欢迎广大读者提出宝贵的意见和建议，编者邮箱：277416949@qq.com。

编　者
2025 年 4 月

目 录

项目 4　企业总部与分支网络互联　94

项目 5　提升网络可靠性　122

目 录

项目 8 实现网络自动化运维 204

项目1
大型企业内网互联

📑 学习目标

知识目标
1. 掌握 OSPF 报文类型及其格式
2. 掌握常见 LSA 类型及其格式
3. 掌握 OSPF 区域类型、原理及应用场景
4. 掌握 OSPF 基础配置命令

技能目标
1. 具备根据网络需求规划 OSPF 基本参数的能力
2. 掌握 OSPF 配置过程与方法
3. 掌握 OSPF 功能验证的方法

素养目标
1. 培养爱思考、勤动手的工作品质
2. 培养严谨细致的工作作风
3. 培养精益求精的工匠精神

🔍 项目概述

　　A企业是我国知名的高端装备制造企业，一直践行高端化、智能化、绿色化发展的理念，为制造强国建设贡献力量。A企业总部位于南京，并在扬州建立了生产基地，在徐州建立了研发机构。现企业信息化部门决定对企业网络进行重构，统一规划企业的网络，提升企业的信息化水平。在设备的选型上，该企业决定全部采用华为设备。华为公司作为我国高水平科技自立自强的代表企业，目前已成为全球一流的信息与通信技术解决方案供应商，其强大的研发实力和创新能力保障了华为设备的先进性，严格的质量保证体系保障了华为设备的可靠性。A企业信息化部门为企业总部与企业分部采购了NetEngine AR8140作为出口路由器，CloudEngine S8700作为核心交换机；企业总部与企业分部的出口路由器间采用专线连接；扬州分部与徐州分部的网络通过位于南京的企业总部接入互联网。A企业信息化部门设计的企业核心网络拓扑如图1-1所示，具体需求如下。

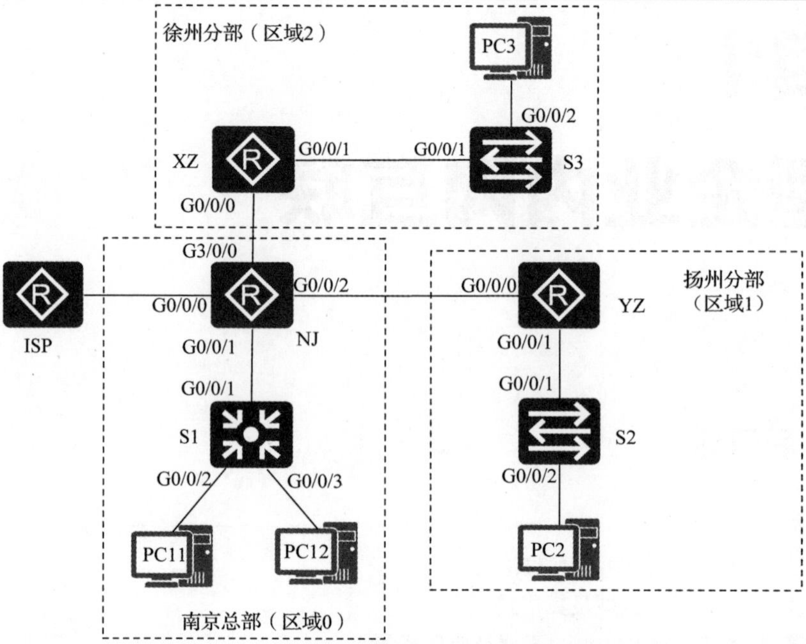

图 1-1　A企业信息化部门设计的企业核心网络拓扑

（1）企业总部与企业分部统一采用开放最短通路优先（Open Shortest Path First，OSPF）协议实现企业内部网络（下文简称内网）互联互通。

（2）按照地区划分OSPF区域，南京总部规划为OSPF区域0，扬州分部规划为OSPF区域1，徐州分部规划为OSPF区域2。

（3）企业内网统一通过南京总部出口路由器NJ连接因特网服务提供方（Internet Service Provider，ISP）。

（4）对OSPF做好优化，提升OSPF的安全性，降低设备应用OSPF的开销。

知识图谱

本项目的知识图谱如图 1-2 所示。

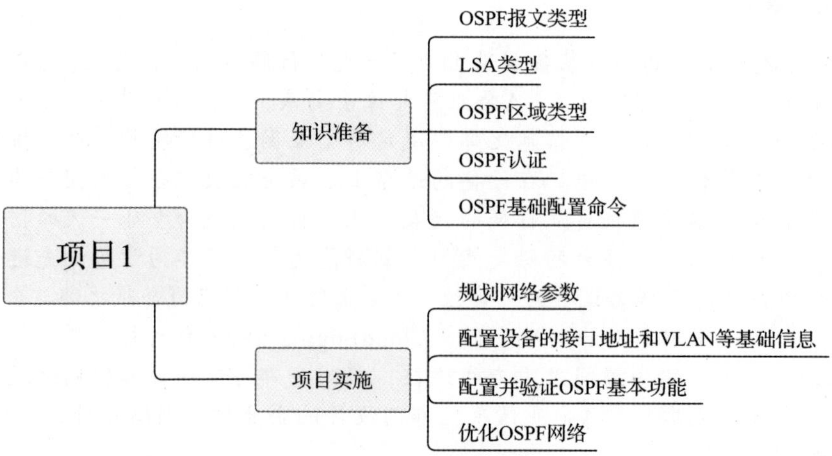

图 1-2　项目 1 知识图谱

📖 **知识准备**

在网络通信中，有许多协议用于确保数据在各个网络之间传输更为顺畅和可靠。OSPF 协议是一种广泛使用的内部网关协议（Interior Gateway Protocol，IGP），在构建大型企业和 ISP 的网络中扮演着重要角色。OSPF 协议是一种链路状态路由协议，目的是通过动态选择最短路径，使数据在互联网协议（Internet Protocol，IP）网络上以高效的方式传输。OSPF 协议能够通过邻居关系建立、链路状态数据库同步、最短路径算法计算和路由表更新等机制，自动适应网络变化，并确保数据能够快速、准确地传输至目的网络。本项目将依次介绍 OSPF 报文类型、链路状态通告（Link State Advertisement，LSA）类型、OSPF 区域类型、OSPF 认证和 OSPF 基础配置命令，以期读者可以在学习完本项目后，理解并顺利完成大型企业网络 OSPF 功能的规划与部署。

1.1 OSPF 报文类型

OSPF 报文直接封装于 IP 报文中，IP 头部中协议号为 89，OSPF 报文格式如图 1-3 所示。

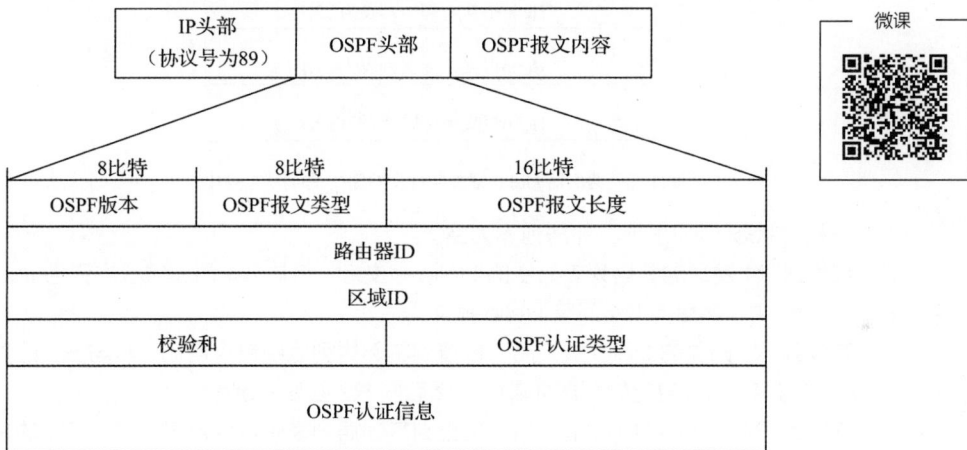

IP头部（协议号为89）	OSPF头部	OSPF报文内容

微课

8比特	8比特	16比特
OSPF版本	OSPF报文类型	OSPF报文长度
路由器ID		
区域ID		
校验和		OSPF认证类型
OSPF认证信息		

图 1-3　OSPF 报文格式

OSPF 头部长度为 24 字节（1 字节=8 比特），其中各个字段的含义如下。

（1）OSPF 版本：OSPF 的版本号，值为 2 表示 OSPFv2，值为 3 表示 OSPFv3。

（2）OSPF 报文类型：值为 1~5，分别表示 Hello 报文、数据库描述（Database Description，DD）报文、链路状态请求（Link State Request，LSR）报文、链路状态更新（Link State Update，LSU）报文和链路状态确认（Link State Acknowledgement，LSAck）报文。

（3）OSPF 报文长度：OSPF 头部和 OSPF 报文内容的长度，单位为字节。

（4）路由器 ID：发送该 OSPF 报文的路由器的 Router ID。

（5）区域 ID：发送该 OSPF 报文的路由器所在的区域的 Area ID。

（6）校验和：对整个 OSPF 报文（除 OSPF 认证信息外）的校验和。

（7）OSPF 认证类型：值为 0 表示不认证，值为 1 表示简单认证，值为 2 表示 MD5 或 HMAC-MD5 认证。

（8）OSPF 认证信息：长度为 8 字节。OSPF 认证类型的值为 0 时，不检查该字段；OSPF 认证类型的值为 1 时，该字段为一个最长为 64 比特的口令；OSPF 认证类型的值为 2 时，该字段放在 OSPF 报文内容末尾，字段详细格式如图 1-4 所示，包含密钥 ID、认证数据的长度和加密序列号。

8比特	8比特	16比特
0x00	密钥ID	认证数据的长度
加密序列号		

图 1-4　OSPF 认证类型字段的值为 2 时 OSPF 认证信息字段详细格式

OSPF 的 5 种报文类型在 OSPF 协议中发挥着不同的作用，下面将分别详细介绍这 5 种报文类型。

1. Hello 报文

在 OSPF 网络中，路由器通过周期性地发送 Hello 报文来发现直连链路上的邻居，并维护邻居关系。路由器 Hello 报文交互及 OSPF 邻居状态变化如图 1-5 所示，其过程如下。

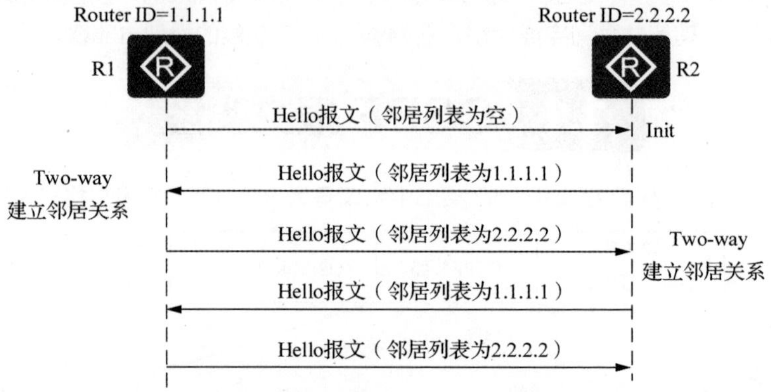

图 1-5　路由器 Hello 报文交互及 OSPF 邻居状态变化

（1）R1 在初始状态（Init）下，邻居列表为空。

（2）R2 在收到 R1 发送的邻居列表为空的 Hello 报文后，将与 R1 的邻居状态置为 Init，并将 R1 加入自己的邻居列表中，然后向 R1 回复 Hello 报文。

（3）R1 在收到 R2 回复的 Hello 报文后，检查到其邻居列表中包含自己，将与 R2 的邻居状态置为 Two-way，并将 R2 加入自己的邻居列表中，然后向 R2 回复 Hello 报文。

（4）R2 在收到 R1 回复的 Hello 报文后，检查到其邻居列表中包含自己，将与 R1 的邻居状态置为 Two-way。至此，R1 与 R2 的双向邻居关系建立完成。

（5）R1 与 R2 将继续周期性地发送 Hello 报文，以向对方通告自己的存在。

Hello 报文包含一些关键参数，只有参数匹配的邻居才能正确地建立 OSPF 邻居关系。Hello 报文的格式如图 1-6 所示，其中各个字段的含义如下。

8比特	8比特	8比特	8比特
网络掩码			
Hello间隔		可选项	路由器优先级
路由器Dead间隔			
指定路由器（DR）			
备份指定路由路（BDR）			
邻居列表			

图 1-6　Hello 报文的格式

（1）网络掩码：发送 Hello 报文的接口的网络掩码。在多路（Multiple Access，MA）网络中，只有网络掩码相同的两个接口才能建立邻居关系。

（2）Hello 间隔：路由器发送 Hello 报文的时间间隔，单位为 s。默认情况下，点到点（Point to Point，P2P）、广播多路访问（Broadcast Multiple Access，BMA）类型接口发送 Hello 报文的时间间隔为 10s；点到多点（Point to Multiple Point，P2MP）、非广播多路访问（Non-Broadcast Multiple Access，NBMA）类型接口发送 Hello 报文的时间间隔为 30s。运维工程师可以通过命令修改，该值越小，发现网络拓扑改变的速度越快，路由开销也越大。

（3）可选项：路由器所支持的某些特定 OSPF 功能，用于在路由器之间传递额外的信息，以帮助进行路由计算和决策。该字段包含 8 个标志位，每个标志位表示一种特定的 OSPF 功能，如 DC 位表示是否支持按需电路，MC 位表示是否支持组播，E 位表示是否支持外部路由等。Hello 报文中可选项各标志位示例如图 1-7 所示。

```
⊟ Options: 0x02 (E)
    0... .... = DN: DN-bit is NOT set
    .0.. .... = O: O-bit is NOT set
    ..0. .... = DC: Demand Circuits are NOT supported
    ...0 .... = L: The packet does NOT contain LLS data block
    .... 0... = NP: NSSA is NOT supported
    .... .0.. = MC: NOT Multicast Capable
    .... ..1. = E: External Routing Capability
    .... ...0 = MT: NO Multi-Topology Routing
```

图 1-7　Hello 报文中可选项各标志位示例

（4）路由器优先级：用于选举指定路由器（Designated Router，DR）与备份指定路由器（Backup Designated Router，BDR），该值默认为 1，可配置范围为 0～255。如果该值设置为 0，则表示路由器不参与 DR 与 BDR 的选举。

（5）路由器 Dead 间隔：在该时间间隔内如果一直没有收到邻居路由器的 Hello 报文，则认为邻居路由器已经失效，路由器会将邻居路由器从列表中删除。路由器 Dead 间隔默认为 Hello 间隔的 4 倍，运维工程师可以通过命令进行修改，但最少不能少于 20s。

（6）DR 和 BDR：DR 与 BDR 的接口地址。在 P2P 和 P2MP 等不需要选举 DR 与 BDR 的网络中，这两个字段的值都为 0.0.0.0。

（7）邻居列表：用于列出邻居路由器的 Router ID 列表。

2. DD 报文

DD 报文在 OSPF 中的作用是协助两台路由器发现和消除链路状态数据库（Link State Database，LSDB）之间的差异。报文作用包括描述 LSDB 内容、发现 LSDB 差异、选举主从关系、协商初始序列号和触发完整 LSA 请求等。路由器 DD 报文交互及 OSPF 状态变化如图 1-8 所示，其过程如下。

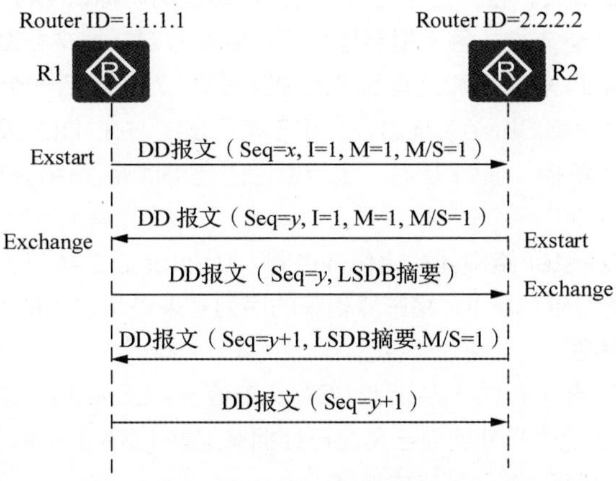

图 1-8　路由器 DD 报文交互及 OSPF 状态变化

（1）R1 与 R2 建立邻居关系后，R1 将邻居状态置为 Exstart，并向 R2 发送第一个 DD 报文，报文序列号（图 1-8 中为 x）由 R1 随机指定，标志位 I、M 和 M/S 都置为 1，分别表示该报文为 R1

发送的第一个 DD 报文、后续还有更多的 DD 报文以及 R1 宣称自己为 Master。

（2）R2 收到 R1 的 DD 报文后，将邻居状态置为 Exstart，并向 R1 发送第一个 DD 报文，报文序列号（图 1-8 中为 *y*）由 R2 随机指定，标志位 I、M 和 M/S 都置为 1，分别表示该报文为 R2 发送的第一个 DD 报文、后续还有更多的 DD 报文以及 R2 也宣称自己为 Master。

（3）R1 收到报文后，比较邻居的 Router ID 与自己的 Router ID，Router ID 大者为 Master。因此，R1 邻居状态置为 Exchange，将 M/S 标志位置为 0，声明自己是 Slave，然后向 R2 发送包含自己 LSA 头部列表的 DD 报文，其中报文序列号与 Master 的报文序列号相同，标志位 I、M 和 M/S 都置为 0，分别表示该报文不是第一个 DD 报文、后续没有更多的 DD 报文以及自己是 Slave。

（4）R2 收到报文后，邻居状态置为 Exchange，并向 R1 回复包含自己 LSA 头部列表的 DD 报文，其中报文序列号相较于上一个 DD 报文序列号加 1，标志位 I 和 M 置为 0，M/S 置为 1。

（5）R1 收到报文后，虽然没有更多的 DD 报文要发送，但作为 Slave，需要回复一个 DD 报文作为确认，报文序列号与上一个 DD 报文序列号相同。

DD 报文的格式如图 1-9 所示，DD 报文中的字段提供了数据库同步所需的信息，各个字段的含义如下。

<table>
<tr><td>8比特</td><td>8比特</td><td>8比特</td><td colspan="4">8比特</td></tr>
<tr><td colspan="2">接口最大传输单元（MTU）</td><td>可选项</td><td>00000</td><td>I</td><td>M</td><td>M/S</td></tr>
<tr><td colspan="7">DD序列号</td></tr>
<tr><td colspan="7">LSA头部列表</td></tr>
</table>

图 1-9　DD 报文的格式

（1）接口最大传输单元（Maximum Transmission Unit，MTU）：表示在不进行分片的情况下，发送该报文的接口可以发送的最大 IP 报文的大小，单位为字节。默认情况下，接口发送 DD 报文时不填充接口的实际 MTU 值，也不检查邻居发送的 DD 报文所携带的 MTU 值，因此该值默认情况下为 0。运维工程师可以通过 ospf mtu-enable 命令来使能接口在发送 DD 报文时填充 MTU 值，同时会使能检查邻居发送的 DD 报文所携带的 MTU 值是否超过本接口的 MTU 值。

（2）可选项：同 Hello 报文的可选项一样，包含 8 个标志位，且每个标志位表示的功能也与 Hello 报文的相同。

（3）I：初始（Initial）标志位。每台路由器在发送一系列 DD 报文中的第一个 DD 报文时都将该位置为 1，对于后续的 DD 报文，将该位置为 0。这个标志位用于标识 DD 报文序列的起始。

（4）M：更多（More）标志位，用于指示是否还有更多的 DD 报文要发送。当发送的 DD 报文不是最后一个时，该位被置为 1，表明后续还有更多的 DD 报文。对于最后一个 DD 报文，该位被置为 0。

（5）M/S：主/从（Master/Slave）标志位，用于指示发送方在 DD 报文交互中的角色。值为 1 时，表示发送方是 Master 角色；值为 0 时，表示发送方是 Slave 角色。Master 角色负责控制 DD 报文的发送和确认过程。

（6）DD 序列号：由 Master 路由器初始化并控制。Master 路由器每发送一个新的 DD 报文，将该值加 1。Slave 路由器使用与 Master 路由器相同的序列号来确认收到的 DD 报文。DD 序列号保障了 DD 报文的可靠性和有序性。

（7）LSA 头部列表：包含 1 条或 1 条以上 LSA 头部信息。LSA 头部信息可以唯一标识一条 LSA 信息。LSA 头部列表用于让接收方判断自己是否已经拥有这些 LSA 的最新版本。实际的 LSA 不会在 DD 报文中发送，而是在后续的 LSU 报文中发送。

3. LSR 报文

当路由器收到邻居发送的 DD 报文并且发现自己的 LSDB 中存在 LSA 缺失，或某 LSA 序列号相比 DD 报文中该 LSA 序列号更小时，便会通过 LSR 报文、LSU 报文和 LSAck 报文交互来更新自己的 LSA 信息。LSR 报文、LSU 报文和 LSAck 报文的交互流程及路由器 OSPF 状态变化如图 1-10 所示，其过程如下。

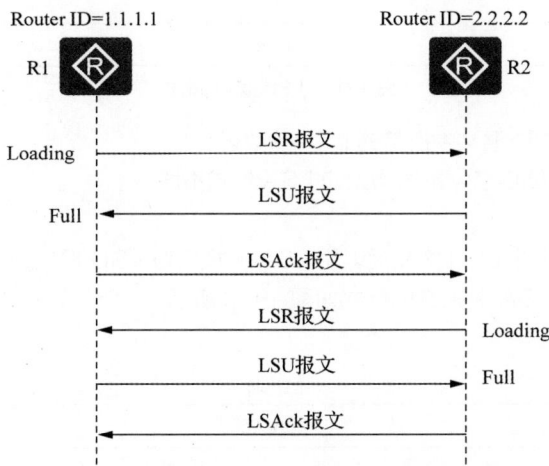

图 1-10　LSR 报文、LSU 报文和 LSAck 报文的交互流程及路由器 OSPF 状态变化

（1）当 R1 发现其 LSDB 存在 LSA 缺失或 LSA 版本老旧时，将状态置为 Loading，并向 R2 发送 LSR 报文，LSR 报文中包含具体要请求的 LSA。

（2）R2 收到 R1 的 LSR 报文后，向 R1 回复 LSU 报文，LSU 报文中包含 LSR 报文中请求的 LSA 的详细信息。

（3）R1 收到 LSU 报文后，将状态从 Loading 改为 Full，向 R2 发送 LSAck 报文以示确认。

（4）如果 R2 也存在 LSA 缺失或 LSA 版本老旧的情况，则会采取与 R1 相同的交互流程。

如果有多条 LSA 需要更新，则路由器会以 LSR 报文列表的形式发送，LSR 报文的格式如图 1-11 所示，其中各个字段的含义如下。

图 1-11　LSR 报文的格式

（1）LSA 类型：请求的 LSA 类型，常见的有 6 种，关于 LSA 类型的详细信息将在 1.2 节介绍。

（2）LSA ID：该字段与 LSA 类型字段一起唯一标识了一个 LSA。针对不同的 LSA 类型，LSA ID 的表示方式不同。

（3）通告路由器：产生所请求的 LSA 的路由器的 Router ID，这有助于确定哪台路由器拥有关于特定 LSA 的最新信息。

4．LSU 报文

路由器收到邻居发送的 LSR 报文后，将根据 LSR 报文中所请求的 LSA 发送包含详细 LSA 信息的 LSU 报文。LSU 报文的格式如图 1-12 所示，其中各个字段的含义如下。

图 1-12　LSU 报文的格式

（1）LSA 数量：该 LSU 报文中携带的 LSA 的数量。

（2）LSA：LSA 的详细信息，不同类型的 LSA 格式不同。

5. LSAck 报文

路由器在收到邻居发送的 LSU 报文后，用 LSAck 报文对 LSU 报文进行确认。LSAck 报文仅包含需要确认的 LSA 头部。LSAck 报文的格式如图 1-13 所示。一个 LSAck 报文可以同时对多个 LSA 进行确认。

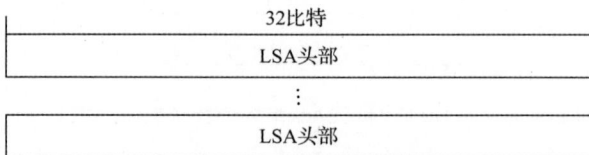

图 1-13　LSAck 报文的格式

1.2　LSA 类型

LSA 是 OSPF 协议中实现路由发现、维护和优化的核心机制之一。LSA 描述了 OSPF 网络的拓扑结构和结点之间的网络信息。当 OSPF 网络刚建立时，每台路由器都会生成描述其直连网络的 LSA，这些 LSA 被用于构建 LSDB 和计算路由。在网络拓扑发生变化时，相关路由器会生成新的 LSA 来更新 LSDB，从而调整各路由器的路由表。LSA 中携带的链路开销可以用来计算最优路由。

微课

OSPF 常见的 LSA 类型有 6 种。每种 LSA 都包含 LSA 头部和具体的 LSA 内容两部分。不同类型的 LSA，LSA 头部的格式是相同的，如图 1-14 所示，其中各个字段的含义如下。

图 1-14　LSA 头部的格式

（1）生存时间：LSA 从产生到当前已经生存的时间，单位为 s，用于比较 LSA 版本的新旧。

（2）可选项：与 Hello 报文中的可选项字段相同，用于描述路由器所支持的某些特定 OSPF 功能。

（3）类型和 LSA ID：常见的 LSA 类型有 6 种。不同的 LSA 类型，其 LSA ID 表示形式也不同。每种类型 LSA 的 LSA ID 表示形式及特点如表 1-1 所示。

表 1-1 每种类型 LSA 的 LSA ID 表示形式及特点

类型	LSA 名称	LSA ID 表示形式	特点
1	路由器 LSA	通告路由器的 Router ID	所有 OSPF 路由器均会产生，描述了本路由器在某区域的所有直连网络信息，只会在区域内传播，终止于区域边界路由器（Area Border Router，ABR）
2	网络 LSA	所描述链路的 DR 接口的 IP 地址	由 MA 网络中的 DR 产生，描述了 MA 网络中的网络掩码和连接的所有路由器的 Router ID，用于补充 MA 网络中类型 1 LSA 对传送网络的描述，终止于 ABR
3	网络汇总 LSA	所描述网段的网络地址	由 ABR 产生，用于将区域内的网络通告给其他区域
4	ASBR 汇总 LSA	所描述 ASBR 的 Router ID	由 ABR 产生，用于向区域内路由器描述到达自治系统边界路由器（Autonomous System Border Router，ASBR）的路由
5	自治系统外部 LSA	所描述外部网络的网络地址	由 ASBR 产生，用于在整个 OSPF 网络中传递原本不属于 OSPF 网络的外部路由
7	NSSA 外部 LSA	所描述外部网络的网络地址	由非完全末节区域（Not-So-Stubby Area，NSSA）的 ASBR 产生，用于 NSSA 中 ASBR 描述引入的外部路由信息，传播范围仅限于 ASBR 所在的 NSSA

（4）通告路由器：产生或者发布该条 LSA 的路由器的 Router ID。

（5）序列号：所有 LSA 产生时，序列号都从 0x80000001 开始，每刷新一次该序列号加 1，用于比较 LSA 版本的新旧。

（6）校验和：用于对整个 LSA[包括 LSA 头部（生存时间字段除外）和具体 LSA 内容]的校验。如果校验和不通过，则接收路由器将丢弃该 LSA。

（7）长度：整个 LSA（包括 LSA 头部和内容部分）的总长度。

下面将详细介绍 6 种常见的 LSA 类型的作用和报文格式。需要注意的是，以下的报文结构将不再包含 LSA 头部，而仅包含 LSA 内容部分。

1. 路由器 LSA

路由器 LSA（Router LSA）也称类型 1 LSA。区域内的每一台 OSPF 路由器都会产生该类型 LSA。路由器 LSA 用于描述本路由器在其区域的所有直连网络信息。该类路由器 LSA 只在区域内扩散，终止于 ABR。如果路由器直连网络中存在多路访问网络（BMA 网络或 NBMA 网络），则需要网络 LSA 配合生成该多路访问网络中传送网络的拓扑信息和网络掩码信息。路由器 LSA 的格式如图 1-15 所示，其中各个字段的含义如下。

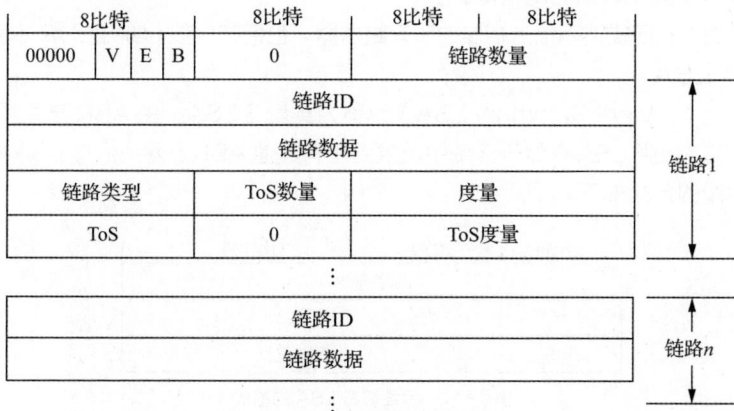

图 1-15 路由器 LSA 的格式

（1）V：虚拟链路（Virtual Link）标志位，如果产生此 LSA 的路由器是一条虚连接的端点，则该路由器将此位置 1。

（2）E：外部（External）标志位，如果产生此 LSA 的路由器是一个 ASBR，则此位置 1。

（3）B：边界（Border）标志位，如果产生此 LSA 的路由器是一个 ABR，则此位置 1。

（4）链路数量：该 LSA 中所描述的所有链路的数量。

（5）链路 ID、链路数据和链路类型：不同的链路类型，其链路 ID 和链路数据的表示方法不同，常见的链路类型下链路 ID 和链路数据的表示方法如表 1-2 所示。

表 1-2　常见的链路类型下链路 ID 和链路数据的表示方法

链路类型	所表示的连接类型	链路 ID	链路数据
1	P2P 连接	邻居路由器的 Router ID	本地接口标识地址
2	传送网络	该链路上 DR 的接口标识地址	通告路由器对应该链路接口的 IP 地址
3	末节网络	链路网络地址	链路网络掩码
4	虚连接	虚连接邻居路由器的 Router ID	去往邻居路由器的本地接口标识地址

（6）ToS 数量、ToS 和 ToS 度量：链路上相关联的服务类型（Type of Service，ToS）数量，在链路信息的最后通过 ToS 和 ToS 度量字段列出所有具体的 ToS 值，以及对应 ToS 值下的开销值。

（7）度量：链路的开销值。

2. 网络 LSA

网络 LSA（Network LSA）也称为类型 2 LSA，由 MA 网络中的 DR 产生，描述了 MA 网络中传送网络的网络掩码和连接的所有路由器的 Router ID，用于补充 MA 网络中路由器 LSA 对传送网络的描述，终止于 ABR。网络 LSA 的格式如图 1-16 所示，其中各个字段的含义如下。

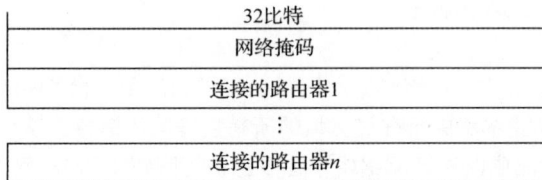

图 1-16　网络 LSA 的格式

（1）网络掩码：所描述网络的网络掩码。

（2）连接的路由器：所描述网络上相连的所有路由器，包括产生该 LSA 的 DR 本身的 Router ID。

3. 网络汇总 LSA

网络汇总 LSA（Network Summary LSA）也称为类型 3 LSA，由 ABR 产生，用于将区域内的网络通告给其他区域。该类 LSA 在骨干区域中泛洪到所有其他 ABR。网络汇总 LSA 的格式如图 1-17 所示，其中各个字段的含义如下。

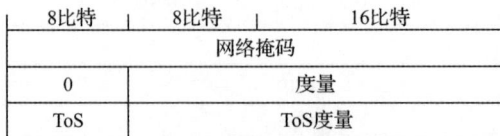

图 1-17　网络汇总 LSA 的格式

（1）网络掩码：所描述网络的网络掩码。网络汇总 LSA 头部的 LSA ID 为网络地址，与本字段一起构成完整的网络描述。

（2）度量：所描述网络的总开销。

（3）ToS：服务类型。

（4）ToS 度量：该服务类型值所对应的开销值。

4. ASBR 汇总 LSA

ASBR 汇总 LSA（ASBR Summary LSA）也称为类型 4 LSA，由 ABR 产生，用于向区域内路由器描述到达 ASBR 的路由。ASBR 汇总 LSA 的格式与类型 3 LSA 的格式相同，只是网络掩码为 0.0.0.0。ASBR 汇总 LSA 通过 LSA 头部的 LSA ID 所描述 ASBR 的 Router ID 来指明具体的 ASBR。

5. 自治系统外部 LSA

自治系统外部 LSA（Autonomous System External LSA）也称为类型 5 LSA，由 ASBR 产生，用于在整个 OSPF 网络中传递原本不属于 OSPF 区域的外部路由。自治系统外部 LSA 的格式如图 1-18 所示，其中各个字段的含义如下。

8比特		8比特	16比特
网络掩码			
E	0	度量	
转发地址			
外部路由标记			

图 1-18 自治系统外部 LSA 的格式

（1）网络掩码：所描述外部网络的网络掩码，与自治系统外部 LSA 头部的 LSA ID 描述的外部网络的网络地址一起构成对外部网络的完整描述。

（2）E：外部路由类型标记位。值为 0 表示第一类外部路由，值为 1 表示第二类外部路由。第一类外部路由的开销值等于本路由器到 ASBR 的开销值加上 ASBR 到所描述外部网络的开销值之和。第二类外部路由的开销值仅等于 ASBR 到所描述外部网络的开销值，且该值默认为 1。所以，第一类外部路由的开销值的可信度更高。

（3）度量：ASBR 到所描述外部网络的开销值。

（4）转发地址：如果有报文需要被转发到所描述外部网络，则需要将报文转发到该转发地址（Forwarding Address，FA）对应的设备。如果 FA 为 0.0.0.0，则将数据包转发到 ASBR。如果 FA 不为 0.0.0.0，则转发到 FA 标识的设备。

（5）外部路由标记：该值默认为 1，可用来防止路由环路。

6. NSSA 外部 LSA

NSSA 外部 LSA（NSSA External LSA）也称为类型 7 LSA，是为了支持 NSSA 而增加的一种 LSA 类型，用于 NSSA 中 ASBR 描述引入的外部路由信息。NSSA 外部 LSA 由 NSSA 的 ASBR 产生，其传播范围仅限于 ASBR 所在的 NSSA。NSSA 的 ABR 收到 NSSA 外部 LSA 时，会有选择地将其转化为自治系统外部 LSA，以便将外部路由通告到 OSPF 网络的其他区域。NSSA 外部 LSA 的格式与自治系统外部 LSA 的格式相同，如图 1-18 所示。

需要说明的是，在实际工作场景中，类型 1、类型 2、类型 3、类型 4、类型 5 和类型 7 LSA 的表述更为常见。因此，在后文的描述中，将统一采用以上名称对应指代路由器 LSA、网络 LSA、网络汇总 LSA、ASBR 汇总 LSA、自治系统外部 LSA 以及 NSSA 外部 LSA。

1.3 OSPF 区域类型

随着网络规模不断扩大，网络结构日趋复杂，路由器完成路由计算所消耗的内存、中央处理器（Central Processing Unit，CPU）资源越来越多，网络发生故障的可能性也越来越大。如果网络内某处发生故障，则整个网络内的路由器都要重新计算路由，这将大大增加路由器的负担，降低网络运行的稳定性。OSPF 协议通过划分区域的方式，将一个大规模网络划分为多个相互连接的区域，每个区域内的设备只需同步所在区域内的 LSDB。划分区域减小了 LSDB 的规模，在一定程度上降低了内存及 CPU 的消耗，方便了路由控制，增加了可扩展性。因此，OSPF 协议相较于路由信息协议（Routing Information Protocol，RIP）更适用于大规模网络。一般来说，20 台以下的路由器可以不划分区域，超过 70 台路由器则必须划分区域，具体划分还要根据实际网络情况确定。也可以为了便于管理，按照地理位置和行政区域来划分区域。OSPF 区域包括普通区域和特殊区域。

1. 普通区域

普通区域包括骨干区域和非骨干区域。在区域划分时，区域 0 被定义为骨干区域，其他区域被定义为非骨干区域。骨干区域用于连接所有非骨干区域，负责汇总和发布不同区域间的路由。因此，原则上要求所有非骨干区域与骨干区域直接相连，而非骨干区域之间不可以直接相连，以避免产生区域环路。普通区域中允许类型 1、类型 2、类型 3、类型 4 和类型 5 LSA 泛洪，类型 7 LSA 不会出现在普通区域内。OSPF 普通区域示意如图 1-19 所示，R1、R2 和 R3 彼此相连的接口组成区域 0，R1、R4 和三层交换机 S1 组成区域 1，R2 和三层交换机 S2 组成区域 2，R3 和三层交换机 S3 组成区域 3。

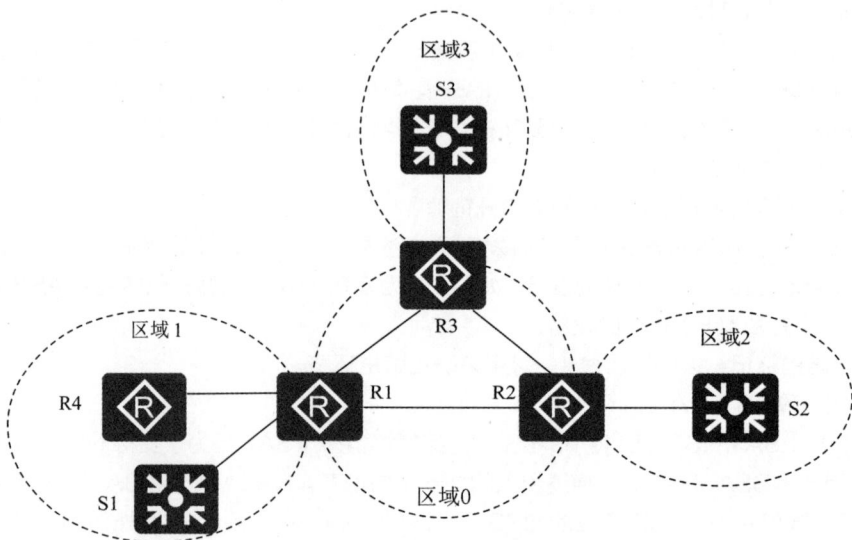

图 1-19 OSPF 普通区域示意

在实际应用中，如果因为条件限制，如距离太远或成本太高，无法实现非骨干区域与骨干区域直接相连，则这种特殊情况可以通过 OSPF 虚连接解决。虚连接是一种逻辑连接。通过使用虚连接，可以在逻辑上将两个非直连区域连接起来，使其能够进行数据传输。例如，图 1-20 中区域 2 没有和区域 0 直接相连，而是连接在区域 1 上，此时可以在 R2 和 R3 之间配置一条虚连接，使区域 2 在逻辑上与区域 0 直接相连。

图 1-20　OSPF 虚连接示意

2. 特殊区域

区域划分减小了路由器的 LSDB 规模，对于某些非骨干区域，其 LSDB 规模还可以进一步减小。例如，对于某些非骨干区域，其所有区域外流量都必须通过该区域 ABR 中转，那么该区域内的路由器就不需要维护区域外的 LSDB。因此，非骨干区域还可以继续被划分为特殊区域。下面将介绍 OSPF 协议中用于继续减小 LSDB 规模的特殊区域。

（1）末节区域。

末节区域也被称作 Stub 区域。当非骨干区域只有单一的出口（如该区域只有一个 ABR），或者该区域内的路由器不需要根据特定的外部路由来选择离开区域的出口时，该区域可以被配置为末节区域。当一个区域被配置为末节区域后，这个区域的 ABR 将阻挡类型 5 LSA 进入该区域，即禁止发布任何 AS 外部路由到该区域，而改为发布一条使用类型 3 LSA 描述的默认路由，使得区域内的路由器能够通过这条默认路由到达区域外。同样，因为类型 5 LSA 无法进入该区域，用于描述外部路由转发结点的类型 4 LSA 也就没有必要再在该区域内泛洪，所以在末节区域中，只存在类型 1、类型 2 和类型 3 LSA。末节区域原理示意如图 1-21 所示，区域 1 被配置为末节区域后，区域 1 的 R3 不再将类型 4 LSA 和类型 5 LSA 发布至区域 1，R4 和 R5 的路由表将不再出现分别到达 ISP1 和 ISP2 的具体路由，而是出现一条通往外部网络的默认路由。在一个大量引入外部路由的 OSPF 网络中，合理地配置末节区域可以显著地减少该区域内所泛洪的 LSA 数量，减小 LSDB 规模和路由表规模，同时不影响去往外部网络的路由可达性。

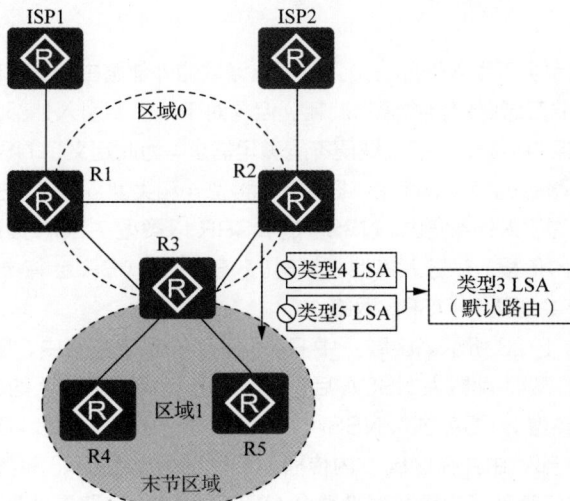

图 1-21　末节区域原理示意

但是并不是每个区域都符合配置为末节区域的条件。通常来说，配置末节区域时需要注意下列几点。

① 骨干区域不能配置成末节区域。

② 如果要将一个区域配置成末节区域，则该区域中的所有路由器都要配置末节区域属性。

③ 末节区域内不能存在 ASBR，因为 AS 外部的路由不能在本区域内传播。

④ 虚连接不能穿过末节区域。

（2）完全末节区域。

对于末节区域而言，到达 OSPF 网络其他区域的详细路由信息依然能够进入，即 ABR 依然会将描述其他路由信息的类型 3 LSA 注入末节区域中。所以，末节区域的 LSDB 和路由表的规模还可以进一步被优化。当区域内的路由器访问区域外的网络时，统一把数据发给 ABR 即可，区域外的详细路由信息不需要在区域内传播。所以，ABR 可以进一步阻挡描述区域间路由的类型 3 LSA 进入，此种区域类型称为完全末节（Totally Stub）区域。完全末节区域内只有类型 1、类型 2 和描述默认路由的类型 3 LSA，因此 LSDB 和路由表的规模得到更大程度的精简。完全末节区域原理示意如图 1-22 所示。

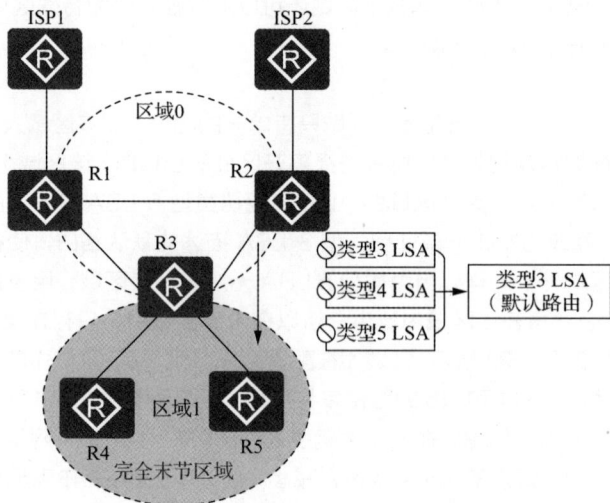

图 1-22　完全末节区域原理示意

（3）NSSA。

OSPF 规定末节区域完全不引入外部路由，包括本区域的外部路由和其他区域的外部路由，这样可以避免大量外部路由对末节区域路由器资源的消耗。但是对于既需要引入外部路由又期望避免其他区域大量外部路由带来资源消耗的场景，末节区域便不能满足需求，为此定义了 NSSA。NSSA 保留了末节区域不引入其他区域外部路由的特点，即由 ABR 阻挡类型 4 和类型 5 LSA 进入区域。NSSA 与末节区域的区别是 NSSA 本身允许引入外部路由。NSSA 的 ASBR 以类型 7 LSA 描述外部路由信息，类型 7 LSA 只会在当前 NSSA 内传播，在进入其他区域时，NSSA 的 ABR 会将类型 7 LSA 转换成类型 5 LSA 注入区域 0，然后泛洪到整个 OSPF 网络。

NSSA 原理示意如图 1-23 所示。区域 1 中 R4 引入了一条外部路由，因此区域 1 便不能配置为末节区域，可以配置为 NSSA。配置为 NSSA 后，从区域 0 传播至区域 1 的 LSA 与末节区域的 LSA 相同，R3 阻挡类型 4 和类型 5 LSA 进入 NSSA，且替换为一条以类型 3 LSA 描述的默认路由。R4 将生成类型 7 LSA 描述外部路由并在区域 1 内传播，传播至 R3 后，R3 将类型 7 LSA 转换成类型 5 LSA 注入区域 0，这样这条外部路由便能够被整个 OSPF 网络中的路由器学习到。

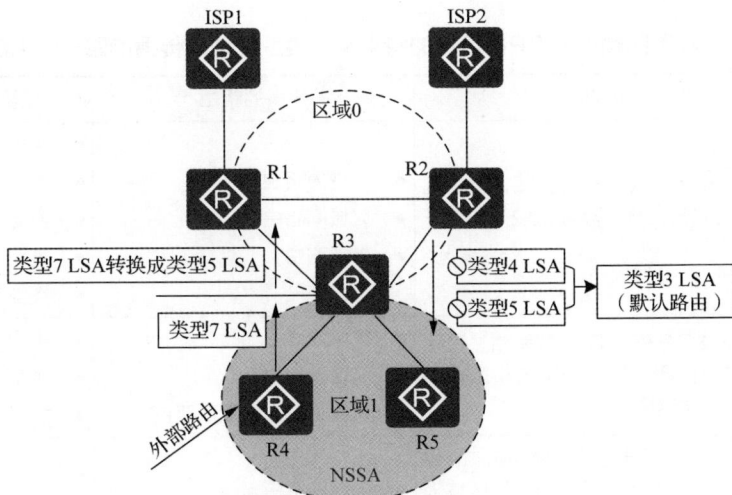

图 1-23　NSSA 原理示意

类似于末节区域，配置 NSSA 时也需要注意以下几点。

① 骨干区域不能配置成 NSSA。

② 如果要将一个区域配置成 NSSA，则该区域中的所有路由器都要配置 NSSA 属性。

③ 虚连接不能穿过 NSSA。

（4）完全 NSSA。

同完全末节区域，为进一步减少 NSSA 中 LSA 的泛洪，NSSA 的 ABR 可以进一步阻挡类型 3 LSA，从而将区域间的路由都过滤掉。同时，让 NSSA 的 ABR 仅下发一条描述通往外部区域默认路由的类型 3 LSA，该区域内的路由器将通过这条默认路由转发所有通往区域外的流量。这种类型的区域被称为完全 NSSA（Totally NSSA）。完全 NSSA 原理示意如图 1-24 所示。

图 1-24　完全 NSSA 原理示意

表 1-3 总结了 5 种不同类型 OSPF 区域的特点及各类型区域内传播的路由和 LSA 类型。

表 1-3　5 种不同类型 OSPF 区域的特点及各类型区域内传播的路由和 LSA 类型

OSPF 区域	特点	传播的路由	泛洪的 LSA 类型
普通区域	区域创建后默认为普通区域，其中区域 0 为骨干区域，其他区域为非骨干区域	● 区域内路由； ● 区域间路由； ● 外部路由	● 类型 1 LSA； ● 类型 2 LSA； ● 类型 3 LSA； ● 类型 4 LSA； ● 类型 5 LSA
末节区域	不允许发布任何 AS 外部路由，包括区域内 ASBR 发布的路由和区域外 ASBR 发布的路由	● 区域内路由； ● 区域间路由； ● 去往 AS 外的默认路由	● 类型 1 LSA； ● 类型 2 LSA； ● 类型 3 LSA
完全末节区域	● 不允许发布任何 AS 外部路由，包括区域内 ASBR 发布的路由和区域外 ASBR 发布的路由； ● 不发布区域间路由	● 区域内路由； ● 去往区域外的默认路由	● 类型 1 LSA； ● 类型 2 LSA； ● 默认类型 3 LSA
NSSA	允许发布区域内 ASBR 引入的外部路由，不允许发布其他区域 ASBR 引入的路由	● 区域内路由； ● 区域间路由； ● 本区域 ASBR 发布的外部路由； ● 其他区域 ASBR 发布的去往 AS 外部网络的默认路由	● 类型 1 LSA； ● 类型 2 LSA； ● 类型 3 LSA； ● 类型 7 LSA； ● 默认类型 3 LSA
完全 NSSA	● 允许发布区域内 ASBR 引入的外部路由，不允许发布其他区域 ASBR 引入的路由； ● 不发布区域间路由	● 区域内路由； ● 本区域 ASBR 发布的外部路由； ● 去往区域外的默认路由	● 类型 1 LSA； ● 类型 2 LSA； ● 类型 7 LSA； ● 默认类型 3 LSA

1.4　OSPF 认证

OSPF 在设计时采用了信任机制，即默认邻居都是值得信任的路由器。然而，基于 OSPF 的攻击日益增多，如攻击者向网络中部署了一台未经许可的路由器并发布大量错误的路由，将会导致网络瘫痪。通过配置认证，可以确保只有经过授权的路由器才能参与 OSPF 的运行，从而提高 OSPF 网络的安全性。

OSPF 支持区域认证和接口认证两种认证方式。当两种认证方式都存在时，优先使用接口认证方式。在认证过程中，根据认证口令是否加密以及加密的方式，又分为明文认证、MD5 认证、HMAC-SHA 认证和 Keychain 认证。

1.　明文认证

这是一种简单的认证方式，将配置的认证口令直接加入报文中。这种认证方式安全性不高，任何能够截获 OSPF 报文的人都可以读取认证字段中的信息，并对网络进行恶意操作。因此，明文认证在实际应用中并不常见。

2.　MD5 认证

消息摘要算法第 5 版（Message-Digest Algorithm 5，MD5）认证方式使用 MD5 对 OSPF 报文进行哈希运算，生成一个固定长度的哈希值。发送方和接收方都知道预共享认证口令，并将其用于计算和验证哈希值。只有在接收方计算出的哈希值与接收到的哈希值匹配时，消息才被接收。MD5 认证方式避免了口令在网络中直接传输，因此保护了认证口令的安全。然而，MD5 认证已经被认为是不安全的，因为它容易受到碰撞攻击。因此，随着时间的推移，MD5 认证的使用正逐渐减少，被更强大的认证方式（如 HMAC-SHA）取代。

3. HMAC-SHA 认证

基于哈希算法的消息认证码 - 安全哈希算法（Hash-based Message Authentication Code-Secure Hash Algorithm，HMAC-SHA）认证是一种比 MD5 认证更安全的认证方式。它使用安全哈希算法（Secure Hash Algorithm，SHA）（SHA 作为安全可靠的哈希算法被广泛认可，并且在许多安全协议和算法中使用）对消息和密钥进行哈希运算，生成一个固定长度的认证口令。发送方将认证口令添加到 OSPF 报文中，接收方使用相同的密钥和算法进行计算及验证。

HMAC-SHA 认证提供了更高的安全性，相较于 MD5 认证，它具有更强的抗碰撞能力和更长的认证口令。

4. Keychain 认证

为了提升协议报文传输的安全性，往往需要定期更改协议报文的认证方式和加密算法，以防止非法用户获取认证和加密的算法及密钥。MD5 认证和 HMAC-SHA 认证均是静态的认证方式，认证口令与认证算法没有设定的生存时间。如果需要更换认证口令或认证算法，则需要分别在所有设备上逐个进行手工更改。而 Keychain 认证由多个认证密钥组成，每个密钥均包含密钥 ID、独立的认证算法、认证口令以及生存时间。Keychain 认证通过动态更改认证算法和认证密钥，保证协议报文传输的安全性，同时能减少人工更改算法和密钥的工作量。此外，Keychain 认证中的 Key 在进行动态更改时，不需要断开正在使用的连接，可以始终保持应用程序会话连接的稳定性，不会中断业务。因此，Keychain 认证既保证了业务的连续性，又增强了业务的防攻击性。

1.5 OSPF 基础配置命令

下面介绍本项目涉及的 OSPF 基础配置命令，包含 OSPF 基本功能的配置、OSPF 认证的配置、OSPF 特殊区域的配置和 OSPF 的查询等命令。需要说明的是，本书命令中粗体部分表示关键字；斜体部分表示参数；"[ ]"表示可选参数；"{ }"表示必选关键字；"|"用于分隔多个关键字，用户根据需要选择其中一个即可。

微课

1. OSPF 基本功能的配置命令

[Huawei] **ospf** [*process-id*] | **router-id** *router-id*

process-id 为进程号，默认值为 1。OSPF 支持多进程，在同一台路由器上可以根据业务类型划分并同时运行多个不同的 OSPF 进程，它们之间互不影响，彼此独立。不同 OSPF 进程之间的路由交互相当于不同路由协议之间的路由交互。路由器的一个接口只能属于某一个 OSPF 进程。进程号只在路由器内部起标识作用，不影响与其他路由器之间的报文交换。不同的路由器之间，即使进程号不同也可以进行报文交换。

router-id 是路由设备的 Router ID。router-id 与 IP 地址类似，长度为 32 比特，以点分十进制表示，但它不具有 IP 地址的意义，仅仅用来在 OSPF 中标识不同的路由设备。如果没有配置 router-id，系统会先从逻辑环回（Loopback）接口的 IP 地址中选择最大的 IP 地址作为 router-id。如果设备上没有配置 Loopback 接口的 IP 地址，则系统会从物理接口中选择最大的 IP 地址作为 router-id。要保证每个 OSPF 进程的 router-id 在该 OSPF 进程中唯一，否则会导致出现邻居关系不能正常建立、路由信息不正确等问题。建议在 OSPF 设备上单独为每个 OSPF 进程配置全网唯一的 router-id。OSPF

收敛完成后，修改 router-id 或者接口标识地址并不会使新的 router-id 立即生效，只有执行 reset ospf process 命令，新的 router-id 才能生效。

> [Huawei-OSPF-1] **area** *area-id*
> //创建并进入 OSPF 区域。area-id 可以十进制整数或点分十进制表示
> [Huawei-OSPF-1-area-0.0.0.0] **network** *ip-address wildcard-mask*

network 命令在 OSPF 区域中使能运行 OSPF 的接口。在 network 命令指定的网段范围内的所有接口都将使能 OSPF。wildcard-mask 称为通配符掩码，以点分十进制表示。通配符掩码是一个 32 位的二进制数。通配符掩码的每一位都可以被设置为 1，当某一位被设置为"1"时，表示对应位置的 IP 地址位在匹配过程中是"无关"的，即该位既可以是"0"，又可以是"1"。当某一位被设置为"0"时，表示对应位置的 IP 地址位必须在匹配过程中精确匹配。例如，通配符掩码为"0.0.0.0"表示需要精确匹配整个 32 位 IP 地址，这实际上只匹配一个特定的 IP 地址。如果通配符掩码为"0.0.0.255"，则表示需要精确匹配 IP 地址中的前 24 位，IP 地址最后 8 位不用匹配。

> [Huawei-GigabitEthernet0/0/0] **ospf enable** [*process-id*] **area** *area-id*

ospf enable 命令会在具体接口上使能 OSPF。一般情况下，该命令与 network 命令选一个配置即可，如果同时配置，则该命令的优先级高于 network 命令。

> [Huawei-GigabitEthernet0/0/0] **ospf network-type** { broadcast | nbma | p2mp | p2p }

该命令用于修改接口的网络类型。默认情况下，接口的网络类型根据物理接口而定。以太网接口的网络类型为广播，串口和 SONET/SDH 上的分组（Packet Over SONET/SDH，POS）口[封装点到点协议（Point-to-Point Protocol，PPP）或高级数据链路控制（High Level Data Link Control，HDLC）协议时]的网络类型为 P2P，异步传输方式（Asynchronous Transfer Mode，ATM）和帧中继接口的网络类型为 NBMA。例如，在同一个网段内，如果只有两台路由器运行 OSPF，则可以将以太网接口的网络类型改为 P2P，这样可以不用选举 DR 与 BDR，节省开销，加快 OSPF 收敛速度。

> [Huawei-GigabitEthernet0/0/0] **ospf timer hello** *interval*
> //设置接口发送 Hello 报文的时间间隔
> [Huawei-GigabitEthernet0/0/0] **ospf timer dead** *interval*
> //设置 OSPF 的邻居失效时间，默认是接口发送 Hello 报文的时间间隔的 4 倍
> [Huawei-ospf-1-area-0.0.0.0] **vlink-peer** *router-id*
> //指定建立虚连接的对端路由器的 Router ID，需要在建立虚连接的两台路由器上同时配置此命令

【例 1-1】配置虚连接

OSPF 虚连接配置示例如图 1-25 所示，区域 2 没有与骨干区域（区域 0）直接相连，如果不配置虚连接，则 R1 不能生成去往目的网络为 192.168.2.0/24 的路由，R4 也不能生成去往目的网络为 10.0.0.0/8 的路由，此时在 R2 与 R3 上配置虚连接就可以解决该问题，主要命令如下。

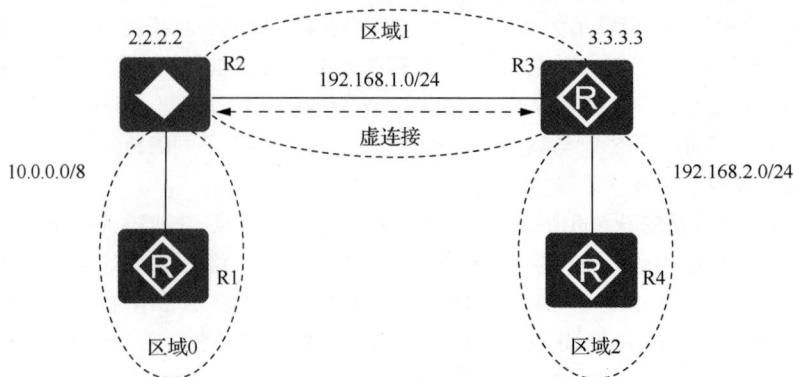

图 1-25　OSPF 虚连接配置示例

```
[R2] ospf 1
[R2-ospf-1] area 1
[R2-ospf-1-area-0.0.0.1] vlink-peer 3.3.3.3
[R2-ospf-1-area-0.0.0.1] quit
[R2-ospf-1] quit

[R3] ospf 1
[R3-ospf-1] area 1
[R3-ospf-1-area-0.0.0.1] vlink-peer 2.2.2.2
[R3-ospf-1-area-0.0.0.1] quit
[R3-ospf-1] quit
```

2. OSPF 认证的配置命令

（1）OSPF 区域认证配置命令。

[Huawei-ospf-1-area-0.0.0.0] authentication-mode simple [plain *plain-text* | [cipher] *cipher-text*]

/*配置区域模式的简单认证。plain 表示认证口令将以明文形式存储，cipher 表示认证口令将以密文形式存储，默认使用 cipher*/

[Huawei-ospf-1-area-0.0.0.0] authentication-mode { md5 | hmac-md5 | hmac-sha256 } [key-id { plain *plain-text* | [cipher] *cipher-text* }]

/*配置区域模式的 MD5、HMAC-MD5 或 HMAC-SHA256 认证方式，这 3 种方式的安全级别依次增强。key-id 表示密文验证的验证字标识符。同一区域内所有设备的认证方式、key-id、认证口令都必须一致才能建立邻居关系*/

[Huawei-ospf-1-area-0.0.0.0] authentication-mode keychain *keychain-name*

/*在配置该命令前需要在系统视图下通过 keychain *keychain-name* mode { absolute | periodic { daily | weekly | monthly | yearly } }命令创建 keychain，并且当区域内所有设备在该 keychain-name 下的配置都相同时，才能建立 OSPF 邻居*/

（2）OSPF 接口认证配置命令。

接口认证方式用于在相邻的路由器的接口下设置 OSPF 报文认证模式和口令，在与区域认证方式同时存在时，接口认证方式优先级高于区域认证方式。接口认证方式的配置与区域认证方式的配置基本相同，主要命令如下。

[Huawei-GigabitEthernet0/0/0] ospf authentication-mode simple [plain *plain-text* | [cipher] *cipher-text*]

[Huawei-GigabitEthernet0/0/0] ospf authentication-mode { md5 | hmac-md5 | hmac-sha256 } [key-id { plain *plain-text* | [cipher] *cipher-text* }]

[Huawei-GigabitEthernet0/0/0] ospf authentication-mode keychain *keychain-name*

[Huawei-GigabitEthernet0/0/0] ospf authentication-mode null

//目前只有接口认证方式支持 NULL 认证，区域认证方式不支持 NULL 认证

3. OSPF 特殊区域的配置命令

[Huawei-ospf-1-area-0.0.0.0] stub [no-summary]

/*配置当前区域为末节区域。要想使一个区域成为末节区域，该区域内的所有设备都需要配置 stub 命令。no-summary 选项用于配置区域为完全末节区域，只需要在末节区域 ABR 上配置即可。此时，该区域的 ABR 将不再向区域内发送类型 3 LSA，且仅发送一条以类型 3 LSA 描述的默认路由给该区域中的其他路由器，以进一步减少末节区域的 LSDB 规模以及路由信息传递的数量*/

[Huawei-ospf-1-area-0.0.0.0] nssa [no-summary]

/*配置当前区域为 NSSA。要想使一个区域成为 NSSA，该区域内的所有设备都需要配置 nssa 命令。同末节区域内，为了进一步减少发送到 NSSA 的 LSA 数量，可以在 NSSA 的 ABR 上配置 no-summary 选项，这样该 NSSA 将变为完全 NSSA*/

[Huawei-ospf-1-area-0.0.0.0] default-cost *cost*
//配置发送到末节区域或 NSSA 的类型 3 LSA 默认路由的开销，默认值为 1，该配置仅适用于 ABR

【例 1-2】配置 NSSA

NSSA 配置示例拓扑如图 1-26 所示，R3 需要引入一条通往 R4 的直连路由，因此 R3 是一个 ASBR。此时，如果要减少区域 1 的 LSDB 规模，则可以将区域 1 配置为完全 NSSA，主要命令如下。

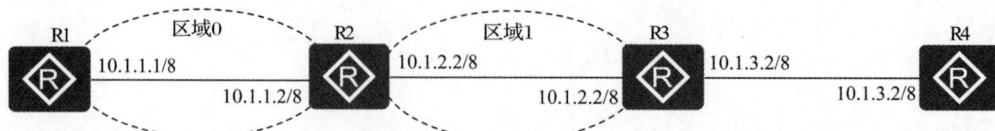

图 1-26　NSSA 配置示例拓扑

```
[R1] ospf 1
[R1-ospf-1] area 0
[R1-ospf-1-area-0.0.0.0] network 10.1.1.1 0.0.0.0

[R2] ospf 1
[R2-ospf-1] area 0
[R2-ospf-1-area-0.0.0.0] network 10.1.1.2 0.0.0.0
[R2-ospf-1-area-0.0.0.0] quit
[R2-ospf-1] area 1
[R2-ospf-1-area-0.0.0.1] network 10.1.2.1 0.0.0.0
[R2-ospf-1-area-0.0.0.1] nssa no-summary
//将区域 1 配置为完全末节区域，no-summary 只需要在 ABR（即 R2）上配置即可

[R3] ospf 1
[R3-ospf-1] import-route direct    //向 OSPF 网络中引入直连路由
[R3-ospf-1] area 1
[R3-ospf-1-area-0.0.0.1] network 10.1.2.2 0.0.0.0
[R3-ospf-1-area-0.0.0.1] nssa
```

此时，R1 可以学习到通往 R4 的路由，同时区域 1 的 ABR（即 R2）只会向区域 1 发布一条通往其他区域的默认路由，减少了区域 1 的 LSDB 规模。

分别在 R1 和 R3 上查看 OSPF 路由表，显示信息如下。

```
<R1>display ospf routing
       OSPF Process 1 with Router ID 10.1.1.1
             Routing Tables
 Routing for Network
 Destination       Cost    Type         NextHop       AdvRouter      Area
 10.1.1.0/24       1       Transit      10.1.1.1      10.1.1.1       0.0.0.0
 10.1.2.0/24       2       Inter-area   10.1.1.2      10.1.1.2       0.0.0.0
 Routing for ASEs
 Destination       Cost    Type         Tag           NextHop        AdvRouter
 10.1.3.0/24       1       Type2        1             10.1.1.2       10.1.1.2
 Total Nets: 3
 Intra Area: 1   Inter Area: 1   ASE: 1   NSSA: 0

<R3>display ospf routing
       OSPF Process 1 with Router ID 10.1.2.2
```

```
                          Routing Tables
Routing for Network
Destination        Cost      Type          NextHop       AdvRouter     Area
10.1.2.0/24        1         Transit       10.1.2.2      10.1.2.2      0.0.0.1
0.0.0.0/0          2         Inter-area    10.1.2.1      10.1.1.2      0.0.0.1
Total Nets: 2
Intra Area: 1   Inter Area: 1   ASE: 0   NSSA: 0
```

4. OSPF 的查询命令

OSPF 的查询命令如下。

```
display ospf [ process-id ] peer            //查看 OSPF 邻居的完整信息
display ospf [ process-id ] brief           //查看 OSPF 的简要信息
display ospf [ process-id ] interface       //查看 OSPF 接口的信息
display ospf [ process-id ] routing         //查看 OSPF 路由表的信息
display ospf [ process-id ] lsdb            //查看 OSPF 的 LSDB 信息
```

项目实施

A 企业核心网络拓扑如图 1-1 所示。A 企业网络采用多区域部署，将南京总部路由器 NJ 与交换机 S1 规划为区域 0，路由器 YZ 与交换机 S2 规划为区域 1，路由器 XZ 与交换机 S3 规划为区域 2，路由器 NJ 作为 ABR 连接 3 个区域。路由器 NJ 与路由器 YZ 和路由器 XZ 通过专线连接，将其链路类型修改为 P2P。区域 1 和区域 2 均不包含 ASBR，将其配置成末节区域以减少 LSDB 规模，节省设备开销。在区域 0 内配置 OSPF 接口认证，在区域 1 和区域 2 内配置 OSPF 区域认证，提升企业 OSPF 网络的安全性。运维工程师需完成的主要任务如下。

（1）规划网络的虚拟局域网（Virtual Local Area Network，VLAN）、IP 地址段及 OSPF 参数。

（2）配置所有设备的接口地址等基础信息。

（3）配置 OSPF 基本功能，实现企业网络所有设备的互联互通。

（4）对 OSPF 网络进行优化，包括配置 OSPF 认证、修改链路网络类型、配置特殊区域等。

（5）对配置结果进行验证与分析。

微课

任务 1.1　规划网络参数

本任务涉及的网络参数较多，需要提前做好规划，主要配置项及参数规划如表 1-4 所示。

表 1-4　主要配置项及参数规划

地区	设备	配置项	参数	描述
南京总部（区域 0）	路由器 NJ	Router ID	1.1.1.1	路由设备 ID
		G0/0/0	11.1.1.2/30	连接 ISP 路由器
		G0/0/1	10.1.100.1/24	连接交换机 S1
		G0/0/2	21.1.1.1/30	连接路由器 YZ
		G3/0/0	31.1.1.1/30	连接路由器 XZ
	交换机 S1	Router ID	1.1.1.2	路由设备 ID
		G0/0/1	VLANIF100: 10.1.100.2/24	连接路由器 NJ
		G0/0/2	VLANIF2：10.1.2.1/24	连接 VLAN2 PC（PC11）主机
		G0/0/3	VLANIF3：10.1.3.1/24	连接 VLAN3 PC（PC12）主机

续表

地区	设备	配置项	参数	描述
扬州分部（区域1）	路由器 YZ	Router ID	2.2.2.1	路由设备 ID
		G0/0/0	21.1.1.2/30	连接路由器 NJ
		G0/0/1	10.1.120.1/24	连接交换机 S2
	交换机 S2	Router ID	2.2.2.2	路由设备 ID
		G0/0/1	VLANIF120: 10.1.120.2/24	连接路由器 YZ
		G0/0/2	VLANIF20: 10.1.20.1/24	连接 VLAN20 PC（PC2）主机
徐州分部（区域2）	路由器 XZ	Router ID	3.3.3.1	路由设备 ID
		G0/0/0	31.1.1.2/30	连接路由器 NJ
		G0/0/1	10.1.130.1/24	连接交换机 S3
	交换机 S3	Router ID	3.3.3.2	路由设备 ID
		G0/0/1	VLANIF130: 10.1.130.2/24	连接路由器 XZ
		G0/0/2	VLANIF30: 10.1.30.1/24	连接 VLAN30 PC（PC3）主机
外部路由器	路由器 ISP	G0/0/0	11.1.1.1/30	连接路由器 NJ

任务 1.2 配置设备的接口地址和 VLAN 等基础信息

1. 配置路由器 NJ、YZ、XZ、ISP 的接口地址。

微课

```
[NJ]interface GigabitEthernet0/0/0
[NJ-GigabitEthernet0/0/0]ip address 11.1.1.2 30          /*连接 ISP 路由器接
口地址配置*/
[NJ-GigabitEthernet0/0/0]quit
[NJ]interface GigabitEthernet0/0/1
[NJ-GigabitEthernet0/0/1]ip address 10.1.100.1 24        /*连接交换机 S1 接口地址配置*/
[NJ-GigabitEthernet0/0/1]quit
[NJ]interface GigabitEthernet0/0/2
[NJ-GigabitEthernet0/0/2]ip address 21.1.1.1 30          //连接路由器 YZ 接口地址配置
[NJ-GigabitEthernet0/0/2]quit
[NJ]interface GigabitEthernet3/0/0
[NJ-GigabitEthernet3/0/0]ip address 31.1.1.1 30          //连接路由器 XZ 接口地址配置

[YZ]interface GigabitEthernet0/0/0
[YZ-GigabitEthernet0/0/0]ip address 21.1.1.2 30          //连接路由器 NJ 接口地址配置
[YZ-GigabitEthernet0/0/0]quit
[YZ]interface GigabitEthernet0/0/1
[YZ-GigabitEthernet0/0/1]ip address 10.1.120.1 24        //连接交换机 S2 接口地址配置

[XZ]interface GigabitEthernet0/0/0
[XZ-GigabitEthernet0/0/0]ip address 31.1.1.2 30          //连接路由器 NJ 接口地址配置
[XZ-GigabitEthernet0/0/0]quit
[XZ]interface GigabitEthernet0/0/1
[XZ-GigabitEthernet0/0/1]ip address 10.1.130.1 24        //连接交换机 S3 接口地址配置
```

```
[ISP]interface GigabitEthernet0/0/0
[ISP-GigabitEthernet0/0/0]ip address 11.1.1.1 30        //连接路由器 NJ 接口地址配置
```

2．配置交换机 S1、S2、S3 的 VLAN 和 VLANIF 接口地址。

（1）配置交换机 S1。

① 在交换机 S1 上批量创建 VLAN2、VLAN3 和 VLAN100。将 G0/0/1、G0/0/2 和 G0/0/3 均配置为 Access 口，PVID 分别为 100、2 和 3。

```
[S1]vlan batch 2 3 100
[S1]interface GigabitEthernet0/0/1
[S1-GigabitEthernet0/0/1]port link-type access
[S1-GigabitEthernet0/0/1]port default vlan 100
[S1-GigabitEthernet0/0/1]quit
[S1]interface GigabitEthernet0/0/2
[S1-GigabitEthernet0/0/2]port link-type access
[S1-GigabitEthernet0/0/2]port default vlan 2
[S1-GigabitEthernet0/0/2]quit
[S1]interface GigabitEthernet0/0/3
[S1-GigabitEthernet0/0/3]port link-type access
[S1-GigabitEthernet0/0/3]port default vlan 3
```

② 在交换机 S1 上分别创建 VLAN2、VLAN3 和 VLAN100 对应的 VLANIF 接口，并在接口下配置 IP 地址。同时，在 VLANIF2 和 VLANIF3 接口下配置接口地址池模式的动态主机配置协议（Dynamic Host Configuration Protocol，DHCP）服务，给相应 VLAN 下的个人计算机（Personal Computer，PC）自动分配 IP 地址。

```
[S1]dhcp enable
[S1]interface vlanif 2
[S1-Vlanif2]ip address 10.1.2.1 24
[S1-Vlanif2]dhcp select interface
[S1-Vlanif2]quit
[S1]interface vlanif 3
[S1-Vlanif3]ip address 10.1.3.1 24
[S1-Vlanif3]dhcp select interface
[S1-Vlanif3]quit
[S1]interface vlanif 100
[S1-Vlanif100]ip address 10.1.100.2 24
```

（2）配置交换机 S2。

① 在交换机 S2 上批量创建 VLAN 20 和 VLAN120。将 G0/0/1 和 G0/0/2 均配置为 Access 口，PVID 分别为 120 和 20。

```
[S2]vlan batch 20 120
[S2]interface GigabitEthernet0/0/1
[S2-GigabitEthernet0/0/1]port link-type access
[S2-GigabitEthernet0/0/1]port default vlan 120
[S2-GigabitEthernet0/0/1]quit
[S2]interface GigabitEthernet0/0/2
[S2-GigabitEthernet0/0/2]port link-type access
[S2-GigabitEthernet0/0/2]port default vlan 20
[S2-GigabitEthernet0/0/2]quit
```

② 在交换机 S2 上分别创建 VLAN120 和 VLAN20 对应的 VLANIF 接口，并在接口下配置 IP

地址。在 VLANIF20 接口下配置接口地址池模式的 DHCP 服务，给 VLAN20 下的 PC 自动分配 IP 地址。

```
[S2]dhcp enable
[S2]interface vlanif 120
[S2-Vlanif120]ip address 10.1.120.2 24
[S2-Vlanif120]quit
[S2]interface vlanif 20
[S2-Vlanif20]ip address 10.1.20.1 24
[S2-Vlanif20]dhcp select interface
```

（3）配置交换机 S3。

① 在交换机 S3 上批量创建 VLAN30 和 VLAN130。将 G0/0/1 和 G0/0/2 均配置为 Access 口，PVID 分别为 130 和 30。

```
[S3]vlan batch 30 130
[S3]interface GigabitEthernet0/0/1
[S3-GigabitEthernet0/0/1]port link-type access
[S3-GigabitEthernet0/0/1]port default vlan 130
[S3-GigabitEthernet0/0/1]quit
[S3]interface GigabitEthernet0/0/2
[S3-GigabitEthernet0/0/2]port link-type access
[S3-GigabitEthernct0/0/2]port default vlan 30
[S3-GigabitEthernet0/0/2]quit
```

② 在交换机 S3 上分别创建 VLAN130 和 VLAN30 对应的 VLANIF 接口，并在接口下配置 IP 地址。在 VLANIF30 接口下配置接口地址池模式的 DHCP 服务，给 VLAN 30 下的 PC 自动分配 IP 地址。

```
[S3] dhcp enable
[S3]interface vlanif 130
[S3-Vlanif130]ip address 10.1.130.2 24
[S3-Vlanif130]quit
[S3]interface vlanif 30
[S3-Vlanif30]ip address 10.1.30.1 24
[S3-Vlanif30]dhcp select interface
```

此时，所有路由器与交换机的基础配置已完成，将所有 PC 设置为自动获取 IP 地址模式，然后通过 ipconfig 命令可以查看到所有 PC 已自动获取的 IP 地址和网关地址。PC11 和 PC12 可以互相"ping 通"，但不同区域的 PC 并不能互通，原因是该网络还没有配置不同区域互通的路由。接下来，开始配置使不同区域互通的 OSPF 路由。

任务 1.3 配置并验证 OSPF 基本功能

1. 配置所有路由器和三层交换机的 Router ID、区域 ID，并通过 network 命令在接口上使能 OSPF，主要命令如下。

微课

```
[NJ]ospf 1 router-id 1.1.1.1
[NJ-ospf-1]area 0
[NJ-ospf-1-area-0.0.0.0]network 10.1.100.1 0.0.0.0
[NJ-ospf-1-area-0.0.0.0]quit
[NJ-ospf-1]area 1
[NJ-ospf-1-area-0.0.0.1]network 21.1.1.1 0.0.0.0
```

```
[NJ-ospf-1-area-0.0.0.1]quit
[NJ-ospf-1]area 2
[NJ-ospf-1-area-0.0.0.2]network 31.1.1.1 0.0.0.0

[YZ]ospf 1 router-id 2.2.2.1
[YZ-ospf-1]area 1
[YZ-ospf-1-area-0.0.0.1]network 21.1.1.2 0.0.0.0
[YZ-ospf-1-area-0.0.0.1]network 10.1.120.1 0.0.0.0

[XZ]ospf 1 router-id 3.3.3.1
[XZ-ospf-1]area 2
[XZ-ospf-1-area-0.0.0.2]network 31.1.1.2 0.0.0.0
[XZ-ospf-1-area-0.0.0.2]network 10.1.130.1 0.0.0.0

[S1]ospf 1 router-id 1.1.1.2
[S1-ospf-1]area 0
[S1-ospf-1-area-0.0.0.0]network 10.1.100.2 0.0.0.0
[S1-ospf-1-area-0.0.0.0]network 10.1.2.1 0.0.0.0
[S1-ospf-1-area-0.0.0.0]network 10.1.3.1 0.0.0.0

[S2]ospf 1 router-id 2.2.2.2
[S2-ospf-1]area 1
[S2-ospf-1-area-0.0.0.1]network 10.1.120.2 0.0.0.0
[S2-ospf-1-area-0.0.0.1]network 10.1.20.1 0.0.0.0

[S3]ospf 1 router-id 3.3.3.2
[S3-ospf-1]area 2
[S3-ospf-1-area-0.0.0.2]network 10.1.130.2 0.0.0.0
[S3-ospf-1-area-0.0.0.2]network 10.1.30.1 0.0.0.0
```

2. 在路由器 NJ 上配置通往 ISP 的静态路由并将静态路由在 OSPF 网络中发布。

```
[NJ]ip route-static 0.0.0.0 0 11.1.1.1
[NJ]ospf 1
[NJ-ospf-1]default-route-advertise
```

至此，OSPF 基础配置已完成，接下来对 OSPF 基础配置进行验证。

3. 验证 OSPF 基础配置。

（1）查看 OSPF 邻居的概要信息。

```
[NJ]display ospf peer brief
        OSPF Process 1 with Router ID 1.1.1.1     //OSPF 进程号以及本路由器的 Router ID
        Peer Statistic Information
 ----------------------------------------------------------------------
 Area Id        Interface                Neighbor id      State
 0.0.0.0        GigabitEthernet0/0/1         1.1.1.2      Full
 0.0.0.1        GigabitEthernet0/0/2         2.2.2.1      Full
 0.0.0.2        GigabitEthernet3/0/0         3.3.3.1      Full
 ----------------------------------------------------------------------
```

以上信息表明，路由器 NJ 连接了 3 个区域，每个区域中有 1 个邻居，具体信息包括本路由器连接该区域的接口、邻居的 Router ID 和当前 OSPF 状态。

（2）查看 OSPF 邻居的完整信息。

```
<NJ>display ospf peer
          OSPF Process 1 with Router ID 1.1.1.1
                  Neighbors
     Area 0.0.0.0 interface 10.1.100.1(GigabitEthernet0/0/1)'s neighbors
//本路由器连接区域 0 的接口标识地址和接口编号
     Router ID: 1.1.1.2          Address: 10.1.100.2    //邻居路由器的 Router ID 和接口标识地址
       State: Full   Mode:Nbr is   Master   Priority: 1
       //与该邻居当前 OSPF 的状态、DD 报文交换进程中邻居的角色以及接口 DR 优先级
     DR: 10.1.100.2   BDR: 10.1.100.1   MTU: 0
       /*DR 的 IP 地址、BDR 的 IP 地址和接口的 MTU 值。这里 MTU 值为 0 是因为默认情况下，接口发
送 DD 报文时不填充 MTU 值，在接口下配置 ospf mtu-enable 可以使能接口发送 DD 报文时填充 MTU 值*/
       Dead timer due in 28   sec          //Dead 计时器剩余时间，单位为 s
       Retrans timer interval: 5           //重传 LSA 时间间隔，单位为 s
       Neighbor is up for 23:02:24         //邻居建立的时间
       Authentication Sequence: [ 0 ]      //认证序列号，因为还没有配置认证，所以字段为 0
                  Neighbors
     Area 0.0.0.1 interface 21.1.1.1(GigabitEthernet0/0/2)'s neighbors
     Router ID: 2.2.2.1          Address: 21.1.1.2
       State: Full   Mode:Nbr is   Master   Priority: 1
       DR: 21.1.1.2   BDR: 21.1.1.1   M I U: 0
       Dead timer due in 32   sec
       Retrans timer interval: 5
       Neighbor is up for 26:36:58
       Authentication Sequence: [ 0 ]
                  Neighbors
     Area 0.0.0.2 interface 31.1.1.1(GigabitEthernet3/0/0)'s neighbors
     Router ID: 3.3.3.1          Address: 31.1.1.2
       State: Full   Mode:Nbr is   Master   Priority: 1
       DR: 31.1.1.2   BDR: 31.1.1.1   MTU: 0
       Dead timer due in 35   sec
       Retrans timer interval: 4
       Neighbor is up for 26:36:57
       Authentication Sequence: [ 0 ]
```

（3）查看运行 OSPF 的接口信息。

```
<NJ>display ospf interface
          OSPF Process 1 with Router ID 1.1.1.1
                  Interfaces
     Area: 0.0.0.0          (MPLS TE not enabled)
     IP Address       Type        State    Cost    Pri      DR          BDR
     10.1.100.1       Broadcast   BDR      1       1        10.1.100.2  10.1.100.1
     Area: 0.0.0.1          (MPLS TE not enabled)
     IP Address       Type        State    Cost    Pri      DR          BDR
     21.1.1.1         Broadcast   BDR      1       1        21.1.1.2    21.1.1.1
     Area: 0.0.0.2          (MPLS TE not enabled)
     IP Address       Type        State    Cost    Pri      DR          BDR
     31.1.1.1         Broadcast   BDR      1       1        31.1.1.2    31.1.1.1
```

以上信息表明了每个区域中运行 OSPF 的接口标识地址、链路类型、接口 DR/BDR 的状态、开

销值、优先级、DR 的 IP 地址和 BDR 的 IP 地址。因为没有设置接口的参考带宽，所以接口的开销值=带宽参考值（100Mbit/s）/接口实际带宽，当计算出的开销值小于 1 时取整数 1，所以上述信息中每个接口的开销均显示为 1。

以上仅显示了运行 OSPF 的接口的简要信息，还可以通过 display ospf interface verbose 命令查看所有运行 OSPF 的接口的详细信息，通过 display ospf interface interface-number 命令查看具体接口下的 OSPF 详细信息。

（4）查看 OSPF 的简要信息。

```
<<NJ>display ospf brief
                OSPF Process 1 with Router ID 1.1.1.1
                    OSPF Protocol Information
    RouterID: 1.1.1.1   Border Router: AREA   AS   /*AREA 表示该路由器为 ABR，AS 表示该路由
器为 ASBR*/
    Multi-VPN-Instance is not enabled
    Global DS-TE Mode: Non-Standard IETF Mode
    Graceful-restart capability: disabled
    Helper support capability   : not configured
    Applications Supported: MPLS Traffic-Engineering
    Spf-schedule-interval: max 10000ms, start 500ms, hold 1000ms
    Default ASE parameters: Metric: 1 Tag: 1 Type: 2
    //默认 ASBR 引入外部路由的属性：度量值为 1，标签为 1，类型为第二类外部路由
    Route Preference: 10               //OSPF 路由优先级为 10
    ASE Route Preference: 150          //ASBR 引入的外部路由优先级为 150
    SPF Computation Count: 7           //最短通路优先（Shortest Path First，SPF）算法计算次数
    RFC 1583 Compatible
    /*默认兼容 RFC1583 的路由选择优先规则。当有多台 ASBR 发布了到相同目的地址的外部路由时，
在如何选择最优路由的问题上，RFC1583 和 RFC2328 所定义的路由选择优先规则是不相同的。
    当 RFC1583 路由选择优先规则被使能时，设备会根据开销值选择发布到相同目的地址的路由。
    当 RFC1583 选路规则被关闭时，设备会先根据路由类型来选择发布到相同目的地址的路由，再根据
开销值进行选择。
    可以通过 undo rfc1583 compatible 命令关闭 RFC1583 兼容，建议所有路由器选择一致的路由选择
优先规则*/
    Retransmission limitation is disabled
    Area Count: 3    Nssa Area Count: 0
    ExChange/Loading Neighbors: 0
    Process total up interface count: 3
    Process valid up interface count: 3


    Area: 0.0.0.0               (MPLS TE not enabled)
    Authtype: None    Area flag: Normal
    /*该区域没有配置认证，Area flag 为 Normal 时表示该区域类型为普通区域。如果为末节区域或
NSSA，则该字段显示为 Stub 或 NSSA*/
    SPF scheduled Count: 7
    ExChange/Loading Neighbors: 0
    Router ID conflict state: Normal        //没有 Router ID 冲突情况
    Area interface up count: 1


    Interface: 10.1.100.1 (GigabitEthernet0/0/1)
```

```
Cost: 1        State: BDR        Type: Broadcast        MTU: 1500
Priority: 1
Designated Router: 10.1.100.2
Backup Designated Router: 10.1.100.1
Timers: Hello 10 , Dead 40 , Poll   120 , Retransmit 5 , Transmit Delay 1
//以下省略其他区域的信息显示
```

（5）查看 OSPF 的 LSDB 信息。

```
<NJ>display ospf lsdb
OSPF Process 1 with Router ID 1.1.1.1
            Link State Database
                Area: 0.0.0.0
```

Type	LinkState ID	AdvRouter	Age	Len	Sequence	Metric
Router	1.1.1.2	1.1.1.2	676	60	800000AA	1
Router	1.1.1.1	1.1.1.1	669	36	8000007C	1
Network	10.1.100.2	1.1.1.2	669	32	80000002	0
Sum-Net	10.1.20.0	1.1.1.1	657	28	80000001	3
Sum-Net	10.1.130.0	1.1.1.1	388	28	80000001	2
Sum-Net	10.1.120.0	1.1.1.1	665	28	80000001	2
Sum-Net	10.1.30.0	1.1.1.1	388	28	80000001	3
Sum-Net	31.1.1.0	1.1.1.1	432	28	80000001	1
Sum-Net	21.1.1.0	1.1.1.1	676	28	8000006C	1

```
                Area: 0.0.0.1
```

Type	LinkState ID	AdvRouter	Age	Len	Sequence	Metric
Router	2.2.2.2	2.2.2.2	658	48	80000085	1
Router	2.2.2.1	2.2.2.1	653	48	80000095	1
Router	1.1.1.1	1.1.1.1	662	36	8000007C	1
Network	10.1.120.2	2.2.2.2	658	32	80000002	0
Network	21.1.1.2	2.2.2.1	658	32	80000002	0
Sum-Net	10.1.130.0	1.1.1.1	388	28	80000001	2
Sum-Net	10.1.30.0	1.1.1.1	388	28	80000001	3
Sum-Net	31.1.1.0	1.1.1.1	432	28	80000001	1
Sum-Net	10.1.3.0	1.1.1.1	662	28	80000005	2
Sum-Net	10.1.2.0	1.1.1.1	662	28	80000005	2
Sum-Net	10.1.100.0	1.1.1.1	662	28	8000006C	1

```
                Area: 0.0.0.2
```

Type	LinkState ID	AdvRouter	Age	Len	Sequence	Metric
Router	1.1.1.1	1.1.1.1	390	36	8000007D	1
Router	3.3.3.2	3.3.3.2	394	48	80000092	1
Router	3.3.3.1	3.3.3.1	389	48	80000092	1
Network	31.1.1.2	3.3.3.1	391	32	80000001	0
Network	10.1.130.2	3.3.3.2	394	32	80000001	0
Sum-Net	10.1.20.0	1.1.1.1	392	28	80000005	3
Sum-Net	10.1.120.0	1.1.1.1	392	28	8000003C	2
Sum-Net	10.1.3.0	1.1.1.1	392	28	80000005	2
Sum-Net	10.1.2.0	1.1.1.1	392	28	80000005	2
Sum-Net	21.1.1.0	1.1.1.1	392	28	8000006C	1
Sum-Net	10.1.100.0	1.1.1.1	392	28	8000006C	1

```
                AS External Database
```

Type	LinkState ID	AdvRouter	Age	Len	Sequence	Metric
External	0.0.0.0	1.1.1.1	929	36	8000001F	1

以上是路由器 NJ 的 LSDB 简要信息，其中各个字段的含义如下。

① Type：表示 LSA 类型，其中 Router 表示类型 1 LSA，Network 表示类型 2 LSA，Sum-Net 表示类型 3 LSA，External 表示类型 5 LSA。

② LinkState ID：表示 LSA ID，不同类型 LSA 的表示方法不同。类型 1 LSA 以产生该 LSA 的路由器 Router ID 表示，类型 2 LSA 以产生该 LSA 的 DR 的接口标识地址表示，类型 3 LSA 以该网段的网络地址表示，类型 4 LSA 以 ASBR 的 Router ID 表示，类型 5 LSA 以自治系统外部网络的网络地址表示。

③ AdvRouter：表示产生或者发布该条 LSA 的路由器的 Router ID。

④ Age：表示该 LSA 的生存时间，取值为 0~3600，单位为 s。OSPF 每隔 30min 会刷新一次 LSA，刷新后该值重新归为 0，因此该值一般不会超过 1800。如果该值超过 3600，则该条 LSA 会被删除。

⑤ Len：表示 LSA 的长度。

⑥ Sequence：表示 LSA 的序列号，从 0x80000001 开始，LSA 每刷新一次，该值加 1。

⑦ Metric：开销值。类型 1 LSA 的开销值为 1，类型 2 LSA 的开销值为 0，类型 3 LSA 的开销值为目标网络至通告路由设备的开销值之和。

如果在其他设备上执行相同命令，则会发现不同设备同一区域的 LSDB 都相同。通过在 display ospf lsdb 后面加上 router、network、summary、asbr 和 ase 关键字可以分别查看类型 1 至类型 5 LSA 的详细信息，再加上 *Link-State-id* 还可以查看某条具体 LSA 的详细信息。下面在路由器 NJ 上分别查看类型 1、类型 2、类型 3 和类型 5 LSA 的详细信息。

① 查看类型 1 LSA 的详细信息。

```
<NJ>display ospf lsdb router
            OSPF Process 1 with Router ID 1.1.1.1
                        Area: 0.0.0.0
                  Link State Database
    Type      : Router        //LSA 的类型
    Ls id     : 1.1.1.2        //LSA ID
    Adv rtr   : 1.1.1.2        //通告路由设备的 Router ID
    Ls age    : 1354           //LSA 的生存时间
    Len       : 60             //LSA 的长度
    Options   : E              //允许泛洪区域外部 LSA
    seq#      : 800000b5       //LSA 的序列号
    chksum    : 0x8ce9         //LSA 的校验和
    Link count: 3
    /*通告路由设备 1.1.1.2 在区域 0 中有 3 条直连链路，不同链路类型链路 ID 和链路数据字段显示的
内容不同，详见表 1-2*/
     * Link ID: 10.1.100.2      //该链路的 DR 的接口标识地址
       Data    : 10.1.100.2     //通告路由设备在该链路上的接口地址
       Link Type: TransNet      //链路类型为传送网络，仅存在于 MA 网络
       Metric : 1
     * Link ID: 10.1.2.0        //链路的网络地址
       Data    : 255.255.255.0  //链路的网络掩码
       Link Type: StubNet       //链路的网络类型为末节网络
       Metric : 1               //链路的开销值
       Priority : Low
```

```
        * Link ID: 10.1.3.0
          Data    : 255.255.255.0
          Link Type: StubNet
          Metric : 1
          Priority : Low


     Type         : Router
     Ls id        : 1.1.1.1
     Adv rtr      : 1.1.1.1
     Ls age       : 1409
     Len          : 36
     Options      :   ASBR ABR   E
     seq#         : 80000084
     chksum       : 0x13cf
     Link count: 1                        //通告路由设备 1.1.1.1 在区域 0 中只有 1 条直连链路
       * Link ID: 10.1.100.2              //该链路的 DR 的接口标识地址
         Data    : 10.1.100.1
         Link Type: TransNet
         Metric : 1
//以下省略区域 1 和区域 2 的类型 1 LSA 的详细信息
```

② 查看类型 2 LSA 的详细信息。

```
[NJ]display ospf lsdb network
          OSPF Process 1 with Router ID 1.1.1.1
                    Area: 0.0.0.0
              Link State Database
     Type         : Network
     Ls id        : 10.1.100.2
     Adv rtr      : 1.1.1.2
     Ls age       : 1018
     Len          : 32
     Options      :  E
     seq#         : 8000000c
     chksum       : 0xbc14
     Net mask     : 255.255.255.0          //所描述链路的网络掩码
     Priority     : Low
       Attached Router    1.1.1.2          //所描述链路的所有路由器 Router ID
       Attached Router    1.1.1.1
//以下省略区域 1 和区域 2 的类型 2 LSA 的详细信息
```

③ 查看类型 3 LSA 的详细信息。

```
<NJ>display ospf lsdb summary
          OSPF Process 1 with Router ID 1.1.1.1
                    Area: 0.0.0.0
              Link State Database
     Type         : Sum-Net
     Ls id        : 10.1.20.0          //描述网络的网络地址
     Adv rtr      : 1.1.1.1
     Ls age       : 649
     Len          : 28
```

```
Options      :  E
seq#         :  8000000c
chksum       :  0xe942
Net mask     :  255.255.255.0      //所描述网段的网络掩码
Tos 0   metric: 3                  //所描述网段至通告路由设备的开销值之和
Priority  : Low
//以下省略其他 LSA 信息
```

④ 查看类型 5 LSA 的详细信息。

```
<NJ>display ospf lsdb ase
        OSPF Process 1 with Router ID 1.1.1.1
             Link State Database
  Type          : External
  Ls id         : 0.0.0.0          //外部网络的网络地址
  Adv rtr       : 1.1.1.1
  Ls age        : 1456
  Len           : 36
  Options       :  E
  seq#          : 8000001f
  chksum        : 0xa40a
  Net mask      : 0.0.0.0          //外部网络的网络掩码
  TOS 0   Metric: 1
  E type        : 2                //外部路由的类型，默认为第二类外部路由
  Forwarding Address : 0.0.0.0
  Tag           : 1
  Priority  : Low
```

（6）查看 OSPF 路由表的信息。

```
<NJ>display ospf routing
        OSPF Process 1 with Router ID 1.1.1.1
                Routing Tables
Routing for Network
Destination       Cost   Type     NextHop      AdvRouter   Area
10.1.100.0/24     1      Transit  10.1.100.1   1.1.1.1     0.0.0.0
21.1.1.0/30       1      Transit  21.1.1.1     1.1.1.1     0.0.0.1
31.1.1.0/30       1      Transit  31.1.1.1     1.1.1.1     0.0.0.2
10.1.2.0/24       2      Stub     10.1.100.2   1.1.1.2     0.0.0.0
10.1.3.0/24       2      Stub     10.1.100.2   1.1.1.2     0.0.0.0
10.1.20.0/24      3      Stub     21.1.1.2     2.2.2.2     0.0.0.1
10.1.30.0/24      3      Stub     31.1.1.2     3.3.3.2     0.0.0.2
10.1.120.0/24     2      Transit  21.1.1.2     2.2.2.2     0.0.0.1
10.1.130.0/24     2      Transit  31.1.1.2     3.3.3.2     0.0.0.2
Total Nets: 9
Intra Area: 9  Inter Area: 0   ASE: 0   NSSA: 0
```

OSPF 路由表为路由器依据 LSDB 信息各自运行 SPF 算法生成的路由条目。该表中 Cost 为目的网络到达该路由器的总开销值；Type 表示网络类型，其中 Transit 表示传输网络，Stub 表示末节网络；NextHop 为下一跳 IP 地址，如果是直连网络，则为本设备的接口标识地址，如果是非直连网络，则为下一跳路由器的接口标识地址。

从显示信息中还可以看出，该路由表中共包含 9 个目的网络。Intra Area 表示区域内路由，Inter Area 表示区域间路由，ASE 表示由外部引入的路由，NSSA 表示由 NSSA 引入的外部路由，在 NSSA 的 ABR 上显示。

（7）查看设备用于转发的 IP 路由表。

```
<NJ>display ip routing-table
Route Flags: R - relay, D - download to fib

Routing Tables: Public
        Destinations : 23        Routes : 23
Destination/Mask    Proto   Pre  Cost  Flags   NextHop      Interface
0.0.0.0/0           Static  60   0     RD      11.1.1.1     GigabitEthernet0/0/0
10.1.2.0/24         OSPF    10   2     D       10.1.100.2   GigabitEthernet0/0/1
10.1.3.0/24         OSPF    10   2     D       10.1.100.2   GigabitEthernet0/0/1
10.1.20.0/24        OSPF    10   3     D       21.1.1.2     GigabitEthernet0/0/2
10.1.30.0/24        OSPF    10   3     D       31.1.1.2     GigabitEthernet3/0/0
10.1.100.0/24       Direct  0    0     D       10.1.100.1   GigabitEthernet0/0/1
10.1.100.1/32       Direct  0    0     D       127.0.0.1    GigabitEthernet0/0/1
10.1.100.255/32     Direct  0    0     D       127.0.0.1    GigabitEthernet0/0/1
10.1.120.0/24       OSPF    10   2     D       21.1.1.2     GigabitEthernet0/0/2
10.1.130.0/24       OSPF    10   2     D       31.1.1.2     GigabitEthernet3/0/0
11.0.0.0/30         Direct  0    0     D       11.1.1.2     GigabitEthernet0/0/0
11.1.1.2/32         Direct  0    0     D       127.0.0.1    GigabitEthernet0/0/0
11.1.1.3/32         Direct  0    0     D       127.0.0.1    GigabitEthernet0/0/0
21.1.1.0/30         Direct  0    0     D       21.1.1.1     GigabitEthernet0/0/0
21.1.1.1/32         Direct  0    0     D       127.0.0.1    GigabitEthernet0/0/0
21.1.1.3/32         Direct  0    0     D       127.0.0.1    GigabitEthernet0/0/0
31.1.1.0/30         Direct  0    0     D       31.1.1.1     GigabitEthernet3/0/0
31.1.1.1/32         Direct  0    0     D       127.0.0.1    GigabitEthernet3/0/0
31.1.1.3/32         Direct  0    0     D       127.0.0.1    GigabitEthernet3/0/0
127.0.0.0/8         Direct  0    0     D       127.0.0.1    InLoopback0
127.0.0.1/32        Direct  0    0     D       127.0.0.1    InLoopback0
127.255.255.255/32  Direct  0    0     D       127.0.0.1    InLoopback0
255.255.255.255/32  Direct  0    0     D       127.0.0.1    InLoopback0
```

从显示信息中可以看出，display ospf routing-table 命令显示的 9 条 OSPF 路由条目中只有 6 条真正用于路由转发，其他 3 条路由条目被直连路由替代。因为 OSPF 生成的路由优先级为 10，而直连路由生成的路由优先级为 0，所以直连路由的优先级高于 OSPF 路由的优先级。

此时，A 企业总部与分部的所有 PC 可以互相通信和访问外部网络，所有企业内网也均可以互通。

任务1.4 优化 OSPF 网络

OSPF 基本功能配置完成后，还需要对 OSPF 网络进行优化，下面将对 OSPF 网络的安全及性能等进行优化。

1. 配置 OSPF 认证。

本项目在区域 0 内配置接口认证，在区域 1 和区域 2 内配置区域认证。

（1）在区域 0 内配置接口认证，认证方式为 HMAC-MD5，key-id 为 1，认证口令为 huawei0。

微课

```
[NJ]interface GigabitEthernet0/0/1
[NJ-GigabitEthernet0/0/1]ospf authentication-mode hmac-md5 1 cipher huawei0

[S1]interface vlanif 100
[S1-Vlanif100]ospf authentication-mode hmac-md5 1 cipher huawei0
```

（2）在区域 1 内配置区域认证，认证方式为 HMAC-MD5，key-id 为 1，认证口令为 huawei1。

```
[NJ]ospf 1
[NJ-ospf-1]area 1
[NJ-ospf-1-area-0.0.0.1]authentication-mode hmac-md5 1 cipher huawei1

[YZ]ospf 1
[YZ-ospf-1]area 1
[YZ-ospf-1-area-0.0.0.1]authentication-mode hmac-md5 1 cipher huawei1

[S2]ospf 1
[S2-ospf-1]area 1
[S2-ospf-1-area-0.0.0.1]authentication-mode hmac-md5 1 cipher huawei1
```

（3）在区域 2 内配置区域认证，认证方式为 HMAC-MD5，key-id 为 1，认证口令为 huawei2。

```
[NJ]ospf 1
[NJ-ospf-1]area 2
[NJ-ospf-1-area-0.0.0.2]authentication-mode hmac-md5 1 cipher huawei2

[XZ]ospf 1
[XZ-ospf-1]area 2
[XZ-ospf-1-area-0.0.0.2]authentication-mode hmac-md5 1 cipher huawei2

[S3]ospf 1
[S3-ospf-1]area 2
[S3-ospf-1-area-0.0.0.2]authentication-mode hmac-md5 1 cipher huawei2
```

配置认证后，OSPF 状态机从 Down 开始重新收敛。收敛完成后，查看 OSPF 邻居信息，Authentication Sequence 字段已不再是 0，主要命令如下。

```
[NJ]display ospf peer GigabitEthernet0/0/1
        OSPF Process 1 with Router ID 1.1.1.1
            Neighbors
 Area 0.0.0.0 interface 10.1.100.1(GigabitEthernet0/0/1)'s neighbors
 Router ID: 1.1.1.2          Address: 10.1.100.2
   State: Full   Mode:Nbr is   Master   Priority: 1
   DR: 10.1.100.2   BDR: 10.1.100.1   MTU: 0
   Dead timer due in 34   sec
   Retrans timer interval: 5
   Neighbor is up for 00:14:33
   Authentication Sequence: [ 344008]
```

2. 修改链路类型。因为 A 企业总部与分部之间的链路为专线链路，所以要修改其为 P2P 链路，主要命令如下。

```
[NJ]interface GigabitEthernet0/0/2
[NJ-GigabitEthernet0/0/2]ospf network-type p2p
[NJ-GigabitEthernet0/0/2]quit
```

```
[NJ]interface GigabitEthernet3/0/0
[NJ-GigabitEthernet3/0/0]ospf network-type p2p

[YZ]interface GigabitEthernet0/0/0
[YZ-GigabitEthernet0/0/0]ospf network-type p2p

[XZ]interface GigabitEthernet0/0/0
[XZ-GigabitEthernet0/0/0]ospf network-type p2p
```

将链路类型修改为 P2P 后，通过 display ospf interface 命令查看 OSPF 接口信息，可以看出这些链路已不再选举 DR 与 BDR。通过 display ospf lsdb 命令查看 LSDB 信息，可以看出区域 1 和区域 2 的类型 2 LSA 由原来的 2 条减少为 1 条，因为 P2P 链路不需要类型 2 LSA。所以将链路改为 P2P 链路可以加快 OSPF 收敛速度，同时减少 LSDB 规模。

通过 display ospf interface 命令查看 OSPF 接口信息，主要命令行及显示信息如下。

```
<NJ>display ospf interface
         OSPF Process 1 with Router ID 1.1.1.1
                Interfaces
Area: 0.0.0.0          (MPLS TE not enabled)
IP Address      Type        State    Cost    Pri      DR            BDR
10.1.100.1      Broadcast   BDR      1       1        10.1.100.2    10.1.100.1

Area: 0.0.0.1          (MPLS TE not enabled)
IP Address      Type        State    Cost    Pri      DR            BDR
21.1.1.1        P2P         P-2-P    1       1        0.0.0.0       0.0.0.0

Area: 0.0.0.2          (MPLS TE not enabled)
IP Address      Type        State    Cost    Pri      DR            BDR
31.1.1.1        P2P         P-2-P    1       1        0.0.0.0       0.0.0.0
```

3. 配置特殊区域。

（1）配置区域 1 为完全末节区域，主要命令如下。

```
[NJ]ospf 1
[NJ-ospf-1]area 1
[NJ-ospf-1-area-0.0.0.1]stub no-summary /*要配置完全末节区域只需要在 ABR 上配置
no-summary 选项即可*/

[YZ]ospf 1
[YZ-ospf-1]area 1
[YZ-ospf-1-area-0.0.0.1]stub

[S2]ospf 1
[S2-ospf-1]area 1
[S2-ospf-1-area-0.0.0.1]stub
```

（2）配置区域 2 为完全末节区域，主要命令如下。

```
[NJ]ospf 1
[NJ-ospf-1]area 2
[NJ-ospf-1-area-0.0.0.2]stub no-summary

[XZ]ospf 1
```

```
[XZ-ospf-1]area 2
[XZ-ospf-1-area-0.0.0.2]stub

[S3]ospf 1
[S3-ospf-1]area 2
[S3-ospf-1-area-0.0.0.2]stub
```

将区域 1 和区域 2 配置为完全末节区域后,ABR 将不再发送默认路由和区域间详细路由至区域内,而是只发布一条默认路由。在路由器 YZ 上查看 LSDB 信息,主要命令及显示信息如下。

```
<YZ>display ospf lsdb
          OSPF Process 1 with Router ID 2.2.2.1
                  Link State Database
                    Area: 0.0.0.1
 Type       LinkState ID    AdvRouter     Age      Len    Sequence    Metric
 Router     2.2.2.2         2.2.2.2       882      48     8000000B    1
 Router     2.2.2.1         2.2.2.1       914      60     8000000D    1
 Router     1.1.1.1         1.1.1.1       929      48     80000007    1
 Network    10.1.120.2      2.2.2.2       914      32     80000002    0
 Network    21.1.1.2        2.2.2.1       185      32     80000001    0
 Sum-Net    0.0.0.0         1.1.1.1       942      28     80000001    1
```

从以上显示信息可以看出,LSDB 规模减小,而整个网络的连通性没有受到影响。

项目小结

　　OSPF协议是构建大型园区网时常用的动态路由协议,深入掌握OSPF协议的原理与配置对网络的维护与优化具有十分重要的作用。本项目首先介绍了OSPF的报文格式,从OSPF报文格式中引出5种OSPF报文类型,并依次介绍了5种报文的作用、报文格式和各个字段的含义;接下来介绍了6种常见的LSA类型,分析了它们的作用、格式及各个字段的含义;然后介绍了OSPF区域类型和OSPF认证;最后介绍了本项目涉及的OSPF基础配置命令。介绍完OSPF理论知识之后,在项目实施阶段,首先根据项目需求规划网络参数,然后依据规划的网络参数,分别完成了所有设备的基础信息配置、OSPF基本功能的配置,还对OSPF网络进行了优化,同时对OSPF功能进行了充分验证。

拓展知识

OSPF 快速收敛

　　OSPF 快速收敛是为了提高路由的收敛速度而增加的扩展特性,能够在网络拓扑发生变化时快速恢复路由,降低网络拓扑变化导致业务中断的可能性。OSPF 快速收敛可以通过以下几种方法实现。

　　(1)OSPF 按优先级收敛。OSPF 按优先级收敛指当存在大量路由时,让某些特定的路由优先收敛。其通过对不同的路由配置不同的收敛优先级,实现关键业务相关路由优先收敛的目的,从而使关键业务受到的影响减小。

（2）部分路由计算。当网络上路由发生变化的时候，只对发生变化的路由进行重新计算。

（3）智能定时器控制 LSA 的更新与接收。在网络相对稳定、对路由收敛时间要求较高的网络环境中，可以通过智能定时器控制 LSA 的更新、接收的时间间隔为 0，使得拓扑或者路由的变化可以通过 LSA 发布到网络中，并且立即被邻居感知到，从而加快路由的收敛。

（4）通过智能定时器控制路由计算。通过智能定时器来控制路由计算的延迟时间，实现对低频率变化的快速响应，且能对高频率变化进行有效抑制。

（5）OSPF 智能发现（Smart-discover）功能。通过使能配置了 Smart-discover 特性的接口，当邻居状态首次到达 Two-way 状态或者当邻居状态从 Two-way 或更高状态迁移到 Init 状态时，不需要等待 Hello 定时器超时，而是立即主动向邻居发送 Hello 报文，这样邻居就可以很快收到报文并迅速进行状态迁移。

知识巩固

一、选择题

1. 以下关于 OSPF 特殊区域的默认路由的描述中错误的是（   ）。
   A. 在完全 NSSA 中，ABR 会自动产生一条描述默认路由的类型 3 LSA，用于该区域内的设备通过 ABR 访问外部网络
   B. 在末节区域中，ABR 会自动产生一条描述默认路由的类型 3 LSA，用于该区域内的设备通过 ABR 访问外部网络
   C. 在完全末节区域中，ASBR 会自动产生一条描述默认路由的类型 5 LSA，用于该区域内的设备通过 ASBR 访问外部网络
   D. 在 NSSA 中，ASBR 上会通告一条描述默认路由的类型 7 LSA，用于该区域内的设备通过 ASBR 访问外部网络

2. OSPF 的自治系统外部路由的优先级默认情况下为（   ）。
   A. 0   B. 1   C. 10   D. 150

3. 以下关于 OSPF 的类型 5 LSA 中的 FA 的描述中正确的是（   ）。
   A. 当 FA 地址为 0.0.0.0 时，收到该 LSA 的路由器不会进行外部路由计算
   B. 当 FA 地址不为 0.0.0.0 时，收到该 LSA 的路由器的 IP 路由表中没有到达该地址的路由条目
   C. 当 FA 地址不为 0.0.0.0 时，收到该 LSA 的路由器认为到达目的网段的数据包应该发往这个 FA 地址所标识的设备
   D. 当 FA 地址为 0.0.0.0 时，收到该 LSA 的路由器认为到达目的网段的数据包应该发往对应的 ABR，因此将到达 ABR 的下一跳地址作为这条外部路由的下一跳

4. 某台路由器运行 OSPF 协议，其输出信息如下。下列描述正确的是（   ）。

```
OSPF Process 1 with Router ID 1.1.1.1
        Area: 0.0.0.0
    Link State Database
Type     : Sum-Net
Ls id    : 10.1.20.0
Adv rtr  : 1.1.1.1
```

```
        Ls age    : 75
        Len       : 28
        Options   : E
        seq#      : 80000001
        chksum    : 0xff37
        Net mask : 255.255.255.0
        Tos 0   metric: 3
        Priority  : Low
```

    A. 该 LSA 中 Link State ID 描述的是外部路由的目的网络地址

    B. 该路由器在区域 0 中通过 network 命令通告了网段 10.1.20.0

    C. 产生该 LSA 的路由器的 Router ID 为 10.1.20.0

    D. 若要在 OSPF 网络中撤销该 LSA，则会将 LSA 中的 Ls age 设为 3600 并重新通告

5. 在 R1 路由器上查看到的 OSPF 协议的 LSDB 信息如下。下列说法正确的有（　　　）。
（多选）

```
<R1> display ospf lsdb
     OSPF Process 1 with Router ID 3.3.3.1
          Link State Database
               Area: 0.0.0.2
     Type      LinkState ID   AdvRouter     Age     Len    Sequence     Metric
     Router    1.1.1.1        1.1.1.1       1370    48     80000002     1
     Router    3.3.3.2        3.3.3.2       1346    48     80000007     1
     Router    3.3.3.1        3.3.3.1       1353    60     80000005     1
     Network   10.1.130.1     3.3.3.2       1346    32     80000002     0
     Sum-Net   10.1.20.0      1.1.1.1       1345    28     80000001     3
     Sum-Net   10.1.120.0     1.1.1.1       1345    28     80000002     2
     Sum-Net   10.1.2.0       1.1.1.1       1339    28     80000001     2
     Sum-Net   21.0.0.0       1.1.1.1       1380    28     80000001     1
     Sum-Net   10.1.100.0     1.1.1.1       1380    28     80000001     1
```

    A. 该区域有 1 个 MA 网络　　　　　　　B. 该区域有 5 个 MA 网络

    C. 该区域有 3 台路由器　　　　　　　　　D. 该区域有 5 台路由器

6. 以下为某台路由器查看网络 LSA 的显示信息，其中 self-originate 表示只显示由设备本身产生的 LSA。下列描述正确的有（　　　）。（多选）

```
<Huawei>display ospf lsdb network self-originate
     OSPF Process 1 with Router ID 10.0.12.2
               Area: 0.0.0.0
          Link State Database
     Type      : Network
     Ls id     : 10.0.12.2
     Adv rtr   : 10.0.12.2
     Ls age    : 666
     Len       : 32
     Options   : E
     seq#      : 80000001
     chksum    : 0xd209
     Net mask : 255.255.255.0
     Priority  : Low
        Attached Router    10.0.12.2
```

```
    Attached Router      10.0.12.1
```

    A．本路由器 DR 优先级为 666　　　　　　B．本路由器的 Router ID 为 10.0.12.2

    C．路由器所在网段为 10.0.12.0/24　　　　D．本路由器为 DR

7．在某台设备上查看某类型 LSDB 的详细信息如下。下列描述正确的有（　　）。（多选）

```
    OSPF Process 1 with Router ID 1.1.1.1
              Area: 0.0.0.0
         Link State Database
  Type      : Sum-Net
  Ls id     : 10.1.20.0
  Adv rtr   : 1.1.1.1
  Ls age    : 75
  Len       : 28
  Options   :  E
  seq#      : 80000001
  chksum    : 0xff37
  Net mask : 255.255.255.0
  Tos 0   metric: 3
  Priority   : Low
```

    A．该 LSA 是本路由器生成的　　　　　　B．该 LSA 描述的目的网络为 10.0.20.0/24

    C．该 LSA 为类型 1 LSA　　　　　　　　D．本台设备是 ABR

8．在某中小型网络中部署 OSPF 协议，当查看某台设备的路由表时，发现只存在直连路由，（　　）不可能引起该故障。

    A．路由协议配置错误　　　　　　　　　　B．路由策略配置有误

    C．端口地址配置问题　　　　　　　　　　D．配置的用户权限过低

9．OSPF 类型 1 LSA 中包含的连接类型有（　　）。（多选）

    A．虚连接　　　　B．末节网络　　　　C．传送网络　　　　D．P2P 网络

10．下列关于 OSPF 邻居信息的说法中错误的是（　　）。

```
<Huawei>display ospf peer
         OSPF Process 1 with Router ID 1.1.1.1
             Neighbors
 Area 0.0.0.0 interface 10.1.100.2(10GigabitEthernet1/0/1)'s neighbors
 Router ID: 1.1.1.2         Address: 10.1.100.1
   State: Full   Mode:Nbr is   Master   Priority: 1
   DR: 10.1.100.2  BDR: 10.1.100.1  MTU: 0
   Dead timer due in 28   sec
   Retrans timer interval: 5
   Neighbor is up for 23:02:24
   Authentication Sequence: [ 0 ]
```

    A．邻居的 Router ID 是 1.1.1.2　　　　　B．本路由器是 Master

    C．DR 的 IP 地址是 10.1.100.1　　　　　D．本路由器的 Router ID 是 1.1.1.1

二、填空题

1．OSPF 报文封装于_____报文中，对应的协议号是_____，包含_____种报文类型。

2．当 OSPF 非骨干区域与骨干区域不能直接相连时，可以通过_____解决。

3．要把一个 OSPF 区域配置成末节区域，需要在该区域的所有路由器上配置_____命令。

4．OSPF 支持的认证方式包括_____认证和_____认证。当两种认证同时配置时，_____认证

优先级更高。

5. 在 OSPF 的 5 种报文类型中,只有_____报文中包含 LSA 的详细信息。

三、简答题

1. 请简述 OSPF 中每种报文类型的作用。

2. OSPF 中的特殊区域有哪几种?请简述每种特殊区域的应用场景及主要区别。

3. OSPF 中常见的 LSA 有几种?请简述每种类型 LSA 的作用。

拓展任务

某大型企业在多个城市设立了分公司,并且构建了一套网络将各地分公司相连,公司核心网络拓扑如图 1-27 所示,现在要对公司网络进行统一规划部署,要求如下。

(1)基于 OSPF 协议实现企业网络互联,将企业网络划分为 4 个不同的区域,其中总公司属于区域 0,3 个分公司分别属于区域 1、区域 2 和区域 3。

(2)对公司 IP 地址进行规划,区域 0 路由器之间采用公网地址互联,各地分公司内部使用 A 类私有地址。

(3)为减轻分公司网络设备负担,减少分公司路由规模,将区域 1、区域 2 和区域 3 配置为末节区域。

(4)为提升 OSPF 安全性,各分公司接入区域 0 并配置接口认证,各区域内配置区域认证,认证算法为 HMAC-MD5。

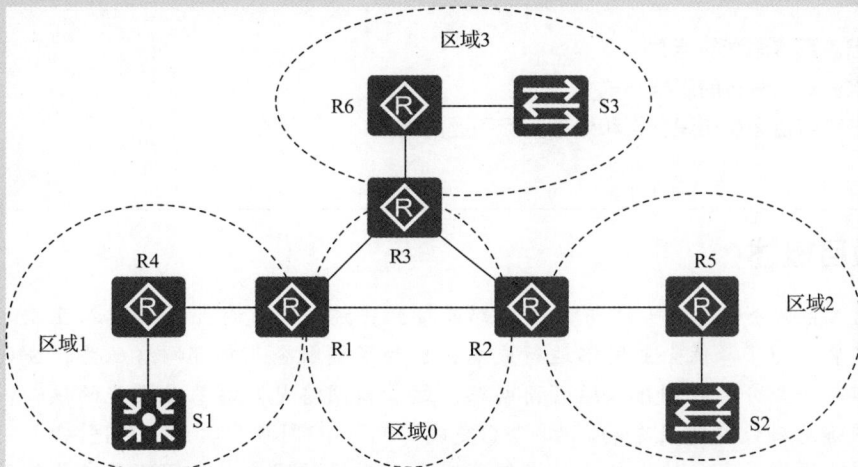

图 1-27 公司核心网络拓扑

项目2
运营商内网互联

学习目标

知识目标

1. 掌握 IS-IS 协议基本概念
2. 掌握 IS-IS 协议报文
3. 理解 IS-IS 协议工作原理
4. 熟悉 IS-IS 协议基础配置命令

技能目标

1. 掌握 IS-IS 网络参数的规划方法
2. 掌握 IS-IS 配置过程与方法
3. 掌握 IS-IS 配置优化方法

素养目标

1. 培养系统思考的能力
2. 培养对比分析的思维方式
3. 培养综合运用知识分析和处理实际问题的能力

项目概述

目前A企业分部通过专线与企业总部连接，并统一通过企业总部接入互联网。随着企业的发展，为了降低企业网络运行成本，也为了缓解企业总部网络压力，公司决定将企业总部与企业分部分别接入运营商网络。运营商网络是网络基础设施的核心，我国高度重视网络基础设施建设布局。从"3G突破"到"4G同步"再到"5G引领"，我国已经建成全球规模最大、技术领先的光纤宽带和移动通信网络。我国不断完善的信息基础设施成为推动各行各业创新发展的重要力量。

运营商网络运行中间系统到中间系统（Intermediate System to Intermediate System，IS-IS）动态路由协议。本项目涉及的运营商核心网络拓扑如图2-1所示。本项目的需求是完成运营商网络IS-IS协议部署，实现运营商内网互联。

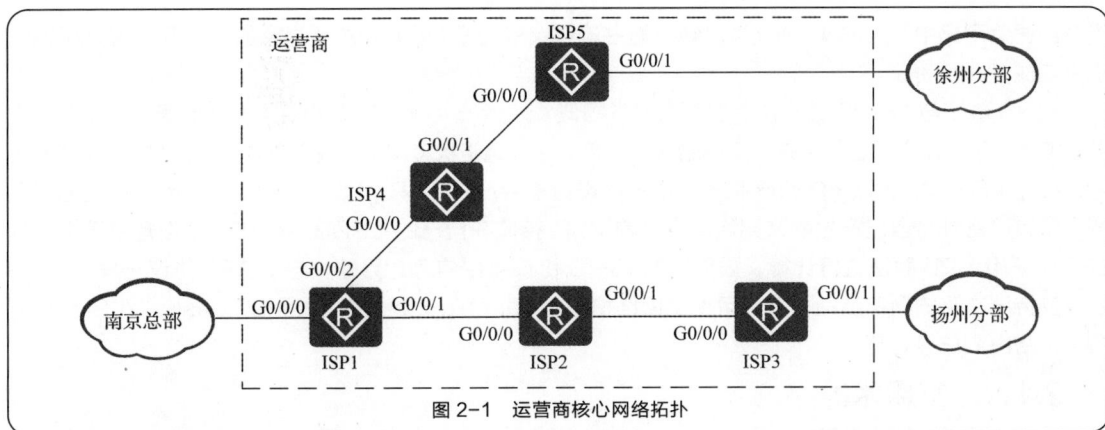

图 2-1 运营商核心网络拓扑

知识图谱

本项目的知识图谱如图 2-2 所示。

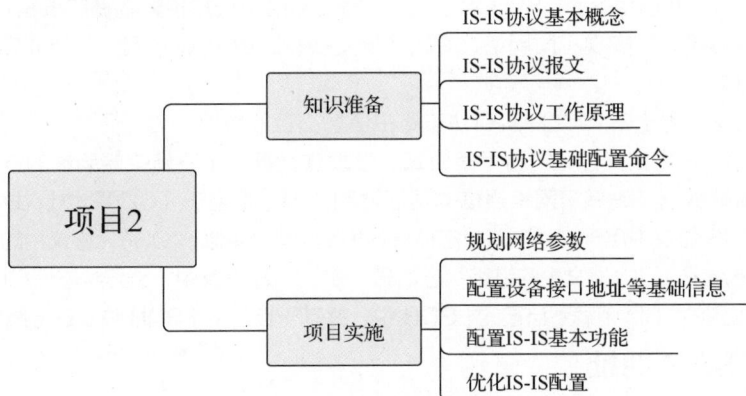

图 2-2 项目 2 知识图谱

知识准备

下面将依次介绍 IS-IS 协议基本概念、IS-IS 协议报文、IS-IS 协议工作原理和 IS-IS 协议配置，为项目实施做好知识准备。

2.1 IS-IS 协议基本概念

IS-IS 协议是一种基于链路状态的内部网关动态路由协议，在 ISP 网络中被广泛应用。IS-IS 协议在早期被国际标准化组织（International Organization for Standardization，ISO）标准化时，是为开放系统互连（Open System Interconnection，OSI）协议栈服务的，是面向无连接网络协议（Connectionless Network Protocol，CLNP）设计的动态路由协议。因为 OSI 与传输控制协议/互联网协议（Transmission Control Protocol/Internet Protocol，TCP/IP）协议栈是两个不同的协议栈，所以最初的 IS-IS 协议是无法在 TCP/IP 协议栈环境中工作的。随着 TCP/IP 协议栈的全球化发展，因特网工程任务组（Internet Engineering Task Force，IETF）对 IS-IS 协议进行了扩展，使得它能够应用于 TCP/IP 协议栈，这种 IS-IS 协议被称为集成 IS-IS（Integrated IS-IS）协议。由于在

当今的通信网络中，TCP/IP 协议栈已经成为主流协议栈之一，因此现在所讨论的 IS-IS 协议几乎指的都是集成 IS-IS 协议。

IS-IS 协议与 OSPF 协议在许多方面非常相似，如运行 IS-IS 协议的直连设备会通过 Hello 报文发现彼此，然后建立邻居关系并交互链路状态信息。这些链路状态信息承载在链路状态报文（Link State Packet，LSP）中。每一台运行 IS-IS 协议的设备都会产生 LSP，LSP 会被泛洪到网络中适当的范围。所有设备都将自己产生的及网络中泛洪的 LSP 存储在自己的 LSDB 中。IS-IS 设备基于自己的 LSDB 采用 SPF 算法进行计算，最终得到 IS-IS 协议路由信息。另外，与 OSPF 协议一样，IS-IS 协议支持层次化的网络结构，支持可变长网络掩码（Variable-Length Subnet Mask，VLSM），支持手工路由汇总等功能。

2.1.1 常用术语

IS-IS 协议是由 ISO 面向 OSI 协议栈开发的，因此，IS-IS 协议中的许多常用术语是与 OSI 协议栈相关的，这些术语与 TCP/IP 协议栈中的常用术语相似但有所区别。

（1）ISO：这是一个全球性的非政府组织，成立于 1947 年，从其名称可以看出该组织的使命——在国际上促进各领域的标准化。OSI 参考模型就是 ISO 的成果之一。

（2）中间系统（Intermediate System，IS）：指在网络中负责传输数据的设备，它们在 OSI 参考模型的网络层上运行，以实现不同网络之间的数据交换和路由选择，相当于 TCP/IP 协议栈中的路由器或三层交换机。

（3）IS-IS 协议：用于在 IS 之间实现动态路由信息交互的协议。

（4）CLNP：OSI 中定义的无连接网络协议，在发送数据之前不建立端到端的连接，而是通过独立的消息交换来传输数据，确保了网络通信的灵活性和效率，相当于 TCP/IP 协议栈中的 IP。

（5）LSP：IS-IS 协议中用于描述链路状态信息的报文类型，类似于 OSPF 协议中的 LSA。但 OSPF 协议中的 LSA 只包含在 LSU 报文中的链路状态信息。在 IS-IS 协议中，链路状态信息以 LSP 的形式在 IS 间交互。IS 将收到的 LSP 装载到自己的 LSDB 中，并基于自己的 LSDB 独立进行路由计算。

2.1.2 NSAP 地址

在 TCP/IP 协议栈中，IP 地址用于标识网络设备的接口，从而实现网络层寻址。如果一台设备存在多个接口，那么该设备便可能拥有多个 IP 地址，每个接口均可使用一个独立的 IP 地址。有的时候，在一台设备的某个接口上可能会存在多个 IP 地址。

在 OSI 协议栈中，网络服务接入点（Network Service Access Point，NSAP）地址被视为 CLNP 地址。NSAP 地址是一种用于在 OSI 协议栈中定位资源的地址，类似于 TCP/IP 协议栈中的 IP 地址。但两者具有如下区别：首先，IP 地址只用于标识设备的某个接口，而 NSAP 地址用于标识整个结点，即整台设备；其次，IP 地址并不标识该设备的上层协议类型或服务类型，而 NSAP 地址中除了包含用于标识设备的地址信息，还包含用于标识上层协议类型或服务类型的其他信息。所以，NSAP 地址更类似于 TCP/IP 协议栈中的 IP 地址加上 TCP 或 UDP 端口号。

NSAP 地址的结构示意如图 2-3 所示。一个 NSAP 地址由初始域部分（Initial Domain Part，IDP）和域特定部分（Domain Specific Part，DSP）组成。IDP 和 DSP 的长度都是可变的，因此 NSAP 地址的总长度是不固定的，最短为 8 字节，最长为 20 字节。NSAP 地址中各个字段的含义如下。

图 2-3 NSAP 地址的结构示意

1. 区域 ID

区域 ID 由授权和格式标识符（Authority and Format Identifier，AFI）、初始域标识符（Initial Domain Identifier，IDI）和高位 DSP 组成，既能标识路由域，又能标识路由域中的区域。区域 ID 是可变长的，IDI 和 DSP 为可选字段，因此区域 ID 最短为 1 字节，最长为 13 字节。

（1）AFI：长度为 1 字节，可以用来指示地址是由哪个组织或标准定义的，如 ISO 或特定国家和地区的标准；还可以用来指示地址的编码格式，如是否使用了压缩或缩写形式。通过 AFI 字段，可以确保不同组织或标准定义的地址不会发生冲突。在实验环境中经常被使用的 AFI 值是 49，该值表示本地管理，即私有地址空间。

（2）IDI：用于标识地址所属的域，这个域可以是一个国家、地区或者组织，其长度是可变的。

（3）高位 DSP：即 DSP 中的高比特位部分（在二进制中，靠近左边的比特位被视为高位），该字段的长度是可变的，它用于在一个域中进一步划分区域。

2. 系统 ID

系统 ID（System Identifier，System ID）：用来在区域内唯一标识主机或路由设备。在华为路由器上，系统 ID 的长度固定为 6 字节，且通常用十六进制格式表示，如 1234.5678.9abc。在网络部署过程中，必须保证域内设备系统 ID 的唯一性。

3. NSAP 选择器

NSAP 选择器（NSAP Selector，NSEL）：长度为 1 字节，用于标识上层协议类型或服务类型，相当于 TCP 或用户数据报协议（User Datagram Protocol，UDP）中的端口号。

在 OSI 协议栈中，有一种非常特殊的 NSAP 地址，即 NSEL 字段值为 0x00 的 NSAP 地址。这种地址被称为网络实体名称（Network Entity Title，NET）。由于 NSEL 字段值为 0x00，因此 NET 不标识任何上层协议类型或服务类型，而是用于在网络层标识一台设备。即使在纯 TCP/IP 协议栈环境中部署 IS-IS 协议，每一台 IS 也需要配置 NET，否则 IS-IS 协议将无法正常工作。一旦运维工程师为一台设备指定了 NET，该设备便可以从 NET 中解析出区域 ID，以及设备的系统 ID。通常情况下，设备的一个 IS-IS 进程只配置一个 NET。当然，在一些特殊场景中，一个 IS-IS 进程也可以配置多个 NET，此时这些 NET 中的系统 ID 必须相同。在 IS-IS 中，系统 ID 相当于 OSPF 中的 Router ID。

图 2-4 展示了 NET 结构的示例。NET 的最后 1 字节为 NSEL，它对应的值必须为 0x00，与 NSEL 相邻的 6 字节为系统 ID，其余部分便是区域 ID。针对处于同一个区域的两台 IS-IS 设备，其 NET 中的区域 ID 必须相同，而系统 ID 必须不同。

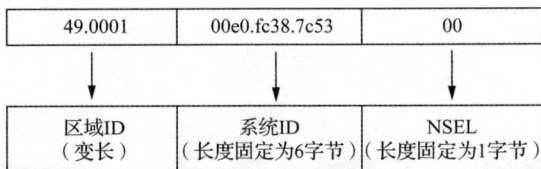

图 2-4　NET 结构的示例

2.1.3　IS-IS 协议的路由器分类及区域

与 OSPF 协议类似，为了支持大规模的路由网络，IS-IS 协议将路由域划分成不同的区域，并将路由器分为 Level-1、Level-2 和 Level-1-2 这 3 种类型。图 2-5 所示为 IS-IS 区域划分及路由器分类示意。

1. IS-IS 协议的路由器分类

（1）Level-1 路由器。

Level-1 路由器是一种 IS-IS 区域内部路由器，即图 2-5 中的 R1 和 R6，它只能够与同属一个区域的其他 Level-1 路由器和 Level-1-2 路由器建立 IS-IS 邻居关系，这种邻居关系称为 Level-1 的邻居关系。Level-1 路由器不能与 Level-2 路由器建立邻居关系，也不能与不同区域的 Level-1 路由器建立邻居关系。Level-1 路由器只维护区域内 Level-1 路由器的 LSDB，它能够根据 LSDB 中所包含的链路状态信息计算出区域内的网络拓扑及到达区域内各网段的最优路由。如果 Level-1 路由器要访问其他区域，则必须通过 Level-1-2 路由器接入骨干区域。

（2）Level-2 路由器。

Level-2 路由器可以与本区域和其他区域的 Level-2 或 Level-1-2 路由器建立 IS-IS 邻居关系，这种邻居关系称为 Level-2 的邻居关系。Level-2 路由器只维护 Level-2 路由器的 LSDB。在一个典型的 IS-IS 网络中，Level-2 路由器通常拥有整个 IS-IS 区域，包括该域内所有的 Level-1 区域及 Level-2 区域的路由信息。所以，Level-2 路由器可以简单地视为 IS-IS 骨干区域路由器。图 2-5 中的 R3 和 R4 为 Level-2 路由器。

（3）Level-1-2 路由器。

Level-1-2 路由器是同时具备 Level-1 路由器和 Level-2 路由器功能的路由器，它可与同区域的 Level-1、Level-1-2 路由器建立 Level-1 的邻居关系，也可与同区域或不同区域的 Level-2 路由器或 Level-1-2 路由器建立 Level-2 的邻居关系。Level-1-2 路由器与 OSPF 协议中的 ABR 相似，是 IS-IS 骨干区域的一个组成部分，可以同时维护 Level-1 和 Level-2 邻居关系以及 LSDB，因此同时拥有 Level-1 和 Level-2 的路由。在一个典型的 IS-IS 网络中，Level-1-2 路由器通常连接着一个 Level-1 区域和骨干区域，作为该 Level-1 区域与其他区域实现通信的"桥梁"。

2. IS-IS 协议的区域

IS-IS 协议将一个路由域划分成多个区域，以减少 LSDB 的规模、LSA 泛洪的范围和设备的开销值。然而，与 OSPF 协议不同的是，IS-IS 协议的骨干区域不像 OSPF 协议的骨干区域那样是一个唯一的、具体的区域 0，而是由一系列物理上连续的 Level-2 及 Level-1-2 路由器所构成的区域。如图 2-5 所示，该 IS-IS 区域被划分为 3 个区域，其中 R1 及 R2 处于 Area 49.0001，R3 及 R4 处于 Area 49.0002，R5 和 R6 处于 Area 49.0003。该 IS-IS 区域中的骨干区域并不局限于某一个具体的区域内，而由 R2、R3、R4 和 R5 组成。另外，连续的 Level-1（含 Level-1-2）路由器构成的区域称为 Level-1 区域，连续的、同属一个区域的 Level-2（含 Level-1-2）路由器所构成的区域称为 Level-2 区域。

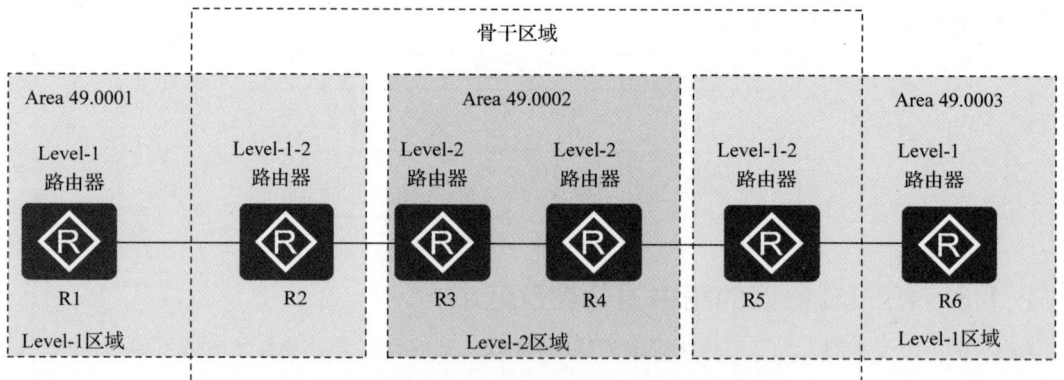

图 2-5　IS-IS 区域划分及路由器分类示意

IS-IS 协议中的每个 Level-1 区域必须通过 Level-1-2 路由器连接到骨干区域。IS-IS 协议的 Level-1 区域与 OSPF 协议中的完全 NSSA 类似。Level-1-2 路由器作为 Level-1 区域与骨干区域之间的"桥梁"，将自身通过 Level-1 区域内泛洪的 Level-1 LSP 计算得出的路由以 Level-2 LSP 的形式通告给骨干区域，使得骨干区域中的路由器能够计算出到达该 Level-1 区域内相应网段的路由。另外，默认情况下，Level-1-2 路由器并不会将其从骨干区域学习到的路由，包括到达其他区域的路由向所属的 Level-1 区域进行通告，就像 OSPF 协议不会向某个完全 NSSA 下发描述区域间路由的类型 3 LSA 一样。因此，一个区域内的 Level-1 路由器仅知晓到达本区域内各个网段的路由，对于区域外的网络是一无所知的，它只能通过指向本区域的 Level-1-2 路由器的默认路由来到达区域外部。这种设计是为了更大程度地减小 Level-1 路由器的 LSDB 及路由表规模，从而优化设备的性能。

IS-IS 协议的区域与 OSPF 协议的区域的另一个不同点是，OSPF 协议的区域是接口维度的，而 IS-IS 协议的区域是设备维度的，即对于 OSPF 协议来说，两个区域的交界是出现在 OSPF 设备上的。例如，OSPF 协议中的 ABR，一个接口属于区域 0，而另一个接口属于其他区域。而对于 IS-IS 协议来说，区域 ID 在该设备的 NET 中体现，设备的所有接口都属于该区域。所以，两个区域的交界处不在 IS-IS 设备上，而在链路上。在 OSPF 协议中，如果直连的设备之间要建立邻居关系，那么双方互联的接口必须在相同的区域中。而在 IS-IS 协议中，如果直连的设备之间要建立邻居关系，则双方并不限定在同一个区域内。在图 2-5 中，R2 和 R3、R4 和 R5 属于不同的区域，它们之间建立的是 Level-2 的邻居关系。

2.2 IS-IS 协议报文

与 OSPF 协议报文承载于 IP 报文不同，IS-IS 协议报文直接承载于数据链路层报文，所以 IS-IS 协议报文相比于 OSPF 协议报文少了 IP 首部字段。以太网中 IS-IS 协议报文格式如图 2-6 所示，IS-IS 协议数据单元（Protocol Data Unit，PDU），包含通用头部、特定头部和变长载荷 3 个部分。其中，通用头部指的是所有 IS-IS PDU 都拥有的相同格式的头部；变长载荷包含该协议报文的核心内容，IS-IS 协议报文采用类型-长度-值（Type-Length-Value，TLV）三元组的格式存储这些内容。IS-IS 协议报文之所以拥有较高的可扩展性正是得益于 TLV 的设计。

图 2-6 以太网中 IS-IS 协议报文格式

IS-IS 协议报文包含 Hello（IIH）报文、LSP 和序列号报文（Sequence Number Packet，SNP）3 种类型。其中，Hello 报文包含 Level-1 广播网 IS-IS Hello（L1 LAN IIH）报文、Level-2 广播网 IS-IS Hello（L2 LAN IIH）报文和 P2P 网络 IS-IS Hello（P2P IIH）报文 3 种，LSP 包含 Level-1 LSP 和 Level-2 LSP 两种，SNP 包含完整序列号报文（Complete Sequence Number Packet，CSNP）和部分序列号报文（Partial Sequence Number Packet，PSNP）两种，CSNP 和 PSNP 均包含 Level-1 和 Level-2 两种类型。因此，IS-IS 协议共有 9 种报文类型。

1. 通用头部格式

IS-IS 协议报文通用头部格式如图 2-7 所示，其中各个字段的含义如下。

① 域内路由选择协议标识符（Intradomain Routing Protocol Discriminator）：这是 ISO 9577 分配给 IS-IS 协议的一个固定值，用于标识网络层 PDU 的类型。对于 IS-IS 协议报文而言，该字段的值为 0x83。

② 长度标识符（Length Indicator）：用来标识报文头部字段的长度，包括通用头部和特定头部的长度，单位为字节。

域内路由选择协议标识符	
长度标识符	
版本/协议ID扩展	
ID长度	
保留位	PDU类型
版本	
保留	
最大区域地址数	

图 2-7　IS-IS 协议报文通用头部格式

③ 版本/协议 ID 扩展（Version/Protocol ID Extension）：取值固定为 1。

④ ID 长度（ID Length）：用来标识该路由域内系统 ID 的长度。

⑤ 保留（Reserved）位：长度为 3 比特，当前值全为 0。

⑥ PDU 类型（PDU Type）：长度为 5 比特，标识 IS-IS 协议报文的类型。其中，值为 15、16 和 17 分别表示该协议报文为 L1 LAN IIH、L2 LAN IIH 和 P2P IIH 报文；值为 18 和 20 分别表示该协议报文为 Level-1 LSP 和 Level-2 LSP；值为 24、25、26 和 27 分别表示该协议报文为 Level-1 CSNP、Level-2 CSNP、Level-1 PSNP 和 Level-2 PSNP。

⑦ 版本（Version）：当前值为 1。

⑧ 保留（Reserved）：当前值为 0，保留字段，未使用。

⑨ 最大区域地址数（Maximum Area Address）：表示该 IS-IS 进程实际所允许的最大区域地址数。目前，该字段值固定为 0，表示当前一个 IS-IS 进程最多支持 3 个区域地址。

2. 特定头部格式

下面详细介绍几种报文的特定头部格式。

（1）IIH 报文特定头部格式。

IIH 报文用于建立及维护 IS-IS 的邻居关系，其中 L1 LAN IIH 报文及 L2 LAN IIH 报文用于广播类型的网络，P2P IIH 报文用于 P2P 类型的网络。在广播类型的网络中，如果网络设备为 Level-1 设备，则它在接口上发送及侦听 L1 LAN IIH 报文；如果网络设备为 Level-2 设备，则它在接口上发送及侦听 L2 LAN IIH 报文；如果网络设备为 Level-1-2 设备，则它在接口上同时发送及侦听 L1 LAN IIH 报文和 L2 LAN IIH 报文。华为设备在默认状态下以 Level-1-2 模式工作，因此会在接口上同时发送及侦听两种类型的 LAN IIH 报文。

在广播类型的网络中，L1 LAN IIH 报文和 L2 LAN IIH 报文的格式相同，LAN IIH 报文特定头部格式如图 2-8（a）所示；在 P2P 类型的网络中，P2P IIH 报文特定头部格式如图 2-8（b）所示。从图 2-8 中可以看出，P2P IIH 报文特定头部的多数字段与 LAN IIH 报文特定头部的字段相同，区别是 P2P IIH 报文特定头部中没有优先级和广播网络 ID 字段，而多了一个本地链路 ID 字段。图 2-8 中各个字段的含义如下。

保留	电路类型
源ID	
保持时间	
PDU长度	
保留	优先级
广播网络ID	

（a）LAN IIH 报文特定头部格式

保留	电路类型
源ID	
保持时间	
PDU长度	
本地链路ID	

（b）P2P IIH 报文特定头部格式

图 2-8　Hello 报文特定头部格式

47

① 保留/电路类型（Reserved/Circuit Type）：长度为 1 字节，其中前 6 比特目前保留未使用，后 2 比特表示接口电路类型，值为 1 时表示接口电路类型为 Level-1，值为 2 时表示接口电路类型为 Level-2，值为 3 时表示接口电路类型为 Level-1-2。Level-1 路由器的所有接口电路类型都为 Level-1，Level-2 路由器的所有接口电路类型都为 Level-2，Level-1-2 路由器的接口电路类型由接口下的 isis circuit-level 配置确定，默认为 Level-1-2。

② 源 ID（Source ID）：长度由通用头部中的 ID 长度字段确定，该字段表示发送该 Hello 报文的设备的系统 ID。

③ 保持时间（Holding Time）：长度为 2 字节，表示若在此时间段内未收到邻居的 Hello 报文，则认为邻居已失效，默认为 Hello 报文发送周期的 3 倍。

④ PDU 长度（PDU Length）：长度为 2 字节，表示整个 IS-IS 协议报文的长度，包括通用头部、特定头部和变长载荷字段三者的长度，单位为字节。

⑤ 优先级（Priority）：由广播网络中的 Hello 报文特有，长度为 7 比特，所以取值为 0~127，默认为 64。该字段用于指定中间系统（Designated Intermediate System，DIS）的选举。

⑥ 广播网络 ID（LAN ID）：由广播网络中的 Hello 报文特有，由 DIS 的系统 ID 和 1 字节的伪结点 ID 组成，用于区分同一 DIS 下不同的广播网络。

⑦ 本地链路 ID（Local Link ID）：长度为 1 字节，由 P2P 网络中的 Hello 报文特有，由 IS 设备给 P2P 链路分配的 ID，一般给第一条 P2P 链路分配的 ID 为 1，给第二条 P2P 链路分配的 ID 为 2，以此类推。

（2）LSP 特定头部格式。

IS-IS 协议使用 LSP 承载链路状态信息。LSP 分为 Level-1 LSP 及 Level-2 LSP，具体发送哪一种 LSP 视 IS-IS 邻居关系的类型而定。如果设备间建立的是 Level-1 的邻居关系，则双方交互 Level-1 LSP；如果设备间建立的是 Level-2 的邻居关系，则双方交互 Level-2 LSP；如果两台设备同为 Level-1-2 路由器，设备间将同时建立 Level-1 及 Level-2 两种邻居关系，则双方同时交互 Level-1 LSP 及 Level-2 LSP 两种报文。

Level-1 LSP 和 Level-2 LSP 的特定头部格式相同，如图 2-9 所示，其中各个字段的含义如下。

PDU长度			
剩余生存时间			
LSP ID			
序列号			
校验和			
P	ATT	OL	IS类型

图 2-9 LSP 特定头部格式

① PDU 长度（PDU Length）：长度为 2 字节，表示整个 IS-IS 协议报文的长度，包括通用头部、特定头部和变长载荷字段三者的长度，单位为字节。

② 剩余生存时间（Remaining Lifetime）：长度为 2 字节，表示 LSP 到期前的生存时间，单位为 s。默认 LSP 的初始生存时间为 1200s，采用倒计时。每隔 900s，LSP 会刷新一次。当剩余生存时间为 0 时，LSP 会被从 LSDB 中清除。

③ LSP ID：用来标识不同的 LSP，包括 3 个部分，即系统 ID、伪结点 ID（长度为 1 字节）和 LSP 分片号（长度为 1 字节）。

④ 序列号（Sequence Number）：长度为 32 比特的无符号数，每当路由器更新其 LSP 时，序

列号会加 1，其主要作用是让路由器判断一个 LSP 的版本新旧。

⑤ 校验和（Checksum）：长度为 2 字节，用于检测 LSP 在传输过程中是否出现错误。

⑥ 区域修复（Partition Repair，P）：长度为 1 比特，仅与 Level-2 LSP 有关，用于表示路由器是否支持自动修复区域分割。当该位置 1 时，表明始发路由器支持自动修复区域分割。

⑦ 区域关联（Attachment，ATT）：长度为 4 比特，由 Level-1-2 路由器产生，用来指明始发路由器是否与其他区域相连。当 Level-1 区域中的路由器收到 Level-1-2 路由器发送的 ATT 字段被置位的 Level-1 LSP 后，它将创建一条指向 Level-1-2 路由器的默认路由，以便数据可以被路由到其他区域。虽然 ATT 字段同时在 Level-1 LSP 和 Level-2 LSP 中进行了定义，但是它只会在 Level-1 LSP 中被置位，并且只有 Level-1-2 路由器会设置这个字段。

⑧ 过载标志（Overload，OL）位：长度为 1 比特，表示本路由器因为内存不足而导致 LSDB 不完整。设置了过载标志的 LSP 虽然还会在网络中扩散，但是在计算通过该过载路由器的路由时不会被采用，即对路由器设置过载标志后，其他路由器在使用 SPF 算法进行计算时不会使用这台路由器进行转发，只计算该路由器上的直连路由。

⑨ IS 类型（IS Type）：长度为 2 比特，用于表示始发路由器的类型，即 LSP 是来自 Level-1 路由器还是 Level-2 路由器。Level-1 路由器产生的 LSP 为 Level-1 LSP，将被放到 Level-1 LSDB 中；Level-2 路由器产生的 LSP 为 Level-2 LSP，将被放到 Level-2 LSDB 中。其中，01 表示 Level-1 路由器，11 表示 Level-2 路由器，00 与 10 未使用。

3. SNP 特定头部格式

SNP 分为 CSNP 和 PSNP。CSNP 包含 LSDB 中所有 LSP 的摘要信息，主要用于确保 LSDB 的同步，所以 CSNP 的功能与 OSPF 协议中 DD 报文的功能相似。与 CSNP 不同的是，PSNP 中只包含部分 LSP 的摘要信息。PSNP 主要用于请求 LSP 更新，在 P2P 网络中还用于对收到的 LSP 进行确认。所以 PSNP 实现了 OSPF 协议中的 LSR 及 LSAck 报文的功能。CSNP 和 PSNP 都为 Level-1 与 Level-2 两种类型，不同的 IS-IS 邻居关系交互不同类型的 CSNP 和 PSNP。

CSNP 特定头部格式如图 2-10（a）所示，PSNP 特定头部格式如图 2-10（b）所示。从图中可以看出，CSNP 特定头部比 PSNP 特定头部多了起始 LSP ID 和结束 LSP ID 两个字段，其中各个字段的含义如下。

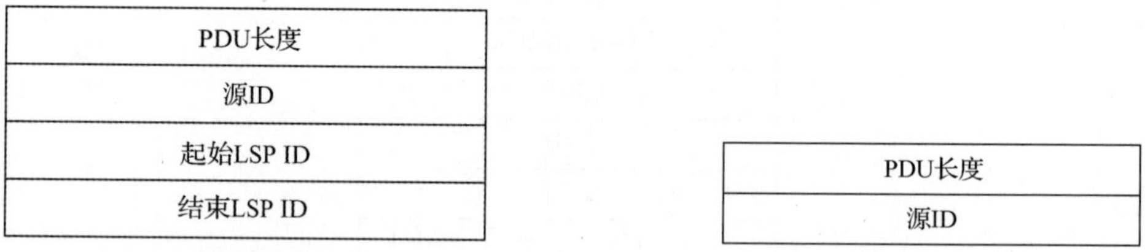

（a）CSNP 特定头部格式　　　　　（b）PSNP 特定头部格式

图 2-10　SNP 特定头部格式

① PDU 长度（PDU Length）：长度为 2 字节，同 IIH 和 LSP 特定头部的 PDU 长度字段，表示整个 IS-IS 协议报文的长度包括通用头部、特定头部和变长载荷字段三者的长度，单位为字节。

② 源 ID（Source ID）：表示发送该协议报文的路由器，由发送路由器的系统 ID 与一个字节的全 0 组成。

③ 起始 LSP ID（Start LSP ID）：表示 CSNP 中 LSP ID 的最小值，格式与 LSP 特定头部的 LSP ID 字段的格式相同。

④ 结束 LSP ID（End LSP ID）：表示 CSNP 中 LSP ID 的最大值，格式与 LSP 特定头部的 LSP ID 字段的格式相同。

4. 变长载荷字段格式

变长载荷字段是 IS-IS 协议报文的载荷部分，IS-IS 协议报文通过该字段携带需要传递的内容。该字段由一系列的 TLV 三元组组成，其格式如图 2-11 所示，其中各个字段的含义如下。

| 类型 |
| 长度 |
| 值 |
| …… |
| 类型 |
| 长度 |
| 值 |

图 2-11 变长载荷字段格式

① 类型：长度为 1 字节，用于标识 TLV 的类型。IS-IS 协议定义了丰富的 TLV 类型，不同的 TLV 类型用于携带不同的信息。

② 长度：长度为 1 字节，用于指示值字段的长度。由于不同的 TLV 类型所描述的信息不同，因此信息的长短可能也有所不同。

③ 值：该字段的长度是可变的，所占用的字节数在长度字段中描述。此字段的值就是 TLV 所携带的有效内容。

2.3 IS-IS 协议工作原理

IS-IS 协议支持两种网络类型：广播网络类型及 P2P 网络类型。当设备的接口激活 IS-IS 协议后，IS-IS 协议会自动根据该接口的数据链路层封装决定该接口的 IS-IS 网络类型。当 IS-IS 协议在以太网或令牌环（Token-Ring）网的接口上被激活时，该接口的网络类型默认为广播网络。当 IS-IS 协议在封装类型为 PPP 或 HDLC 协议的接口上被激活时，该接口的网络类型默认为 P2P 网络。IS-IS 协议的工作原理与 OSPF 协议的类似，首先建立邻居关系，然后交互链路状态信息完成 LSDB 同步，最后各自运行 SPF 算法，完成路由计算。但在广播网络与 P2P 网络上，IS-IS 协议的工作原理又有所不同。

微课

2.3.1 广播网络中 IS-IS 协议的工作原理

1. 邻居关系建立

在 IS-IS 协议中，邻居关系与邻接关系是等价的，因此 IS-IS 设备不管是在广播网络中还是在 P2P 网络中都只有一种关系。广播网络中 Level-1 的邻居关系建立过程示例如图 2-12 所示。邻居关系建立过程如下。

（1）假设 R1 率先在 G0/0/0 接口上激活了 IS-IS 协议，该接口的网络类型默认为广播网络。由于 R1 是 Level-1 路由器，它将在该接口上周期性地发送 L1 LAN IIH 报文。L1 LAN IIH 报文以组播的形式发送，目的 MAC 地址是 0180-c200-0014，该 L1 LAN IIH 报文中记录了 R1 的系统 ID，以及多个 TLV，其中区域 ID TLV 中记录了 R1 的区域 ID。

（2）R2 在其 G0/0/0 接口上收到了 R1 发送的 L1 LAN IIH 报文，它会针对协议报文中的相关内容进行检查（如检查对方与自己是否处于相同的区域）。通过检查后，R2 在其 IS-IS 邻居列表中将 R1 的状态设置为 Init（初始化），并在自己从 G0/0/0 接口发送的 L1 LAN IIH 报文中增加 IS 邻居 TLV，在该 TLV 中写入 R1 的 G0/0/0 接口的 MAC 地址，通告 R1 为自己的邻居。

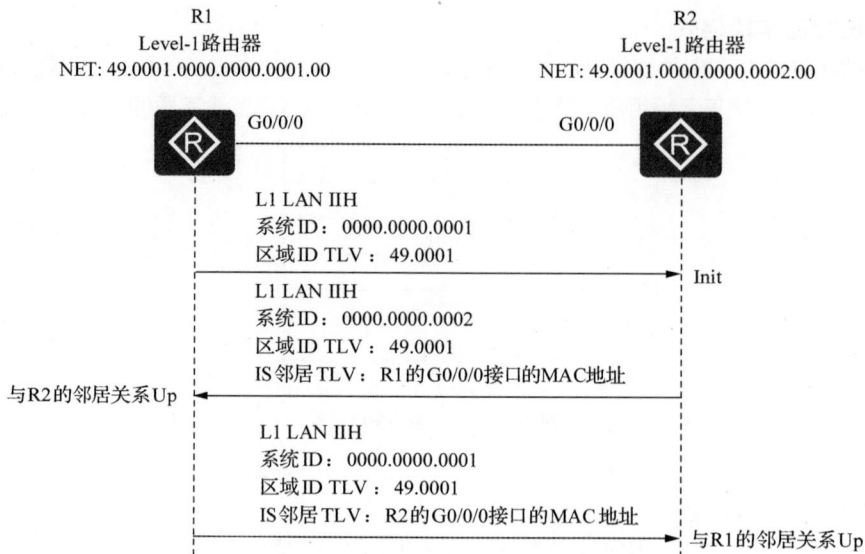

图 2-12　广播网络中 Level-1 的邻居关系建立过程示例

（3）R1 收到该 L1 LAN IIH 报文后，在其 IS-IS 邻居列表中将 R2 的状态设置为 Up，然后在自己从 G0/0/0 接口发送的 L1 LAN IIH 报文中增加 IS 邻居 TLV，并在该 TLV 中写入 R2 的 G0/0/0 接口的 MAC 地址，通告 R2 为自己的邻居。

（4）R2 收到该 L1 LAN IIH 报文后，在其 IS-IS 邻居列表中将 R1 的状态设置为 Up。如此一来，两台路由器的 IS-IS 邻居关系就建立好了。

邻居关系建立之后，R1 与 R2 依然会周期性交互 L1 LAN IIH 报文。此示例描述的是 Level-1 的邻居关系的建立过程，Level-2 邻居关系的建立过程与此类似，只不过设备之间使用 L2 LAN IIH 报文建立邻居关系，并且 L2 LAN IIH 报文的目的 MAC 地址是另一个组播 MAC 地址：0180-c200-0015。

2. DIS 选举

在广播网络中，邻居关系建立后，路由器会等待两个 Hello 报文发送间隔，然后进行 DIS 选举。Hello 报文中包含优先级字段，该字段值最大的路由器将被选举为该广播网络的 DIS。若值相同，则接口 MAC 地址较大的路由器被选举为 DIS。DIS 主要用于在广播网络中虚拟出一个伪结点（Pseudo Node）。伪结点并非一台真实的物理设备，它是由 DIS 虚拟出来的一台设备。伪结点负责产生伪结点 LSP，用来描述这个广播网络上有哪些网络设备。

伪结点示意如图 2-13 所示。4 台路由器连接在同一个二层网络中，且都为 Level-1 路由器。如果 IS-IS 没有伪结点，那么接入同一个广播网络中的每台 IS-IS 设备都需要在其泛洪的 LSP 中描述在该广播网络中与自己建立邻居关系的所有其他 IS-IS 设备。当这些设备的数量特别多时，每台设备所产生的 LSP 数量势必较多且大多为重复内容。在引入了伪结点后，设备仅需在其泛洪的 LSP 中描述自己与伪结点的邻居关系即可，无须再描述自己与其他非伪结点的邻居关系。由 DIS 虚拟出来的伪结点汇总了与广播网络中所有设备（包括 DIS 自己）的邻居关系并生成 LSP，从而使区域内的其他 IS-IS 设备能够根据伪结点生成的 LSP 计算出该广播网络内的拓扑。所以伪结点生成的 LSP 的功能与 OSPF 协议中的类型 2 LSA 的功能类似。伪结点的引入减小了网络中泛洪的 LSP 数量。当拓扑发生变化时，网络中需要泛洪的 LSP 数量也减少了，对设备造成的负担也就相应减少了。

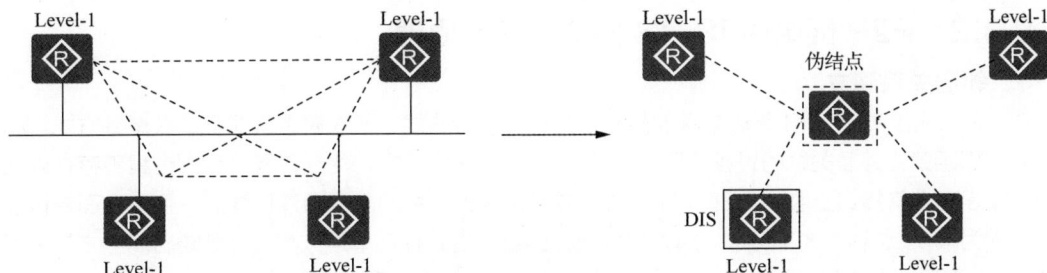

图 2-13 伪结点示意

从以上描述中可以看出，DIS 类似于 OSPF 协议中的 DR，但 DIS 与 DR 有以下不同点。

（1）OSPF 协议中的 DR 的优先级为 0 时，不参与选举，但 IS-IS 协议中的 DIS 的优先级为 0 时，仍然参与选举。

（2）OSPF 协议中的 DR 不具有抢占性，即当网络中出现比 DR 优先级更高的路由器时，不会抢占成为新 DR，但 IS-IS 协议中的 DIS 具有抢占性。

（3）OSPF 协议中的 DR 有 BDR 作为备份，但 IS-IS 协议中的 DIS 没有备份机制。

3. LSDB 同步

DIS 选举完成后，广播网络将进行 LSDB 的同步。广播网络中 LSDB 同步过程示意如图 2-14 所示，同步过程如下。

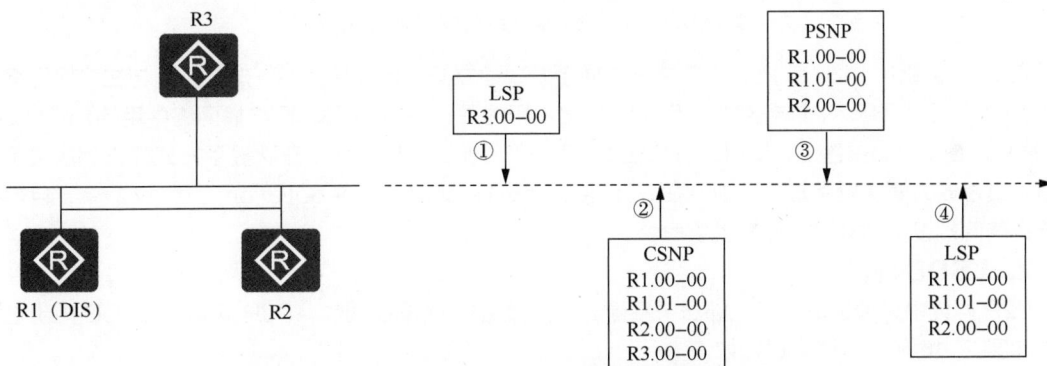

图 2-14 广播网络中 LSDB 同步过程示意

（1）新加入的路由器 R3 先发送 Hello 报文，与该广播域中的其他路由器建立邻居关系。

（2）建立邻居关系之后，R3 等待 LSP 刷新定时器超时，并将自己的 LSP 发往组播地址（Level-1 组播地址为 01-80-C2-00-00-14，Level-2 组播地址为 01-80-C2-00-00-15）。这样网络上所有的邻居都将收到该 LSP。

（3）该网段中的 DIS 会把收到的 R3 的 LSP 加入 LSDB 中，等待 CSNP 定时器超时并发送 CSNP。CSNP 包含了该 DIS 的 LSDB 中的所有 LSP 摘要信息。

（4）同一个广播网络中的其他 IS-IS 设备收到该 CSNP 后，将其中包含的 LSP 摘要信息与本地 LSDB 进行对比，如果发现两者一致，则忽略该 CSNP；如果发现本地 LSDB 中缺少某些 LSP 信息，则向 DIS 发送 PSNP 请求自己没有的 LSP 信息。

（5）DIS 在收到该 PSNP 后，从该 PSNP 中解析出被请求的 LSP ID，以 LSP 形式将完整的 LSP 信息发送给对方。收到该 LSP 的一方将该 LSP 更新到自己的 LSDB 中，并且无须向 DIS 发送确认。

（6）LSDB 完成同步后，DIS 仍会周期性地（默认为 10s）泛洪 CSNP。

2.3.2　P2P 网络中 IS-IS 协议的工作原理

1. 邻居关系建立

在 P2P 网络中，IS-IS 邻居关系的建立过程存在两种方式：两次握手方式及三次握手方式。P2P 网络两次握手建立邻居关系的过程如图 2-15 所示。两次握手方式建立邻居关系的过程不存在确认机制，只要设备在其接口上收到 P2P IIH 报文，并且协议报文中的内容通过检查后，便单方面将该邻居的状态视为 Up。这种方式不可靠，因为如果双方的互联链路存在单通故障，则可能出现一方的邻居状态是 Up，而另一方的邻居状态是 Down 的情况，此时网络会出现问题。

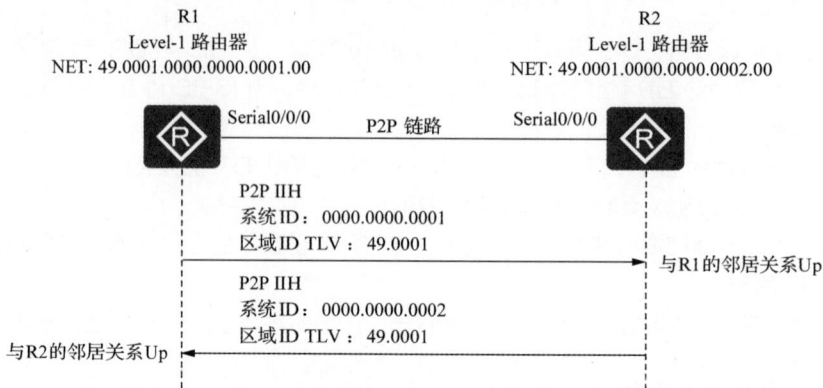

图 2-15　P2P 网络两次握手建立邻居关系的过程

在 P2P 网络中，IS-IS 协议也支持三次握手方式建立 IS-IS 邻居关系，建立过程与在广播网络中的类似，如图 2-12 所示，主要区别在于 P2P 网络中用的是 P2P IIH 报文，而广播网络中用的是 L1 LAN IIH 报文。在华为路由器上，IS-IS 协议在 P2P 类型的接口上默认使用三次握手方式建立邻居关系。如需将其修改为两次握手方式，则可在 P2P 接口上执行 isis ppp-negotiation 2-way 命令，且需在直连链路两端设备的接口上均配置该命令。

2. LSDB 同步

P2P 网络中无须选举 DIS，邻居关系建立后直接进行 LSDB 同步。P2P 网络中 LSDB 同步过程示意如图 2-16 所示，同步过程如下。

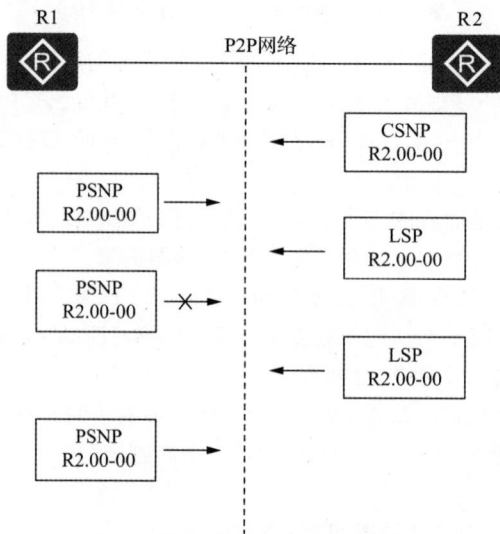

图 2-16　P2P 网络中 LSDB 同步过程示意

（1）在 P2P 网络中，当 IS-IS 设备之间完成邻居关系的建立后，便开始交互 CSNP。

（2）设备收到邻居的 CSNP 后，检查本端 LSDB 是否包含 CSNP 中的信息。如果没有包含，则发送 PSNP 请求缺少的 LSP。

（3）设备在发送完 LSP 的同时启动 LSP 重传定时器，接收方收到 LSP 后，需使用 PSNP 进行确认。

（4）如果 LSP 重传定时器超时后，发送方还没有收到接收方发送的 PSNP 作为应答，则重新发送该 LSP 直至收到接送方发送的 PSNP 为止。

图 2-16 描述的是 R1 完成 LSDB 同步的过程，R2 与 R1 的同步过程类似且同时进行。在 P2P 网络中，CSNP 只在双方邻居关系建立完成后进行一次交互，此后不会周期性地发送。另外，P2P 网络中 LSP 的更新采用的是一种可靠的方式。从图 2-16 中可以看出，PSNP 在 P2P 网络中有两个作用：一是请求所需的 LSP，二是作为应答以确认收到所需的 LSP。在广播网络中，PSNP 只具有第一种作用。

微课

2.4 IS-IS 协议基础配置命令

下面介绍本项目涉及的 IS-IS 协议相关配置命令，包含 IS-IS 协议基本功能的配置命令、IS-IS 协议认证的配置命令和 IS-IS 协议常用的查询命令。

1. IS-IS 协议基本功能的配置命令

[Huawei] isis [*process-id*]　　//启动并进入 IS-IS 进程，其中 process-id 为进程号，默认为 1
[Huawei-isis-1] network-entity *net*
/*配置 IS-IS 进程的 NET。与 OSPF 协议不同，IS-IS 协议中不用配置区域 ID 和 Router ID。IS-IS 协议的区域 ID 和 Router ID 全部在 NET 中体现。NET 最前面的一部分是 IS-IS 设备的区域 ID，中间系统 ID 相当于 OSPF 协议中的 Router ID，整个 IS-IS 网络中的系统 ID 必须唯一。最后一部分 NSEL 固定为 0x00*/
[Huawei-GigabitEthernet0/0/0] isis enable [*process-id*]
/*在接口上启用 IS-IS 进程。与 OSPF 协议不同，IS-IS 协议只有在接口上启用这一种方式，没有在进程中通过 network 命令启用的方式*/

以上 3 个命令是实现 IS-IS 功能的必备配置。基本功能配置完后，IS-IS 协议已可以工作。但在实际网络中，还需要根据需求对 IS-IS 功能进行调整。

[Huawei-isis-1] is-name *name*
/*配置 IS-IS 设备的动态主机名。如果不配置动态主机名，则在查看 IS-IS 邻居和 LSDB 等信息时，IS-IS 设备都以 12 位十六进制数组成的系统 ID 来表示，比较烦琐，且易用性差。配置动态主机名可以方便运维工程师对 IS-IS 设备的维护和管理*/
[Huawei-isis-1] is-level { level-1 | level-1-2 | level-2 }
//配置设备的类型，默认设备类型为 Level-1-2。修改设备类型后，对所有启用 IS-IS 的接口生效
[Huawei-GigabitEthernet0/0/0] isis circuit-level [level-1 | level-1-2 | level-2]
/*修改接口的电路类型，只对 Level-1-2 设备有效。当设备及其邻居都为 Level-1-2 设备时，接口会同时发送和接收 Level-1 及 Level-2 的 Hello 报文，维持 Level-1 和 Level-2 的邻居关系及 LSDB，造成带宽和内存的浪费。通过此命令可以修改指定接口的电路类型，节省带宽及内存*/
[Huawei-GigabitEthernet0/0/0] isis circuit-type p2p
/*修改接口的链路类型为 P2P。默认情况下，以太网接口的网络类型为广播网络，P2P 网络中接口的网络类型为 P2P 网络。链路两端的 IS-IS 接口的网络类型必须一致，否则双方不能建立邻居关系*/
[Huawei-isis-1] cost-style { narrow | wide | narrow-compatible | wide-compatible | compatible}

/*修改设备的开销类型，默认为 narrow 模式，即只能发送和接收路由开销值为 1～63 的路由。wide 模式能发送和接收路由开销值为 1～16777215 的路由。命令中 5 种开销类型的含义如下。

•narrow：只接收和发送开销类型为 narrow 的报文。

•wide：只接收或发送开销类型为 wide 的报文。

•narrow-compatible：只发送开销类型为 narrow 的报文，但可以接收开销类型为 narrow 和 wide 的报文。

•wide-compatible：只发送开销类型为 wide 的报文，但可以接收开销类型为 narrow 和 wide 的报文。

•compatible：可以接收或发送开销类型为 narrow 和 wide 的报文。

在实际应用中，为了方便 IS-IS 实现其扩展功能，通常将 IS-IS 设备的开销类型设置为 wide 模式*/

[Huawei-GigabitEthernet0/0/0] isis dis-priority *priority* [level-1 | level-2]

/*修改接口的 DIS 优先级，Level-1 和 Level-2 分开设置，取值为 0～127，默认值均为 64。值越大表示优先级越高。如果命令中没有指定优先级，则接口的 DIS 优先级同时在 Level-1 和 Level-2 两个类型生效*/

[Huawei-GigabitEthernet0/0/0] isis timer hello *hello-interval* [level-1 | level-2]

/*修改接口的 Hello 报文发送周期，默认为 10s。需要分别在 Level-1 和 Level-2 上进行配置，如果不指定，则同时在 Level-1 和 Level-2 上生效*/

[Huawei-GigabitEthernet0/0/0] isis timer holding-multiplier *number* [level-1 | level-2]

/*配置邻居失效前等待的 Hello 报文发送周期的个数，默认为 3，即邻居保持时间为 Hello 报文发送周期的 3 倍。同理，需要指定类型，如果不指定，则同时在 Level-1 和 Level-2 上生效*/

2．IS-IS 协议认证的配置命令

IS-IS 认证分为 3 种：接口认证、区域认证和路由域认证，它们的定义如下。

接口认证：使能 IS-IS 协议的接口以指定方式和密码对 Level-1 及 Level-2 的 Hello 报文进行认证。

区域认证：在区域范围内以指定方式和密码对 Level-1 的 SNP 及 LSP 进行认证。

路由域认证：在路由域范围内以指定方式和密码对 Level-2 的 SNP 及 LSP 进行认证。

从定义中可以看出，接口认证的作用范围是一条链路，且只对 Hello 报文有效。区域认证的作用范围是一个区域，而且只对 Level-1 的 SNP 及 LSP 有效，对其他报文和 Level-2 区域无效。路由域认证的作用范围是整个路由域，但是只对 Level-2 的 SNP 和 LSP 有效，对其他报文和 Level-1 区域无效。所以，IS-IS 协议认证的配置要注意作用范围和所在的区域类型。

[Huawei-GigabitEthernet0/0/0] isis authentication-mode {simple | md5 | hmac-sha256 key-id *key-id*} { plain *password* | [cipher] *password* } [level-1 | level-2]

/*配置密码方式的接口认证。其中，simple 表示设备间以明文方式发送密码，md5 表示通过 MD5 加密的方式发送密码，hmac-sha256 表示通过 HMAC-SHA256 加密的方式发送密码。明文和 MD5 方式均存在一定的风险，建议使用 HMAC-SHA256 方式。key-id 表示密钥 ID。plain 表示密码以明文的方式存储在设备的配置文件中，cipher 表示密码以密文的方式存储在设备的配置文件中，默认为 cipher*/

[Huawei-GigabitEthernet0/0/0] isis authentication-mode keychain *keychain-name* [level-1 | level-2]

//配置 Keychain 方式的接口认证，前提是需要在系统视图下配置好 Keychain

[Huawei-isis-1] area-authentication-mode { simple | md5 | hmac-sha256 key-id *key-id*} { plain *password* | [cipher] *password* }　　//配置密码方式的区域认证

[Huawei-isis-1] area-authentication-mode keychain *keychain-name*

//配置 Keychain 方式的区域认证

[Huawei-isis-1] domain-authentication-mode { simple | md5 | hmac-sha256 key-id *key-id*} { plain *password* | [cipher] *password* }　　//配置密码方式的路由域认证

[Huawei-isis-1] domain-authentication-mode keychain *keychain-name*

//配置 Keychain 方式的路由域认证

3. IS-IS 协议常用的查询命令

```
display isis peer          //查看 IS-IS 协议的邻居信息
display isis name-table    //查看 IS-IS 协议动态主机名到系统 ID 的映射关系表
display isis interface     //查看使能 IS-IS 协议的接口信息
display isis brief         //查看 IS-IS 协议的概要信息
display isis lsdb          //查看 IS-IS 协议的 LSDB 信息
display isis route         //查看 IS-IS 协议的路由信息
```

🔍 项目实施

运营商核心网络拓扑如图 2-1 所示，要求完成运营商网络 IS-IS 协议部署，运维工程师需完成的主要任务如下。

（1）规划运营商网络的 IP 地址及 IS-IS 参数。

（2）配置所有设备的接口地址等基础信息，实现直连链路互通。

（3）配置 IS-IS 基本功能，实现运营商网络所有设备接口的互联互通。

（4）对 IS-IS 配置进行优化，提升 IS-IS 网络的性能。

（5）对配置结果进行验证与分析。

微课

任务 2.1 规划网络参数

按照给定的项目背景、运营商核心网络拓扑和任务描述进行项目参数规划，内容包括设备接口的 IP 地址、网络掩码、动态主机名、IS-IS NET、Loopback 接口及其 IP 地址等。本项目为所有 ISP 设备配置 Loopback 接口及其 IP 地址是因为后续项目（项目 3 和项目 4）均需要使用。网络基础参数规划如表 2-1 所示。

表 2-1 网络基础参数规划

设备	配置项	参数	描述
ISP1	network-entity	49.0001.0000.0000.1111.00	NET
	is-name	ISP1	IS-IS 动态主机名
	G0/0/1	12.1.1.1/30	连接路由器 ISP2
	G0/0/2	14.1.1.1/30	连接路由器 ISP4
	Loopback0	4.4.4.4/32	
ISP2	network-entity	49.0001.0000.0000.2222.00	NET
	is-name	ISP2	IS-IS 动态主机名
	G0/0/0	12.1.1.2/30	连接路由器 ISP1
	G0/0/1	23.1.1.1/30	连接路由器 ISP3
	Loopback0	5.5.5.5/32	
ISP3	network-entity	49.0001.0000.0000.3333.00	NET
	is-name	ISP3	IS-IS 动态主机名
	G0/0/0	23.1.1.2/30	连接路由器 ISP2
	Loopback0	6.6.6.6/32	

续表

设备	配置项	参数	描述
ISP4	network-entity	49.0001.0000.0000.4444.00	NET
	is-name	ISP4	IS-IS 动态主机名
	G0/0/0	14.1.1.2/30	连接路由器 ISP1
	G0/0/1	45.1.1.1/30	连接路由器 ISP5
	Loopback0	7.7.7.7/32	
ISP5	network-entity	49.0001.0000.0000.5555.00	NET
	is-name	ISP5	IS-IS 动态主机名
	G0/0/0	45.1.1.2/30	连接路由器 ISP4
	Loopback0	8.8.8.8/32	

任务 2.2　配置设备接口地址等基础信息

分别配置设备接口地址等基础信息，实现直连链路互通，主要命令如下。

```
[ISP1] interface GigabitEthernet0/0/1
[ISP1-GigabitEthernet0/0/1] ip address 12.1.1.1 30
[ISP1] interface GigabitEthernet0/0/2
[ISP1-GigabitEthernet0/0/2] ip address 14.1.1.1 30
[ISP1] interface loopback 0
[ISP1-Loopback0] ip address 4.4.4.4 32

[ISP2] interface GigabitEthernet0/0/0
[ISP2-GigabitEthernet0/0/0] ip address 12.1.1.2 30
[ISP2] interface GigabitEthernet0/0/1
[ISP2-GigabitEthernet0/0/1] ip address 23.1.1.1 30
[ISP2] interface loopback 0
[ISP2-Loopback0] ip address 5.5.5.5 32

[ISP3] interface GigabitEthernet0/0/0
[ISP3-GigabitEthernet0/0/0] ip address 23.1.1.2 30
[ISP3] interface loopback 0
[ISP3-Loopback0] ip address 6.6.6.6 32

[ISP4] interface GigabitEthernet0/0/0
[ISP4-GigabitEthernet0/0/0] ip address 14.1.1.2 30
[ISP4] interface GigabitEthernet0/0/1
[ISP4-GigabitEthernet0/0/1] ip address 45.1.1.1 30
[ISP4] interface loopback 0
[ISP4-Loopback0] ip address 7.7.7.7 32

[ISP5] interface GigabitEthernet0/0/0
[ISP5-GigabitEthernet0/0/0] ip address 45.1.1.2 30
```

```
[ISP5] interface loopback 0
[ISP5-Loopback0] ip address 8.8.8.8 32
```

至此，本项目涉及的所有设备的接口地址等基础信息配置完成。对所有直连链路进行连通性测试，确保所有直连链路可以互通。

任务 2.3 配置 IS-IS 基本功能

配置 IS-IS 基本功能包括配置设备的 NET、动态主机名以及在接口上启用 IS-IS 协议，主要命令如下。

```
[ISP1] isis 1                                      //创建 IS-IS 进程，1 表示进程号
[ISP1-isis-1] network-entity 49.0001.0000.0000.1111.00
//设置 NET。其中 49.0001 表示区域 ID，0000.0000.1111 为系统 ID
[ISP1-isis-1] is-name ISP1                 //配置 IS-IS 动态主机名
[ISP1-isis-1] interface GigabitEthernet0/0/1
[ISP1-GigabitEthernet0/0/1]isis enable 1
//在接口下使能 IS-IS 协议并指定要关联的 IS-IS 进程号
[ISP1-GigabitEthernet0/0/1] interface GigabitEthernet0/0/2
[ISP1-GigabitEthernet0/0/2]isis enable 1
[ISP1-GigabitEthernet0/0/2]interface loopback 0
[ISP1-Loopback0]isis enable 1

[ISP2] isis 1
[ISP2-isis-1] network-entity 49.0001.0000.0000.2222.00
//本项目中所有路由器规划在同一个区域，所以所有路由器区域 ID 相同，系统 ID 不能相同
[ISP2-isis-1] is-name ISP2
[ISP2-isis-1] interface GigabitEthernet0/0/0
[ISP2-GigabitEthernet0/0/0]isis enable        //IS-IS 进程号省略时，默认为进程 1
[ISP2-isis-1] interface GigabitEthernet0/0/1
[ISP2-GigabitEthernet0/0/1]isis enable
[ISP2-GigabitEthernet0/0/1]interface loopback 0
[ISP2-Loopback0]isis enable

[ISP3] isis 1
[ISP3-isis-1] network-entity 49.0001.0000.0000.3333.00
[ISP3-isis-1] is-name ISP3
[ISP3-isis-1] interface GigabitEthernet0/0/0
[ISP3-GigabitEthernet0/0/0]isis enable
[ISP3-GigabitEthernet0/0/0]interface loopback 0
[ISP3-Loopback0]isis enable

[ISP4] isis 1
[ISP4-isis-1] network-entity 49.0001.0000.0000.4444.00
[ISP4-isis-1] is-name ISP4
[ISP4-isis-1] interface GigabitEthernet0/0/0
[ISP4-GigabitEthernet0/0/0]isis enable
[ISP4-isis-1] interface GigabitEthernet0/0/1
```

```
[ISP4-GigabitEthernet0/0/1]isis enable
[ISP4-GigabitEthernet0/0/1]interface loopback 0
[ISP4-Loopback0]isis enable

[ISP5] isis 1
[ISP5-isis-1] network-entity 49.0001.0000.0000.5555.00
[ISP5-isis-1] is-name ISP5
[ISP5-isis-1] interface GigabitEthernet0/0/0
[ISP5-GigabitEthernet0/0/0]isis enable
[ISP5-GigabitEthernet0/0/0]interface loopback 0
[ISP5-Loopback0]isis enable
```

至此，IS-IS 基本功能配置完成。接下来，对 IS-IS 基本功能进行验证。

1. 查看 IS-IS 的邻居信息。

以 ISP1 为例，查看 IS-IS 的邻居信息，主要命令及显示信息如下。

```
<ISP1>display isis peer
              Peer information for ISIS(1)        //IS-IS 进程 1 的邻居信息
System Id      Interface    Circuit Id      State  HoldTime  Type       PRI
----------------------------------------------------------------------------
ISP2           GE0/0/1      ISP2.01         Up     9s        L1(L1L2)   64
ISP2           GE0/0/1      ISP2.01         Up     7s        L2(L1L2)   64
ISP4           GE0/0/2      ISP1.03         Up     23s       L1(L1L2)   64
ISP4           GE0/0/2      ISP1.03         Up     23s       L2(L1L2)   64
Total Peer(s): 4
```

该命令显示的 IS-IS 邻居信息中包括邻居的系统 ID、本设备与邻居相连的接口、电路 ID、状态、保持时间、邻居的设备类型和邻居的 DIS 优先级。因为每台路由器都配置了 IS-IS 动态主机名，所以系统 ID 显示的是各设备的 IS-IS 动态主机名。ISP1 与 ISP2、ISP4 直连，所以 ISP1 设备有两个邻居——ISP2 和 ISP4。但因为设备默认工作在 Level-1-2 级别，设备在每个级别上都会分别发送 IIH 报文建立邻居关系，所以每个邻居的设备类型又分为 L1(L1L2) 和 L2(L1L2) 两种。

2. 查看邻居的动态主机名与系统 ID 的对应关系。

```
<ISP1>display isis name-table
              Name table information for ISIS(1)
System ID        Hostname              Type
----------------------------------------------------------------------------
0000.0000.4444   ISP4                  DYNAMIC
0000.0000.5555   ISP5                  DYNAMIC
0000.0000.2222   ISP2                  DYNAMIC
0000.0000.3333   ISP3                  DYNAMIC
0000.0000.1111   ISP1                  DYNAMIC
```

该命令可以查询所有邻居的系统 ID 及其对应的动态主机名。

3. 查看使能 IS-IS 协议的所有接口信息。

```
<ISP1>display isis interface
              Interface information for ISIS(1)
--------------------------------------------------------------------------
Interface   Id    IPV4.State   IPV6.State   MTU    Type    DIS
GE0/0/1     002   Up           Down         1497   L1/L2   No/No
GE0/0/2     003   Up           Down         1497   L1/L2   Yes/Yes
Loop0       001   Up           Down         1500   L1/L2   --
```

该命令可以查询使能 IS-IS 协议的所有接口信息，包括接口名、接口标识、第 4 版互联网协议（Internet Protocol version 4，IPv4）状态、第 6 版互联网协议（Internet Protocol version 6，IPv6）状态、MTU 值、接口的电路类型和 Level-1/Level-2 是否为 DIS 路由器。对于 Level-1-2 类型的设备，接口默认电路类型为 L1/L2，且在 Level-1 和 Level-2 级别上分别选举 DIS。因为所有接口的 DIS 优先级的值都为默认值 64，所以选取接口的 MAC 地址较大者为 DIS。从显示信息中可以看出，G0/0/1 接口没有被选举为 DIS，G0/0/2 接口被选举为 DIS。

4. 查看 IS-IS 协议的简要信息。

```
<ISP1>display isis brief
                  ISIS Protocol Information for ISIS(1)
        ------------------------------------------------
SystemId: 0000.0000.1111       System Level: L12    //设备类型为默认级别 Level-1-2
Area-Authentication-mode: NULL      //区域认证方式为 NULL，即没有配置区域认证
Domain-Authentication-mode: NULL    //路由域认证方式为 NULL，即没有配置路由域认证
Ipv6 is not enabled
ISIS is in invalid restart status
ISIS is in protocol hot standby state: Real-Time Backup
Interface: 12.1.1.1(GE0/0/1)     //按接口维度展示接口的 IP 地址及相关的 IS-IS 信息
Cost: L1 10       L2 10             Ipv6 Cost: L1 10    L2 10
//IPv4 和 IPv6 在 Level-1 及 Level-2 级别下的开销值
State: IPV4 Up                     IPV6 Down
Type: BROADCAST                    MTU: 1497
//接口的网络类型为广播网络，MTU 值为 1497
Priority: L1 64    L2 64                      //接口在 Level-1 和 Level-2 下的 DIS 优先级
Timers:    Csnp: L1 10    L2 10   ,Retransmit: L12 5  , Hello: L1 10 L2 10   ,
Hello Multiplier: L1 3    L2 3     , LSP-Throttle Timer: L12 50
/*定时器：包括 CSNP 的发送周期、LSP 的重传时间、Hello 报文的发送周期、邻居失效前等待的 Hello 报文的发送个数、LSP 发送间隔，单位均为 s*/
Interface: 14.1.1.1(GE0/0/2)     //G0/0/2 接口的 IP 地址及相关的 IS-IS 信息
Cost: L1 10       L2 10             Ipv6 Cost: L1 10    L2 10
State: IPV4 Up                     IPV6 Down
Type: BROADCAST                    MTU: 1497
Priority: L1 64    L2 64
Timers:    Csnp: L1 10    L2 10   ,Retransmit: L12 5  , Hello: L1 10 L2 10   ,
Hello Multiplier: L1 3    L2 3     , LSP-Throttle Timer: L12 50
Interface: 4.4.4.4(Loop0)
Cost: L1 0        L2 0              Ipv6 Cost: L1 0     L2 0
State: IPV4 Up                     IPV6 Down
Type: P2P                          MTU: 1500
Priority: L1 64    L2  64
Timers:    Csnp: L12 10  , Retransmit: L12 5   , Hello: 10   ,
Hello Multiplier: 3                , LSP-Throttle Timer: L12 50
```

5. 查看 IS-IS 协议的 LSDB 信息。

```
<ISP1>display isis lsdb
                  Database information for ISIS(1)
        ------------------------------------------------
                  Level-1 Link State Database
```

LSPID	Seq Num	Checksum	Holdtime	Length	ATT/P/OL
ISP1.00-00*	0x0000000e	0x1e03	500	96	0/0/0
ISP1.02-00*	0x00000002	0x832d	500	54	0/0/0
ISP2.00-00	0x00000007	0xe7e7	1119	96	0/0/0
ISP2.01-00	0x00000002	0xf0e2	1119	54	0/0/0
ISP2.02-00	0x00000002	0xe9a4	1119	54	0/0/0
ISP3.00-00	0x00000004	0xfe5d	451	72	0/0/0
ISP4.00-00	0x00000006	0x5cb7	508	96	0/0/0
ISP5.00-00	0x00000004	0x96ed	498	72	0/0/0
ISP5.02-00	0x00000001	0x1f81	498	54	0/0/0

Total LSP(s): 9

*(In TLV)-Leaking Route, *(By LSPID)-Self LSP, +-Self LSP(Extended),
ATT-Attached, P-Partition, OL-Overload

Level-2 Link State Database

LSPID	Seq Num	Checksum	Holdtime	Length	ATT/P/OL
ISP1.00-00*	0x00000010	0x29ba	500	133	0/0/0
ISP1.02-00*	0x00000002	0x58dd	500	73	0/0/0
ISP2.00-00	0x0000000a	0x4c05	1119	133	0/0/0
ISP2.01-00	0x00000002	0x7555	1119	73	0/0/0
ISP2.02-00	0x00000002	0xfb97	1119	73	0/0/0
ISP3.00-00	0x00000008	0x518c	488	118	0/0/0
ISP4.00-00	0x00000009	0x12ef	508	133	0/0/0
ISP5.00-00	0x00000006	0x4e09	509	118	0/0/0
ISP5.02-00	0x00000001	0x904e	507	73	0/0/0

Total LSP(s): 9

*(In TLV)-Leaking Route, *(By LSPID)-Self LSP, +-Self LSP(Extended),
ATT-Attached, P-Partition, OL-Overload

从显示信息可以看出，因为 ISP1 为 Level-1-2 设备，所以该设备维护了两份相同的 LSDB，每份 LSDB 中都包含 9 条 LSP，每条 LSP 都采用链路状态报文标识（Link State Packet ID，LSPID）进行标识，LSPID 由 3 部分组成，分别是系统 ID、伪结点 ID、分片号，两两之间由"."和"-"隔开。

（1）系统 ID：长度为 6 字节，表示产生该 LSP 的 IS-IS 路由器的系统 ID。如果该路由器配置了动态主机名，则系统 ID 以动态主机名显示。

（2）伪结点 ID：长度为 1 字节，该字段的值存在 0 及非 0 两种情况。值为 0 时表示是非 DIS 路由器产生的 LSP，值为非 0 时表示是 DIS 路由器产生的 LSP。有的路由器可能在相连的两个网段上都是 DIS，故要以不同的伪结点 ID 进行区分。所以从显示信息可以看出，ISP1、ISP2 和 ISP5 均为 DIS 路由器。其中，ISP2 存在两个非 0 的伪结点 ID，说明 ISP2 在与 ISP1 相连的链路上和与 ISP3 相连的链路上均为 DIS 路由器。在 ISP1 与 ISP3 相连的链路上，ISP1 为 DIS 路由器；在 ISP3 与 ISP5 相连的链路上，ISP5 为 DIS 路由器。

（3）分片号：长度为 1 字节，如果一个 LSP 过大，导致始发设备需要对其进行分片，那么该设备通过为每个 LSP 分片设置不同的分片号来对它们进行标识及区分。同一个 LSP 的不同分片必须拥有相同的系统 ID 及伪结点 ID。观察显示信息后可知，分片号均为 0，表示所有 LSP 都没有被分片。

LSPID 后面的星号 "*" 表示该 LSP 是本设备产生的。LSDB 信息中 Seq Num 一列显示的是 LSP 的序列号，与 OSPF 协议中的 LSA 序列号类似，用来表示一个 LSP 的版本新旧，从 1 开始编号，每次刷新后序列号加 1；Holdtime 是 LSP 老化时间，从 1200s 开始倒计时，每隔 900s，LSP 会刷新一次，如果计时器变为 0，则该 LSP 会从 LSDB 中删除；Length 表示 LSP 的长度，单位为字节；ATT/P/OL 分别表示区域关联、区域修复和过载标志位。

6. 查看 IS-IS 协议的路由信息。

```
<ISP1>display isis route
                      Route information for ISIS(1)
          -------------------------------------------------------

                  ISIS(1) Level-1 Forwarding Table
          -------------------------------------------------------

 IPV4 Destination    IntCost    ExtCost    ExitInterface    NextHop      Flags
          -------------------------------------------------------

 7.7.7.7/32          10         NULL       GE0/0/2          14.1.1.2     A/-/L/-
 6.6.6.6/32          20         NULL       GE0/0/1          12.1.1.2     A/-/L/-
 5.5.5.5/32          10         NULL       GE0/0/1          12.1.1.2     A/-/L/-
 8.8.8.8/32          20         NULL       GE0/0/2          14.1.1.2     A/-/L/-
 12.1.1.0/30         10         NULL       GE0/0/1          Direct       D/-/L/-
 14.1.1.0/30         10         NULL       GE0/0/2          Direct       D/-/L/-
 23.1.1.0/30         20         NULL       GE0/0/1          12.1.1.2     A/-/L/-
 45.1.1.0/30         20         NULL       GE0/0/2          14.1.1.2     A/-/L/-
 4.4.4.4/32          0          NULL       Loop0            Direct       D/-/L/-
 Flags: D-Direct, A-Added to URT, L-Advertised in LSPs, S-IGP Shortcut,
        U-Up/Down Bit Set


                  ISIS(1) Level-2 Forwarding Table
          -------------------------------------------------------

 IPV4 Destination    IntCost    ExtCost    ExitInterface    NextHop      Flags
          -------------------------------------------------------

 7.7.7.7/32          10         NULL
 6.6.6.6/32          20         NULL
 5.5.5.5/32          10         NULL
 8.8.8.8/32          20         NULL
 12.1.1.0/30         10         NULL       GE0/0/1          Direct       D/-/L/-
 14.1.1.0/30         10         NULL       GE0/0/2          Direct       D/-/L/-
 23.1.1.0/30         20         NULL
 45.1.1.0/30         20         NULL
 4.4.4.4/32          0          NULL       Loop0            Direct       D/-/L/-
 Flags: D-Direct, A-Added to URT, L-Advertised in LSPs, S-IGP Shortcut,
        U-Up/Down Bit Set
```

以上显示信息表明，IS-IS 协议分别维护 Level-1 和 Level-2 路由表，其中，Level-1 路由表是设备根据 Level-1 LSDB 运行 SPF 算法计算得出的，Level-2 路由表是设备根据 Level-2 LSDB 运行 SPF 算法计算得出的。每条路由信息包括 IPv4 目的网络/掩码长度、内部开销值、外部开销值、路由出口、下一跳 IP 地址和路由标记。在路由标记中，D 表示此路由为直连路由，A 表示此路由被加入单播路由表（Unicast Routing Table，URT）中，L 表示此路由通过 LSP 发布，S 表示到达该路由的路径上存在 IGP-Shortcut，U 表示 Up/Down 比特位。

IS-IS 协议的路由开销值计算方式与 OSPF 协议的不同，接口路由开销值与接口带宽不相关。不管接口带宽如何，默认开销值均为 10。路由开销值等于目的网络至本设备所有入接口开销值之和。

当 IS-IS 协议发现了一条到达某个目的网段的 Level-1 路由，又发现了到达相同目的网段的 Level-2 路由时，将会优先选择 Level-1 路由，即使其开销值大于 Level-2 路由。但是，IS-IS 协议选中的路由未必最终会被加载到设备的全局路由表中，这还取决于路由优先级等因素。

7. 查看 IP 路由表中 IS-IS 路由信息。

```
<ISP1>display ip routing-table protocol isis
Route Flags: R - relay, D - download to fib
-----------------------------------------------------------------------

Public routing table : ISIS
        Destinations : 6        Routes : 6
ISIS routing table status : <Active>
        Destinations : 6        Routes : 6
Destination/Mask    Proto    Pre  Cost    Flags  NextHop     Interface
5.5.5.5/32          ISIS-L1  15   10      D      12.1.1.2    GigabitEthernet0/0/1
6.6.6.6/32          ISIS-L1  15   20      D      12.1.1.2    GigabitEthernet0/0/1
7.7.7.7/32          ISIS-L1  15   10      D      14.1.1.2    GigabitEthernet0/0/2
8.8.8.8/32          ISIS-L1  15   20      D      14.1.1.2    GigabitEthernet0/0/2
23.1.1.0/30         ISIS-L1  15   20      D      12.1.1.2    GigabitEthernet0/0/1
45.1.1.0/30         ISIS-L1  15   20      D      14.1.1.2    GigabitEthernet0/0/2
ISIS routing table status : <Inactive>
        Destinations : 0        Routes : 0
```

IS-IS 路由存在 ISIS-L1 和 ISIS-L2 两种类型，路由优先级均为 15。从显示信息可以看出，6 条 IS-IS 路由最终被加入全局路由表。IS-IS 路由表中另外 3 条直连路由没有被选中，是因为直连路由优先级也为 15，内部开销值为 20，与直连路由协议发现的路由（优先级为 0）相比没有优势。

任务 2.4 优化 IS-IS 配置

IS-IS 基本功能已实现 ISP 网络所有接口的互联互通，接下来对本项目的 IS-IS 配置进行优化，包括优化设备类型、修改网络类型、配置 IS-IS 认证等，以减少资源的消耗和提升 IS-IS 网络的安全性。

微课

1. 优化设备类型。

设备默认类型为 Level-1-2，会同时发送 Level-1 和 Level-2 的 IS-IS 协议报文，维护 Level-1 和 Level-2 邻居关系、LSDB 和路由表，对设备的带宽、性能和内存都有一定的消耗。下面将所有设备的类型都调整成 Level-2，并将开销类型修改为 wide，以提升其扩展性，主要命令如下。

```
[ISP1] isis          //在不输入进程号时，默认为 1
[ISP1-isis-1] is-level level-2
[ISP1-isis-1] cost-style wide
```

其他路由器的配置与 ISP1 的完全相同。待所有路由器完成上述配置后，再次在 ISP1 上查看 IS-IS 协议的邻居、LSDB 和路由等信息，发现只存在 Level-2 邻居关系、LSDB 和路由表。

2. 修改网络类型。

广播类型的网络需要选举 DIS，在 LSDB 同步后，还需要周期性地发送 CSNP，开销较 P2P 类型的网络稍大。如果一个 LAN 内只存在两台路由器，则可以将这两台路由器的链路类型修改为 P2P。

以 ISP1 和 ISP2 为例，主要命令如下。

```
[ISP1] interface GigabitEthernet0/0/1
[ISP1-GigabitEthernet0/0/1]isis circuit-type p2p

[ISP2] interface GigabitEthernet0/0/0
[ISP2-GigabitEthernet0/0/0]isis circuit-type p2p
```

在 ISP1 上查看 IS-IS 协议的接口详细信息，命令及部分显示信息如下。

```
[ISP1]display isis interface GigabitEthernet0/0/1 verbose
                    Interface information for ISIS(1)
          ------------------------------------------
Interface      Id     IPV4.State      IPV6.State      MTU  Type   DIS
GE0/0/1        001    Up              Down            1497 L1/L2  --
   Circuit MT State        : Standard
   Circuit Parameters      : p2p
//部分显示信息省略
```

从显示信息可以看出，G0/0/1 接口已不再选举 DIS，链路类型显示为 P2P。通过抓包也能发现该链路不再周期性地发送 CSNP。

3. 配置 IS-IS 认证。

IS-IS 协议默认所有路由器都是可信任的，不对邻居的 IS-IS 协议报文进行认证。当 IS-IS 网络中存在恶意路由器时，会对 IS-IS 路由造成隐患。配置 IS-IS 认证可以提升 IS-IS 路由的安全性。在 IS-IS 协议的 3 种认证方式中，区域认证只对 Level-1 路由器有效，因此本项目可以选择配置接口认证和路由域认证。而接口认证需要在每一个 IS-IS 接口下配置，相对烦琐，因此本项目选择配置路由域认证。由于运营商网络对安全性要求较高，所以本项目选择使用 Keychain 认证方式。Keychain 认证方式可以创建多个加密口令，并且自动循环使用，主要命令如下。

```
[ISP1] keychain isp mode periodic daily
//在系统视图下创建 keychain，名称是 isp，模式是按天循环
[ISP1-keychain] key-id 1          //创建 ID 为 1 的口令
[ISP1-keychain-keyid-1] algorithm hmac-md5        //加密算法选择 HMAC-MD5
[ISP1-keychain-keyid-1] key-string cipher isp@1   //设置加密口令，在配置中以密文形式存储
[ISP1-keychain-keyid-1] send-time daily 00:00 to 11:59   //该时间段内采用以上口令加密发送消息
[ISP1-keychain-keyid-1] receive-time daily 00:00 to 23:59 /*该时间段内采用以上口令解密接收
的消息*/
[ISP1-keychain] key-id 2          //创建 ID 为 2 的口令
[ISP1-keychain-keyid-2] algorithm hmac-md5
[ISP1-keychain-keyid-2] key-string cipher isp@2
[ISP1-keychain-keyid-2] send-time daily 12:00 to 23:59
//各 key-id 间的 send-time 不能重复，即一段时间内只能有一个发送加密口令生效
[ISP1-keychain-keyid-2] receive-time daily 12:00 to 23:59
//各 key-id 间的 receive-time 可以重复，即一段时间内允许用多个口令对接收的消息进行解密

[ISP1] isis
[ISP1-isis-1] domain-authentication-mode keychain isp
```

其他路由器配置与 ISP1 配置完全相同。待所有设备配置完成后，在 ISP1 上再次查看 IS-IS 协议的简要信息，主要命令及显示信息如下。可以看出，区域认证方式由 NULL 变为 KEYCHAIN。配置路由域认证后，只有持相同口令的路由器才能加入该 IS-IS 网络。

```
<ISP1>display isis brief
```

```
                ISIS Protocol Information for ISIS(1)
        ------------------------------------------
  SystemId: 0000.0000.1111      System Level: L2
  Area-Authentication-mode: NULL
  Domain-Authentication-mode: KEYCHAIN
  //部分显示信息省略
```

项目小结

　　相较于OSPF协议，IS-IS协议设计得更为简洁，报文结构也更简单，更适用于扁平化的网络结构，在ISP中得到了广泛应用，深入掌握IS-IS协议的工作原理与配置对运维工程师具有十分重要的作用。本项目首先介绍了IS-IS协议的基本概念，包括常用术语、NSAP地址和IS-IS协议的路由器分类及区域；然后详细介绍了IS-IS协议报文；接着分别介绍了广播网络和P2P网络中IS-IS协议的工作原理；最后介绍了本项目涉及的IS-IS协议基础配置命令。在介绍完IS-IS协议的理论知识之后，在项目实施阶段，首先根据项目需求规划网络参数，然后依据规划的网络参数，分别完成了所有设备的基础信息配置、IS-IS基本功能的配置，最后对IS-IS配置进行了优化，并对优化后的配置进行了验证。

拓展知识

IS-IS 协议和 OSPF 协议

　　IS-IS 协议和 OSPF 协议都是基于链路状态的动态路由协议，都可以在网络中自动发现路由并适应拓扑变化。OSPF 协议是专为 IP 网络设计的，以其模块化和丰富的特性集而闻名，支持细致的区域划分和复杂的路由策略，更适用于区域复杂、对路由策略要求严格的企业园区网络。相比之下，IS-IS 协议起源于 OSI 协议栈，设计更为简洁，支持多协议环境，配置相对简单，TLV 的设计使得其可扩展性更好，更适用于扁平化的、对路由策略要求相对宽松的网络，如运营商网络。总的来说，选择 IS-IS 协议还是 OSPF 协议取决于现有的基础设施、运维工程师的偏好，以及网络建设的具体需求。两者都是非常成熟的动态路由协议，在现网中都有大量应用，都能够在现代网络环境中提供高效和可靠的路由服务。

知识巩固

一、选择题

1. 在华为 VRP 系统中，路由表中 IS-IS 协议优先级为（　　　）。
  A. 10　　　　　　　　B. 15　　　　　　　　　C. 110　　　　　　　　　D. 115
2. 在 IS-IS 协议的 NSAP 地址中，系统 ID 的长度是（　　　）字节。
  A. 4　　　　　　　　B. 6　　　　　　　　　C. 8　　　　　　　　　D. 16

3. ISO 9577 分配给 IS-IS 的域内路由选择协议标识符是一个固定的值，该值是（ ）。
　　A. 0x82　　　　B. 0x83　　　　C. 0x88　　　　D. 0x89

4. IS-IS 中 LSP 的生存时间默认是（ ）s。
　　A. 3600　　　　B. 1800　　　　C. 1200　　　　D. 900

5. IS-IS 的 LSP 刷新时间是（ ）min。
　　A. 15　　　　B. 30　　　　C. 45　　　　D. 60

6. 某网络通过部署 IS-IS 协议实现全网互通，若在一台 IS-IS 路由器的某接口下执行 isis timer holding-multiplier 5 level-2 命令，则以下关于该场景的描述中正确的是（ ）。
　　A. 该接口 Level-2 邻居保持时间为 5s
　　B. 该接口为 P2P 链路接口
　　C. 该接口发送 Level-2 的 Hello 报文的间隔时间是 5s
　　D. 该接口的 Level-1 邻居保持时间为 30s

7. TLV 是 IS-IS 中的一种重要数据结构，它代表的含义是（ ）。
　　A. Time-Length-Volume　　　　B. Time-Level-Value
　　C. Type-Length-Value　　　　D. Text-Length-Value

8. LSP ID 由（ ）构成。（多选）
　　A. 系统 ID　　　B. 伪结点 ID　　　C. 区域 ID　　　D. LSP 分片号

9. 在 IS-IS 网络中，若某 IS-IS 路由器配置了命令 cost-style compatible，则以下关于该场景的描述中正确的有（ ）。（多选）
　　A. 该设备能接收和发送开销类型为 narrow 的路由
　　B. cost-style 命令用来设置 IS-IS 设备接收和发送路由的开销类型
　　C. 这条命令将该设备的接口开销值设置为 1～63
　　D. 该设备不能接收和发送开销类型为 wide 的路由

10. IS-IS 支持的验证类型包括（ ）。（多选）
　　A. 接口验证　　　B. 区域验证　　　C. 路由域验证　　　D. 级别验证

二、判断题
1. NET 是当 NSAP 地址中 NSEL 字段为 0 时的 NSAP 地址。（ ）
2. 在 IS-IS DIS 选举过程中，接口优先级高的路由器被选为 DIS，如果接口优先级相同，则接口 MAC 地址大的被选为 DIS。为了维持 LSDB 的稳定性，DIS 选举不具有抢占性。（ ）
3. CSNP 用于描述 LSDB 中完整的 LSP 列表，在功能上类似于 OSPF 中的 DD 报文。PSNP 在功能上类似于 OSPF 中的 LSR 报文或者 LSAck 报文。（ ）
4. IS-IS 路由级别包括 Level-1、Level-2 和 Level-1-2 这 3 种类型。（ ）
5. 在 IS-IS 协议中，当 Level-1 区域中的路由器收到 Level-1-2 路由器发送的 ATT 字段被置位的 Level-1 LSP 后，它将创建一条指向 Level-1-2 路由器的默认路由，以便数据可以被路由到其他区域。（ ）
6. 在 P2P 链路上，IS-IS 邻居关系的建立分为两次握手机制和三次握手机制，华为 VRP 系统默认采用三次握手机制。（ ）

三、简答题
1. 请简述 DIS 的作用及其特点。
2. 请简述 OSPF 与 IS-IS 协议的相同点及不同点。
3. 请简述 IS-IS 协议的报文类型及其作用。

拓展任务

　　某企业网络拓扑如图 2-5 所示。该企业选择使用 IS-IS 协议部署动态路由，要求如下。

（1）按图中所示内容划分区域、区域地址和路由器类型。

（2）规划 IP 地址、NET 等其他网络参数。

（3）配置 IS-IS 协议，实现网络中所有接口的互联互通。

（4）查看 IS-IS 协议的 3 张表，即邻居列表、LSDB 表和路由表。

项目3
自治系统间网络互联

学习目标

知识目标

1. 掌握 BGP 基本概念
2. 了解 BGP 报文和状态机
3. 理解 BGP 工作原理
4. 理解 BGP 路径属性
5. 了解 BGP 路由选择原则
6. 熟悉 BGP 基础配置命令

技能目标

1. 具备根据网络需求规划 BGP 网络参数的能力
2. 掌握 BGP 配置过程与方法
3. 掌握 BGP 基本功能分析与验证的方法

素养目标

1. 培养团结合作的工作作风
2. 强化国家网络安全观念
3. 培养自主创新精神

项目概述

A企业希望南京总部与扬州分部和徐州分部通过运营商网络实现企业内网的互联互通。南京总部、扬州分部和徐州分部已部署OSPF协议实现企业内网互联，同时已部署IS-IS协议实现运营商内网互联。现公司期望部署边界网关协议（Border Gateway Protocol, BGP）实现不同自治系统（Autonomous System, AS）间的网络互联。BGP作为AS间传递路由的动态路由协议，通过连接不同的AS网络，促进了全球信息的自由流通和文化的交流互鉴。

本项目涉及的核心网络拓扑如图3-1所示，具体需求如下。

（1）为了方便管理规模不断扩大的网络，将南京总部、扬州分部和徐州分部规划为不同的AS，部署BGP，实现3地不同AS间的网络互联。

（2）按照地区划分，将运营商内网自治系统号规划为AS65001，南京总部AS号规划为AS65002，扬州分部AS号规划为AS65003，徐州分部AS号规划为AS65004。

（3）企业内网分别通过边界路由器NJ、YZ、XZ连接至运营商网络。

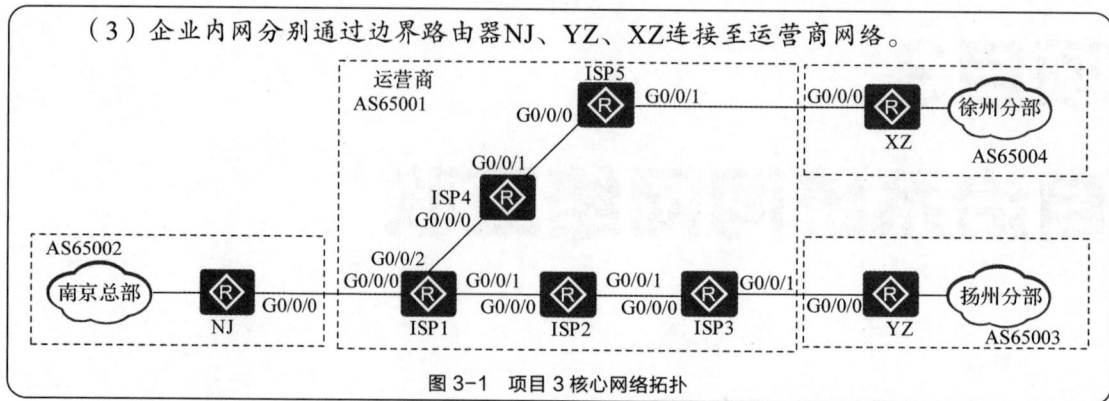

图 3-1　项目 3 核心网络拓扑

知识图谱

本项目的知识图谱如图 3-2 所示。

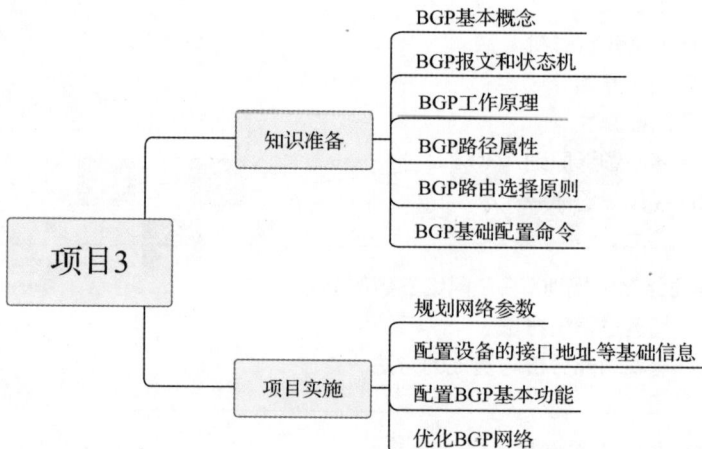

图 3-2　项目 3 知识图谱

知识准备

　　动态路由协议用于在多台路由设备之间自动交换路由信息（包括网段信息、可达性信息、路径信息等），动态生成路由表，最终实现全网的路由收敛。动态路由协议分为域内动态路由协议和域间动态路由协议。项目 1 和项目 2 中部署的 OSPF 协议、IS-IS 协议都工作在 AS 内部，属于域内动态路由协议。BGP 工作在 AS 之间，实现在不同的 AS 间传递路由的功能，属于域间动态路由协议。本项目将依次介绍 BGP 基本概念、BGP 报文和状态机、BGP 工作原理、BGP 路径属性、BGP 路由选择原则和 BGP 基础配置命令，以期读者可以在学习完本项目后，理解并顺利完成 AS 间 BGP 路由的规划与部署。

3.1　BGP 基本概念

1. AS

　　AS 指的是一个逻辑上自包含的、自洽的 IP 网络系统，如运营商、学校、政企网络等。不同的 AS 上可能运行着不同的 IGP。Internet 上的每个 AS 都具有一个 AS 号作为唯一标识，AS 号由因特网编号分配机构（Internet Assigned Numbers Authority，IANA）统一管理和分配。在 2009 年 1 月之前，AS 号最多只能使用 2 字节来标识，取值是 1～65535，其中 1～64511 是全球唯一的公网编号，64512～65534 是自用的编号，65535 留作特殊用途。随着网络规模的扩大和 AS 数量的增加，AS 号逐渐变得不够用。为了解决这个问题，在 2009 年 1 月后，IANA 决定采用 4 字节的 AS 号，取值是 65536～4294967295，但仍保持了对 2 字节的 AS 号的兼容。每个在 Internet 上提供网络服务的 AS 都需要拥有自己的 AS 号。这些 AS 内部运行 IGP 实现了路由信息交换及 AS 内部连通。而 AS 间的路由在外部网关协议（Exterior Gateway Protocol，EGP）出现之前只能通过静态路由实现互通。

2. IGP 与 EGP

从应用场景角度，动态路由协议划分为 IGP 和 EGP。IGP 与 EGP 示意如图 3-3 所示。IGP 作用于 AS 内部，在 AS 内的路由设备之间交换路由信息，产生 IGP 路由，用于实现 AS 内部的网络可达性，IGP 中较为常用的协议是 OSPF、IS-IS 协议等。EGP 作用于不同 AS 之间，在不同 AS 之间交换路由信息，用于实现 AS 之间的网络可达性。EGP 中较为常用的协议是 BGP。

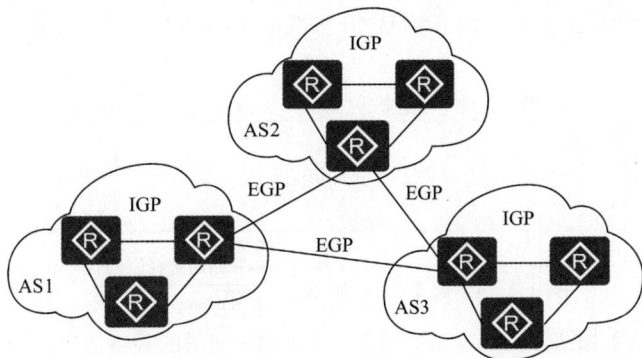

图 3-3　IGP 与 EGP 示意

3. BGP

BGP 是一种能够在不同的 AS 间交换路由信息的距离矢量类型的动态路由协议。从其名称可以看出，BGP 通常被部署在 AS 的边界上。BGP 起源于 1989 年 1 月举行的第 12 次 IETF 会议。当时，由于 Internet 的快速发展，Internet 中 AS 的数量快速增加，手工配置静态路由显然已经无法满足在大量的 AS 之间管理路由信息的需求。因此，此次会议提出，为了将大量的 AS 连接起来，需要一种新的 EGP。1989 年 6 月，IETF 发布了 RFC1105（即 BGPv1）标准。经过多年的发展后，现在被广泛应用的是 BGPv4。

BGP 传递的是 AS 之间海量的路由信息，AS 之间的地位是对等的，意味着多个 AS 之间是去中心化的。而 IGP 则不同，如 OSPF 协议和 IS-IS 协议都是中心化的，均需要配置骨干区域来交换路由信息。如果 AS 之间选用 IGP，则意味着大量的数据不得不通过某个中心区域进行中转。一旦中心区域发生故障，就会导致 AS 集体瘫痪。

BGP 区别于 IGP 的另一个特点是其邻居关系的建立不需要直连的设备。IGP 建立邻居关系时必须在直连的设备上，而 BGP 建立邻居关系时只需设备间通过 IP 地址三层可达即可，这有助于多个 AS 之间采用多协议标签交换的虚拟专用网（Multiple Protocol Label Switching Virtual Private Network，MPLS VPN）在控制层面上跨越运营商设备传递虚拟专用网（Virtual Private Network，VPN）内部路由信息等。

BGP 具有强大的路由操控性，BGP 对路由赋予了诸多属性，包括本地优先级、AS 路径、路由起源、多出口鉴别器（Multi-Exit-Discriminator，MED）等。BGP 通过这些路由属性可以在 AS 之间传递复杂且需精确操控的路由信息。

3.2 BGP 报文和状态机

3.2.1 BGP 报文

BGP 的所有报文都是单播报文，封装于 TCP 报文中，TCP 端口号为 179，以太网中的 BGP 报文结构如图 3-4 所示。

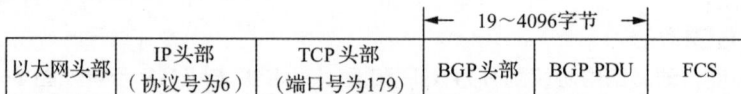

以太网头部	IP头部 （协议号为6）	TCP头部 （端口号为179）	BGP头部	BGP PDU	FCS

19～4096字节

图 3-4　以太网中的 BGP 报文结构

BGP 报文由 BGP 头部和 BGP PDU 两部分组成，报文长度最短为 19 字节，最长为 4096 字节。根据 BGP PDU 的不同，BGP 报文主要分为 Open 报文、Update 报文、Notification 报文、Keepalive 报文和 Route-Refresh 报文 5 种。这 5 种 BGP 报文的头部格式相同，如图 3-5 所示，其中各个字段的含义如下。

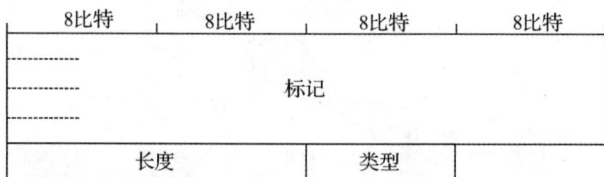

图 3-5　BGP 报文头部格式

（1）标记（Marker）：长度为 16 字节，用于检查 BGP 邻居的同步信息是否完整，以及用于 BGP 验证。不使用 BGP 验证时，所有位均为 1。

（2）长度（Length）：长度为 2 字节，用于表示 BGP 报文总长度，包括 BGP 头部和 BGP PDU 的长度，以字节为单位，值为 19～4096。当值为 19 时，表示只有 BGP 头部，没有 BGP PDU，如 Keepalive 报文。

（3）类型（Type）：长度为 1 字节，用于表示 BGP 报文类型，值为 1～5，分别表示 Open 报文、Update 报文、Notification 报文、Keepalive 报文和 Route-Refresh 报文。

下面依次介绍这 5 种报文的作用和对应的 BGP PDU 部分的格式。

1. Open 报文

Open 报文是 TCP 连接建立后发送的第一个报文，用于建立 BGP 邻居关系。在 BGP 中，邻居也称为对等体。BGP 对等体在收到 Open 报文并协商成功后，将发送 Keepalive 报文确认并保持连接的有效性。确认后，对等体间可以进行 Update 报文、Notification 报文、Keepalive 报文和 Route-Refresh 报文的交换。Open 报文格式如图 3-6 所示，其中各个字段的含义如下。

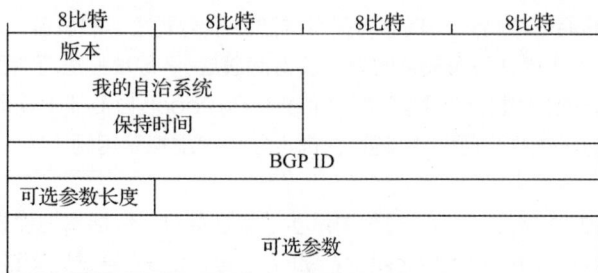

图 3-6　Open 报文格式

（1）版本（Version）：长度为 1 字节，表示协议的版本号，目前 BGP 版本号为 4。

（2）我的自治系统（My Autonomous System）：长度为 2 字节，表示发送方自己的 AS 号。

（3）保持时间（Hold Time）：长度为 1 字节，表示 BGP 邻居的失效时间。BGP 两端的保持时间可以不同，如果不同，则协商时选择较小值作为双方的保持时间。保持时间默认为 180s。如果保持时间为 0，则表示双方不发送 Keepalive 报文。

（4）BGP ID（BGP Identifier）：长度为 4 字节，以发送方的 Router ID 表示。

（5）可选参数长度（Optional Parameters Length）：长度为 1 字节，表示可选参数字段的长度，单位为字节。如果值为 0，则表示没有可选参数。

（6）可选参数（Optional Parameters）：BGP 可选参数列表，每一个可选参数都以 TLV 格式描述。常用的可选参数包括通告自己的 Route-Refresh 能力、对 4 字节长度的 AS 号的支持能力等。

2. Update 报文

Update 报文用于在对等体之间交换路由信息，包括仅发布路由信息、仅撤销路由信息和同时发布与撤销路由信息这 3 种。

（1）仅发布路由信息：一个 Update 报文可以发布多条具有相同路由属性的可达路由信息，这些路由可以共享一组路由属性。所有包含在一个给定的 Update 报文里的路由属性都适用于该 Update 报文中的网络层可达信息（Network Layer Reachability Information，NLRI）字段里的所有目的网络。

（2）仅撤销路由信息：一个 Update 报文可以撤销多条不可达路由信息。每一条路由信息通过 IP 前缀与网络掩码长度表示，用于告知对等体该路由已不可达。对等体会将该路由从路由表中删除。

（3）同时发布与撤销路由信息：一个 Update 报文既可以携带要发布的路由信息，又可以撤销路由信息。

Update 报文格式如图 3-7 所示，其中各个字段的含义如下。

不可用路由长度
撤销路由
总路径属性长度
路径属性
网络层可达信息

图 3-7　Update 报文格式

（1）不可用路由长度（Unfeasible Routes Length）：长度为 2 字节，表示撤销路由字段的长度，单位为字节，其值为 0 时，表示没有要撤销的路由。

（2）撤销路由（Withdrawn Routes）：包含所有要撤销的路由条目的列表。

（3）总路径属性长度（Total Path Attribute Length）：长度为 2 字节，表示路径属性字段的长度，单位为字节，其值为 0 时，表示没有路径属性。

（4）路径属性（Path Attributes）：包含要更新的路由的属性列表，按属性类型号从小到大排列，填写更新的路由的所有属性，每个属性均采用 TLV 格式描述。

（5）NLRI：包含要更新的路由条目列表。

3. Notification 报文

Notification 报文用于处理 BGP 进程中的各种错误。当 BGP 检测到错误状态时，会向对等体发出 Notification 报文，告知用户出现错误及出现错误的类型，同时 BGP 连接会中断。Notification 报文格式如图 3-8 所示，其中各个字段的含义如下。

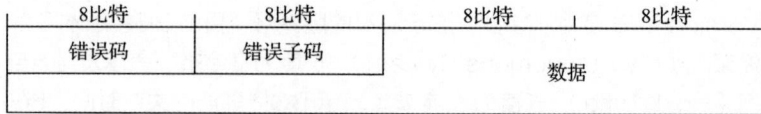

图 3-8　Notification 报文格式

（1）错误码（Error Code）：长度为 1 字节，描述错误类型，非特定的错误类型用 0 表示。

（2）错误子码（Error Subcode）：长度为 1 字节，描述错误类型下的错误细节编号，非特定的错误细节编号用 0 表示。

（3）数据（Data）：长度不定，描述错误具体内容，用于诊断出现错误的原因。

4. Keepalive 报文

BGP 会周期性地向对等体发送 Keepalive 报文，用来保持连接的有效性。BGP 发送 Keepalive 报文的周期默认为 60s，保持时间默认为 180s，即如果 180s 后没有收到对等体的 Keepalive 报文，则删除与对等体的 BGP 连接。因为 Keepalive 报文只有 BGP 头部，没有 BGP PDU，所以其报文长度固定为 19 字节。

5. Route-Refresh 报文

BGP 采用了触发更新和增量更新机制，即只在满足触发条件的时候才发送 Update 报文，且每次只发送有变化的路由。Route-Refresh 报文用于及时触发 BGP 路由器重新发布 Update 报文，且报文中包含所有 BGP 路由，其工作原理如图 3-9 所示。Open 报文可选参数字段包含对 Route-Refresh 能力的支持情况，在本地 BGP 路由器及其对等体均具有 Route-Refresh 能力的情况下，如果本地 BGP 路由器应用了新的路由策略，则本地 BGP 路由器会向对等体发送 Route-Refresh 报文，收到此报文的对等体会将其所有 BGP 路由通过 Update 报文发送给本地 BGP 路由器。这样，可以在不中断 BGP 连接的情况下，对 BGP 路由表进行动态刷新，并应用新的路由策略。

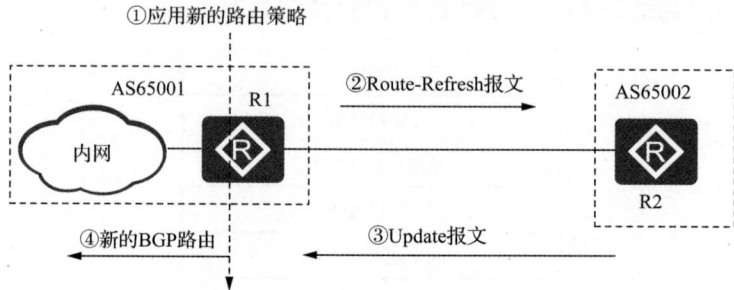

图 3-9　Route-Refresh 报文的工作原理

Route-Refresh 报文格式如图 3-10 所示，其中各个字段的含义如下。

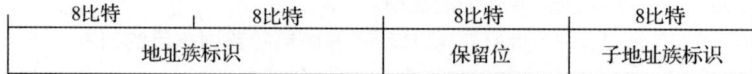

图 3-10　Route-Refresh 报文格式

（1）地址族标识（Address Family Identifier，AFI）：长度为 2 字节，表示地址族 ID，值为 1 时表示 IPv4 地址族，值为 2 时表示 IPv6 地址族。

（2）保留位（Reserved）：长度为 1 字节，值为 0，在接收报文时，此字段被忽略。

（3）子地址族标识（Subsequent Address Family Identifier，SAFI）：长度为 1 字节，表示地址族详细信息，值为 1 时表示单播路由，值为 2 时表示组播路由。

3.2.2　BGP 状态机

BGP 在建立邻居关系和交换路由信息的过程中，会经历 6 种不同的状态，分别是 Idle、Connect、

Active、OpenSent、OpenConfirm 和 Established。在每种状态中，BGP 都会发送和接收报文并进入下一种状态，这个过程被称为 BGP 状态机，如图 3-11 所示。

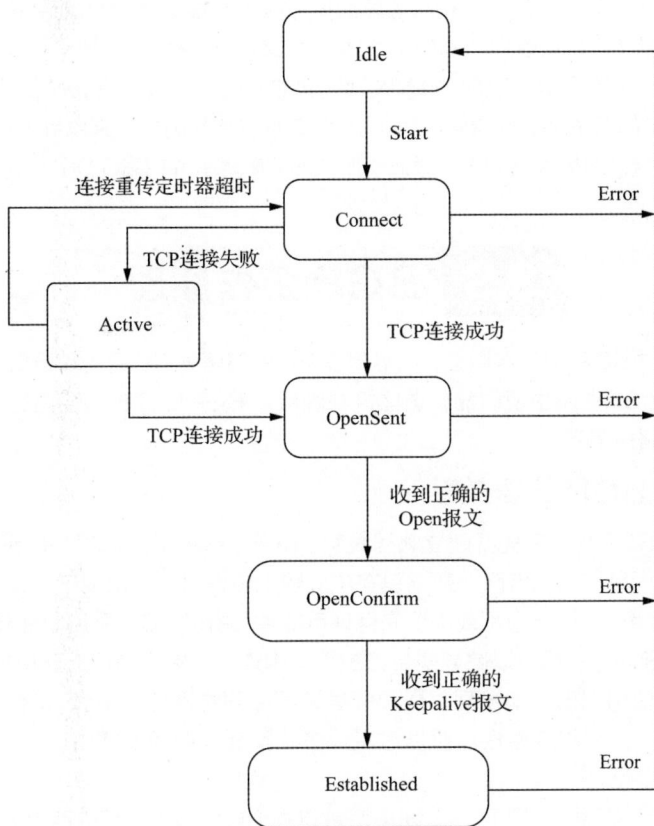

图 3-11　BGP 状态机

Idle 状态是 BGP 初始状态。在 Idle 状态下，BGP 拒绝邻居发送的连接请求。只有在收到路由器上经人工或软件自动配置或者重置 BGP 进程引起的 Start 事件后，BGP 才开始尝试和其他 BGP 对等体进行 TCP 连接，并转至 Connect 状态。在任何状态中收到 Notification 报文或 TCP 拆除链路通知等 Error 事件后，BGP 都会转至 Idle 状态。

在 Connect 状态下，BGP 启动连接重定时器（默认重传时间为 32s），等待 TCP 完成连接。如果 TCP 连接成功，那么 BGP 向对等体发送 Open 报文，并转至 OpenSent 状态；如果 TCP 连接失败，那么 BGP 转至 Active 状态；如果连接重传定时器超时后，BGP 仍没有收到对等体的响应，那么 BGP 继续尝试和其他对等体进行 TCP 连接，并停留在 Connect 状态；如果收到 Notification 报文或 TCP 拆除链路通知等 Error 事件，那么退回到 Idle 状态。

在 Active 状态下，BGP 总是在试图建立 TCP 连接。如果 TCP 连接成功，那么 BGP 向对等体发送 Open 报文，关闭连接重传定时器，并转至 OpenSent 状态；如果 TCP 连接失败，那么 BGP 停留在 Active 状态；如果连接重传定时器超时后，BGP 仍没有收到对等体的响应，那么 BGP 会转至 Connect 状态。

在 OpenSent 状态下，BGP 等待对等体的 Open 报文，并对收到的 Open 报文中的 AS 号、版本号、认证信息等进行检查。如果收到的 Open 报文正确，那么 BGP 发送 Keepalive 报文给对等体，并转至 OpenConfirm 状态；如果收到的 Open 报文有错误，那么 BGP 发送 Notification 报文的 Error 事件给对等体，并转至 Idle 状态。

在 OpenConfirm 状态下，BGP 等待对等体的 Keepalive 报文或 Notification 报文。如果收到 Keepalive 报文，则转至 Established 状态；如果收到 Notification 报文，则转至 Idle 状态。

在 Established 状态下，BGP 可以和对等体交换 Update 报文、Keepalive 报文、Route-Refresh 报文和 Notification 报文。如果收到正确的 Update 报文或 Keepalive 报文，那么 BGP 认为对等体处于正常运行状态，将保持 BGP 连接；如果收到错误的 Update 报文或 Keepalive 报文，那么 BGP 发送 Notification 报文的 Error 事件通知对等体，并转至 Idle 状态；如果收到 Route-Refresh 报文，那么不会改变 BGP 状态；如果收到 Notification 报文的 Error 事件或者 TCP 连接断开报文，那么 BGP 转至 Idle 状态。

3.3 BGP 工作原理

本小节将深入探讨 BGP 的工作原理，包括建立 BGP 邻居关系、通告和更新 BGP 路由信息，以及 BGP 路由反射器。这些机制确保了 BGP 在全球范围内可以高效、可靠地交换路由信息。

3.3.1 建立 BGP 邻居关系

路由设备在运行 BGP 时，首先要建立邻居关系。由于 BGP 在 AS 之间传递路由，考虑到 AS 之间是广域网链路，数据包在广域网上传递时可能出现不可预测的链路拥塞或丢失等情况，因此 BGP 使用 TCP 作为承载协议来保证可靠性。由于 TCP 采用单播建立连接，因此 BGP 需通过手工方式指定邻居，邻居可以跨越多台路由设备相连，不需要物理上直接相连，这与 OSPF 协议和 IS-IS 协议可以使用组播自动发现邻居及邻居之间必须物理直连不同。运行 BGP 的路由设备间必须实现网络连通性，且网络连通性需要通过其他方式实现，如静态路由、OSPF 协议、IS-IS 协议等。

BGP 邻居关系示意如图 3-12 所示。如果两台建立 BGP 邻居关系的路由设备属于同一个 AS，则它们互称为内部 BGP（Internal BGP，IBGP）对等体，即图 3-12 中的 R2 和 R3。IBGP 用于实现 BGP 路由在 AS 内部的传递。为了防止 AS 内产生环路，从 IBGP 对等体学到的路由不能转发给其他 IBGP 对等体，该机制被称为 IBGP 水平分割机制。如果两台建立 BGP 邻居关系的路由设备属于不同的 AS，则它们互称为外部 BGP（External BGP，EBGP）对等体，即图 3-12 中的 R1 和 R2、R3 和 R4。EBGP 用于在不同 AS 之间传递路由。

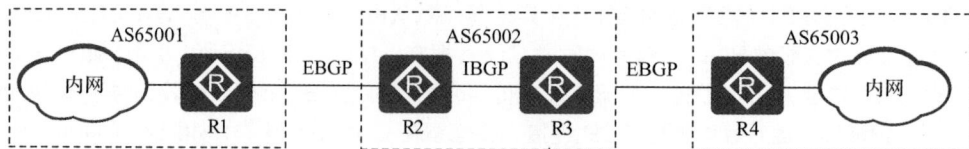

图 3-12 BGP 邻居关系示意

在建立 BGP 邻居关系后，对等体间会交换所有路由信息，之后便采用增量更新机制，即只有在路由有变化时才发送 Update 报文。建立 BGP 邻居关系后，通过相互发送 Keepalive 报文来维持邻居关系。如果保持时间内没有收到邻居的 Keepalive 报文，则断开与邻居的连接。

3.3.2 通告和更新 BGP 路由信息

路由设备之间建立 BGP 邻居关系后，就可以相互交换 BGP 路由。一台运行 BGP 的路由设备会将通过 BGP 得到的路由与普通路由分开存放，所以 BGP 路由设备会同时拥有两张路由表。一张是存放普通路由的路由表，被称为 IP 路由表。IP 路由表的路由信息只能通过 IGP 和手工配置获得，并且只能传递给运行 IGP 的其他路由器。另一张就是运行 BGP 之后创建的路由表，称为 BGP 路由表。BGP 路由表的路由信息只能传递给运行 BGP 的路由设备，如果两台 BGP 邻居的 BGP 路由表为空，则不会有任何路由传递。BGP 路由表在初始状态下为空，若想让 BGP 传递相应的路由，则需要先将路由导入 BGP 路由表，再在 BGP 邻居之间进行传递。

默认情况下，任何路由都不会自动进入 BGP 路由表。如果 BGP 的路由不是从邻居学习到的而是手工导入的，那么这样的路由被称为 BGP 本地路由。BGP 可以通过 import-route 命令或 network 命令将 IGP 路由导入 BGP 本地路由表。

无论是 BGP 本地路由还是从邻居学习到的 BGP 路由，都会封装在 Update 报文中通告给邻居。在通告 BGP 路由时，为了避免路由通告过程中出现问题，BGP 路由发布需要遵守如下规则。

（1）存在多条有效路由时，BGP 路由器只将自己选出的最优的路由发布给邻居。

（2）BGP 路由设备通过 EBGP 获得的最优路由会发布给所有的 BGP 邻居，包括 EBGP 邻居和 IBGP 邻居。

（3）BGP 路由器通过 IBGP 获得的最优路由不会再发布给其他的 IBGP 邻居，以防止出现路由环路。

BGP 路由通告原则示意如图 3-13 所示，假设 R4 同时收到了 R2 和 R3 通告的去往 10.1.1.0/24 的路由，此时 R4 会根据 BGP 路由选择原则选择一条最优的路由，并仅将该最优的路由发送给 BGP 邻居，即 R5 和 R7。但 R5 收到该路由后，不会再将其通告给 R6，因为 R5 与 R6 是 IBGP 邻居。如果 R6 也需要获得该路由，则可以通过与 R4 建立 IBGP 邻居关系来实现。

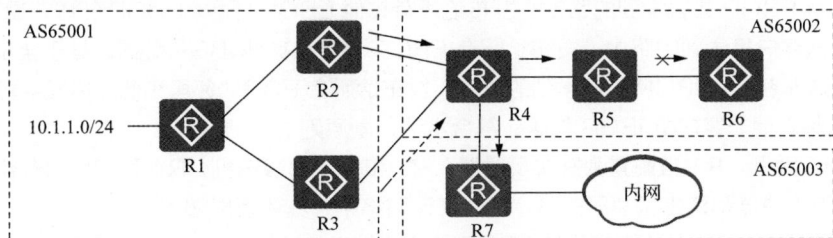

图 3-13　BGP 路由通告原则示意

3.3.3　BGP 路由反射器

因为 IBGP 具有水平分割机制，为保证 IBGP 邻居之间能够顺利传递路由，需要在 IBGP 邻居之间建立全连接关系。建立全连接关系的 BGP 模型也称全连接模型。假设一个 AS 内有 n 台设备运行 BGP，那么建立的 IBGP 连接数为 $n(n-1)/2$。随着网络规模的扩大，BGP 全连接模型变得不切实际，设备配置将十分复杂，且配置后网络资源和 CPU 资源的消耗都很大。路由反射器（Route Reflector，RR）作为该问题的一种解决方案，允许网络在保持 BGP 可扩展性的同时，减少 BGP 网络的直连需求。BGP 路由反射器示意如图 3-14 所示。

在一个配置了路由反射器的 AS 中，路由器将分为以下 3 种角色。

（1）路由反射器：允许把从 IBGP 邻居学到的路由反射到其他 BGP 邻居的路由器，类似于 OSPF 协议中的 DR。

（2）客户机（Client）：与路由反射器形成反射关系的路由器，在 AS 内部只与路由反射器建立邻居关系，客户机之间不需要建立邻居关系。

（3）非客户机（Non-Client）：既不是路由反射器又不是客户机的路由器。

路由反射器和所有客户机组成一个集群[Cluster，使用 AS 内具有唯一性的集群 ID（Cluster ID）进行标识]。Cluster 作为一个单位，与外部 BGP 路由器建立的是全连接关系，而在 Cluster 内部，客户机只要与路由反射器建立 BGP 连接即可。因此，假设一个 Cluster 内有 n 台路由器，那么在该 Cluster

内可以将全连接数由 $n(n-1)/2$ 减少为 $n-1$。

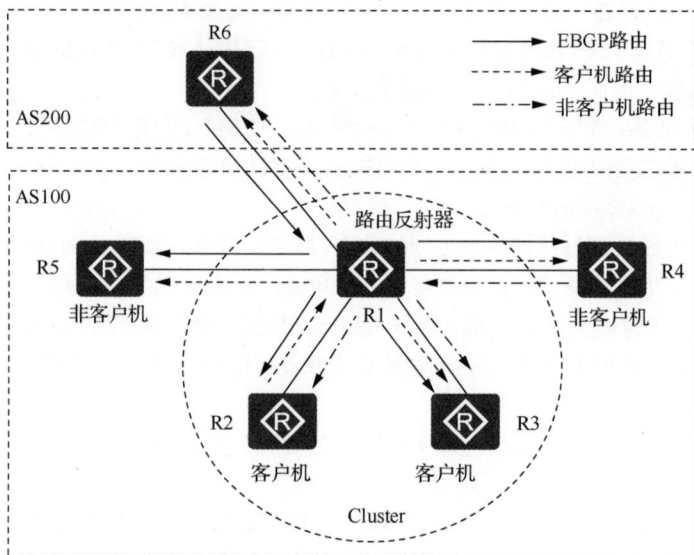

图 3-14　BGP 路由反射器示意

在存在路由反射器的 BGP 网络中，路由反射器的路由反射规则如下。

规则 1：从 EBGP 邻居学到的路由，发布给所有其他 EBGP 邻居和 IBGP 邻居，属于全反射。

规则 2：从客户机学到的路由，发布给所有 EBGP 邻居和其他 IBGP 邻居，属于全反射。

规则 3：从非客户机 IBGP 邻居学到的路由，发布给所有 EBGP 邻居和此路由反射器的所有客户机，不会发布给其他非客户机 IBGP 邻居，符合水平分割原则。

以图 3-14 为例，R1 被配置为路由反射器，R2 和 R3 为客户机，R4 和 R5 为非客户机，假设 R1 与其他所有路由器都建立了邻居关系，那么在该网络中，具体反射如下。

（1）根据规则 1，R1 从 R6 学到的 EBGP 路由将发布给 R2、R3、R4 和 R5。

（2）根据规则 2，R1 从 R2 学到的 IBGP 路由将发布给 R3、R4、R5 和 R6。

（3）根据规则 3，R1 从 R4 学到的 IBGP 路由将发布给 R2、R3 和 R6，不会发布给 R5。

路由反射器可以减少 BGP 连接数，减少 BGP 网络资源和 CPU 资源的消耗。此外，引入路由反射器只需要对它进行配置即可，使设备配置变得更简单。

3.4　BGP 路径属性

BGP 是一种基于策略的距离矢量动态路由协议，每条 BGP 路由都包含非常丰富的路径属性。BGP 路径属性随着 Update 报文一起发送，使得发送方能根据这些路径属性对路由进行过滤和选择。BGP 路径属性可以分为如下 4 种类型。

微课

1. 公认必遵属性

公认必遵属性是指所有 BGP 路由器都能够识别的路径属性，且这些属性必须出现在所有 Update 报文中。常用的公认必遵属性如下。

（1）源头（Origin）：该属性指出 BGP 路由的来源，用于判断路由信息的可信度。例如，该路由是来源于 IGP，还是来源于 EGP。如果来源于 IGP，则它是通过 import-route 命令导入的，还是通过 network 命令导入的。路由器会把 Origin 属性作为路由决策的参考。在路由选择的时候，通过 network 命令导入的路由优先于通过 import-route 命令导入的路由。

（2）AS 路径（AS_Path）：该属性记录了一条路由信息在传递过程中所经过的所有 AS，采用 AS 序列（AS_Sequence）的方式表示。当 BGP 发布者发布路由给 IBGP 对等体时，不修改路由的 AS_Path 属性。当 BGP 发布者发布路由给 EBGP 对等体时，会把自己的 AS 号作为序列的第一个元素加在 AS 号序列的最前面。所以，AS_Path 可以用来作为路由选择的一种度量，经过更少 AS 的路由优先级更高。同时，AS_Path 可以作为一种手段来防止路由环路，假设 BGP 路由器从 EBGP 对等体收到一条路由，它的 AS_Path 中包含自己的 AS 号，这说明这条路由曾经从本 AS 发出过，BGP 路由器将该路由丢弃且不再向下游路由设备转发。

（3）下一跳（Next_Hop）：该属性表示目的网络所使用的下一跳路由器的 IP 地址。如果 BGP 路由是发布给 EBGP 对等体的，那么 Next_Hop 填写 BGP 发布者的 IP 地址。如果 BGP 路由是发布给 IBGP 对等体，且路由是来自 AS 外部的，则 Next_Hop 默认保留原始的 AS 外部对等体的 IP 地址。如果需要修改为当前路由器的 IP 地址，则可以通过 peer next-hop-local 命令进行修改。

2. 公认可选属性

公认可选属性是指所有 BGP 路由器都能够识别的路径属性，但这些属性可以不出现在 Update 报文中。常用的公认可选属性如下。

（1）本地优先级（Local_Pref）：该属性可在 Update 报文中携带并发送给 IBGP 邻居，用于 AS 内部的 BGP 路由选择。该属性仅在 IBGP 对等体之间交换，不通告给其他 AS。当 BGP 路由器通过不同的 IBGP 对等体得到目的地址相同但下一跳不同的多条路由时，将优先选择 Local_Pref 值较大的路由。Local_Pref 默认值为 100，值越大表示优先级越高。

Local_Pref 属性应用示例如图 3-15 所示。企业分别通过出口路由器 R1 和 R2 连接运营商 ISP1 和 ISP2。企业希望将 ISP1 设置为主运营商，ISP2 设置为备运营商。此时，运维工程师可以在 R1 上通过 default local-preference 命令将 R1 对外发布 IBGP 路由的 Local_Pref 值调整为 200。因为 R2 的 Local_Pref 值默认为 100，所以 S1 将优先选择 R1 作为下一跳。

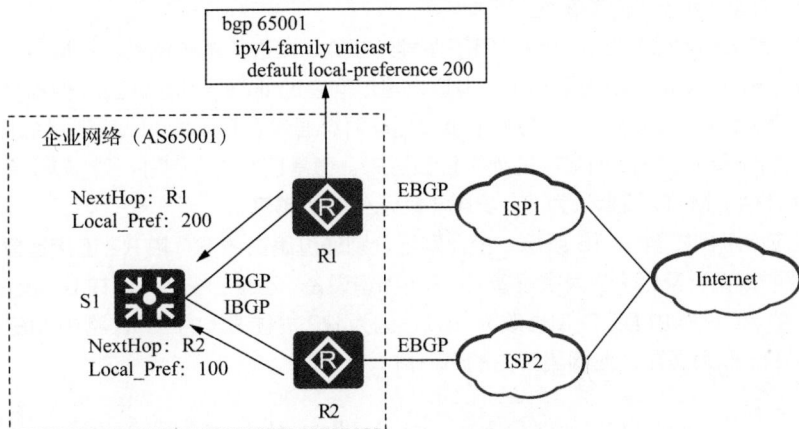

图 3-15 Local_Pref 属性应用示例

（2）原子聚合（Atomic_Aggregate）：当 BGP 路由信息进行聚合时，会产生一条新的聚合路由，因此原本路由信息所携带的 AS_Path 属性将会在聚合时丢失。原子聚合属性用来通告路由发送方，此路由是经过聚合的。当 BGP 发布者收到两条重叠的路由信息时，其中一条路由包含的地址是另一条路由的子集。一般情况下，BGP 发布者会优先选择更精细的路由（前者），但是在对外发布时，如果选择发布更粗略的那条路由（后者），则需要附加 Atomic_Aggregate 属性，通告对等体。

3. 可选传递属性

可选传递属性是指不要求所有 BGP 路由器都能识别，但路由器必须向下一跳传递的一类属性。

常用的可选传递属性如下。

（1）聚合（Aggregator）：该属性用于标识执行路由聚合的 BGP 路由器，包含执行路由聚合的 BGP 路由器的 Router ID 和 AS 号。Aggregator 属性在 BGP 路由聚合过程中自动生成，并随着聚合路由的 Update 报文一起发送给 BGP 邻居，作为 Atomic_Aggregate 属性的补充。严格来说，Atomic_Aggregate 属性是一种路由信息丢失的警告，Aggregator 属性则补充了路由信息在哪里丢失。一般情况下，在进行路由聚合时，聚合的路由信息在添加 Atomic_Aggregate 属性的同时会自动添加 Aggregator 属性，用于帮助路由器识别聚合路由的来源和上下文环境。通过 Aggregator 属性，运维工程师可以更好地理解和控制 BGP 路由聚合过程，从而优化网络的路由选择和性能。

（2）团体（Community）：该属性在 RFC1997 和 RFC1998 中定义，用于对路由信息进行分组管理。在制定路由策略时可能需要对一系列路由信息进行控制，运维工程师可以通过配置 Community 属性来进行相关的路由策略管理，类似于给路由打上一个标签。例如，某 ISP 可以为某个特定的用户分配一个 Community 属性值，此后该 ISP 就可以基于该 Community 属性值来设置专门的 Local_Pref 或者 MED 等属性来实现路由策略的控制。Community 属性也可以用来简化路由策略的应用和降低维护管理的难度。公认的 Community 属性有 Internet、No_Export 及 No_Advertise 等。其中，Internet 是默认的 Community 属性，带有此 Community 属性的路由可以被通告给任何 BGP 邻居，包括 EBGP 邻居和 IBGP 邻居；带有 No_Export 属性的路由不会被传播到本地 AS 之外的其他 AS，只能在 AS 内部的 IBGP 邻居之间传播，通常用于防止路由信息泄露到其他 AS，同时在 AS 内部保持路由信息的共享；带有 No_Advertise 这一属性的路由不仅不允许被传播到其他 AS，也不允许在 AS 内部的 IBGP 邻居之间传播，即带有 No_Advertise 这一属性的路由不会被通告给任何 BGP 邻居。通过合理地利用 Community 属性可以高效地控制路由的传播和选择。

4. 可选非传递属性

可选非传递属性是指所有 BGP 路由器都能识别，且如果路由器无法识别则会忽略该属性继续转发路由的属性。常用的可选非传递属性如下。

（1）MED：该属性类似于路径开销，用于指导外部 AS 在进入本 AS 的多个接口之间选择最优接口。MED 只在 EBGP 发布的路由中产生，发送方可以向它的 IBGP 邻居转发，但不允许再向第三方 AS 转发。当一个 AS 和它邻接的 AS 有多个接口相连时，通过发布不同的 MED 给邻接的 AS，就可以控制进入网络的流量从 MED 值最小的那个接口进来。通常情况下，BGP 只比较来自同一个 AS 的路由的 MED 属性值。MED 值默认为 0，值越小表示优先级越高。

MED 属性应用示例如图 3-16 所示。企业网络分别通过路由器 R1 和 R2 连接运营商，企业希望运营商进入企业的数据流量以 R2 为主设备，以 R1 为备设备。运维工程师可以在 R1 上配置路由策略，将 R1 发往 R3 的 BGP 路由 MED 值修改为 100。因为 R2 发往 R3 的 BGP 路由 MED 值默认为 0，所以 R3 将选择 R2 作为通往企业网络路由的下一跳。

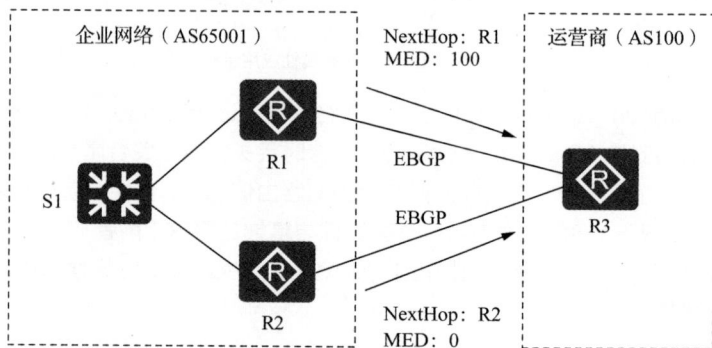

图 3-16　MED 属性应用示例

（2）集群列表（Cluster_List）：该属性用于在 BGP 路由反射器环境中标识路由的反射路径。当 BGP 路由通过路由反射器进行反射时，路由反射器会在 BGP 路由的 Cluster_List 属性中添加自己的 Cluster ID。这样，其他 BGP 路由器就可以通过查看 Cluster_List 属性来判断路由是否经过了某个特定的路由反射器，从而避免出现路由环路。Cluster_List 属性不会被传递给 EBGP 对等体，只会在 IBGP 对等体之间传递。

（3）源 ID（Originator_ID）：该属性用于在 BGP 路由反射器环境中标识路由的始发者。当 BGP 路由首次被通告到路由反射器时，路由反射器会在 BGP 路由的 Originator-ID 属性中记录该路由的始发者的 Router ID。这样，即使路由在多个路由反射器之间被反射，其他 BGP 路由器也可以通过查看 Originator_ID 属性来确定路由的始发者。Originator_ID 属性同样不会被传递给 EBGP 对等体，只会在 IBGP 对等体之间传递。在某些情况下，特别是在存在多个路由反射器且路由可能通过不同路径被反射时，Originator-ID 属性可以作为路由选择的依据之一。Cluster-List 和 Originator-ID 这两个属性在 BGP 路由反射器环境中很重要，有助于增强路由的稳定性和可靠性、防止路由环路的出现，并为路由选择提供更多的依据。

3.5 BGP 路由选择原则

BGP 路由器将路由通告给邻居后，如果 BGP 邻居收到多条到达同一目的网络的路由条目，则 BGP 邻居将会对路由条目进行优选。BGP 路由所携带的丰富的属性在路由优选中发挥了重要的作用，具体来讲，BGP 路由器按照如下顺序对路由条目进行优选。

（1）丢弃下一跳不可达的路由。

（2）优选协议首选值（PrefVal）最大的路由。PrefVal 是华为设备中 BGP 路由的一个特有属性，它仅在某台设备内有效，不传递给任何设备，是华为设备在存在多条到达同一目的地的 BGP 路由时的首选指标。运维工程师可以通过修改 PrefVal 直接控制 BGP 路由的选择。这个特性方便了华为设备对路由选择的精细控制。PrefVal 默认为 0，可配置范围为 0～65535，数值越大表示优先级越高。

PrefVal 应用示例如图 3-17 所示。企业网络通过出口路由器 R1 分别连接至运营商 ISP1 和 ISP2。在图 3-17 所示的网络拓扑中，如果企业希望配置 ISP1 为主运营商，ISP2 为备运营商，则企业可以在 R1 上通过 peer preferred-value 命令将 R1 从 ISP1 获得的所有 BGP 路由的 PrefVal 修改为 100。因为 ISP2 的 PrefVal 为默认值 0，所以 R1 将优选 ISP1 作为下一跳转发数据。

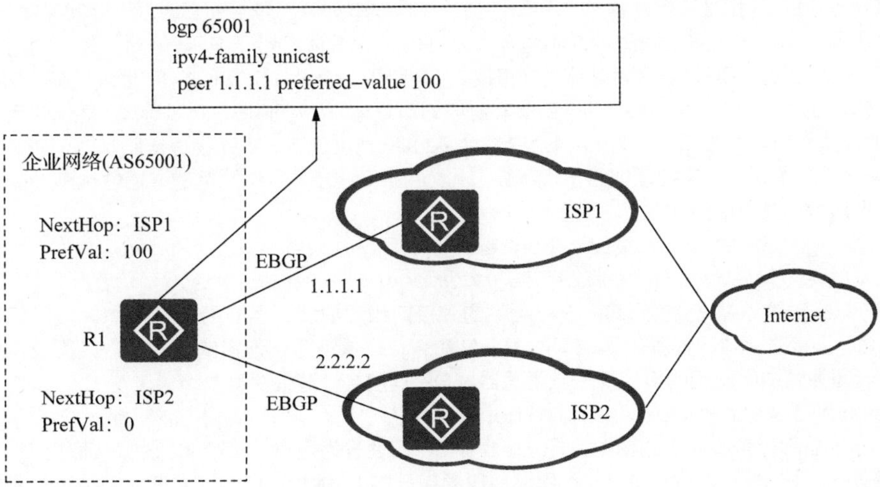

图 3-17　PrefVal 应用示例

（3）优选本地优先级（Local_Pref）最大的路由。

（4）依照手工聚合→自动聚合→通过 network 命令引入的路由→通过 import-route 命令引入的路由→从对等体学到的顺序选取路由。

（5）优选 AS_Path 最短的路由。

（6）依照起源类型为 IGP→EGP→Incomplete 的顺序选取路由。

（7）对于来自同一 AS 的路由，优选 MED 值小的路由。

（8）依次优选从 EBGP→IBGP 学来的路由。

（9）优选 AS 内部由 IGP 产生的度量值最小的路由。

（10）优选 Originator-ID 最小的路由。

（11）优选 BGP 邻居 Router ID 最小的路由器发布的路由。

（12）优选从具有较小 IP 地址的邻居处学来的路由。

3.6 BGP 基础配置命令

下面介绍本项目涉及的 BGP 基础配置命令，包含 BGP 基本功能的配置命令、BGP 路由引入配置命令、BGP 路由反射器配置命令、BGP 认证配置命令和 BGP 查询命令。

1. BGP 基本功能的配置命令

[Huawei] bgp *as-number*

/*启动 BGP，指定本地 AS 号。as-number 为 AS 号。华为设备支持整数形式和点分十进制形式的 4 字节的 AS 号*/

[Huawei-bgp] router-id *router-id*

/*配置本地路由器标识，指定本地 Router ID。与 OSPF 协议类似，Router ID 用于 BGP 标识不同的路由设备。当两台设备的 Router ID 不相同时，可以建立 IBGP 或 EBGP 连接。当 Router ID 相同且配置了 router-id allow-same enable 命令时，也可以建立 EBGP 连接。配置或改变 BGP 的 Router ID 会导致设备之间的 BGP 邻居重置。

与 OSPF 协议相同，如果没有配置 router-id，则系统会先从逻辑 Loopback 接口的 IP 地址中选择最大的 IP 地址作为 Router ID。如果设备上没有配置 Loopback 接口的 IP 地址，则系统会从物理接口中选择最大的 IP 地址作为 Router ID。如果选中的 Router ID 是物理接口的 IP 地址，则当 IP 地址发生变化时，会引起路由的震荡。因此，为了提高网络的稳定性，建议手工配置 Router ID*/

[Huawei-bgp] peer *ip-address* as-number *as-number*

/*配置对等体的 IP 地址及其所属的 AS 号。当 AS 号与本地 AS 号不一致时，说明对等体是 EBGP 对等体；当 AS 号与本地 AS 号一致时，说明对等体是 IBGP 对等体。对于 EBGP 对等体，通常建议使用物理接口的 IP 地址，因为 EBGP 要求对等体之间直连。如果使用 Loopback 接口的 IP 地址，则需要考虑 EBGP 非直连的问题，因为 EBGP 默认情况下不支持非直连的对等体。而对于 IBGP 对等体，建议使用 Loopback 接口的 IP 地址建立对等体关系。因为 Loopback 接口的 IP 地址稳定，不受物理链路状态的影响，可以通过内部 IGP 保证其连通性。即使物理链路出现问题，Loopback 接口的 IP 地址的连通性也不会受影响，从而保证了 IBGP 对等体关系的稳定性*/

[Huawei-bgp] peer *ip-address* connect-interface { *ip-source-address* | *interface-type interface-number* | *interface-type interface-number ip-source-address* }

/*配置 BGP 对等体之间建立 TCP 连接会话的源接口和源地址。当使用 Loopback 接口或子接口标识地址建立 BGP 连接时，建议对等体两端同时配置该命令，以保证两端连接的正确性。如果仅有一端配置该命令，则可能因为两端所使用的接口不一致而导致 TCP 连接会话建立失败*/

[Huawei-bgp] peer *ip-address* next-hop-local

/*配置向 IBGP 对等体通告路由时，把 Next_Hop 属性设为自身的 IP 地址。默认情况下，BGP 在向 EBGP 对等体通告路由时，将 Next_Hop 属性修改为自己的 IP 地址；在向 IBGP 对等体通告路由时，保持路由的 Next_Hop 属性不变而直接传递路由*/

2. BGP 路由引入配置命令

BGP 本身不发现路由，因此需要将其他协议路由引入 BGP 路由表中，从而将这些路由在 AS 之内和 AS 之间传播。BGP 支持通过以下两种方式引入路由，一种是通过 import-route 命令引入，另一种是通过 network 命令引入。

[Huawei-bgp] import-route [direct | isis *process-id* | ospf *process-id* | rip *process-id* | static]
/*按类型将直连路由、RIP 路由、OSPF 协议路由、IS-IS 协议路由等引入 BGP 路由表中，当引入 RIP、OSPF、IS-IS 等动态路由协议发现的路由时，需要指定进程号*/

[Huawei-bgp] network *ip-address* [*mask* | *mask-length*]
/*将指定前缀和掩码的一条路由引入 BGP 路由表中，比 import-route 命令更精确。如果没有指定掩码或掩码长度，则按有类地址处理。要引入的本地路由必须存在于本地的 IP 路由表中*/

3. BGP 路由反射器配置命令

路由反射器配置命令只需要在路由反射器上配置，在客户机上不需要做任何配置。

[Huawei-bgp] peer *ip-address* reflect-client
/* ip-address 是对等体的 IP 地址，reflect-client 表示该对等体为客户机，同时指明本设备是路由反射器。在配置该命令前，需要先通过 peer as-number 命令建立相应的对等体关系*/

[Huawei-bgp] reflector cluster-id *cluster-id*
/*配置 Cluster 的 Cluster ID。每个 Cluster 都需要有一个 Cluster ID，以标识该 Cluster，防止出现路由环路。如果不配置，则默认以路由反射器的 Router ID 作为 Cluster ID。为了增加网络的可靠性，防止单点故障，有时需要在一个 Cluster 中配置一个以上的路由反射器。此时，必须通过该命令为同一 Cluster 内的所有路由反射器配置相同的 Cluster ID*/

4. BGP 认证配置命令

对 BGP 对等体关系进行认证是提高安全性的有效手段。BGP 认证分为 MD5 认证和 Keychain 认证。MD5 认证只能为 TCP 连接设置认证密码，而 Keychain 认证除了可以为 TCP 连接设置认证密码外，还可以对 BGP 报文进行认证。

[Huawei-bgp] peer *ip-address* password { cipher *password* | simple *password* }
/*配置 MD5 认证，为 TCP 连接设置认证密码。在配置本命令前，需要先通过 peer as-number 命令建立相应的对等体关系*/

[Huawei-bgp] peer *ip-address* keychain *keychain-name*
/*配置 Keychain 认证。在配置本命令前，也需要先通过 peer as-number 命令建立相应的对等体关系，且需要先创建 Keychain*/

5. BGP 查询命令

display tcp status   //查看 TCP 连接状态
display bgp peer [verbose]   //查看所有 BGP 对等体的信息
display bgp peer *ip-address* [verbose]   //查看指定 BGP 对等体的信息
display bgp routing-table   //查看 BGP 路由的信息

🔍 项目实施

本项目核心网络拓扑如图 3-1 所示。网络规划为 4 个 AS，其中运营商网络规划为 AS65001，南京总部网络规划为 AS65002，扬州分部网络规划为 AS65003，徐州分部网络规划为 AS65004。南京总部、扬州分部和徐州分部分别通过边界路由器 NJ、YZ、XZ 与运营商网络的 ISP1、ISP3 和 ISP5 相连。要求在网络中部署 BGP，实现企业总部与企业分部内部路由互通。运维工程师需完成的主要任务如下。

（1）根据企业网络需求规划网络的 AS 号、IP 地址段、Router ID 等参数。
（2）配置所有设备的接口地址等基础信息。
（3）配置 BGP 基本功能，实现企业网络所有设备的互联互通。

（4）对 BGP 网络进行优化，提升 BGP 的性能。

任务 3.1　规划网络参数

本任务涉及的主要配置项及参数规划如表 3-1 所示。

表 3-1　主要配置项及参数规划

地区	设备	配置项	参数	描述
南京总部 （AS65002）	路由器 NJ	Router ID	1.1.1.1	路由器 ID
		G0/0/0	11.1.1.2/30	连接路由器 ISP1
		Loopback0	10.2.100.1/24	模拟南京总部内网 1
		Loopback1	10.2.200.1/24	模拟南京总部内网 2
扬州分部 （AS65003）	路由器 YZ	Router ID	2.2.2.1	路由器 ID
		G0/0/0	21.1.1.2/30	连接路由器 ISP3
		Loopback0	10.2.120.1/24	模拟扬州分部内网
徐州分部 （AS65004）	路由器 XZ	Router ID	3.3.3.1	路由器 ID
		G0/0/0	31.1.1.2/30	连接路由器 ISP5
		Loopback0	10.2.130.1/24	模拟徐州分部内网
运营商网络 （AS65001）	路由器 ISP1	Loopback0	4.4.4.4/32	路由器 ID
		G0/0/0	11.1.1.1/30	连接路由器 NJ
		G0/0/1	12.1.1.1/30	连接路由器 ISP2
		G0/0/2	14.1.1.1/30	连接路由器 ISP4
	路由器 ISP2	Loopback0	5.5.5.5/32	路由器 ID
		G0/0/0	12.1.1.2/30	连接路由器 ISP1
		G0/0/1	23.1.1.1/30	连接路由器 ISP3
	路由器 ISP3	Loopback0	6.6.6.6/32	路由器 ID
		G0/0/0	23.1.1.2/30	连接路由器 ISP2
		G0/0/1	21.1.1.1/30	连接路由器 YZ
	路由器 ISP4	Loopback0	7.7.7.7/32	路由器 ID
		G0/0/0	14.1.1.2/30	连接路由器 ISP1
		G0/0/1	45.1.1.1/30	连接路由器 ISP5
	路由器 ISP5	Loopback0	8.8.8.8/32	路由器 ID
		G0/0/0	45.1.1.2/30	连接路由器 ISP4
		G0/0/1	31.1.1.1/30	连接路由器 XZ

任务 3.2　配置设备的接口地址等基础信息

本项目的项目实施在项目 2 的项目实施的基础上继续进行，因此项目 2 中已完成的配置任务在本项目中不再重复。读者需要先按照项目 2 自行完成 ISP 内所有路由器的基础信息及 IS-IS 配置，实现所有 ISP 路由器接口的互联互通。

1. 配置路由器 NJ、YZ、XZ 的接口地址，主要命令如下。

```
[NJ]interface GigabitEthernet0/0/0                    //连接路由器 ISP1 的接口
[NJ-GigabitEthernet0/0/0]ip address 11.1.1.2 30
[NJ-GigabitEthernet0/0/0]quit
```

```
[NJ]interface Loopback0                             //模拟南京总部内网 1
[NJ-Loopback0]ip address 10.2.100.1 24
[NJ- Loopback0]quit
[NJ]interface Loopback1                             //模拟南京总部内网 2
[NJ-Loopback1]ip address 10.2.200.1 24
[NJ-Loopback1]quit


[YZ]interface GigabitEthernet0/0/0                  //连接路由器 ISP3 的接口
[YZ-GigabitEthernet0/0/0]ip address 21.1.1.2 30
[YZ-GigabitEthernet0/0/0]quit
[YZ]interface Loopback0                             //模拟扬州分部内网
[YZ-Loopback0]ip address 10.2.120.1 24
[YZ-Loopback0]quit


[XZ]interface GigabitEthernet0/0/0                  //连接路由器 ISP5 的接口
[XZ-GigabitEthernet0/0/0]ip address 31.1.1.2 30
[XZ-GigabitEthernet0/0/0]quit
[XZ]interface Loopback0                             //模拟徐州分部内网
[XZ-Loopback0]ip address 10.2.130.1 24
[XZ-Loopback0]quit
```

2. 配置路由器 ISP1、ISP3、ISP5 连接企业网络的接口地址，主要命令如下。

```
[ISP1] interface GigabitEthernet0/0/0     //连接路由器 NJ 的接口
[ISP1-GigabitEthernet0/0/0] ip address 11.1.1.1 30

[ISP3] interface GigabitEthernet0/0/1     //连接路由器 YZ 的接口
[ISP3-GigabitEthernet0/0/1] ip address 21.1.1.1 30

[ISP5] interface GigabitEthernet0/0/1     //连接路由器 XZ 的接口
[ISP5-GigabitEthernet0/0/1] ip address 31.1.1.1 30
```

任务 3.3 配置 BGP 基本功能

微课

1. 在路由器 NJ、YZ、XZ 上启动 BGP，配置 Router ID 与对等体，主要命令如下。

```
[NJ] bgp 65002
[NJ-bgp]router-id 1.1.1.1
[NJ-bgp]peer 11.1.1.1 as-number 65001   //使用直连接口与路由器 ISP1 建立 EBGP 对等体
[NJ-bgp]quit

[YZ] bgp 65003
[YZ-bgp] router-id 2.2.2.1
[YZ-bgp]peer 21.1.1.1 as-number 65001   //使用直连接口与路由器 ISP3 建立 EBGP 对等体
[YZ-bgp]quit

[XZ] bgp 65004
[XZ-bgp] router-id 3.3.3.1
[XZ-bgp]peer 31.1.1.1 as-number 65001   //使用直连接口与路由器 ISP5 建立 EBGP 对等体
[XZ-bgp]quit
```

2. 在路由器 ISP1、ISP3 和 ISP5 上启动 BGP，配置 EBGP 与 IBGP 对等体，并以 Loopback 接口为源接口建立 IBGP 邻居，以 Loopback 接口地址作为下一跳地址向 IBGP 对等体传递 EBGP 路由。

```
[ISP1]bgp 65001
[ISP1-bgp] router-id 4.4.4.4
[ISP1-bgp]peer 11.1.1.2 as-number 65002  //使用直连接口与路由器 NJ 建立 EBGP 对等体
[ISP1-bgp]peer 5.5.5.5 as-number 65001
//使用 Loopback 接口与路由器 ISP2 建立 IBGP 对等体
[ISP1-bgp]peer 5.5.5.5 connect-interface Loopback 0
//以 Loopback 接口为源接口建立 IBGP 邻居
[ISP1-bgp]peer 5.5.5.5 next-hop-local
//以 Loopback 接口地址作为下一跳地址向 IBGP 对等体传递 EBGP 路由
[ISP1-bgp]peer 6.6.6.6 as-number 65001
//使用 Loopback 接口与路由器 ISP3 建立 IBGP 对等体
[ISP1-bgp]peer 6.6.6.6 connect-interface Loopback 0
[ISP1-bgp]peer 6.6.6.6 next-hop-local
[ISP1-bgp]peer 7.7.7.7 as-number 65001
//使用 Loopback 接口与路由器 ISP4 建立 IBGP 对等体
[ISP1-bgp]peer 7.7.7.7 connect-interface Loopback 0
[ISP1-bgp]peer 7.7.7.7 next-hop-local
[ISP1-bgp]peer 8.8.8.8 as-number 65001
//使用 Loopback 接口与路由器 ISP5 建立 IBGP 对等体
[ISP1-bgp]peer 8.8.8.8 connect-interface Loopback 0
[ISP1-bgp]peer 8.8.8.8 next-hop-local
[ISP1-bgp]quit

[ISP3]bgp 65001
[ISP3-bgp] router-id 6.6.6.6
[ISP3-bgp]peer 21.1.1.2 as-number 65003  //使用直连接口与路由器 YZ 建立 EBGP 对等体
[ISP3-bgp]peer 4.4.4.4 as-number 65001
//使用 Loopback 接口与路由器 ISP1 建立 IBGP 对等体
[ISP3-bgp]peer 4.4.4.4 connect-interface Loopback 0
[ISP3-bgp]peer 4.4.4.4 next-hop-local
[ISP3-bgp]peer 5.5.5.5 as-number 65001
//使用 Loopback 接口与路由器 ISP2 建立 IBGP 对等体
[ISP3-bgp]peer 5.5.5.5 connect-interface Loopback 0
[ISP3-bgp]peer 5.5.5.5 next-hop-local
[ISP3-bgp]peer 7.7.7.7 as-number 65001
//使用 Loopback 接口与路由器 ISP4 建立 IBGP 对等体
[ISP3-bgp]peer 7.7.7.7 connect-interface Loopback 0
[ISP3-bgp]peer 7.7.7.7 next-hop-local
[ISP3-bgp]peer 8.8.8.8 as-number 65001
//使用 Loopback 接口与路由器 ISP5 建立 IBGP 对等体
[ISP3-bgp]peer 8.8.8.8 connect-interface Loopback 0
[ISP3-bgp]peer 8.8.8.8 next-hop-local
[ISP3-bgp]quit

[ISP5]bgp 65001
[ISP5-bgp] router-id 8.8.8.8
```

```
[ISP5-bgp]peer 31.1.1.2 as-number 65004  //使用直连接口与路由器 XZ 建立 EBGP 对等体
[ISP5-bgp]peer 4.4.4.4 as-number 65001
//使用 Loopback 接口与路由器 ISP1 建立 IBGP 对等体
[ISP5-bgp]peer 4.4.4.4 connect-interface Loopback 0
[ISP5-bgp]peer 4.4.4.4 next-hop-local
[ISP5-bgp]peer 5.5.5.5 as-number 65001
//使用 Loopback 接口与路由器 ISP2 建立 IBGP 对等体
[ISP5-bgp]peer 5.5.5.5 connect-interface Loopback 0
[ISP5-bgp]peer 5.5.5.5 next-hop-local
[ISP5-bgp]peer 6.6.6.6 as-number 65001
//使用 Loopback 接口与路由器 ISP3 建立 IBGP 对等体
[ISP5-bgp]peer 6.6.6.6 connect-interface Loopback 0
[ISP5-bgp]peer 6.6.6.6 next-hop-local
[ISP5-bgp]peer 7.7.7.7 as-number 65001
//使用 Loopback 接口与路由器 ISP4 建立 IBGP 对等体
[ISP5-bgp]peer 7.7.7.7 connect-interface Loopback 0
[ISP5-bgp]peer 7.7.7.7 next-hop-local
[ISP5-bgp]quit
```

3. 路由器 ISP2、ISP4 与路由器 ISP1、ISP3 和 ISP5 不同，其只存在 IBGP 对等体，不存在 EBGP 对等体，因此不需要传递 EBGP 路由，它们的配置与路由器 ISP1、ISP3 和 ISP5 的略有不同，主要命令如下。

```
[ISP2]bgp 65001
[ISP2-bgp]router-id 5.5.5.5
[ISP2-bgp]peer 4.4.4.4 as-number 65001
//使用 Loopback 接口与路由器 ISP1 建立 IBGP 对等体
[ISP2-bgp]peer 4.4.4.4 connect-interface Loopback 0
[ISP2-bgp]peer 6.6.6.6 as-number 65001
//使用 Loopback 接口与路由器 ISP3 建立 IBGP 对等体
[ISP2-bgp]peer 6.6.6.6 connect-interface Loopback 0
[ISP2-bgp]peer 7.7.7.7 as-number 65001
//使用 Loopback 接口与路由器 ISP4 建立 IBGP 对等体
[ISP2-bgp]peer 7.7.7.7 connect-interface Loopback 0
[ISP2-bgp]peer 8.8.8.8 as-number 65001
[ISP2-bgp]peer 8.8.8.8 connect-interface Loopback 0
//使用 Loopback 接口与路由器 ISP5 建立 IBGP 对等体
[ISP2-bgp]quit

[ISP4]bgp 65001
[ISP4-bgp] router-id 7.7.7.7
[ISP4-bgp]peer 4.4.4.4 as-number 65001
//使用 Loopback 接口与路由器 ISP1 建立 IBGP 对等体
[ISP4-bgp]peer 4.4.4.4 connect-interface Loopback 0
[ISP4-bgp]peer 5.5.5.5 as-number 65001
//使用 Loopback 接口与路由器 ISP2 建立 IBGP 对等体
[ISP4-bgp]peer 5.5.5.5 connect-interface Loopback 0
[ISP4-bgp]peer 6.6.6.6 as-number 65001
//使用 Loopback 接口与路由器 ISP3 建立 IBGP 对等体
[ISP4-bgp]peer 6.6.6.6 connect-interface Loopback 0
```

```
[ISP4-bgp]peer 8.8.8.8 as-number 65001
//使用 Loopback 接口与路由器 ISP5 建立 IBGP 对等体
[ISP4-bgp]peer 8.8.8.8 connect-interface Loopback 0
[ISP4-bgp]quit
```

4．在路由器 NJ、YZ、XZ 上分别向 BGP 发布企业内部路由，主要命令如下。

```
[NJ] bgp 65002
[NJ-bgp]network 10.2.100.0 24              //通过 network 命令发布南京总部企业内部路由 1
[NJ-bgp]network 10.2.200.0 24              //通过 network 命令发布南京总部企业内部路由 2

[YZ] bgp 65003
[YZ-bgp]network 10.2.120.0 24              //通过 network 命令发布扬州分部企业内部路由

[XZ] bgp 65004
[XZ-bgp]network 10.2.130.0 24              //通过 network 命令发布徐州分部企业内部路由
```

至此，BGP 基本功能配置已完成，接下来对 BGP 基本功能进行分析与验证。

5．BGP 基本功能分析与验证。

（1）查看 TCP 连接状态。

以路由器 ISP1 为例查看 TCP 连接状态，主要命令及显示信息如下。

```
<ISP1>display tcp status
TCPCB     Tid/Soid   Local Add:port      Foreign Add:port     VPNID   State
b4c39bc8  164/2      0.0.0.0:179         5.5.5.5:0            0       Listening
b4c39f94  164/5      0.0.0.0:179         6.6.6.6:0            0       Listening
b4c3a21c  164/8      0.0.0.0:179         7.7.7.7:0            0       Listening
b4c3a4a4  164/11     0.0.0.0:179         8.8.8.8:0            0       Listening
b4c3a72c  164/14     0.0.0.0:179         11.1.1.2:0          0       Listening *
b4c3a360  164/20     4.4.4.4:179         7.7.7.7:49275       0       Established
b4c3a5e8  164/21     4.4.4.4:179         8.8.8.8:49549       0       Established
b4c39d0c  164/4      4.4.4.4:50057       5.5.5.5:179         0       Established
b4c3a0d8  164/7      4.4.4.4:50057       6.6.6.6:179         0       Established
b4c3a870  164/19     11.1.1.1:179        11.1.1.2:50019      0       Established*
```

在显示信息中，TCPCB 表示 TCP 任务控制块编号；Tid/Soid 表示任务 ID/进程 ID，前者表示此任务 ID 的 TCP 连接状态，后者表示此进程 ID 的 TCP 连接状态；Local Add: port 表示 TCP 连接的本端 IP 地址和本端端口号；Foreign Add: port 表示 TCP 连接的远端 IP 地址和远端端口号，IP 地址为 0.0.0.0 表示侦听所有地址，端口号为 0 表示侦听所有端口号；VPNID 表示 TCP 连接所属的 VPN 实例 ID；State 表示 TCP 连接的状态，其中 Listening 表示侦听状态，Established 表示连接建立状态。

从显示信息可以看出，路由器 ISP1 和 ISP2、ISP3、ISP4、ISP5、NJ 均建立了 TCP 连接，ISP1 还对所有建立 TCP 连接的设备的接口地址的 179 号端口进行了侦听，即侦听所有对等体发起的 BGP 连接请求。TCP 连接是 BGP 连接建立的基础。

（2）查看 BGP 邻居表。

以路由器 ISP1 为例查看设备的 BGP 邻居表，主要命令及显示信息如下。

```
<ISP1>display bgp peer
 BGP local router ID : 4.4.4.4
 Local AS number : 65001
 Total number of peers : 5          Peers in established state : 5
 Peer         V      AS     MsgRcvd    MsgSent   OutQ   Up/Down     State          PrefRcv
 5.5.5.5      4      65001  308        310       0      05:06:51    Established     0
```

6.6.6.6	4	65001	309	310	0	05:06:51	Established	1
7.7.7.7	4	65001	304	306	0	05:02:02	Established	0
8.8.8.8	4	65001	304	305	0	05:01:18	Established	1
11.1.1.2	4	65002	310	314	0	05:06:46	Established	2

在 BGP 邻居表中，Peer 表示邻居的 IP 地址，V 表示对等体使用的 BGP 版本，AS 表示对等体的 AS 号，MsgRcvd 和 MsgSent 分别表示收到的报文数目和发送的报文数目，OutQ 表示等待发往指定对等体的报文数目，Up/Down 表示 BGP 邻居已建立的时长，State 表示 BGP 连接状态，PrefRcv 表示从对等体上收到路由前缀的数目。从显示信息可以看出，路由器 ISP1 与对等体的 BGP 状态都是 Established，从路由器 ISP3 和 ISP5 收到了 1 条路由前缀，从路由器 NJ 收到了 2 条路由前缀，与配置相符。

以上显示的是 BGP 邻居表的简要信息，如果要查看某个邻居的详细信息，则可以通过 display bgp peer [*peer-ip*] verbose 命令进行查看，如在路由器 ISP1 上查看邻居路由器 NJ 的命令及显示信息如下。

```
<ISP1>display bgp peer 11.1.1.2 verbose
    BGP Peer is 11.1.1.2,   remote AS 65002
    Type: EBGP link                        //BGP 类型，包含 EBGP 连接和 IBGP 连接
    BGP version 4, Remote router ID 1.1.1.1
    Update-group ID: 3
    BGP current state: Established, Up for 05h29m54s
    BGP current event: RecvKeepalive        //BGP 当前事件：接收 Keepalive 报文
    BGP last state: OpenConfirm             //BGP 上一阶段的状态
    BGP Peer Up count: 1
    Received total routes: 2
    Received active routes total: 2
    Advertised total routes: 2
    Port:   Local - 179  Remote - 50019
    Configured: Connect-retry Time: 32 sec       //配置的 TCP 重连时间是 32s
    Configured: Active Hold Time: 180 sec  Keepalive Time:60 sec
    //配置的 BGP 保持时间是 180s，Keepalive 报文发送间隔为 60s
    Received   : Active Hold Time: 180 sec       //接收的对等体的保持时间是 180s
    Negotiated: Active Hold Time: 180 sec  Keepalive Time:60 sec
    //协商后的 BGP 保持时间是 180s，Keepalive 报文发送间隔为 60s
    Peer optional capabilities:
    Peer supports bgp multi-protocol extension //对等体支持 MP-BGP 扩展能力
    Peer supports bgp route refresh capability //对等体支持 BGP Route-Refresh 能力
    Peer supports bgp 4-byte-as capability     //对等体支持 4 字节的 AS 号
    Address family IPv4 Unicast: advertised and received
    //IPv4 单播地址族的发送和接收报文数目
 Received: Total 333 messages
            Update messages           2
            Open messages             1
            KeepAlive messages        330
            Notification messages     0
            Refresh messages          0
 Sent: Total 337 messages
            Update messages           5
            Open messages             2
```

```
              KeepAlive messages          330
              Notification messages       0
              Refresh messages            0
 Authentication type configured: None                    //没有配置 BGP 认证
 Last keepalive received: 2024/09/07 15:10:46 UTC-08:00
 Last keepalive sent    : 2024/09/07 15:10:46 UTC-08:00
 Last update    received: 2024/09/07 09:41:46 UTC-08:00
 Last update    sent    : 2024/09/07 12:00:13 UTC-08:00
 Minimum route advertisement interval is 30 seconds
```
　　/*最短路由通告时间间隔为 30s。最短路由通告时间间隔用于抑制频繁发送相同前缀的路由通告，EBGP 默认最短路由通告时间间隔为 30s，IBGP 默认最短路由通告时间间隔为 15s，可以通过 peer route-update-interval 命令进行调整*/
```
 Optional capabilities:
 Route refresh capability has been enabled
 4-byte-as capability has been enabled
 Peer Preferred Value: 0                    //对等体的协议首选值是 0
 Routing policy configured:
 No routing policy is configured
```

　　（3）查看 BGP 路由表。

　　首先，以路由器 ISP1 为例查看其 BGP 路由表，主要命令及显示信息如下。

```
<ISP1>display bgp routing-table
 BGP Local router ID is 4.4.4.4
 Status codes: * - valid, > - best, d - damped,
               h - history,  i - internal, s - suppressed, S - Stale
               Origin : i - IGP, e - EGP, ? - incomplete
 Total Number of Routes: 4
        Network          NextHop       MED     LocPrf     PrefVal   Path/Ogn
  *>  10.2.100.0/24      11.1.1.2       0                     0      65002i
  *>i 10.2.120.0/24      6.6.6.6        0       100           0      65003i
  *>i 10.2.130.0/24      8.8.8.8        0       100           0      65004i
  *>  10.2.200.0/24      11.1.1.2       0                     0      65002i
```

　　在 BGP 路由表中，Network 表示目的网络 IP 前缀及其网络掩码长度；NextHop 表示通往该目的网络的下一跳地址，10.2.100.0/24 和 10.2.200.0/24 两条路由由路由器 NJ 通告，其下一跳地址为路由器 NJ 接口地址，10.2.120.0/24 和 10.2.130.0/24 两条路由分别由路由器 ISP3 和 ISP5 传递至 ISP1，其下一跳地址分别为路由器 ISP3 和 ISP5 的 Loopback 接口地址，因为在 BGP 配置中路由器 ISP3 和 ISP5 均配置了 peer next-hop-local，即以本设备的 IP 地址作为 EBGP 路由的下一跳地址；MED 表示该路由条目的 MED 值，默认为 0；LocPrf 显示了路由条目的 Local_Pref 值，默认值为 100；Local_Pref 值仅在 BGP 路由器向 IBGP 传递路由时添加，所以路由器 NJ 传递过来的路由条目 Local_Pref 值为空；PrefVal 显示了路由条目的协议首选值，默认为 0；Path/Ogn 表示该路由传递的 AS 路径及最初起源，10.2.100.0/24 和 10.2.200.0/24 两条路由由 AS65002 传递过来，10.2.120.0/24 由 AS65003 传递过来，10.2.130.0/24 由 AS65004 传递过来，i 表示该路由条目在引入 BGP 时由 network 命令引入，? 表示该路由条目在引入 BGP 时由 import-route 命令引入。

　　除了以上字段外，每条路由条目前面的*表示有效路由，即已完成收敛且可用的路由；>表示最优路由，当存在到达同一个目的网络的多条路由条目时，会依据优选原则选择一条最优路由，被选中的路由会打上>标记；i 表示该路由条目由 IBGP 邻居传递而来。

　　其次，以路由器 NJ 为例查看其 BGP 路由表，主要命令及显示信息如下。

```
<NJ>display bgp routing-table
 BGP Local router ID is 1.1.1.1
 Status codes: * - valid, > - best, d - damped,
              h - history,  i - internal, s - suppressed, S - Stale
        Origin : i - IGP, e - EGP, ? - incomplete
 Total Number of Routes: 4
      Network           NextHop        MED       LocPrf     PrefVal   Path/Ogn
 *>   10.2.100.0/24     0.0.0.0        0                    0         i
 *>   10.2.120.0/24     11.1.1.1                            0         65001 65003i
 *>   10.2.130.0/24     11.1.1.1                            0         65001 65004i
 *>   10.2.200.0/24     0.0.0.0        0                    0         i
```

在以上显示信息中，10.2.100.0/24 和 10.2.200.0/24 路由条目的下一跳地址为 0.0.0.0，表示该路由条目由本路由器引入。10.2.120.0/24 和 10.2.130.0/24 的 MED 字段为空是因为 MED 值只在相邻两个 AS 间传递，不会被传给第三方 AS。所有路由条目的 LocPrf 字段均为空，是因为 Local_Pref 值只在 IBGP 邻居间传递，而路由器 NJ 上所有的路由条目均不是由 IBGP 邻居传递而来的。10.2.120.0/24 和 10.2.130.0/24 的 PathOgn 字段为空，表示该路由条目由本 AS 产生，不是由其他 AS 传递而来。

（4）查看 IP 路由表。

首先，以路由器 ISP1 为例查看其 IP 路由表，因为 IP 路由表条目较多，所以这里只查看 BGP 相关路由表，主要命令及显示信息如下。

```
<ISP1>display ip routing-table protocol bgp
Route Flags: R - relay, D - download to fib
-------------------------------------------------------------------------------
Public routing table : BGP
        Destinations : 4        Routes : 4
BGP routing table status : <Active>
        Destinations : 4        Routes : 4
Destination/Mask    Proto    Pre    Cost    Flags    NextHop      Interface
10.2.100.0/24       EBGP     255    0       D        11.1.1.2     GigabitEthernet0/0/0
10.2.120.0/24       IBGP     255    0       RD       6.6.6.6      GigabitEthernet0/0/1
10.2.130.0/24       IBGP     255    0       RD       8.8.8.8      GigabitEthernet0/0/2
10.2.200.0/24       EBGP     255    0       D        11.1.1.2     GigabitEthernet0/0/0
```

从显示信息可以看出，路由器 ISP1 中与 BGP 相关的路由条目有 4 条。Proto 字段的值分为 IBGP 和 EBGP 两种，分别表示该路由条目由 IBGP 和 EBGP 传递而来。BGP 路由优先级为 255，开销值均为 0。Flags 字段的值为 D 时表示该路由已被下发至转发信息库（Forwarding Information Base，FIB），值为 RD 时表示该路由为迭代路由。因为下一跳 6.6.6.6 和 8.8.8.8 并不是路由器 ISP1 的直连物理接口，所以需要路由器 ISP1 继续在路由表中查找去往该目的地址的下一跳和物理出口，所以这两条路由条目为迭代路由。

其次，以路由器 NJ 为例查看其 BGP 相关路由表，主要命令及显示信息如下。

```
<NJ>display ip routing-table protocol bgp
Route Flags: R - relay, D - download to fib
-------------------------------------------------------------------------------
Public routing table : BGP
        Destinations : 2        Routes : 2
BGP routing table status : <Active>
        Destinations : 2        Routes : 2
```

Destination/Mask	Proto	Pre	Cost	Flags	NextHop	Interface
10.2.120.0/24	EBGP	255	0	D	11.1.1.1	GigabitEthernet0/0/0
10.2.130.0/24	EBGP	255	0	D	11.1.1.1	GigabitEthernet0/0/0

从显示信息可以看出，路由器 NJ 已得到了去往扬州分部和徐州分部内网的路由。至此，南京总部与扬州分部和徐州分部间已实现跨运营商网络的内网互通。

任务 3.4 优化 BGP 网络

下面从 BGP 性能和 BGP 安全两个方面对网络进行优化。通过部署路由反射器减少 BGP 连接的数量，提升 BGP 网络的性能；通过配置 Keychain 认证，对BGP 连接和协议报文进行加密，提升 BGP 网络的安全性。

1. 配置路由反射器。

（1）当前 BGP 网络为全连接模型，下面通过在 ISP 网络中部署路由反射器以减少 BGP 连接的数量。配置路由器 ISP1 为路由反射器，ISP 网络中其他路由器为客户机，主要命令如下。

```
[ISP1] bgp 65001
[ISP1-bgp]peer 5.5.5.5 reflect-client
[ISP1-bgp]peer 6.6.6.6 reflect-client
[ISP1-bgp]peer 7.7.7.7 reflect-client
[ISP1-bgp]peer 8.8.8.8 reflect-client
```

（2）将路由器 ISP1 配置为路由反射器后，路由器 ISP2~ISP5 便不再需要建立全连接，只需要与路由反射器连接即可，因此路由器 ISP2~ISP5 可以删除互相之间的 BGP 连接，主要命令如下。

```
[ISP2] bgp 65001
[ISP2-bgp]undo peer 6.6.6.6
[ISP2-bgp]undo peer 7.7.7.7
[ISP2-bgp]undo peer 8.8.8.8

[ISP3] bgp 65001
[ISP3-bgp]undo peer 5.5.5.5
[ISP3-bgp]undo peer 7.7.7.7
[ISP3-bgp]undo peer 8.8.8.8

[ISP4] bgp 65001
[ISP4-bgp]undo peer 5.5.5.5
[ISP4-bgp]undo peer 6.6.6.6
[ISP4-bgp]undo peer 8.8.8.8

[ISP5] bgp 65001
[ISP5-bgp]undo peer 5.5.5.5
[ISP5-bgp]undo peer 6.6.6.6
[ISP5-bgp]undo peer 7.7.7.7
```

（3）查看 BGP 路由表。

以路由器 ISP2 为例，查看其 BGP 路由表，主要命令及显示信息如下。

```
<ISP2> display bgp routing-table
 BGP Local router ID is 5.5.5.5
 Status codes: * - valid, > - best, d - damped,
```

```
           h – history,   i – internal, s – suppressed, S – Stale
           Origin : i – IGP, e – EGP, ? – incomplete
Total Number of Routes: 4
        Network           NextHop        MED        LocPrf      PrefVal    Path/Ogn
*>i    10.2.100.0/24      4.4.4.4        0          100         0          65002i
*>i    10.2.120.0/24      6.6.6.6        0          100         0          65003i
*>i    10.2.130.0/24      8.8.8.8        0          100         0          65004i
*>i    10.2.200.0/24      4.4.4.4        0          100         0          65002i
```

从显示信息可以看出，路由器 ISP2 的 BGP 路由条目没有发生任何变化。查看其他路由器，显示信息中 BGP 路由条目都没有变化。但是通过 display bgp peer 命令查看路由器的邻居列表可以看出网络中的 BGP 连接减少了，因此网络带宽及 CPU 等资源的消耗也减少了。

在路由器 ISP2 上查看 10.2.130.0/24 的详细信息，主要命令及显示信息如下。

```
<ISP2>display bgp routing-table 10.2.130.0
 BGP local router ID: 5.5.5.5
 Local AS number: 65001
 Paths:    1 available, 1 best, 1 select
 BGP routing table entry information of 10.2.130.0/24:
 From: 4.4.4.4 (4.4.4.4)            //传递该路由条目的路由器的 IP 地址（Router ID）
 Route Duration: 00h03m26s
 Relay IP Nexthop: 12.1.1.1         //该路由迭代后最终的下一跳地址
 Relay IP Out-Interface: GigabitEthernet0/0/0     //该路由迭代后最终的物理出接口
 Original nexthop: 8.8.8.8      //该路由原始的下一跳地址
 Qos information: 0x0
 AS-path 65004, origin igp, MED 0, localpref 100, pref-val 0, valid, internal, best, select,
active, pre 255, IGP cost 10
 Originator: 8.8.8.8            //路由始发者的 Router ID
 Cluster list: 4.4.4.4         //Cluster 列表，其中包括路由经过的所有 Cluster 的 Cluster ID
 Not advertised to any peer yet
```

从以上显示信息可以看出，该路由条目经过路由器 ISP1 反射，且路由器 ISP1 反射时增加了 Originator 和 Cluster_List 两个属性，指明了路由条目的始发者和路由经过的 Cluster。

2. 配置 BGP 认证。

由于 MD5 认证不能定时更换密码，且只能对 TCP 连接进行加密，因此本项目选择在运营商网络中部署 Keychain 认证。

（1）在全局视图下创建 Keychain。所有 ISP 设备在任务 2.4 中已创建名为 isp 的 Keychain，这里不再重复配置。

（2）在 BGP 视图下配置 BGP 认证。

```
[ISP1] bgp 65001
[ISP1-bgp] peer 5.5.5.5 keychain isp
[ISP1-bgp] peer 6.6.6.6 keychain isp
[ISP1-bgp] peer 7.7.7.7 keychain isp
[ISP1-bgp] peer 8.8.8.8 keychain isp

[ISP2] bgp 65001
[ISP2-bgp] peer 4.4.4.4 keychain isp
```

路由器 ISP3～ISP5 的配置与路由器 ISP2 基本相同。配置完成后，通过 display bgp peer verbose 命令可以发现，认证类型字段显示为 Keychain。

项目小结

BGP是实现AS间网络互联最常用的动态路由协议之一，深入掌握BGP的工作原理与配置对构建大型网络是必不可少的。本项目首先介绍了BGP的基本概念、BGP报文和状态机，然后介绍了BGP的工作原理；接下来介绍了BGP的路径属性及其应用示例；最后介绍了BGP路由选择原则及BGP基础配置命令。在介绍完BGP理论知识之后，在项目实施阶段，首先根据项目需求规划网络参数，其次依据规划的网络参数，分别完成了所有设备的基础信息配置、BGP基本功能的配置，并在配置完成后进行了BGP基本功能的分析与验证，最后对BGP网络进行了优化。

拓展知识

MP-BGP

BGP 是一种扩展性较强的协议。传统的 BGPv4 只能管理 IPv4 单播路由信息，多协议边界网关协议（Multiple Protocol for BGP-4，MP-BCP）就是为了提供对多种网络层协议的支持而对 BGPv4 进行的扩展。目前 MP-BGP 的标准是 RFC4760，使用扩展属性和地址族来实现对 IPv6、组播和 VPN 相关内容的支持，BGP 原有的报文机制和路由机制并没有改变。

MP-BGP 对 IPv6 单播网络的支持特性称为 BGP4+，对 IPv4 组播网络的支持特性称为组播 BGP（Multicast BGP，MBGP）。MP-BGP 为 IPv6 单播网络和 IPv4 组播网络建立了独立的拓扑结构，并将路由信息存储在独立的路由表中，保持 IPv4 单播网络、IPv6 单播网络和 IPv4 组播网络之间的路由信息相互隔离，以实现使用单独的路由策略维护各自网络的路由。

知识巩固

一、选择题

1. BGP 运行在 TCP/IP 协议栈的（　　）。

　　A. 应用层　　　　　　B. 传输层　　　　　　C. 网络层　　　　　　D. 数据链路层

2. BGP 使用（　　）号端口进行路由信息交换。

　　A. 179　　　　　　　B. 169　　　　　　　C. 80　　　　　　　　D. 443

3. BGP 的主要作用是（　　）。

　　A. 实现 AS 之间的路由可达　　　　　　B. 实现局域网内的路由可达

　　C. 实现跨国网络的路由可达　　　　　　D. 实现广域网内的路由可达

4. BGP 的特点之一是（　　）。

　　A. 支持大规模网络　　　　　　　　　　B. 只能处理小型网络

　　C. 仅支持 IPv4　　　　　　　　　　　　D. 只能用于单播网络

5. 在 BGP 的状态中，（　　）状态表示已建立邻居关系。

　　A. Idle　　　　　　B. Connect　　　　　　C. Active　　　　　　D. Established

6. BGP 路由通告的原则之一是（　　）。
　　A．只通告最优路由　　　　　　　　B．通告所有路由
　　C．只通告 EBGP 获得的路由　　　　D．只通告 IBGP 获得的路由

7. 在 BGP 的路径属性中，（　　）属性记录了路由信息经过的 AS。
　　A．Local_Pref　　B．AS_Path　　　C．MED　　　　　D．Origin

8. 在 BGP 的报文类型中，用于发送 BGP 路由信息的是（　　）报文。
　　A．Open　　　　　B．Keepalive　　　C．Update　　　　D．Notification

9. 在 BGP 的邻居建立过程中，（　　）状态表示 TCP 连接已建立，但还未收到对方的 Open 报文。
　　A．Connect　　　B．OpenSent　　　C．OpenConfirm　D．Established

10. BGP 路由的公认必遵属性包括（　　）。（多选）
　　A．AS_Path　　　B．Local_Pref　　C．Origin　　　　D．Next_Hop

二、简答题

1. 请简述 BGP 的应用场景和作用。
2. BGP 中的邻居关系有哪几种？请简述每种邻居关系的应用场景及主要区别。
3. BGP 中的路由选择原则有哪些？

拓展任务

　　某运营商需要为某公司和其分布在多个城市的分公司的网络提供互联服务，设计的公司核心网络拓扑如图 3-18 所示，现在要对公司网络进行统一规划部署，要求如下。

　　（1）对公司 IP 地址进行规划，运营商网络使用公网地址互联，各城市分公司内部使用 A 类私有地址互联。

　　（2）将整个网络规划为 4 个不同的 AS，其中运营商网络属于 AS4，3 个分公司网络分别属于 AS1、AS2 和 AS3，配置 OSPF 动态路由协议实现各 AS 内网互联。

　　（3）在所有边界路由器上配置 EBGP，在运营商内部路由器上配置全连接 IBGP。

　　（4）在各分公司边界路由器上配置静态默认路由，下一跳为直接相连的运营商内部路由器。将本地路由发布至 BGP 路由中，实现 3 个分公司之间的互联。

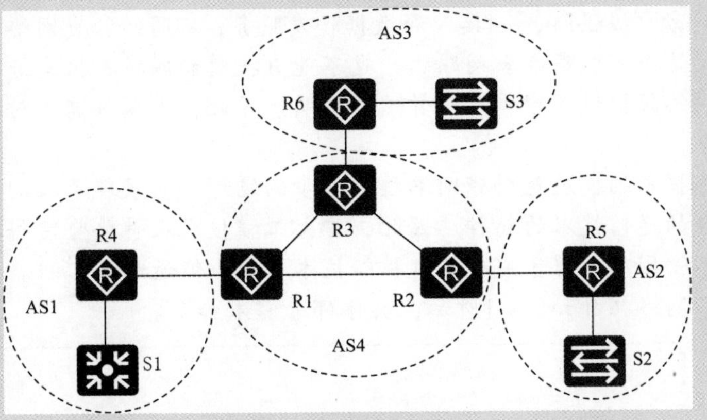

图 3-18　公司核心网络拓扑

项目4
企业总部与分支网络互联

学习目标

知识目标

1. 了解 MPLS 基本概念
2. 掌握 MPLS LDP 基本原理
3. 掌握 MPLS VPN 架构和工作原理
4. 熟悉 MPLS VPN 基础配置命令

技能目标

1. 具备根据网络需求规划 MPLS VPN 基本参数的能力
2. 掌握 MPLS 和 MPLS VPN 配置的过程与方法
3. 掌握 MPLS 和 MPLS VPN 功能验证与优化的方法

素养目标

1. 培养系统思维方式
2. 强化数字中国建设理念

项目概述

　　A企业已实现了南京总部与扬州分部和徐州分部间不同AS的网络互联互通。运营商网络需要为不同客户提供Internet接入和数据转发服务，不同的客户网络需要与其他网络隔离。运营商网络中不能存在私网路由，也不能直接对私网数据报文进行转发，即客户报文在运营商网络传输过程中需要对骨干网透明。因此，本项目需要对运营商网络部署MPLS VPN业务。

　　MPLS VPN技术的发展是全球网络技术进步的缩影，它展现了人们勇于创新，追求更高效、更安全的通信技术的精神。因此，广大工程技术人员要坚定科技报国、为民造福的理想，要不怕困难、勇于突破关键核心技术壁垒，锻造精品工程。

　　本项目核心网络拓扑如图4-1所示，具体部署需求如下。

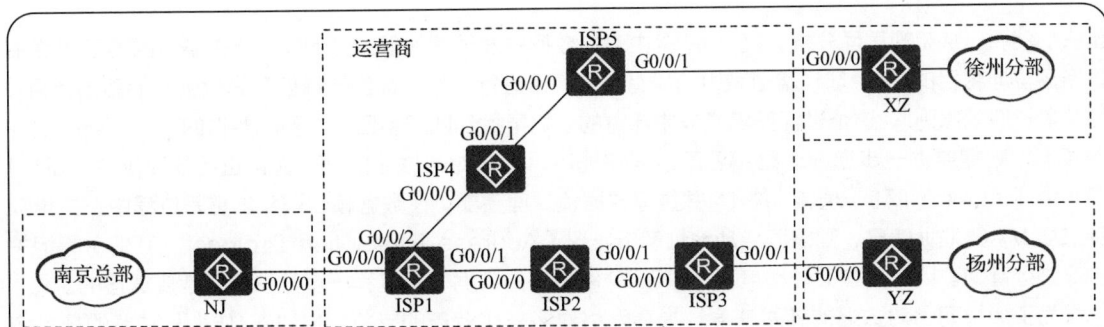

图4-1　项目4核心网络拓扑

（1）在运营商网络中部署MPLS，实现运营商骨干网的MPLS。

（2）在运营商网络中部署MPLS VPN业务，实现不同企业站点间的隔离。

（3）在运营商网络中部署MP-BGP业务，实现A企业的企业总部与分部间私网路由的互联互通。

知识图谱

本项目的知识图谱如图4-2所示。

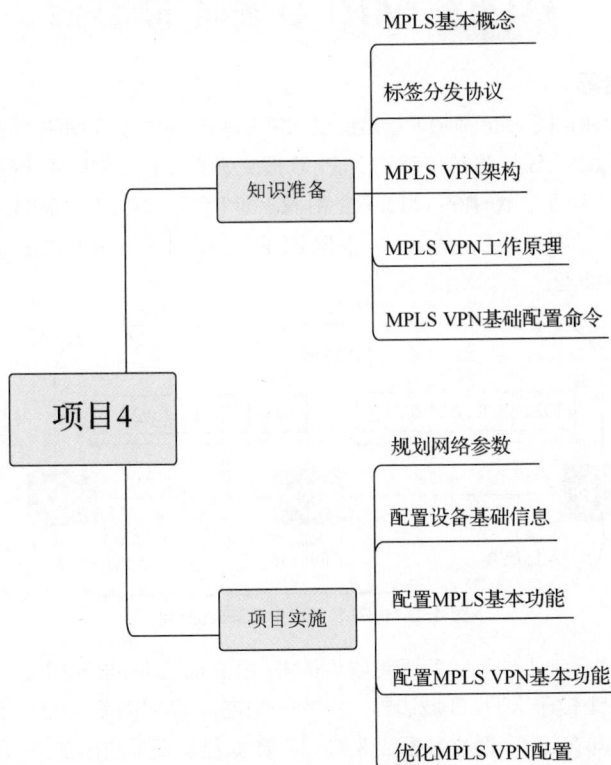

图4-2　项目4知识图谱

知识准备

基于 IP 路由表的数据转发过程可以简单理解为路由设备根据数据包的目的 IP 地址查找路由表，如果在路由表中找到相匹配的路由条目，则按照路由条目所指示的出接口和下一跳地址将数据包转发出去。然而，从微观层面分析，基于 IP 路由表的数据转发过程很复杂。例如，路由条目的匹配是路由设备逐位地将目的 IP 地址与路由表中的所有路由条目进行匹配，最终选择匹配长度最长的路由条目，即"最长匹配原则"，这个过程显然是非常耗时的。如果找到匹配条目，而匹配条目的下一跳目的地并非直连，则需要进一步递归。路由匹配过程完成后，还需对数据包的 IP 头部进行修改[如生存时间（Time To Live，TTL）值减 1 等]，并重写数据帧二层头部。在数据帧二层头部重写过程中，如果缺少二层 MAC 地址信息，则需要启动地址解析协议（Address Resolution Protocol，ARP）等相关协议进行查询。因此，在某种程度上，基于 IP 路由表的数据转发过程一度被认为是速度缓慢的。

为了加快网络对数据的转发速度，提高网络对多样化业务的支持，MPLS 作为一种新的技术应运而生。MPLS 在 IP 报文的二层帧头和 IP 头部之间增加了标签头部。新增的 MPLS 标签头部的数据称为 MPLS 报文。MPLS 报文在 MPLS 网络中转发时，转发设备只需要查看标签头部中的标签值，即可快速地做出决策并将报文转发出去。因此 MPLS 的转发速度很快，效率很高。此外，MPLS 增加了一层标签，使得原始 IP 报文能够被封装在标签头部的后面，这样可以扩展出诸多新的业务，如 MPLS VPN 业务等。

本项目将依次介绍 MPLS 基本概念、标签分发协议、MPLS VPN 架构、MPLS VPN 工作原理及 MPLS VPN 基础配置命令，以期读者可以在学习完本项目后，理解并顺利完成大型网络 MPLS VPN 业务的规划与部署。

4.1 MPLS 基本概念

1. 标签交换路由器

标签交换路由器（Label Switching Router，LSR）是支持并激活 MPLS 的路由器。LSR 能够理解 MPLS 标签并能够对 MPLS 报文进行交换。MPLS 网络中 LSR 的分类如图 4-3 所示，图中的 R1、R2 和 R3 即 LSR。由 LSR 构成的网络区域称为 MPLS 域（MPLS Domain）。根据 LSR 对 MPLS 标签的处理动作，LSR 分为以下 3 种类型。

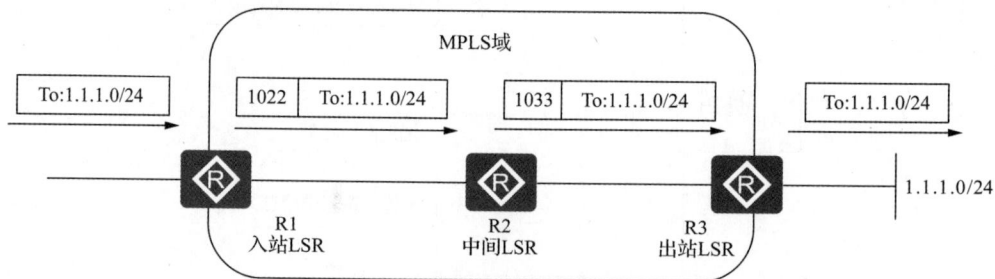

图 4-3　MPLS 网络中 LSR 的分类

（1）入站 LSR（Ingress LSR）：负责将收到的 IP 报文加上 MPLS 标签，并转发到 MPLS 网络的 LSR。图 4-3 中的 R1 位于 MPLS 域边界，它的一侧连接着 MPLS 网络，另一侧连接着 IP 网络。对于图 4-3 所示的从左向右的 IP 报文数据流来说，IP 数据包从 R1 左侧的 IP 网络到达 R1，R1 将 IP 报文加上 MPLS 标签转发到 MPLS 网络，R1 即入站 LSR。

（2）中间 LSR（Transit LSR）：没有连接任何的 IP 网络，完全位于 MPLS 域内部，只负责 MPLS 报文交换的 LSR。图 4-3 中的 R2 即中间 LSR。

（3）出站 LSR（Egress LSR）：与入站 LSR 相反，出站 LSR 指将 IP 报文的 MPLS 标签去除，并将 IP 报文从 MPLS 网络转发至 IP 网络的 LSR。图 4-3 中的 R3 即出站 LSR。

2．MPLS 标签

如果一个 IP 数据包要进入 MPLS 网络，则会被入站 LSR 压入标签栈，即标签头部，被压入标签栈后的 MPLS 报文格式如图 4-4 所示。标签栈位于二层帧头与 IP 头部之间。二层帧头可以支持任意的数据链路层协议，所以这种依靠标签进行交换的方式被称为多协议标签交换。MPLS 报文在以太帧中对应的类型字段值为 0x8847 或 0x8848，分别用于标识单播 MPLS 报文、组播 MPLS 报文。

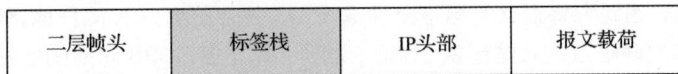

二层帧头	标签栈	IP头部	报文载荷

图 4-4　被压入标签栈后的 MPLS 报文格式

一个标签栈中可能包含一层标签，也可能包含多层标签。如果包含多层标签，则靠近二层帧头的标签被称为栈顶 MPLS 标签或外层 MPLS 标签，靠近 IP 头部的标签被称为栈底 MPLS 标签或内层 MPLS 标签。理论上，MPLS 标签可以无限嵌套。标签栈按后进先出方式组织标签，从栈顶开始处理标签。包含两个标签的 MPLS 报文格式如图 4-5 所示。

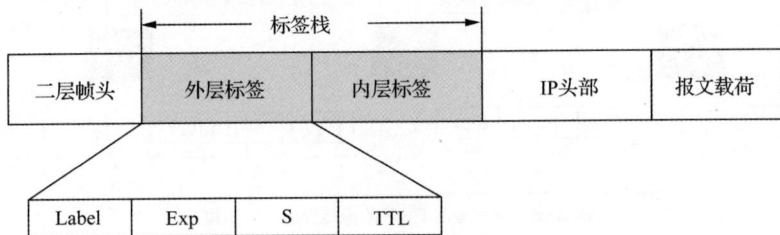

图 4-5　包含两个标签的 MPLS 报文格式

标签栈中每个标签的格式相同。MPLS 标签长度为 4 字节，其中包含 4 个字段，每个字段的含义如下。

（1）Label：标签值，长度为 20 比特，是标签转发的关键索引。标签值 0～15 为保留标签，其中 0 表示该标签必须弹出，交给 IPv4 处理；2 表示该标签必须弹出，交给 IPv6 处理；3 表示倒数第二跳弹出，其他保留标签值暂未使用；16～1024 为静态标签；1024～1048575 为动态标签。

（2）Exp：实验性使用（Experimental Use）字段，长度为 3 比特，用于扩展，现在通常用作服务类别（Class of Service，CoS）。当设备阻塞时，LSR 将优先转发 Exp 值高的报文。

（3）S：栈底（Bottom of Stack）标识位，长度为 1 比特。该值为 1 时表示标签为栈底标签，该值为 0 时表示后续还有标签。

（4）TTL：长度为 8 比特，和 IP 报文中的 TTL 字段含义相同，表示报文的生存时间。

标签的操作类型包括标签压入（Push）、标签交换（Swap）和标签弹出（Pop），它们是标签转发的基本操作。标签压入是指当 IP 报文进入 MPLS 域时，入站 LSR 在报文二层帧头和 IP 头部之间插入一个新标签；或者 MPLS 中间 LSR 根据需要，在标签栈顶增加一个新的标签（即标签嵌套封装）。标签交换是指当报文在 MPLS 域内转发时，中间 LSR 根据标签转发表，用下一跳分配的标签替换 MPLS 报文的栈顶标签。标签弹出是指当报文离开 MPLS 域时，出站 LSR 将 MPLS 报文的标签去掉。

3．倒数第二跳弹出

MPLS 的倒数第二跳弹出（Penultimate Hop Popping，PHP）也称为次末跳弹出，是 MPLS 优化后的标签弹出机制。PHP 是指 MPLS 标签不在出站 LSR 上弹出，而是在倒数第二跳 LSR 上弹出。最后一跳 LSR 直接进行 IP 转发或者下一层标签转发，以减少设备的负担，加快转发速度。PHP 默认在 LSR 上使能，使能 PHP 后的出站 LSR 分配给倒数第二跳 LSR 的标签值为 3。标签值 3 是一个特殊的、被保留的标签值，意味着要弹出标签头部。

没有激活 PHP 的标签弹出过程示意如图 4-6 所示。在数据转发之前，R3 为 1.1.1.0/24 路由分配的标签值为 1033，R2 为 1.1.1.0/24 路由分配的标签值为 1022。在数据转发时，R1 在收到一个 IP 数据包之后，经过 FIB 查询，发现去往 1.1.1.0/24 的下一跳 LSR 是 R2，并且报文需要压入一层标签，标签值为 1022。因此 R1 将标签压入 IP 数据包后转发给 R2。R2 收到这个携带了标签的报文后，取出标签值并在自己的标签转发表里进行查询，发现入站标签 1022 对应的出站标签为 1033，且下一跳 LSR 为 R3，因此它将报文的标签交换成 1033 并转发给 R3。同样地，R3 收到这个 MPLS 报文后，在其标签转发表里查询入站标签 1033，发现入站标签 1033 对应的出站标签为空，因此将标签头弹出，得到了原始的 IP 报文。最后 R3 查询 FIB，将该 IP 报文转发出去。从数据转发过程来看，最后一跳 R3 需要执行两次查询操作，即一次标签转发表查询及一次 FIB 查询。实际上，在出站 LSR 上标签已经没有使用价值，所以这个过程是存在优化空间的。

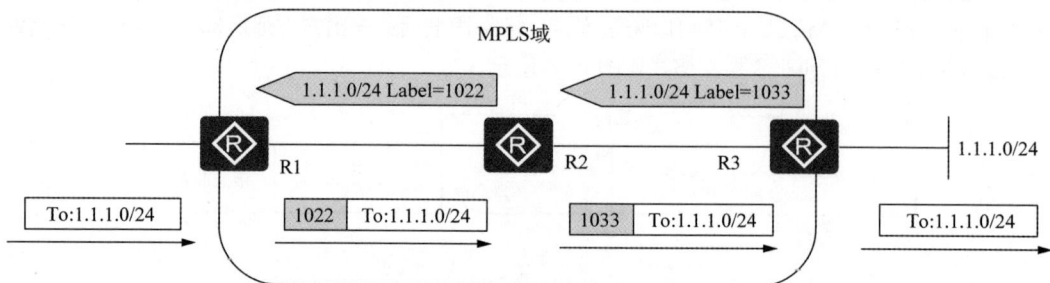

图 4-6 没有激活 PHP 的标签弹出过程示意

激活 PHP 后的标签弹出过程示意如图 4-7 所示。R3 激活 PHP 机制后，它在为本地直连路由 1.1.1.0/24 分配标签时，会分配一个特殊的、值为 3 的标签，该标签被称为隐式空标签（Implicit NULL Label）。R3 将该标签值通告给 R2。R2 作为到达 1.1.1.0/24 的倒数第二跳 LSR，收到发往 1.1.1.0/24 的 MPLS 报文后，发现出站标签值为 3，于是将标签头部弹出，直接将 IP 报文转发给 R3。R3 仅需执行一次 FIB 查询操作即可获得相应的转发信息，转发效率得到了提升。

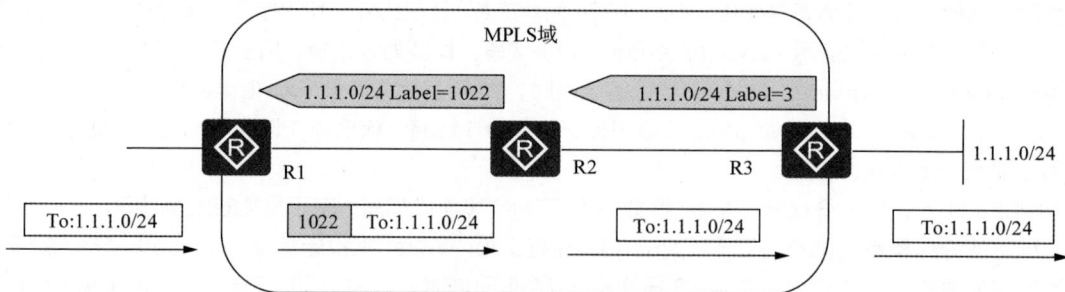

图 4-7 激活 PHP 后的标签弹出过程示意

4. 转发等价类

转发等价类（Forwarding Equivalence Class，FEC）是指在转发过程中具有相同处理方式和处理要求的数据分组，如目的地址前缀相同的数据报文。属于同一个 FEC 的数据报文具有相同的转发方式、转发路径和转发要求。因此，MPLS 通常对一个 FEC 分配唯一的标签。入站 LSR 对报文压入标签即决定报文属于某个具体的 FEC。FEC 通常采用下列报文特征。

（1）目的 IP 地址匹配同一个特定前缀的报文。

（2）属于某个特定组播组的组播报文。

（3）根据 IP 区分服务码点（Differentiated Services Code Point，DSCP）字段有相同服务质量（Quality of Service，QoS）策略的报文。

（4）MPLS VPN 中属于同一个 VPN 的报文。

5. 标签交换路径

标签交换路径（Label Switched Path，LSP）是指 MPLS 报文穿越 MPLS 网络到达目的地所经过的路径。LSP 是单向路径，与数据流的方向一致。为了满足通信结点之间的双向通信，往往需要建立双向的 LSP。

LSP 分为静态 LSP 和动态 LSP 两种，类似于静态路由与动态路由。静态 LSP 是运维工程师手工为各个 FEC 分配标签而建立的。由于静态 LSP 各结点不能感知到整个 LSP 的情况，因此静态 LSP 是一个本地的概念。静态 LSP 不使用标签分发协议，不需要交互控制报文，资源消耗比较小，适用于拓扑结构简单并且稳定的小型网络。但通过静态 LSP 不能根据网络拓扑的变化动态调整，需要运维工程师干预。动态 LSP 利用路由协议和标签分发协议动态建立。

4.2 标签分发协议

标签分发协议（Label Distribution Protocol，LDP）是 MPLS 网络中负责 FEC 的分类、标签的分配以及 LSP 的建立和维护等操作的控制协议。LDP 规定了标签分发过程中的各种消息以及相关处理过程，类似于 IP 路由转发中的动态路由协议。

微课

4.2.1 LDP 消息

LDP 消息封装于 TCP 或 UDP 报文中，端口号为 646，其格式如图 4-8 所示。

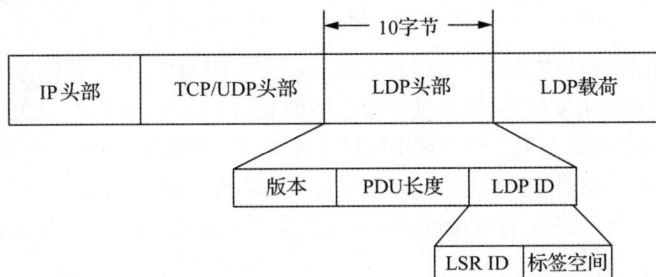

图 4-8 LDP 消息格式

LDP 消息分为 LDP 头部和 LDP 载荷两个部分。LDP 头部长度为 10 字节，其中各个字段的含义如下。

（1）版本（Version）：长度为 2 字节，表示 LDP 的版本，当前值为 1。

（2）PDU 长度（PDU Length）：长度为 2 字节，表示 LDP 消息中除了版本和 PDU 长度两个字段外的其他部分的总长度，单位为字节。

（3）LDP ID（LDP Identifier）：长度为 6 字节，分为 LSR ID 和标签空间两个部分。其中，LSR ID 长度为 4 字节，标签空间长度为 2 字节。LSR ID 即 LSR 设备的标识符，由运维工程师手工指定。标签空间值有两种状态，即值为 0 和值为非 0，值为 0 表示基于设备的标签空间，即 LSR 对某一 FEC 在所有接口上分配的标签都是相同的；值为非 0 表示基于接口的标签空间，即 LSR 对某一 FEC 在不同接口上分配不同的标签。

根据 LDP 载荷的不同，LDP 消息分为不同的消息类型。LDP 消息包含发现消息（Discovery Message）、会话消息（Session Message）、通告消息（Advertisement Message）和通知消息（Notification Message）四大类，其中每种大类又包含不同的小类。LDP 消息描述如表 4-1 所示。

表 4-1 LDP 消息描述

消息类型	消息名称	传输层协议	作用
Discovery Message	Hello	UDP	在 LDP 邻居发现机制中通告本 LSR 并发现邻居
Session Message	Initialization	TCP	在 LDP 会话建立过程中携带协商参数
	Keepalive		维持 LDP 会话的 TCP 连接的完整性
Advertisement Message	Address	TCP	通告接口地址
	Address Withdraw		撤销接口地址
	Label Mapping		通告 FEC 标签映射信息
	Label Withdraw		撤销 FEC 标签映射信息
	Label Request		请求 FEC 标签映射
	Label Abort Request		终止未完成的 FEC 标签映射请求
	Label Release		释放 FEC 标签映射
Notification Message	Notification		通知 LDP 邻居错误信息

4.2.2 LDP 邻居发现和会话建立

1. LDP 邻居发现

LSR 通过 Hello 消息通告本 LSR 并发现邻居。LDP 邻居分为本地邻居和远端邻居，其中以组播形式发送 Hello 消息发现的邻居称为本地邻居，以单播形式发送 Hello 消息发现的邻居称为远端邻居。

LDP 本地邻居发现机制示意如图 4-9 所示。LSR 通过周期性（默认周期为 5s）地发送 Hello 报文表明自己的存在。Hello 报文目的 IP 地址为组播地址 224.0.0.2，封装于 UDP 中，UDP 源端口号和目的端口号均为 646。该组播报文只会在本链路上泛洪，不会穿越 LSR。Hello 报文中携带了 LDP ID 和传输地址，分别用于表明身份及建立 TCP 连接，其中传输地址大的 LSR 作为主动方发起 TCP 连接。TCP 连接建立之后，LSR 会继续发送 Hello 报文以便发现新的邻居或者检测错误。

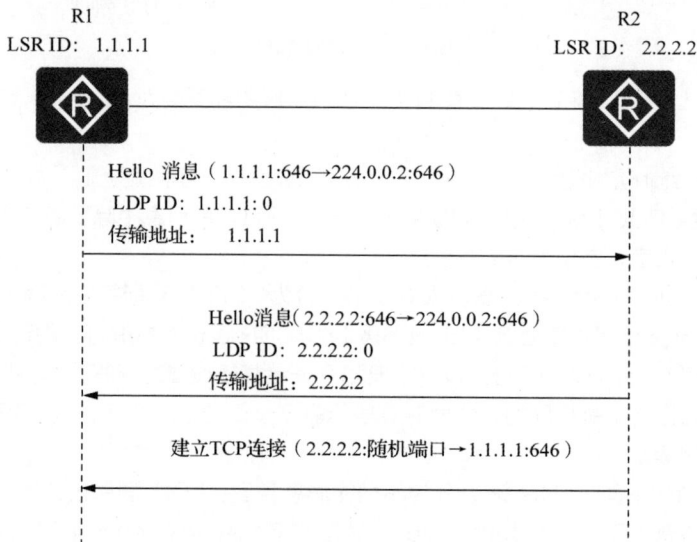

图 4-9 LDP 本地邻居发现机制示意

当两台 LSR 非直连时，也可以建立 LDP 邻居关系。LDP 远端邻居发现机制示意如图 4-10 所示。此时 Hello 报文为单播报文，目的 IP 地址为远端邻居 LSR 的 IP 地址，采用 UDP 封装，源端口和目的端口都是 646，其过程与 LDP 本地邻居发现机制相似。

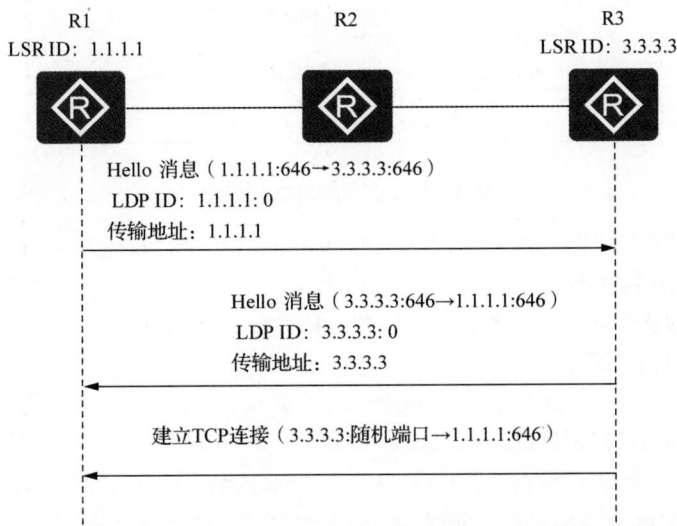

图 4-10 LDP 远端邻居发现机制示意

2. LDP 会话建立

LDP 邻居间 TCP 连接建立后进入 LDP 会话建立阶段。LDP 会话建立通过交互 Session Message 实现。Session Message 包括 Initialization 消息和 Keepalive 消息两种类型，其中，Initialization 消息用于在 LDP 会话建立过程中协商参数，Keepalive 消息用于维持 LDP 会话的 TCP 连接的完整性。LDP 会话建立过程示意如图 4-11 所示。

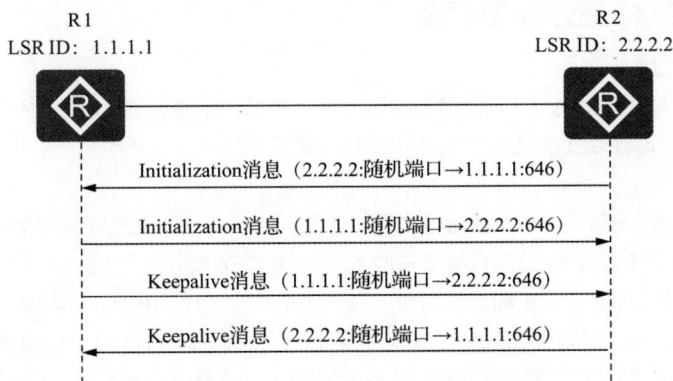

图 4-11 LDP 会话建立过程示意

TCP 连接建立之后，由传输地址大的一方作为主动方发出 Initialization 消息，消息中携带协商参数，如 LDP 号、标签分发方式等，被动方检查参数能否接受。如果被动方能够接受，则发送 Initialization 消息并携带自己希望使用的协商参数，随后发送 Keepalive 消息。直到双方都收到对方的 Keepalive 消息后，LDP 会话建立。如果被动方不接受协商参数，则发送 Notification Message 给对方关闭 TCP 连接。LDP 会话建立失败示意如图 4-12 所示。

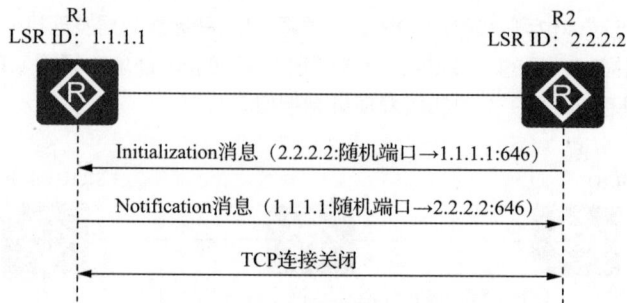

图 4-12　LDP 会话建立失败示意

LDP 会话建立成功后，两个 LSR 间通过交换 Advertisement Message 进行标签分配与管理。

3. LDP 会话协商状态

LDP 会话协商过程包含 5 种状态，分别是 NonExistent、Initialized、OpenSent、OpenRecv 和 Operational，其含义如下。

① NonExistent：表示 LDP 会话的最初状态。在此状态下，双方互相发送 Hello 消息，在收到 TCP 连接建立成功事件的触发后变为 Initialized 状态。

② Initialized：表示 LDP 会话处于初始化状态。在此状态下，设备的动作分为主动方和被动方，主动方将主动发送 Initialization 消息，转向 OpenSent 状态，并等待被动方回应 Initialization 消息；被动方在此状态等待主动方发送给自己的 Initialization 消息，如果认为收到的主动方的 Initialization 消息中的参数可以接受，则发送 Initialization 消息和 Keepalive 消息，并转向 OpenRecv 状态。主动方和被动方在此状态下收到任何非 Initialization 消息或等待超时时，都会转向 NonExistent 状态。

③ OpenSent：表示主动方给被动方发送了 Initialization 消息，正在等待对方的回应。

④ OpenRecv：表示设备收到了对方发送的 Initialization 消息。

⑤ Operational：表示 LDP 会话建立成功。

4.2.3　LDP 标签分配与管理

1. LDP 标签分配

LDP 标签分配模式有两种，即下游自主标签分配（Downstream Unsolicited，DU）模式和下游按需标签分配（Downstream on Demand，DoD）模式。

（1）DU 模式。

DU 模式是指下游 LSR 在 LDP 会话建立后，主动向上游 LSR 发送标签映射消息，无须等待上游请求。这里的上游和下游是从数据流的角度来说的，如图 4-7 所示，访问 1.1.1.0/24 的数据流从 R1 流向 R3，此时对于 R3 来说，R1 和 R2 为其上游 LSR；对于 R1 来说，R2 和 R3 为其下游 LSR。数据流的方向即 LSP 的方向。从图 4-7 中可以看出，标签分配的方向与数据流的方向相反，标签分配是从下游往上游分配。DU 模式标签分配示意如图 4-13 所示。在 R1、R2 和 R3 的 LDP 会话建立完成后，R3 不需要等待上游 LSR 请求标签信息，并主动根据 FEC 向上游 LSR 分配标签。R2 同理。

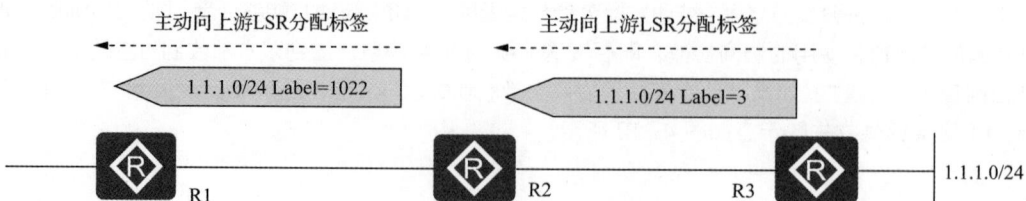

图 4-13　DU 模式标签分配示意

（2）DoD 模式。

DoD 模式是指上游 LSR 先向下游 LSR 发送标签请求信息，下游 LSR 收到标签请求消息后，才会为 1.1.1.0/24 的 FEC 分配标签，上游设备会逐层通告。DoD 模式标签分配示意如图 4-14 所示。

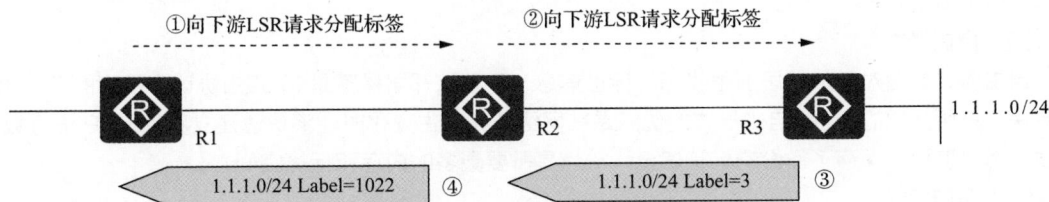

①向下游LSR请求分配标签　　②向下游LSR请求分配标签

R1　　R2　　R3　　1.1.1.0/24

1.1.1.0/24 Label=1022 ④　　1.1.1.0/24 Label=3 ③

图 4-14　DoD 模式标签分配示意

DU 模式和 DoD 模式各有优缺点，其比较如表 4-2 所示。华为设备默认采用 DU 模式，如果需要修改，则一条 LSP 上的 LDP 标签分配模式应该相同，否则 LSR 之间无法建立邻居关系。

表 4-2　DU 模式和 DoD 模式的比较

标签分配模式	优点	缺点
DU 模式	无须触发访问请求，不会出现通信初始丢包的情况	会产生所有 LSP 的标签信息，占用更多标签资源和存储空间
DoD 模式	没有访问需求的地址，不会建立 LSP，节省了标签资源和 LSR 的开销	有访问需求时才会触发建立 LSP，会出现通信初始丢包的情况

2. LDP 标签控制

LDP 标签控制模式也有两种，即有序模式和无序模式。华为设备默认采用有序模式。

（1）有序模式。

有序模式是指当 LSR 已经具有此 FEC 下一跳的标签映射信息或者该 LSR 就是此 FEC 的出站 LSR 时，该 LSR 才可以向上游 LSR 分配此 FEC 的标签。有序模式标签控制示意如图 4-15 所示，R2 只有在收到 R3 为 1.1.1.0/24 的 FEC 分配的标签后才能向 R1 分配该 FEC 的标签。

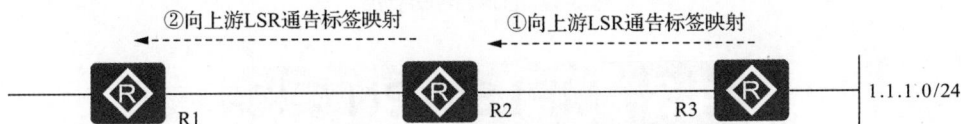

②向上游LSR通告标签映射　　①向上游LSR通告标签映射

R1　　R2　　R3　　1.1.1.0/24

图 4-15　有序模式标签控制示意

（2）无序模式。

无序模式也称独立模式，是指本地 LSR 可以自主地分配一个标签给某个 FEC，并通告给上游 LSR，而无须等待下游 LSR 的标签。无序模式标签控制示意如图 4-16 所示，R2 并没有收到 R3 为 1.1.1.0/24 分配的标签，但是 R2 可以直接向上游 LSR 分配该 FEC 的标签。在重新部署业务时，如果希望业务能够快速建立，则运维工程师可以将 LSR 配置为无序模式。但是在无序模式下，如果某个 LSR 未收到此 FEC 的下游 LSR 分配的标签，则没有成功建立 LSP。然而，上游 LSR 无法感知到没有成功建立 LSP，会继续转发业务，当业务转发到该 LSR 时，该 LSR 无法将业务转发给下游 LSR，会造成业务中断。

直接向上游LSR通告标签映射

R1　　R2　　R3　　1.1.1.0/24

图 4-16　无序模式标签控制示意

3. LDP 标签保持

当采用的标签分配模式为 DU 模式时，如果 LSR 存在去往目的网段的多条路径，则可能收到多个下游 LSR 为该目的网段分配的标签，此时标签保持模式有两种，即自由模式和保守模式。华为设备默认采用自由模式。

（1）自由模式。

自由模式是指对于从邻居那里收到的标签信息，不管该邻居是不是 IP 路由协议中最优的下一跳，都会保存其所分配的标签。自由模式的优点是在网络拓扑发生变化时能够快速建立新的 LSP 进行数据转发，因为该模式保存了备份的标签信息，缺点是需要更多的内存和标签空间。

（2）保守模式。

保守模式是指当收到从多个 LDP 邻居发送的去往同一目的网段的标签信息时，只保留 IP 路由中最优下一跳邻居发送的标签。如果 IP 路由表中存在等价路由，则 LSP 会建立等价路径，进行负载均衡。保守模式的优点是节省内存和标签空间，缺点是当网络拓扑发生变化时，LSP 重建较慢。

LDP 标签保持模式如图 4-17 所示，在 DU 模式下，R2 和 R4 会同时向 R1 分配去往 1.1.1.0/24 的 FEC 标签。如果 R1 标签保持模式为自由模式，则它会将两个标签信息同时存储在标签转发数据库中；如果 R1 标签保持模式为保守模式，则它只会保留最优下一跳的标签信息，如 R1 路由表中去往 1.1.1.0/24 的最优下一跳为 R2，其只会保留 R2 发送的标签信息。

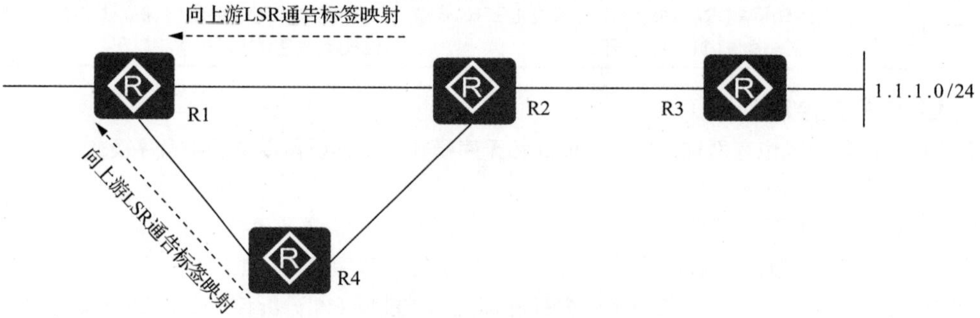

图 4-17　LDP 标签保持模式

4.3　MPLS VPN 架构

MPLS VPN 包含多种类型，本项目中所指的 MPLS VPN 是 BGP/MPLS IP VPN。它是一种使用 BGP 在 ISP 骨干网上发布 VPN 路由，使用 MPLS 在 ISP 骨干网上转发报文的三层 VPN（Layer 3 Virtual Private Network，L3VPN）技术。其中的 IP 指 VPN 承载的是 IP 报文。

MPLS VPN 支持地址空间重叠，支持重叠 VPN，组网方式灵活，可扩展性好，并能够方便地支持 MPLS QoS 控制和 MPLS 流量工程（MPLS Traffic Engineering，MPLS TE），成为 IP 网络运营商提供增值服务的重要手段，因此其应用变得越来越广泛。

MPLS VPN 架构如图 4-18 所示。它由站点（Site）、客户边缘（Customer Edge，CE）设备、运营商边缘（Provider Edge，PE）设备、运营商骨干（Provider，P）设备等部分组成。

站点即客户网络，是指具备内部 IP 连通性的一个网络系统，该网络系统的内部 IP 连通性无须通过 ISP 实现。连接到同一个 ISP 的多个站点可以划分为不同的集合，只有属于相同集合的站点之间才能通过 ISP 互访，这种集合可以通过 VPN 技术实现。如图 4-18 所示，客户 A 站点 1 和客户 A 站点 2 被划分为一个集合，这两个站点可以跨越 ISP 网络实现私网路由和数据的互通，犹如在一个网络系统中。此时，ISP 网络对于客户 A 来说是透明的。ISP 在客户 A 的两个站点间创建了一条虚拟隧道，因此也称客户 A 站点 1 和客户 A 站点 2 属于一个 VPN。同理，客户 B 站点 1 和客户 B 站点 2 被划分为另一个集合，属于另一个 VPN。站点通过 CE 设备连接至运营商网络。

图 4-18　MPLS VPN 架构

CE 设备属于客户侧设备，它负责将客户网络与 MPLS VPN 骨干网相连。CE 设备可以是路由器或交换机，也可以是主机。通常情况下，CE 设备感知不到 VPN 的存在，也不需要支持 MPLS。

PE 设备是与 CE 设备直接相连的 ISP 侧设备。在 MPLS 网络中，对 VPN 的所有处理都发生在 PE 设备上，因此网络对 PE 设备的性能要求较高。P 设备不与 CE 设备直接相连。P 设备只需要具备基本 MPLS 转发能力，不需要维护 VPN 信息，也不需要维护客户 VPN 路由。

4.4　MPLS VPN 工作原理

VPN 是一种私有网络，不同的 VPN 独立管理自己的地址空间，不同 VPN 的地址空间可能会在一定范围内重合。如图 4-18 所示，客户 A 站点 1 的 CE 设备及客户 B 站点 1 的 CE 设备通过运行路由协议（如 BGP、OSPF 协议等）将本站点的私网路由交给 PE 设备 1，PE 设备 1 将该私网路由传递给 PE 设备 2，PE 设备 2 再分别传递给客户 A 站点 2 和客户 B 站点 2 的 CE 设备。因为不同客户的地址空间是独立规划的，假如客户 A 站点和客户 B 站点内部都使用 10.0.0.0/8 网段地址，就会发生地址空间的重叠，导致 VPN 路由和数据传递出现问题。MPLS VPN 通过使用 VPN 实例、路由标识（Route Distinguisher，RD）、路由目标（Route Target，RT）和双层标签机制解决该问题。

1. VPN 实例

在 MPLS VPN 中有一个虚拟路由及转发实例组件（Virtual Routing and Forwarding Instance，VRFI），简称 VPN 实例。一个 VPN 实例可以简单地理解为一台虚拟路由器，通过在 PE 设备上创建多个 VPN 实例，类似于虚拟出多台独立的 PE 设备分别为不同客户提供服务。每个 VPN 实例有完全独立的接口和路由表，并与公共路由表相互独立，因此可以实现不同 VPN 间的路由隔离。

VPN 实例示意如图 4-19 所示，图中 PE 设备 1 的 G0/0/0 接口连接站点 1 的 CE 设备，G0/0/1 接口连接站点 2 的 CE 设备。在 PE 设备 1 上创建 VPN 实例 1 和 VPN 实例 2，并分别将 G0/0/0 接口和 G0/0/1 接口加入 VPN 实例 1 和 VPN 实例 2。此时，PE 设备 1 类似于 3 台独立的路由器，G0/0/0 和 G0/0/1 被逻辑隔离。PE 设备 1 将维护 3 个路由表，即 VPN 实例 1 路由表、VPN 实例 2 路由表和公共路由表，3 个路由表完全隔离。

PE 设备创建 VPN 实例实现站点间的地址空间和路由隔离后，需要将客户内的私网路由传递至对端 PE 设备。客户内的私网路由通常称为 VPN 路由，VPN 路由往往非常庞大。由于 MPLS VPN 中的 P 设备主要负责高速转发数据，如果需要 P 设备维护庞大的 VPN 路由，则会增加 ISP 网络的负担，因此，ISP 网络一般选择使用 BGP 来解决该问题。

BGP 能够运载大量的路由前缀，是一个在骨干区域中被广泛使用的路由协议。BGP 基于 TCP 工作，不像 OSPF 协议那样要求邻居必须直连，可以在 PE 设备之间建立 IBGP 邻居关系，将 VPN 路由跨越 P

设备直接由 PE 设备 1 传递至 PE 设备 2。因此 P 设备无须运行 BGP，也无须维护客户的路由。

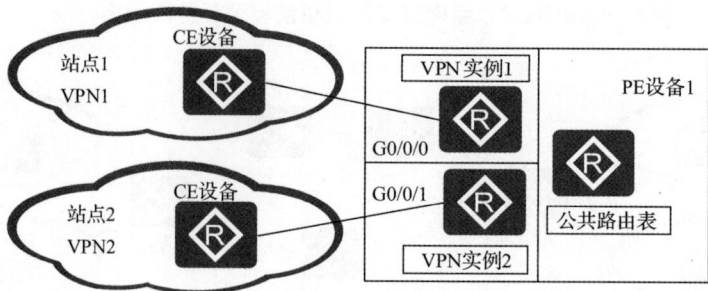

图 4-19 VPN 实例示意

2. RD

VPN 实例是 PE 设备的本地属性，可实现 PE 设备自身的地址空间和路由隔离。然而，传统 BGP 无法正确处理地址空间重叠的 VPN 路由。为了解决这个问题，在 BGP 传递路由过程中要保证各 VPN 路由的唯一性，MPLS VPN 为每个 VPN 路由增加了唯一的"前缀"。这个前缀称为 RD。

RD 值格式如图 4-20 所示，总长度为 8 字节，包含 3 个字段：类型字段（Type Field）、管理员子字段（Administrator Subfield）和用户自定义数子字段（Assigned Number Subfield）。其中，类型字段长度为 2 字节，无须配置；管理员子字段和用户自定义数子字段总长度为 6 字节，以 $x:y$ 形式表示，有如下 4 种表示方法。

8字节		
类型字段	管理员子字段	用户自定义数子字段
0	2字节AS号	4字节用户自定义数
1	4字节AS号或IP地址	2字节用户自定义数

图 4-20 RD 值格式

（1）2 字节 AS 号：4 字节用户自定义数。例如，1:3。AS 号的取值是 0～65535；用户自定义数的取值是 0～4294967295。其中，AS 号和用户自定义数不能同时为 0，即 RD 的值不能是 0:0。

（2）4 字节整数形式的 AS 号：2 字节用户自定义数。例如，65537:3。AS 号的取值是 65536～4294967295，用户自定义数的取值是 0～65535。

（3）4 字节点分十进制形式的 AS 号：2 字节用户自定义数。例如，0.0:3 或者 0.1:0。点分十进制形式的 AS 号通常写成 $x.y$ 的形式，x 和 y 的取值都是 0～65535，用户自定义数的取值是 0～65535，其中，AS 号和用户自定义数不能同时为 0，即 RD 的值不能是 0.0:0。

（4）32 位 IP 地址：2 字节用户自定义数。例如，192.168.122.15:1。IP 地址的取值是 0.0.0.0～255.255.255.255，用户自定义数的取值是 0～65535。

增加了 RD 后的 IPv4 地址称为 VPN-IPv4 地址，简称 VPNv4 地址。传统的 BGP 只能够运载普通的 IPv4 路由，无法运载 VPNv4 路由。为了使 BGP 能够运载 VPNv4 路由，需要对传统 BGP 进行扩展，扩展后的 BGP 即 MP-BGP。

RD 使用示意如图 4-21 所示。图中客户 A 站点 1 和客户 B 站点 1 地址空间重合，PE 设备 1 给客户 A 站点 1 的 VPN 实例分配的 RD 值为 100:1，给客户 B 站点 1 的 VPN 实例分配的 RD 值为 200:1。这样就解决了 PE 设备 1 和 PE 设备 2 之间通过 MP-BGP 传递 VPNv4 路由时 ISP 网络内 VPN 路由地址空间重叠的问题。

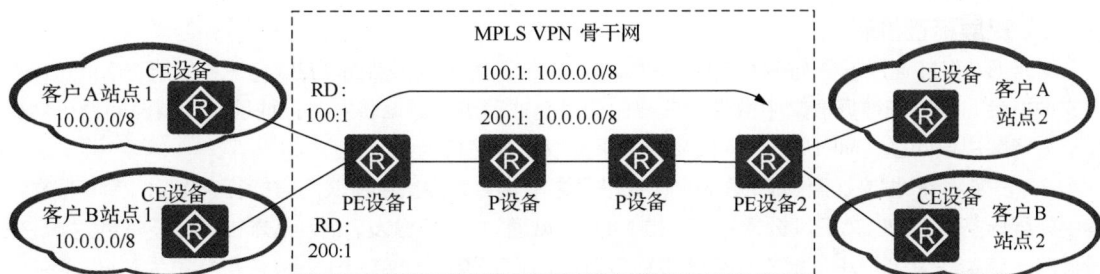

图 4-21　RD 使用示意

3. RT

如图 4-21 所示，当客户 A 站点 1 及客户 B 站点 1 的路由传递到了 PE 设备 2 上后，PE 设备 2 需要把客户 A 站点 1 的路由传递给客户 A 站点 2 的 CE 设备，把客户 B 站点 1 的路由传递给客户 B 站点 2 的 CE 设备。但此时 PE 设备 2 并不能区分不同 VPNv4 路由具体该发往哪个站点。为此，MPLS VPN 通过使用 BGP 扩展 Community 属性的 RT 来解决该问题。

RT 用于控制 VPN 路由的发布，包含两种类型：Export RT 和 Import RT。

（1）Export RT：PE 设备从本地直连的站点学到 IPv4 客户路由后，将其转换为 VPNv4 路由，并为这些路由设置 Export RT。Export RT 值作为 BGP 的扩展 Community 属性随路由发布给远端 PE 设备。

（2）Import RT：PE 设备收到其他 PE 设备通告过来的 VPNv4 路由时，检查其 Export RT。当此值与 PE 设备上某个 VPN 实例的 Import RT 匹配时，PE 设备就把该 VPNv4 路由加入该 VPN 实例中。

Export RT 和 Import RT 的设置相互独立，并且都可以设置多个值，能够实现灵活的 VPN 访问控制，从而实现多种 VPN 组网方案。例如，某 VPN 实例的 Import RT 值包含 100:1、200:1 和 300:1，当收到的路由的 RT 值包含 100:1、200:1 和 300:1 中的任意值时，都可以被加入该 VPN 实例中。

RT 使用示意如图 4-22 所示，图中客户 A 站点 1 需要将 10.0.0.0/8 路由发布至客户 A 站点 2，路由条目 10.0.0.0/8 经过 PE 设备 1 时，PE 设备 1 将 VPN 实例 VPN_1 的 Export RT 值 1:3 引入 VPNv4 路由中。VPNv4 路由经过 MPLS VPN 骨干网传输后，到达 PE 设备 2 时，发现 VPN_3 实例的 Import RT 是 1:3，故将该 VPNv4 路由加入该 VPN 实例的路由表中，实现相同客户不同站点间的私网路由传递。

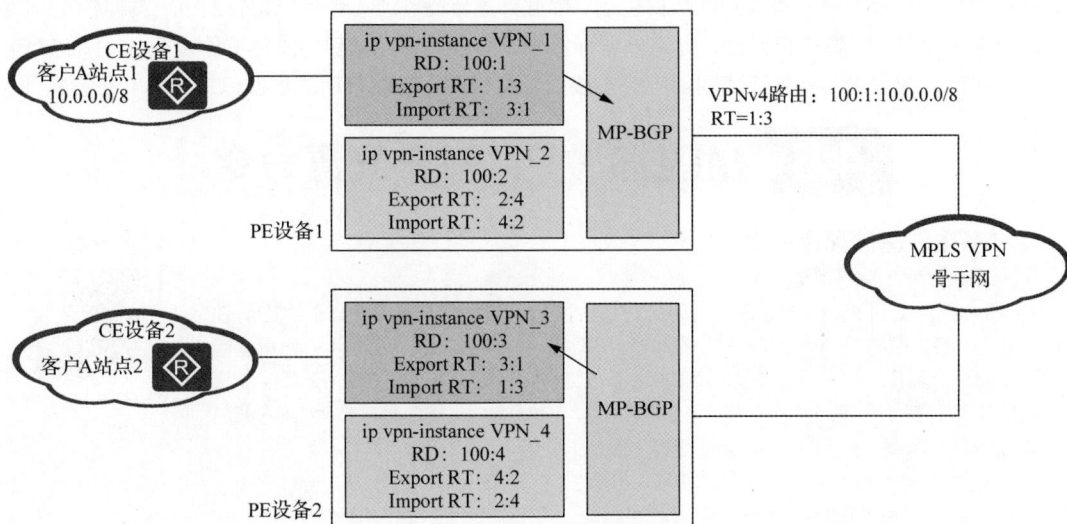

图 4-22　RT 使用示意

4. 双层标签机制

MPLS VPN 通过 RD 与 RT 实现 VPNv4 路由的正确收发。然而，RD 与 RT 只能在 MP-BGP 报文中携带，不能在数据报文中携带。在路由交互完成后进行数据转发时，地址空间重叠问题仍然存在。为了解决该问题，MPLS VPN 报文转发采用双层标签机制。

PE 设备将 IP 报文送至 MPLS VPN 骨干网之前，会为数据包压入两层标签，得到 VPN 报文，其中外层标签为 MPLS VPN 公网标签，由 MPLS 域通过 LDP 分发，指示从本端 PE 设备到对端 PE 设备的一条 LSP，因此 VPN 报文利用外层标签可以沿 LSP 到达对端 PE 设备。内层标签为 MPLS VPN 私网标签，由本端 PE 设备分配给不同的 VPN 实例，然后通过 MP-BGP 分发给对端 PE 设备。对端 PE 设备有数据包要发送时，就会打上相应的标签，本端 PE 设备在收到数据包时会根据数据包中的内层标签找到对应的 VPN 实例。

双层标签转发示意如图 4-23 所示。MPLS VPN 骨干网内运行了 MPLS 和 LDP，假设图中 PE 设备 1 的 LSR ID 为 1.1.1.1，在数据包传输之前，PE 设备 1 会通过 LDP 为 P 设备分配 1.1.1.1/32 前缀的标签 3，P 设备会通过 LDP 为 PE 设备 2 分配 1.1.1.1/32 路由前缀的标签。PE 设备 1 运行了 MP-BGP，在向 PE 设备 2 传递路由时会为客户 A 站点 1 的 100:1:10.0.0.0/8 路由前缀分配内层标签。在控制层面路由交互完成后，客户 A 的两个站点间便可以直接以私网地址发送数据包了。

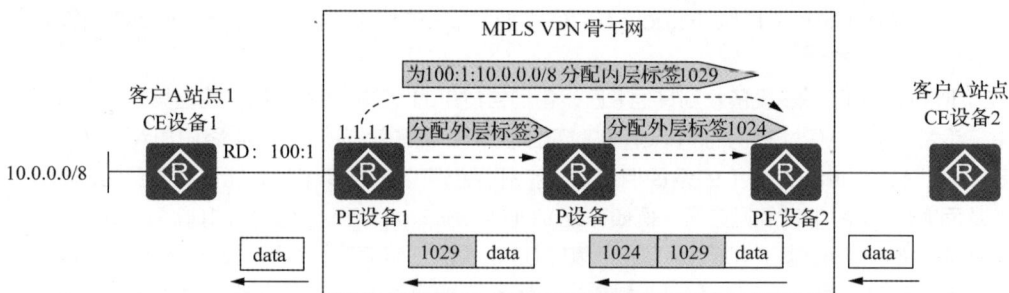

图 4-23　双层标签转发示意

假设 CE 设备 2 发送了一个访问 10.0.0.0/8 的 IP 数据包。PE 设备 2 收到该数据包后，会先为数据包打上一层内层标签，该标签为 PE 设备 1 通过 MP-BGP 为客户 A 站点 1 的 10.0.0.0/8 分配的标签 1029；再为数据包打上一层外层标签，即 MPLS VPN 公网通过 LDP 分配的标签 1024；最后将数据包转发到 P 设备。P 设备收到该数据包后，根据外层标签 1024 查找标签转发表，发现标签 1024 对应的出标签为 3，即隐式空标签，则将外层标签去除，然后将数据包转发给 PE 设备 1。PE 设备 1 收到数据包后，根据内层标签查找到对应的出接口，将内层标签剥离后的数据包转发给 CE 设备 1。

4.5　MPLS VPN 基础配置命令

1. MPLS 基础配置命令

[Huawei] mpls lsr-id *lsr-id*

/*LSR ID 为 LSR 设备的标识，用于区分 MPLS 网络中的设备，类似于路由协议中的 Router ID。但与 Router ID 不同的是，LSR ID 没有默认值，必须手工配置。因为 LSR 间默认使用该 LSR ID 作为传输地址建立 TCP 连接，所以 LSR ID 建议配置成设备上真实存在的 IP 地址，一般使用 LSR 的某个 Loopback 接口地址作为 LSR ID*/

微课

[Huawei] mpls 　　　　//全局使能 MPLS
[Huawei] mpls ldp 　　　　//全局使能 LDP
[Huawei-GigabitEthernet0/0/0] mpls 　　　　//在接口上使能 MPLS
[Huawei-GigabitEthernet0/0/0] mpls ldp 　　　　//在接口上使能 LDP

```
[Huawei-GigabitEthernet0/0/0] mpls ldp advertisement { dod | du }
//配置 LDP 标签分配模式，默认为 DU 模式
```

2. MPLS 基础查询命令

```
<Huawei> display mpls ldp peer                        //查看 LDP 对等体的信息
<Huawei> display mpls ldp session [verbose | lsr-id]       //查看 LDP 会话信息
<Huawei> display mpls lsp                             //查看 MPLS LSP 建立情况
```

3. VPN 基础配置命令

```
[Huawei] ip vpn-instance vpn-instance-name
```
/*创建 VPN 实例。当私网数据要通过 MPLS 公网进行传送时，需要在 MPLS 公网的 PE 设备上配置 VPN 实例。执行该命令创建 VPN 实例后，相当于在 PE 设备上创建了一个该实例对应的虚拟路由转发表*/

```
[Huawei-vpn-instance-name] route-distinguisher route-distinguisher
```
/*为 VPN 实例路由配置 RD。route-distinguisher 为 x:y 格式，其中 x 为 AS 号或 IP 地址，y 为用户自定义数，总长度为 6 字节。对 VPN 实例地址族配置 RD 后，从 VPN 实例收到的路由会添加 RD 属性，使之成为全局唯一的 VPNv4 路由前缀*/

```
[Huawei-vpn-instance-name-af-ipv4] vpn-target vpn-target [ both | export-extcommunity |
import-extcommunity ]
```
/*配置 RT 值列表。vpn-target 的格式与 route-distinguisher 的格式相同，为 x:y，一次最多可以配置 8 个 RT 值。export-extcommunity 和 import-extcommunity 分别表示所配置的 vpn-target 为 Export RT 值和 Import RT 值。Export RT 值会携带在 VPNv4 路由中，Import RT 值通过与 VPNv4 路由中携带的 Export RT 值匹配来决定哪些 VPNv4 路由能加入本地的 VPN 实例地址族的路由表中。both 表示将 RT 值同时添加到 Export RT 列表和 Import RT 列表中。当不配置方向时，系统默认为 both*/

```
[Huawei -GigabitEthernet0/0/0] ip binding vpn-instance vpn-instance-name
```
/*将接口与 VPN 实例绑定。绑定后该接口成为私网接口，从该接口进入的报文使用 VPN 实例中的转发信息进行转发。配置该命令后会清除该接口的 IP 地址和 IP 相关的路由协议，如果需要这些信息，则应重新配置*/

```
[Huawei-bgp] ipv4-family vpnv4
//进入 BGP 的 VPNv4 单播地址族视图。在 BGP 视图下，默认只存在 IPv4 单播地址族
[Huawei-bgp-af-vpnv4] peer ip-address enable
```
/*在 VPNv4 单播地址族视图下激活 BGP 邻居。在 BGP 中配置 peer as-number 后会自动在 IPv4 单播地址族中激活邻居。如果要在其他地址族中激活邻居，则需要手工激活。在 VPNv4 单播地址族视图下激活邻居时将创建 MP-BGP 进程，与被激活的邻居建立 MP-IBGP 邻居关系*/

```
[Huawei-bgp] ipv4-family vpn-instance vpn-instance-name
```
/*进入指定 VPN 实例下的 IPv4 地址族视图。如果某接口已经绑定了 VPN 实例，那么通过该接口建立 BGP 邻居关系时，需要进入该视图并配置 peer as-number 命令*/

4. VPN 基础查询命令

```
<Huawei> display bgp vpnv4 { all | vpn-instance vpn-instance-name} brief
//查看 VPNv4 中所有或某 VPN 实例下的 BGP 简要信息
<Huawei> display bgp vpnv4 { all | vpn-instance vpn-instance-name} peer
//查看 VPNv4 中所有或某 VPN 实例下的 BGP 邻居
<Huawei> display bgp vpnv4 { all | vpn-instance vpn-instance-name} routing-table
//查看 VPNv4 中所有或某 VPN 实例下的 BGP 路由信息
<Huawei> display ip routing-table vpn-instance vpn-instance-name
//查看某 VPN 实例下的 IP 路由表
```

🔍 项目实施

本项目核心网络拓扑如图 4-1 所示。在运营商网络中部署 MPLS 和 MPLS VPN，实现企业总部

与企业分部之间的私网路由互通，运维工程师需完成的主要任务如下。

（1）规划网络的 MPLS 及 MPLS VPN 相关参数。

（2）配置设备基础信息。

（3）配置 MPLS 基本功能，实现运营商网络 MPLS 互联互通。

（4）配置 MPLS VPN 基本功能，实现企业总部与企业分部之间的私网路由互通。

（5）优化 MPLS VPN 配置。

微课

任务 4.1　规划网络参数

本项目新增的主要配置项及参数规划如表 4-3 所示。

表 4-3　新增的主要配置项及参数规划

地区	设备	配置项	参数	描述
运营商网络（AS65001）	路由器 ISP1	VPN 实例	VPNnxy	VPN 实例名
		RD	65001:1	南京总部 VPN 实例 RD
		Export RT	1:2 1:3	导出 RT
		Import RT	2:1 3:1	导入 RT
	路由器 ISP3	VPN 实例	VPNnxy	VPN 实例名
		RD	65001:2	扬州分部 VPN 实例 RD
		Export RT	2:1 2:3	导出 RT
		Import RT	1:2 3:2	导入 RT
	路由器 ISP5	VPN 实例	VPNnxy	VPN 实例名
		RD	65001:3	徐州分部 VPN 实例 RD
		Export RT	3:1 3:2	导出 RT
		Import RT	1:3 2:3	导入 RT

任务 4.2　配置设备基础信息

本项目项目实施部分在项目 2 和项目 3 项目实施的基础上继续进行，因此项目 2 和项目 3 中已完成的配置任务在本项目中不再重复。读者需要先按照项目 2 和项目 3 项目实施部分自行完成本项目涉及的所有基础信息配置、IS-IS 配置和 BGP 配置。

任务 4.3　配置 MPLS 基本功能

1. 在运营商所有路由器上配置 MPLS 和 LDP，实现运营商骨干网的 MPLS。

微课

```
[ISP1] mpls lsr-id 4.4.4.4                        //配置 MPLS LSR ID
[ISP1] mpls                                       //全局使能 MPLS
[ISP1-mpls] mpls ldp                              //全局使能 MPLS LDP
[ISP1-mpls-ldp] quit
[ISP1] interface GigabitEthernet0/0/1             //在接口上使能 MPLS 和 MPLS LDP
[ISP1-GigabitEthernet0/0/1] mpls
```

```
[ISP1-GigabitEthernet0/0/1] mpls ldp
[ISP1-GigabitEthernet0/0/1] quit
[ISP1] interface GigabitEthernet0/0/2
[ISP1-GigabitEthernet0/0/2] mpls
[ISP1-GigabitEthernet0/0/2] mpls ldp

[ISP2] mpls lsr-id 5.5.5.5
[ISP2] mpls
[ISP2-mpls] mpls ldp
[ISP2-mpls-ldp] quit
[ISP2] interface GigabitEthernet0/0/0
[ISP2-GigabitEthernet0/0/0] mpls
[ISP2-GigabitEthernet0/0/0] mpls ldp
[ISP2-GigabitEthernet0/0/0] quit
[ISP2] interface GigabitEthernet0/0/1
[ISP2-GigabitEthernet0/0/1] mpls
[ISP2-GigabitEthernet0/0/1] mpls ldp

[ISP3] mpls lsr-id 6.6.6.6
[ISP3] mpls
[ISP3-mpls] mpls ldp
[ISP3-mpls-ldp] quit
[ISP3] interface GigabitEthernet0/0/0
[ISP3-GigabitEthernet0/0/0] mpls
[ISP3-GigabitEthernet0/0/0] mpls ldp

[ISP4] mpls lsr-id 7.7.7.7
[ISP4] mpls
[ISP4-mpls] mpls ldp
[ISP4-mpls-ldp] quit
[ISP4] interface GigabitEthernet0/0/0
[ISP4-GigabitEthernet0/0/0] mpls
[ISP4-GigabitEthernet0/0/0] mpls ldp
[ISP4-GigabitEthernet0/0/0] quit
[ISP4] interface GigabitEthernet0/0/1
[ISP4-GigabitEthernet0/0/1] mpls
[ISP4-GigabitEthernet0/0/1] mpls ldp

[ISP5] mpls lsr-id 8.8.8.8
[ISP5] mpls
[ISP5-mpls] mpls ldp
[ISP5-mpls-ldp] quit
[ISP5] interface GigabitEthernet0/0/0
[ISP5-GigabitEthernet0/0/0] mpls
[ISP5-GigabitEthernet0/0/0] mpls ldp
```

在全局和所有接口上使能 MPLS 及 MPLS LDP 后，MPLS 基本功能配置即完成，接下来对 MPLS 基本功能进行分析与验证。

2．MPLS 基本功能分析与验证。

（1）查看 LDP 对等体。

以 ISP1 为例查看其 MPLS LDP 对等体，主要命令及显示信息如下。

```
<ISP1>display mpls ldp peer
   LDP Peer Information in Public network
   A '*' before a peer means the peer is being deleted.
   --------------------------------------------------------------------

   PeerID          TransportAddress       DiscoverySource
   --------------------------------------------------------------------

   5.5.5.5:0       5.5.5.5                GigabitEthernet0/0/1
   7.7.7.7:0       7.7.7.7                GigabitEthernet0/0/2
   --------------------------------------------------------------------
   TOTAL: 2 Peer(s) Found.
```

在 LDP 对等体表项中，PeerID 表示对等体的 LDP ID，LDP ID 长度为 48 比特，由 32 比特的 LSR ID 和 16 比特的标签空间组成，表示形式为<LSR ID>:<标签空间>，其中"标签空间"取值为 0 时表示基于设备的标签空间，"标签空间"取值为非 0 时表示基于接口的标签空间，帧模式封装的 MPLS 默认使用基于设备的标签空间；TransportAddress 表示 LDP 邻居的传输地址，用于建立 TCP 连接，默认采用 LSR ID 作为传输地址；DiscoverySource 表示本设备发现 LDP 邻居的源接口。从表项中可以看出，ISP1 存在两个 LDP 邻居——ISP2 和 ISP4。

（2）查看 MPLS LDP 会话信息。

```
<ISP1>display mpls ldp session
   LDP Session(s) in Public Network
   Codes: LAM(Label Advertisement Mode), SsnAge Unit(DDDD:HH:MM)
   A '*' before a session means the session is being deleted.
   --------------------------------------------------------------------

   PeerID        Status       LAM   SsnRole   SsnAge       KASent/Rcv
   --------------------------------------------------------------------

   5.5.5.5:0     Operational  DU    Passive   0000:00:06   26/26
   7.7.7.7:0     Operational  DU    Passive   0000:00:01   8/8
   --------------------------------------------------------------------
   TOTAL: 2 session(s) Found.
```

在 MPLS LDP 会话表项中，Status 表示 LDP 会话的状态，Operational 表示 LDP 会话建立成功；LAM 表示标签分配模式（Label Advertisement Mode），默认为 DU 模式；SsnRole 表示会话角色（Session Role），分为 Active（主动方）和 Passive（被动方）两种，在 LDP 会话协商时，LSR ID 较大的一方作为 LDP 会话的主动方，LSR ID 较小的一方作为 LDP 会话的被动方，ISP1 的 LSR ID 比 ISP2 和 ISP4 的 LSR ID 都小，所以在两个会话中均作为被动方；SsnAge 表示会话时间（Session Age），指 LDP 会话从建立至今的时间间隔；KASent/Rcv 表示会话发送和接收的 Keepalive 消息数量。

在 display mpls ldp session 命令后加上 verbose 关键字可以查看所有会话的详细信息，加上邻居的 LSR ID 可以查看指定邻居的会话的详细信息。以 ISP1 为例，查看其与 ISP2 的会话的详细信息的命令及显示信息如下。

```
<ISP1>display mpls ldp session 5.5.5.5
   LDP Session Information
   --------------------------------------------------------------------

   Peer LDP ID    : 5.5.5.5:0      Local LDP ID    : 4.4.4.4:0   //对端的 LDP ID 和本端的 LDP ID
   TCP Connection : 4.4.4.4 <- 5.5.5.5      /*TCP 连接，从 LDP ID 较大的一端向 LDP ID 较小的
```

一端发起*/
　　　Session State　　　: Operational　　　　Session Role　　　: Passive　//会话状态和本端的会话角色
　　　Session FT Flag : Off　　　　　　　　MD5 Flag　　　　: Off
　　//LDP 平滑重启（Graceful Restart，GR）功能关闭，同时 TCP 连接时 MD5 认证功能关闭
　　　Reconnect Timer : ---　　　　　　　　Recovery Timer : ---
　　/*协商的重连接定时器时间和恢复定时器时间，只有启用了 LDP GR 功能，即"Session FT Flag"
的值为"On"时，才能使用该值*/
　　　Keychain Name　　　: ---　　　//LDP Keychain 认证所引用的 Keychain 名称
　　　Negotiated Keepalive Hold Timer　　: 45 Sec
　　/*协商的 Keepalive 消息保持定时器的值，为 LDP 对等体两端所配置的 Keepalive 消息保持定时器的
较小值*/
　　　Configured Keepalive Send Timer　　: ---　　　//配置的 Keepalive 消息发送定时器的值
　　　Keepalive Message Sent/Rcvd　　　: 248/248 (Message Count)
　　　Label Advertisement Mode　　　　: Downstream Unsolicited　　//LDP 会话的标签分配模式
　　　Label Resource Status(Peer/Local) : Available/Available　　//邻居与本地的标签资源状态
　　　Session Age　　　　　　　　　　: 0000:01:01 (DDDD:HH:MM)
　　　Session Deletion Status　　　　　: No　　//LDP 会话删除状态

　　Capability:
　　　Capability-Announcement　　　　: Off　　　//LDP 动态能力通告功能关闭
　　　P2MP Capability　　　　　　　: Off　　　//会话协商后不支持 P2MP 功能
　　　Outbound&Inbound Policies applied : NULL　　　//本结点的 Outbound 和 Inbound 策略为空
　　　Addresses received from peer: (Count: 3)
　　//从 LDP 对等体接收到的地址消息，其中包括该对等体的 LSR ID 和使能了 LDP 的接口的 IP 地址
　　　5.5.5.5　　　　　12.1.1.2　　　　　23.1.1.1

（3）查看 MPLS LSP 情况。
以 ISP1 为例查看其 MPLS LSP 建立情况，主要命令及显示信息如下。

```
<ISP1>display mpls lsp
----------------------------------------------------------------
                LSP Information: LDP LSP              //表示此 LSP 是通过 LDP 建立的
----------------------------------------------------------------
FEC             In/Out Label       In/Out IF      Vrf Name
7.7.7.7/32      NULL/3             -/GE0/0/2
7.7.7.7/32      1025/3             -/GE0/0/2
4.4.4.4/32      3/NULL             -/-
5.5.5.5/32      NULL/3             -/GE0/0/1
5.5.5.5/32      1024/3             -/GE0/0/1
6.6.6.6/32      NULL/1026          -/GE0/0/1
6.6.6.6/32      1033/1026          -/GE0/0/1
8.8.8.8/32      NULL/1027          -/GE0/0/2
8.8.8.8/32      1034/1027          -/GE0/0/2
```

在 MPLS LSP 表项中，FEC 通常为 LSP 的目的地址，华为设备默认情况下只为/32 的路由分配标签；In/Out Label 和 In/Out IF 分别表示入/出标签和接口；Vrf Name 表示 VPN 实例的名称。其中，In/Out Label 中前者指的是本设备为上游设备分配的标签（即入标签），后者指的是下一跳设备为本设备分配的标签（即出标签）。

从 MPLS LSP 表项中可以看出，ISP1 上存在去往 ISP2～ISP5 的所有标签信息，且每个 FEC 都

包含两条表项，其中，入标签为 NULL 是 ISP1 为上游的非 MPLS 网络分配的空标签，如 IP 网络或直连路由；入标签为非 NULL 是 ISP1 为上游的 MPLS 网络分配的标签。ISP2（5.5.5.5/32）和 ISP4（7.7.7.7/32）向本设备分配的标签为 3，是因为华为设备默认启用了 PHP 机制，所以 ISP1 作为去往 5.5.5.5/32 和 7.7.7.7/32 的倒数第二跳设备，被分配了隐式空标签。ISP2 为 ISP1 分配的去往 6.6.6.6/32 的标签为 1026，ISP4 为 ISP1 分配的去往 8.8.8.8/32 的标签为 1027。

此时，通过 ping lsp 命令可以验证设备间是否可以通过标签转发数据，通过 tracert lsp 命令可以查看数据转发过程中的标签变化情况。以查看 ISP1 至 ISP5 的标签数据转发情况为例，主要命令及显示信息如下。

```
<ISP1>tracert lsp -a 4.4.4.4 ip 8.8.8.8 32
LSP Trace Route FEC: IPV4 PREFIX 8.8.8.8/32 , press CTRL_C to break.
TTL    Replier      Time      Type        Downstream
0                             Ingress     14.1.1.21/[1027]
1      14.1.1.2     30 ms     Transit     45.1.1.2/[3]
2      8.8.8.8      20 ms     Egress
```

从显示信息可以看出，ISP1 作为 Ingress 设备为报文添加了 1027 的标签；ISP4 作为中间 LSR 将报文标签转换成 3，因为 3 是隐式空标签，所以 ISP4 将标签去除；ISP5 作为出站 LSR 收到的是一个不带标签的 IP 报文。

任务 4.4 配置 MPLS VPN 基本功能

1. 在运营商 PE 设备 ISP1、ISP3 和 ISP5 上配置 VPN 实例，主要命令如下。

微课

```
[ISP1] ip vpn-instance VPNnxy      //创建 VPN 实例 VPNnxy
[ISP1-vpn-instance-VPNnxy] route-distinguisher 65001:1    //配置 RD 值
[ISP1-vpn-instance- VPNnxy-af-ipv4] vpn-target 1:2 1:3 export-
extcommunity   //配置导出 RT 值列表
[ISP1-vpn-instance- VPNnxy-af-ipv4] vpn-target 2:1 3:1 import-
extcommunity
//配置导入 RT 值列表，与 ISP3 和 ISP5 的导出 RT 值匹配
[ISP1] interface GigabitEthernet0/0/0
[ISP1-GigabitEthernet0/0/0] ip binding vpn-instance VPNnxy
//将该接口与 VPN 实例 VPNnxy 绑定
[ISP1-GigabitEthernet0/0/0] ip address 11.1.1.1 30     //绑定 VPN 实例后需要重新配置 IP 地址

[ISP3] ip vpn-instance VPNnxy
[ISP3-vpn-instance-VPNnxy] route-distinguisher 65001:2
[ISP3-vpn-instance- VPNnxy-af-ipv4] vpn-target 2:1 2:3 export-extcommunity
[ISP3-vpn-instance- VPNnxy-af-ipv4] vpn-target 1:2 3:2 import-extcommunity
//与 ISP1 和 ISP5 的导出 RT 值匹配
[ISP3] interface GigabitEthernet0/0/1
[ISP3-GigabitEthernet0/0/1] ip binding vpn-instance VPNnxy
[ISP3-GigabitEthernet0/0/1] ip address 21.1.1.1 30

[ISP5] ip vpn-instance VPNnxy
[ISP5-vpn-instance-VPNnxy] route-distinguisher 65001:3
[ISP5-vpn-instance- VPNnxy-af-ipv4] vpn-target 3:1 3:2 export-extcommunity
[ISP5-vpn-instance- VPNnxy-af-ipv4] vpn-target 1:3 2:3 import-extcommunity
//与 ISP1 和 ISP3 的导出 RT 值匹配
```

```
[ISP5] interface GigabitEthernet0/0/1
[ISP5-GigabitEthernet0/0/1] ip binding vpn-instance VPNnxy
[ISP5-GigabitEthernet0/0/1] ip address 31.1.1.1 30
```

2. 在 PE 设备上将 VPN 实例 VPNnxy 与 IPv4 地址族进行关联，进入 VPN 实例 IPv4 地址族视图并配置 EBGP 邻居，主要命令如下。

```
[ISP1]bgp 65001
[ISP1-bgp]ipv4-family vpn-instance VPNnxy        //进入 VPN 实例 VPNnxy 的 IPv4 地址族视图
[ISP1-bgp-VPNnxy]peer 11.1.1.2 as-number 65002
//与路由器 NJ 建立 EBGP 邻居
[ISP1-bgp-VPNnxy]quit

[ISP3]bgp 65001
[ISP3-bgp]ipv4-family vpn-instance VPNnxy        //进入 VPN 实例 VPNnxy 的 IPv4 地址族视图
[ISP3-bgp-VPNnxy]peer 21.1.1.2 as-number 65003   //与路由器 YZ 建立 EBGP 邻居
[ISP3-bgp-VPNnxy]quit

[ISP5]bgp 65001
[ISP5-bgp]ipv4-family vpn-instance VPNnxy        //进入 VPN 实例 VPNnxy 的 IPv4 地址族视图
[ISP5-bgp-VPNnxy]peer 31.1.1.2 as-number 65004   //与路由器 XZ 建立 EBGP 邻居
[ISP5-bgp-VPNnxy]quit
```

3. 在 PE 设备上创建 MP-BGP 进程，并建立 MP-IBGP 邻居关系，主要命令如下。

```
[ISP1]bgp 65001
[ISP1-bgp]ipv4-family vpnv4              //进入 BGP-VPNv4 地址族视图
[ISP1-bgp-af-vpnv4]peer 6.6.6.6 enable      //使能与 ISP3 的 MP-IBGP 邻居关系
[ISP1-bgp-af-vpnv4]peer 6.6.6.6 reflect-client
/*在 BGP-VPNv4 地址族中配置邻居 ISP3 为路由反射器,原理与在 IPv4 单播地址族中配置路由反射器相同*/
[ISP1-bgp-af-vpnv4]peer 8.8.8.8 enable      //使能与 ISP5 的 MP-IBGP 邻居关系
[ISP1-bgp-af-vpnv4]peer 8.8.8.8 reflect-client
[ISP1-bgp-af-vpnv4]quit

[ISP3]bgp 65001
[ISP3-bgp]ipv4-family vpnv4              //进入 BGP-VPNv4 地址族视图
[ISP3-bgp-af-vpnv4]peer 4.4.4.4 enable      //使能与 ISP1 的 MP-IBGP 邻居关系
[ISP3-bgp-af-vpnv4]quit

[ISP5]bgp 65001
[ISP5-bgp]ipv4-family vpnv4              //进入 BGP-VPNv4 地址族视图
[ISP5-bgp-af-vpnv4]peer 4.4.4.4 enable      //使能与 ISP1 的 MP-IBGP 邻居关系
[ISP5-bgp-af-vpnv4]quit
```

至此，MPLS VPN 基本功能已配置完成，接下来对上述配置进行验证与分析。

4. MPLS VPN 配置的验证与分析。

（1）查看 VPNv4 下的 BGP 简要信息。

以 ISP1 为例查看其 VPNv4 中的 BGP 简要信息，主要命令及显示信息如下。

```
<ISP1>display bgp vpnv4 all brief
VPNv4:
   RD Num              Peer Num              Route Num
   3                   2                     4
```

```
VPN-Instance(IPv4-family):
  VPN-Instance Name        Peer Num              Route Num
     VPNnxy                    1                      4
```

从显示信息可以看出，ISP1 在 VPNv4 下存在 3 种不同 RD 值的路由，2 个邻居和 4 条 BGP 路由前缀；在 VPN 实例 VPNnxy 下存在 1 个邻居和 4 条 BGP 路由前缀。

（2）查看 BGP 在 VPNv4 中的 BGP 邻居信息。

以 ISP1 为例查看其 VPNv4 中的 BGP 邻居信息，主要命令及显示信息如下。

```
<ISP1>display bgp vpnv4 all peer
 BGP local router ID : 4.4.4.4
 Local AS number : 65001
 Total number of peers : 3        Peers in established state : 3

 Peer        V     AS     MsgRcvd    MsgSent    OutQ   Up/Down     State        PrefRcv

 6.6.6.6     4    65001    1734       1745       0    0028h49m    Established      1
 8.8.8.8     4    65001    1721       1732       0    0028h38m    Established      1
 Peer of IPv4-family for vpn instance :
 VPN-Instance VPNnxy, Router ID 4.4.4.4:
 11.1.1.2    4    65002    1711       1729       0    0028h27m    Established      2
```

在以上显示信息中，PrefRcv 表示本端从该邻居上收到的路由前缀的数量。从显示信息可以看出，ISP1 在 VPNv4 下存在 2 个邻居，分别为 ISP3（6.6.6.6）和 ISP5（8.8.8.8），且从 ISP3 和 ISP5 各收到 1 条路由前缀；在 VPN 实例 VPNnxy 下存在 1 个邻居，即路由器 NJ（11.1.1.2），收到 2 条路由前缀。

（3）查看 BGP 路由表。

以 ISP1 为例，查看其 VPNv4 中的 BGP 路由表信息，主要命令及显示信息如下。

```
<ISP1>display bgp vpnv4 all routing-table
 BGP Local router ID is 4.4.4.4
 Status codes: * - valid, > - best, d - damped,
               h - history,  i - internal, s - suppressed, S - Stale
               Origin : i - IGP, e - EGP, ? - incomplete
 Total number of routes from all PE: 4
 Route Distinguisher: 65001:1
    Network          NextHop        MED      LocPrf    PrefVal    Path/Ogn
 *>  10.2.100.0/24   11.1.1.2       0                  0          65002i
 *>  10.2.200.0/24   11.1.1.2       0                  0          65002i
 Route Distinguisher: 65001:2
    Network          NextHop        MED      LocPrf    PrefVal    Path/Ogn
 *>i 10.2.120.0/24   6.6.6.6        0        100       0          65003i
 Route Distinguisher: 65001:3
    Network          NextHop        MED      LocPrf    PrefVal    Path/Ogn
 *>i 10.2.130.0/24   8.8.8.8        0        100       0          65004i
 VPN-Instance VPNnxy, Router ID 4.4.4.4:
 Total Number of Routes: 4
    Network          NextHop        MED      LocPrf    PrefVal    Path/Ogn
 *>  10.2.100.0/24   11.1.1.2       0                  0          65002i
 *>i 10.2.120.0/24   6.6.6.6        0        100       0          65003i
 *>i 10.2.130.0/24   8.8.8.8        0        100       0          65004i
 *>  10.2.200.0/24   11.1.1.2       0                  0          65002i
```

从显示信息可以看出，ISP1 上有 3 个不同 RD 值的路由前缀，VPNnxy 实例下有 4 条路由前缀。通过指定路由前缀可以查看该条路由前缀的详细信息，主要命令及显示信息如下。

```
<ISP1>display bgp vpnv4 all routing-table 10.2.130.0
  BGP local router ID : 4.4.4.4                      //BGP 本地 Router ID
  Local AS number : 65001                            //本地 AS 号
  Total routes of Route Distinguisher(65001:3): 1    //该路由前缀所携带的 RD 值为 65001:3
  BGP routing table entry information of 10.2.130.0/24:   /*以下是关于 10.2.130.0/24 这条路由前
缀的信息*/
  RR-client route.                                   //该路由前缀来自路由反射器的客户机
  Label information (Received/Applied): 1029/NULL
  /*标签信息（接收的标签/发布的标签）：该标签是 MP-BGP 为 VPNv4 路由分配的标签，作为数据转
发中的内层标签。1029 是本设备针对该路由前缀接收到的标签，即 ISP5 为该路由前缀分配的标签值。NULL
表示本设备没有针对该路由前缀发布标签*/
  From: 8.8.8.8 (8.8.8.8)              //路由前缀发布者的 IP 地址（Router ID）
  Route Duration: 1d05h24m59s          //该路由前缀已经发布的时间
  Relay IP Nexthop: 14.1.1.2           //迭代后的下一跳地址
  Relay IP Out-Interface: GigabitEthernet0/0/2       //迭代后的下一跳出接口
  Relay Tunnel Out-Interface: GigabitEthernet0/0/2   //迭代后的下一跳数据转发出接口
  Relay token: 0x27
  //迭代获得的用于 MPLS 转发的 Token 值，是隧道 ID 的一部分，由系统自动分配
  Original nexthop: 8.8.8.8
  //原始的下一跳地址，即迭代之前路由消息中携带的原始的下一跳地址
  Qos information : 0x0
  Ext-Community:RT <3 : 1>, RT <3 : 2>
  /*路由前缀携带的 RT 扩展 Community 属性为 3:1 和 3:2，即 ISP5 上 VPN 实例 VPNnxy 中配置的
Export RT 值*/
  AS-path 65004, origin igp, MED 0, localpref 100, pref-val 0, valid, internal, best, select, pre
255, IGP cost 20
  Advertised to such 2 peers:          //向如下 2 个邻居发布了该路由前缀
     6.6.6.6
     8.8.8.8

  VPN-Instance VPNnxy, Router ID 4.4.4.4:  //VPN 实例 VPNnxy 中关于该路由前缀的详细信息
  Total Number of Routes: 1                //关于该路由前缀的路由信息有 1 条
  BGP routing table entry information of 10.2.130.0/24:
  RR-client route.
  Label information (Received/Applied): 1029/NULL
  From: 8.8.8.8 (8.8.8.8)
  Route Duration: 05h16m05s
  Relay Tunnel Out-Interface: GigabitEthernet0/0/2
  Relay token: 0x27
  Original nexthop: 8.8.8.8
  Qos information : 0x0
  Ext-Community:RT <3 : 1>, RT <3 : 2>
  AS-path 65004, origin igp, MED 0, localpref 100, pref-val 0, valid, internal, b
est, select, active, pre 255, IGP cost 20
  Advertised to such 1 peers:          //在该 VPN 实例下，向如下 1 个邻居发布了该路由前缀
     11.1.1.2
```

以 ISP1 为例，查看其 IP 路由表中在 VPN 实例 VPNnxy 下的 BGP 路由条目，主要命令及显示信息如下。

```
<ISP1>display ip routing-table vpn-instance VPNnxy protocol bgp
Route Flags: R - relay, D - download to fib
------------------------------------------------------------
VPNnxy routing table : BGP
        Destinations : 4          Routes : 4
BGP routing table status : <Active>
        Destinations : 4          Routes : 4
Destination/Mask      Proto    Pre   Cost   Flags   NextHop        Interface
10.2.100.0/24         EBGP     255   0      D       11.1.1.2       GigabitEthernet0/0/0
10.2.120.0/24         IBGP     255   0      RD      6.6.6.6        GigabitEthernet0/0/1
10.2.130.0/24         IBGP     255   0      RD      8.8.8.8        GigabitEthernet0/0/2
10.2.200.0/24         EBGP     255   0      D       11.1.1.2       GigabitEthernet0/0/0
BGP routing table status : <Inactive>
        Destinations : 0          Routes : 0
```

从显示信息可以看出，VPN 实例 VPNnxy 中的所有 BGP 路由条目都进入了该实例下的 IP 路由表。在运营商所有设备上通过 display ip routing-table protocol bgp 命令查看它们在根实例下的 BGP 路由，发现所有设备根实例下 BGP 路由条目都为空，说明部署 MPLS VPN 后，运营商根实例下不存在任何私网路由。ISP1、ISP3 和 ISP5 都只在 VPN 实例下存在私网路由，ISP2 和 ISP4 上没有任何企业私网路由，实现了运营商内不同企业私网路由与运营商公网路由的隔离。

（4）查看 CE 设备的路由信息。

以路由器 NJ 为例，查看其 IP 路由表中的 BGP 路由表信息，主要命令及显示信息如下。

```
<NJ>display ip routing-table protocol bgp
Route Flags: R - relay, D - download to fib
------------------------------------------------------------
Public routing table : BGP
        Destinations : 2          Routes : 2
BGP routing table status : <Active>
        Destinations : 2          Routes : 2
Destination/Mask      Proto    Pre   Cost   Flags   NextHop        Interface
10.2.120.0/24         EBGP     255   0      D       11.1.1.1       GigabitEthernet0/0/0
10.2.130.0/24         EBGP     255   0      D       11.1.1.1       GigabitEthernet0/0/0
BGP routing table status : <Inactive>
        Destinations : 0          Routes : 0
```

从路由器 NJ 的 BGP 路由条目中可以看出，路由器 NJ 已经存在通往扬州分部和徐州分部的私网路由。以同样的方式查看路由器 YZ 和路由器 XZ 的 IP 路由表，可以发现路由器 YZ 和路由器 XZ 也已经存在通往其他两个区域的私网路由。至此，A 企业已经实现了 3 个区域私网的互联互通。

任务 4.5　优化 MPLS VPN 配置

前文提到，在 MPLS VPN 中，对 VPN 的所有处理都发生在 PE 设备上，因此网络对 PE 设备的性能要求较高。P 设备不与 CE 设备直接相连。P 设备只需要具备基本的 MPLS 转发能力，不维护 VPN 信息，也不维护客户 VPN 路由。因此，本项目还可以继续对配置进行优化，以节省不必要的开销，提升设备的性能。

微课

在本项目中，ISP2 和 ISP4 设备对于私网间的控制报文和数据报文都只需执行标签转发操作，与其他设备没有 BGP 路由交互，因此可以把 ISP2 和 ISP4 上的 BGP 配置全部删除，主要命令如下。

```
[ISP1]bgp 65001
[ISP1-bgp]undo peer 5.5.5.5
[ISP1-bgp]undo peer 7.7.7.7

[ISP2]undo bgp
Warning: All BGP configurations will be deleted. Continue? [Y/N]: y

[ISP4]undo bgp
Warning: All BGP configurations will be deleted. Continue? [Y/N]: y
```

优化配置后，查看 VPNv4 中的路由信息，发现路由没有受到影响，私网间的路由传递与数据转发也没有受到影响。

🔍 项目小结

　　MPLS技术在现代网络中应用广泛。MPLS是一种高效的数据包转发技术，它通过在IP数据包中添加标签，提高了数据传输的速度和可靠性。MPLS VPN是基于MPLS技术的VPN解决方案，用于在运营商网络中提供增值服务。深入掌握这两项技术对网络的维护与优化具有十分重要的作用。本项目首先介绍了MPLS基本概念；接下来介绍了LDP的工作原理；然后介绍了MPLS VPN架构和MPLS VPN工作原理；最后介绍了MPLS VPN基础配置命令。在介绍完MPLS VPN相关理论知识之后，在项目实施阶段，首先根据项目需求规划网络参数，然后依据规划的网络参数，分别完成了设备的基础信息配置、MPLS基本功能配置、MPLS VPN基本功能配置，并对MPLS VPN配置进行了优化。

🚪 拓展知识

MPLS VPN 的平滑重启功能

　　平滑重启（Graceful Restart，GR）功能是一种在网络设备或协议重启时保证业务连续性的重要技术。它允许网络设备在软件升级、故障恢复时，通过保持关键信息的同步和稳定，确保数据转发不受影响，从而避免服务中断。

　　MPLS VPN GR 是 GR 在 MPLS VPN 场景中的应用。MPLS VPN GR 能在承载 MPLS VPN业务的设备发生主备倒换时使MPLS VPN流量不中断，减少路由震荡对网络的影响。MPLS VPN 中的 GR 技术可以实现下列功能。

　　保持路由信息：在设备重启期间，GR 使设备能够保持现有的路由信息，包括 VPN 路由。这样，即使设备暂时无法处理新的路由信息，也能继续转发已经建立的 VPN 流量。

　　快速恢复：GR 使设备在重启后能够快速恢复到重启前的状态，通过使用预先保存的路由信息和标签映射，迅速重新参与到 VPN 流量的转发中。

　　减少路由震荡：GR 减少了因设备重启引起的路由震荡，从而减少了对整个网络的影响，保证了 VPN 服务的稳定性。

提升网络可靠性：通过减少因设备重启导致的单点故障，GR 提高了整个 VPN 的可靠性，在 PE 或 CE 设备上尤为重要。

MPLS VPN GR 的应用可以显著提高网络的稳定性和可靠性，减少因网络设备或协议重启导致的业务中断，从而为用户提供更加连续和稳定的 VPN 服务。通过这种方式，GR 在确保关键业务不受影响的同时，提高了网络的整体性能并改善了用户体验。

120

知识巩固

一、选择题

1. MPLS 是（   ）的缩写。

    A. 多协议标签交换   B. 多协议路由选择

    C. 多协议链路状态   D. 多协议数据包传输

2. MPLS 中的标签弹出操作是指（   ）。

    A. 向数据包添加新的 MPLS 标签   B. 从数据包中移除 MPLS 标签

    C. 用新的标签替换现有标签   D. 将数据包发送到目的地

3. BGP/MPLS IP VPN 是基于（   ）技术的虚拟专用网络。

    A. 以太网   B. IP

    C. TCP   D. 应用程序

4. MPLS VPN 支持地址空间重叠，这意味着（   ）。

    A. 不同 VPN 可共享相同的 IP 地址范围 B. 每个 VPN 都有唯一的 IP 地址

    C. VPN 之间的 IP 地址不重叠   D. VPN 不使用 IP 地址

5. MPLS VPN 的控制平面负责（   ）。

    A. 数据包转发   B. 建立 LSP

    C. IP 路由选择   D. 数据包加密

6. MPLS VPN 的目标是（   ）。

    A. 将所有客户站点连接到一个共享网络中

    B. 使 PE 设备可以查看特定 VPN 实例的所有路由

    C. 使用 VPN 实例、MPLS 和 MP-BGP 将客户流量隔离开来

    D. 为客户站点分配唯一的 IP 地址

7. MPLS VPN 中的 RD 是（   ）。

    A. 路由目标   B. 路由区分器   C. 路由标识   D. 路由描述

8. MPLS VPN 中的 RT 是（   ）。

    A. 路由目标   B. 路由区分器   C. 路由标识   D. 路由描述

9. MPLS VPN 中的 VPN 实例是（   ）。

    A. 虚拟路由表和转发实例组件   B. 虚拟路由器

    C. 虚拟路由前缀   D. 虚拟路由目标

10. MPLS VPN 中的 PE 设备之间通过（   ）传递 VPNv4 路由。

    A. 使用 LDP   B. 使用 IGP

    C. 使用 MP-BGP   D. 使用 OSPF 协议

二、简答题

1. 请简述 MPLS 中 LSR 的分类及其作用。
2. 请描述 MPLS 报文格式、MPLS 标签的格式以及各个字段的长度和含义。
3. 请简述 LDP 的作用。
4. 在 MPLS VPN 中，公网和私网标签分别通过什么协议分配及如何分配？

拓展任务

本任务拓扑结构如图 4-24 所示，CE 设备 1 和 CE 设备 2 为企业 A 不同站点的 CE 设备，CE 设备 3 和 CE 设备 4 为企业 B 不同站点的 CE 设备。CE 设备 1 和 CE 设备 3 同时接入 PE 设备 1，CE 设备 2 和 CE 设备 4 同时接入 PE 设备 2，而且 CE 设备 1 和 CE 设备 3 的地址空间相同，均为 10.1.1.0/24，CE 设备 2 和 CE 设备 4 的地址空间相同，均为 10.1.2.0/24。运营商运维工程师需要为企业 A 和企业 B 的这 4 个站点同时提供 MPLS VPN 业务，实现同一企业不同站点间的数据通信，以及不同企业站点间的隔离，具体需求如下。

（1）根据需求规划网络参数，包含 VPN 实例参数、物理接口 IP 地址、Loopback 接口及其 IP 地址等。

（2）在 ISP 网络中配置 IGP，实现 ISP 网络内所有设备的 IP 互通。

（3）在 ISP 网络中配置 MPLS，实现 ISP 网络内所有设备的 MPLS 互通。

（4）配置 MPLS VPN，实现 CE 设备 1 与 CE 设备 2 私网路由互通，CE 设备 3 与 CE 设备 4 私网路由互通，以及不同企业间的路由隔离。

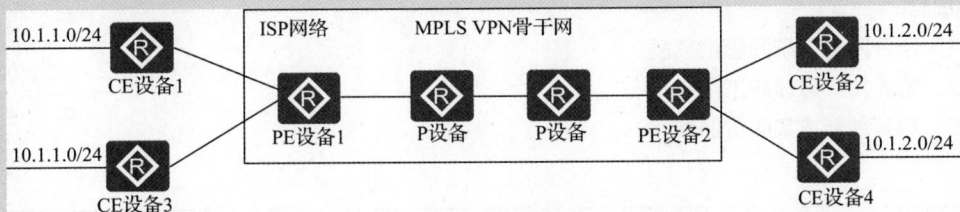

图 4-24 拓扑结构

项目5
提升网络可靠性

05

学习目标

知识目标

1. 了解 VRRP 基础知识
2. 掌握 VRRP 基本组网架构
3. 掌握 BFD 基础知识
4. 掌握 VRRP 和 BFD 基本配置

技能目标

1. 具备根据网络需求提升网络可靠性的能力
2. 掌握 VRRP 配置的过程与方法
3. 掌握 VRRP 与 BFD 联动的应用技能

素养目标

1. 培养严谨系统的思维品质
2. 培养扎实可靠的工作作风
3. 培养创新求实的价值观

项目概述

工业和信息化部等五部门联合印发的《制造业可靠性提升实施意见》中提到："可靠性是产品在规定的条件下和规定的时间内完成规定功能的能力，是反映产品质量水平的核心指标，贯穿于产品的研发设计、生产制造和使用全过程。"

目前A企业南京总部各部门终端在之前均已实现通过核心交换机S1为网关的部门间互联互通与Internet访问。但随着公司业务的快速发展，企业总部部门数量及用户数量均快速增加，企业对网络的依赖性也日益增强。作为高端装备制造企业，网络的稳定性和可靠性成为保障A企业运营的关键。而目前单一网关的核心层架构给企业网络的稳定性与可靠性带来了一定的风险。A企业信息化部门决定进一步提升当前企业网络架构的稳定性和可靠性，具体需求如下。

（1）当前网络接入层、核心层和出口路由器的部署架构不发生变化，核心层由单台交换机扩展为两台交换机，新增核心交换机S2的型号与当前核心交换机S1的相同，新增接入交换机S3用于终端接入，型号为华为CloudEngine S5731。

（2）企业总部将不同VLAN的终端通过接入交换机并连接至核心交换机S1和S2。在S1和S2上部署虚拟路由冗余协议（Virtual Router Redundancy Protocol，VRRP），配置部分VLAN的终端以S1作为默认网关，以S2作为备用网关，其余VLAN的终端以S2作为默认网关，以S1作为备用网关，提升网络可靠性的同时减轻单台核心交换机上数据流量的承载压力，提升网络稳定性。

（3）新增核心交换机S2后，核心层与接入层的交换机之间存在环路，部署多生成树协议（Multiple Spanning Tree Protocol，MSTP）解决环路问题，且通过联合设计MSTP与VRRP以避免出现次优路径。

（4）部署双向转发检测（Bidirectional Forwarding Detection，BFD）机制，使得当单台核心交换机或其上下行链路发生故障时网络能够实现故障快速检测，保证主备交换机快速切换，减少用户业务的中断时间。

基于以上需求，A企业信息化部门设计的南京总部核心网络拓扑如图5-1所示。

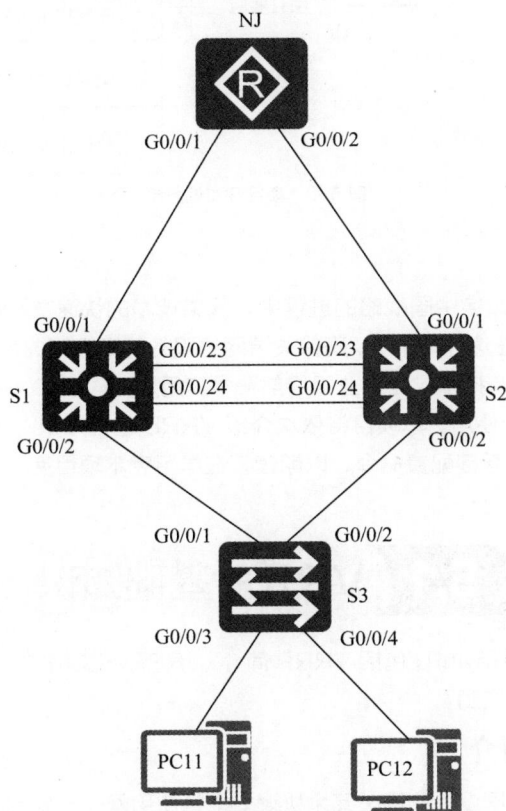

图 5-1　南京总部核心网络拓扑

知识图谱

本项目的知识图谱如图 5-2 所示。

123

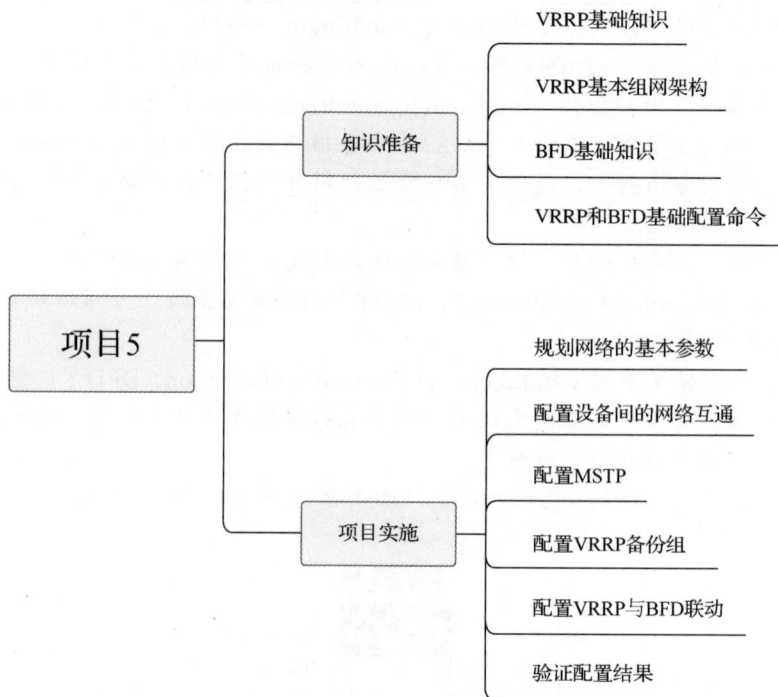

图 5-2　项目 5 知识图谱

知识准备

在深入实施网络强国、数字中国战略的进程中，网络技术的快速发展已成为国家信息化建设和经济社会发展的重要驱动力。在这种背景下，确保关键网络服务的高性能成为各企业关注的焦点。VRRP作为一种简单高效的网关冗余技术，在企业网络部署中应用广泛。BFD 机制可以提高 VRRP 主备切换效率，经常与 VRRP 联合使用。本项目将依次介绍 VRRP 基础知识、VRRP 基本组网架构、BFD基础知识、VRRP 和 BFD 基础配置命令，以期读者在学习完本项目后，理解并顺利完成基本的网络可靠性规划与部署。

5.1　VRRP 基础知识

下面主要介绍 VRRP 基础知识，包括 VRRP 简介、VRRP 报文格式、VRRP工作原理、VRRP 上行链路监测。

微课

5.1.1　VRRP 简介

VRRP 是一种专为局域网设计的网关冗余协议。主机使用网关与外部网络进行通信的示意如图 5-3 所示，在局域网中，所有主机发往其他网段的报文将通过网关进行转发。当网关发生故障时，与其相连的所有主机都将与外界失去联系，导致业务中断。

单一网关容易导致单点故障，增加网关数量是提高网络可靠性的直接方法。但在增加网关数量后，多个网关在转发报文时会产生冲突。因此，如何避免网关之间的冲突就成为首先需要解决的问题。VRRP 将所有网关组成一个备份组，形成一台虚拟网关。虚拟网关示意如图 5-4 所示。需要注意的是，备份组中的设备既可以是路由器，又可以是三层交换机等所有可以承担三层转发任务的网络设备，但在 VRRP 中经常将网关称作路由器。

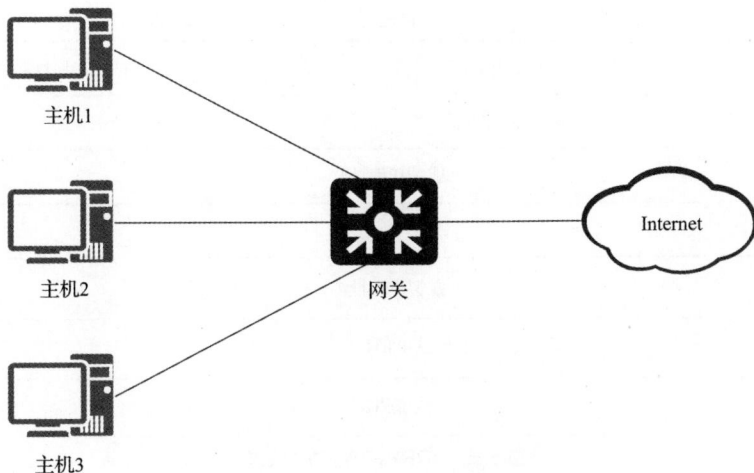

图 5-3　主机使用网关与外部网络进行通信的示意

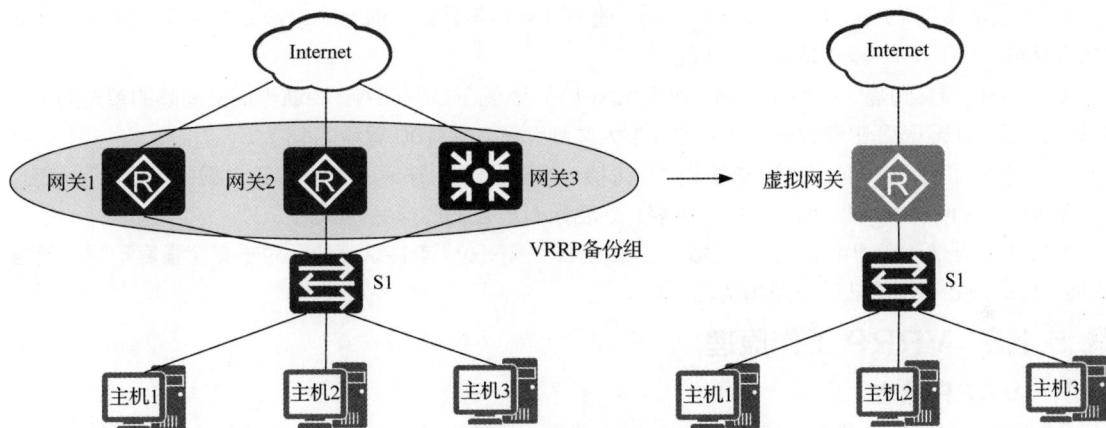

图 5-4　虚拟网关示意

部署 VRRP 业务后，局域网内的主机只需要配置虚拟网关为默认网关，VRRP 就会自动选举出主（Master）网关承担具体转发任务。当主网关出现故障时，VRRP 能够及时将任务转发交给备份（Backup）网关，从而保障网络通信的连续性和可靠性。

5.1.2　VRRP 报文格式

VRRP 报文只有一种类型，即 VRRP 通告（Advertisement）报文，封装于 IP 报文中，IP 协议号为 112，使用组播地址 224.0.0.18 发送报文。VRRP 通告报文中携带虚拟路由器的各种参数，可以用来选举 Master 路由器。选举完成后，Master 路由器周期性地发送 VRRP 通告报文通告自身的存在。VRRP 的实现有 VRRPv2 和 VRRPv3 两个版本。其中，VRRPv2 面向 IPv4 网络，VRRPv3 面向 IPv6 网络。VRRPv2 和 VRRPv3 在功能实现上并没有区别，只是应用的网络环境不同。VRRPv2 通告报文格式如图 5-5 所示。

其中各个字段的含义如下。

（1）版本（Version）：协议版本号，值为 2 表示 VRRPv2，值为 3 表示 VRRPv3。

（2）类型（Type）：VRRP 报文只有一种类型，即 VRRP 通告报文，所以该字段取值为 1。

（3）虚拟路由器 ID（Virtual Router ID）：虚拟路由器的标识，取值为 1～255。

（4）优先级（Priority）：路由器在备份组中的优先级，取值为 0～255，数值越大表明优先级越高。

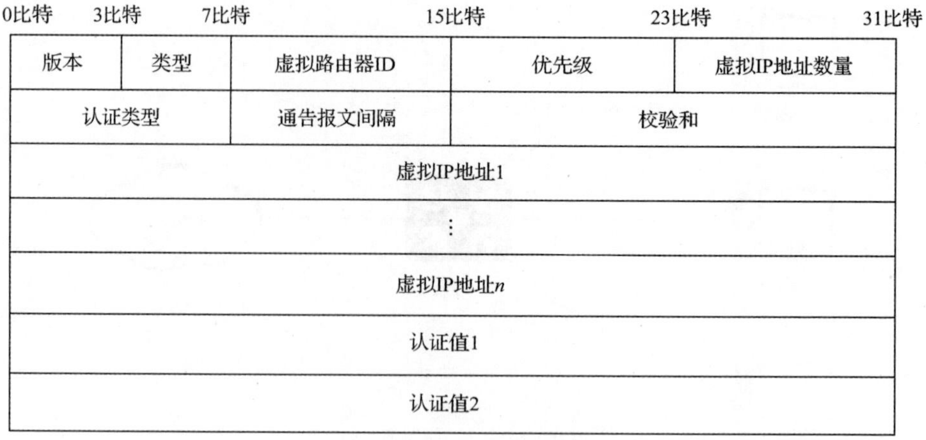

图 5-5　VRRPv2 通告报文格式

（5）虚拟 IP 地址数量（Count IP Address）：1 个备份组最多可以配置 16 个虚拟 IP 地址。

（6）认证类型（Authentication Type）：值为 0 表示不认证，值为 1 表示简单认证，值为 2 表示 MD5 认证。VRRPv3 不支持 MD5 认证。

（7）通告报文间隔（Advertisement Packet Interval）：VRRPv2 中通告报文间隔的单位为 s，默认为 1s；VRRPv3 中通告报文间隔的单位为厘秒，默认为 100 厘秒（1s）。

（8）校验和（Checksum）：长度为 16 比特，用于检测 VRRP 报文在传输过程中是否出现差错。

（9）虚拟 IP 地址（IP Address）列表：包含所有配置的虚拟 IP 地址。

（10）认证值（Authentication Data）：目前仅 VRRPv2 支持认证值，对于安全程度不同的网络环境，可以设定不同的认证类型和认证值。

5.1.3　VRRP 工作原理

1. VRRP 状态

VRRP 定义了 3 种状态：初始（Initialize）状态、活动（Master）状态和备份（Backup）状态。其中，只有处于 Master 状态的路由器才可以转发目的地址为虚拟 IP 地址的报文。表 5-1 详细描述了这 3 种状态。

表 5-1　VRRP 状态说明

状态	说明
Initialize 状态	该状态为 VRRP 不可用状态，设备在此状态下不会对 VRRP 通告报文做任何处理。通常路由器启动时或路由器检测到故障时会进入 Initialize 状态
Master 状态	当 VRRP 设备处于 Master 状态时，它将会承担虚拟路由器的所有转发工作，并周期性地向整个备份组内发送 VRRP 通告报文
Backup 状态	当 VRRP 路由器处于 Backup 状态时，它不会承担虚拟路由器的转发工作，只定期接收 Master 路由器的 VRRP 通告报文，判断 Master 路由器的工作状态是否正常

2. VRRP 备份组

VRRP 将局域网内的一组路由器划分在一起，称为一个备份组。备份组由一台 Master 路由器和多台 Backup 路由器组成，整个备份组看作为一台虚拟路由器。

VRRP 备份组具有以下特点。

（1）虚拟路由器具有 IP 地址，称为虚拟 IP 地址。局域网内的主机仅需要知道该虚拟路由器的 IP

地址，并将其设置为默认网关。

（2）网络内的主机通过该虚拟路由器与外部网络进行通信。

（3）备份组内的所有路由器根据优先级选举出 Master 路由器，承担转发功能，其他路由器作为 Backup 路由器。当 Master 路由器发生故障时，VRRP 在所有 Backup 路由器中选举出新的 Master 路由器继续承担转发功能。整个过程对主机透明，从而保证网络内的主机能够不间断地与外部网络进行通信。

3. VRRP 定时器

VRRP 定时器分为两种：VRRP 通告报文间隔时间定时器和 VRRP 抢占延迟时间定时器。

（1）VRRP 通告报文间隔时间定时器。

VRRP 备份组中的 Master 路由器会定时发送 VRRP 通告报文，通知备份组中的 Backup 路由器自己工作正常。用户可以通过设置 VRRP 通告报文间隔时间定时器来调整 Master 路由器发送 VRRP 通告报文的时间间隔。如果 Backup 路由器在等待了 3 倍时间间隔后，依然没有收到 VRRP 通告报文，则认为 Master 路由器已失效，随即宣称自己为 Master 路由器，并对外发送 VRRP 通告报文。备份组将重新进行 Master 路由器的选举。

（2）VRRP 延迟抢占时间定时器。

VRRP 延迟抢占时间是指路由器在接收到优先级低于本设备优先级的通告报文后，抢占成为 Master 路由器之前的等待时间。在网络不稳定时，建议将 Master 路由器配置为延迟抢占，以便 Master 路由器端故障恢复后，先等待其他相关业务恢复故障（如路由收敛），再抢占到 Master 状态，降低丢包率。

4. VRRP 的工作过程

VRRP 的工作过程如下。

（1）VRRP 备份组中的 Backup 路由器根据优先级选举出 Master 路由器。Master 路由器通过发送免费 ARP 报文，将虚拟 MAC 地址通知给与它连接的设备或者主机，从而承担报文转发任务。

（2）Master 路由器周期性地向备份组内所有 Backup 路由器发送 VRRP 通告报文，通告其配置信息和工作状况。

（3）如果 Master 路由器出现故障，则 VRRP 备份组中的 Backup 路由器将根据优先级重新选举出新的 Master 路由器。

（4）VRRP 备份组切换状态时，Master 路由器由一台设备切换为另一台，新的 Master 路由器会立即发送携带虚拟 MAC 地址和虚拟 IP 地址信息的免费 ARP 报文，刷新与它连接的设备或者主机的 MAC 表项，并把用户流量转移到新的 Master 路由器中，整个过程对用户完全透明。

（5）原 Master 路由器故障恢复时，若该设备为 IP 地址拥有者（IP 地址拥有者的优先级为 255），则将直接切换至 Master 状态。若该设备优先级小于 255，则将先切换至 Backup 状态，且其优先级恢复为故障前配置的优先级。

（6）当 Backup 路由器的优先级高于 Master 路由器的优先级时，由 Backup 路由器的工作方式（抢占方式或非抢占方式）决定是否重新选举 Master 路由器。

VRRP 的工作过程如图 5-6 所示。在该网络中，R1、R2、R3 通过配置 VRRP 组成一台虚拟路由器。通过选举机制，R1 为 Master 路由器，R2 和 R3 为 Backup 路由器。主机 1～主机 3 的默认网关均配置为虚拟路由器的 IP 地址。作为 Master 路由器，R1 处理主机 1～主机 3 发往默认网关 10.20.1.254 的报文。当 R1 发生故障时，R2 和 R3 将选举出新的 Master 路由器。依据选举规则，R2 将成为新的 Master 路由器，R3 仍为 Backup 路由器。作为新的 Master 路由器，R2 将处理主机 1～主机 3 发往默认网关 10.20.1.254 的报文。

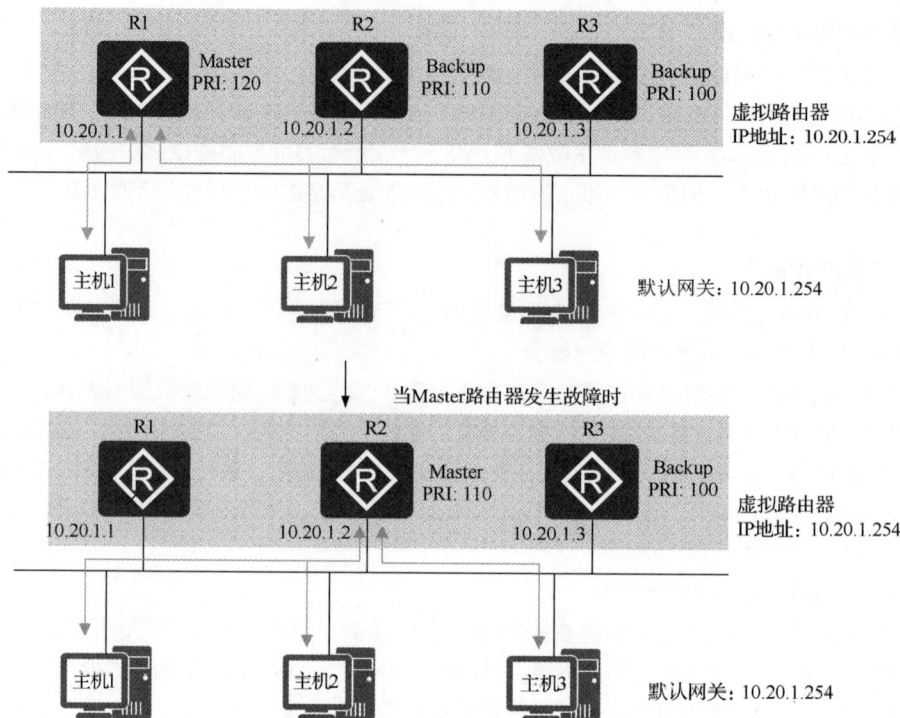

图 5-6　VRRP 的工作过程

5.1.4　VRRP 上行链路监测

　　VRRP 是一种冗余网关协议，能够有效避免单一链路发生故障后网络中断的问题。使用 VRRP 时，用户无须修改动态路由协议、路由发现协议等配置信息。在网络中，VRRP 不仅能在设备出现故障时触发 Master 路由器的切换，还能监测上行链路，在上行接口或路由出现故障时，实现主备路由器的切换。

　　VRRP 上行链路监测包括监测上行链路的接口状态和路由状态。VRRP 监测上行接口状态如图 5-7 所示。网关设备的 VRRP 优先级与上行接口的状态绑定在一起，当 Master 路由器的上行接口出现异常时，Master 路由器将自身优先级降低。当 Master 路由器的优先级低于 Backup 路由器的优先级时，其切换为 Backup 路由器，而 Backup 路由器切换为 Master 路由器，用户网络流量将通过新的 Master 路由器进行转发，从而防止因为上行接口的异常导致的业务中断。

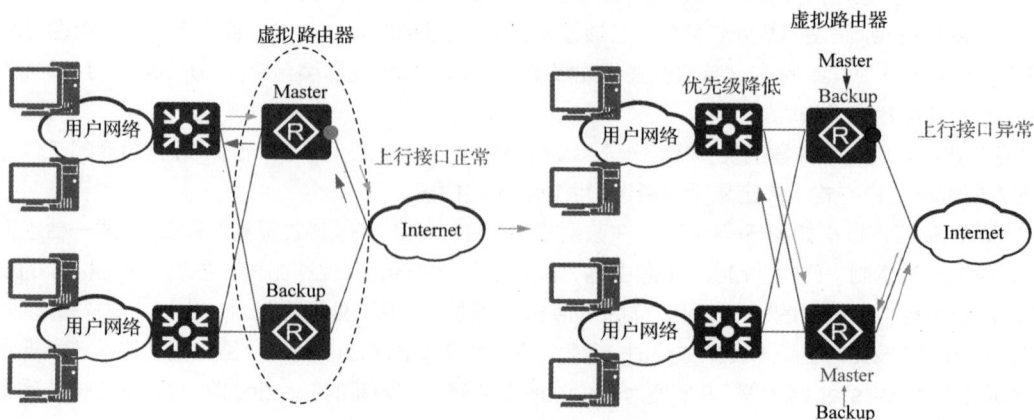

图 5-7　VRRP 监测上行接口状态

VRRP 监测上行路由状态如图 5-8 所示。网关设备的 VRRP 优先级与上行路由的状态绑定在一起，当上行路由出现异常时，Master 路由器将优先级降低。当 Master 路由器的优先级低于 Backup 路由器的优先级时，其切换为 Backup 路由器，而 Backup 路由器切换为 Master 路由器，从而防止因为上行路由的异常导致的业务中断。

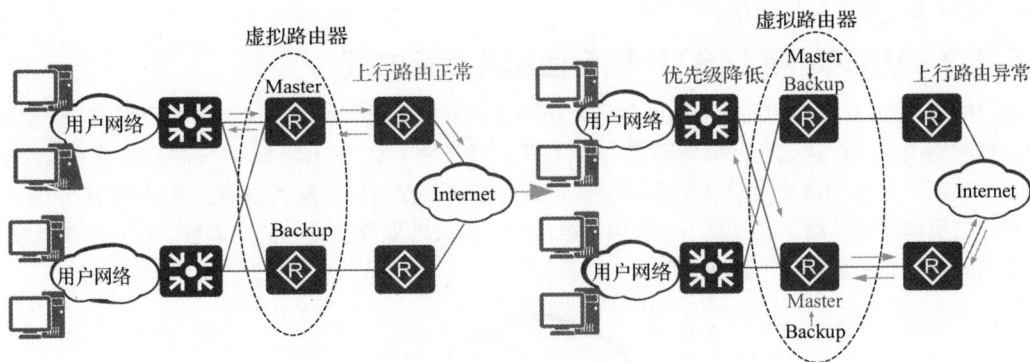

图 5-8　VRRP 监测上行路由状态

5.2　VRRP 基本组网架构

在没有环路的网络中，VRRP 组网与配置相对简单。然而，企业为进一步提升核心层网络的可靠性，VRRP 经常与 MSTP 联合使用，下面将依次介绍 VRRP 的两种组网方式，分别是单独使用 VRRP 的组网方式和 VRRP 与 MSTP 配合使用的组网方式。

5.2.1　单独使用 VRRP 的组网方式

单独使用 VRRP 为网关提供冗余备份的组网方式如图 5-9 所示。局域网内的主机通过二层交换机接入网关 A 和网关 B。网关 A 和网关 B 可以是路由器，也可以是三层交换机等其他三层设备，在 VRRP 中构成虚拟路由器。这种组网方式简单，可以防止网关的单点故障，但是存在如下两个问题。

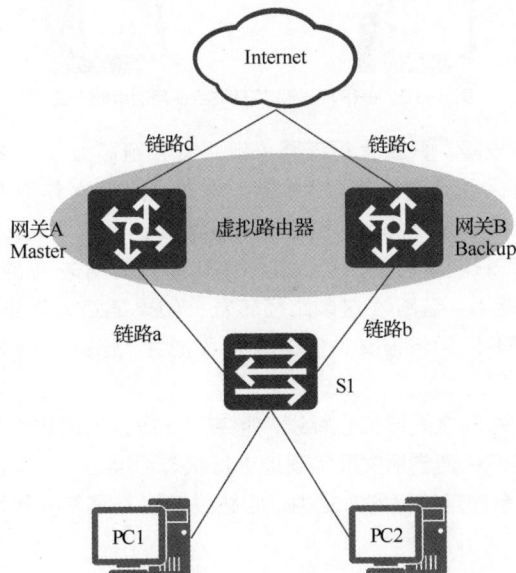

图 5-9　单独使用 VRRP 为网关提供冗余备份的组网方式

（1）不能应对所有的链路故障。例如，链路 a 和链路 c 同时出现故障时，局域网内的主机将无法与外界通信。

（2）S1 连接 Backup 路由器的链路出现故障时，即使 Master 路由器正常工作，也会导致 Backup 路由器接收不到 Master 路由器发送的 VRRP 通告报文，从而错误地认为 Master 路由器端出现故障，进行 Master 状态和 Backup 状态的切换。

5.2.2　VRRP 与 MSTP 配合使用的组网方式

在网关 A 和网关 B 之间增加心跳线为下行链路提供冗余备份，可以解决上述两个问题。但增加心跳线会在网络中形成环路，因此需要部署 MSTP 来消除环路。VRRP 与 MSTP 联合使用的组网方式如图 5-10 所示，添加链路 e 作为心跳线。这种组网方式不仅可以为网关设备提供冗余备份，还可以为下行的二层链路（链路 a 和链路 b）提供冗余备份，极大地提高了网络的可靠性。VRRP 与 MSTP 配合使用的组网方式具有以下优势。

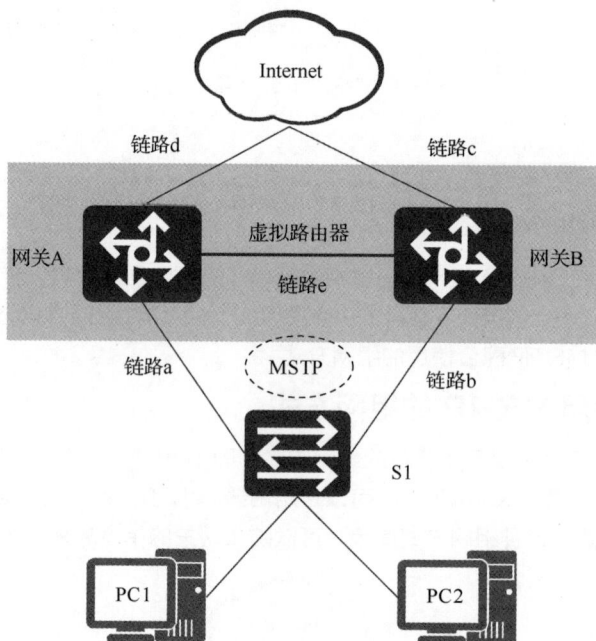

图 5-10　VRRP 与 MSTP 联合使用的组网方式

（1）可以应对多种链路故障。只要上行链路（链路 c 和链路 d）、下行链路（链路 a 和链路 b）中各有一条可达链路，即可保证流量转发不会中断。例如，网关 A 作为 Master 网关时，如果链路 a 和链路 c 同时出现故障，则通过链路 b—链路 e—链路 d 这条路径转发流量；如果链路 a 和链路 d 同时出现故障，则通过 VRRP 监视上行接口或路由功能降低网关 A 的优先级，使得网关 B 成为 Master 网关，流量通过链路 b—链路 c 这条路径转发；如果链路 a 和链路 e 同时出现故障，则网关 B 接收不到网关 A 的 VRRP 通告报文，使得网关 B 成为 Master 网关，流量通过链路 b—链路 c 这条路径转发。

（2）通过在网关 A 和网关 B 之间增加心跳线，避免在链路 b 出现故障、Master 网关正常工作时，Backup 网关因接收不到 VRRP 通告报文而错误地进行状态切换。

在 VRRP 与 MSTP 配合使用的组网方式中，心跳线链路 e 通常部署为聚合链路，以进一步提高网络性能。

5.3 BFD 基础知识

为了进一步减少业务中断时间，网络设备通常需要尽快检测到与相邻网络设备间的通信故障。因此，许多上层协议设计了周期性通告报文机制来检测故障，如 STP、OSPF、VRRP 等。然而，上层协议的故障检测时间一般在秒级以上，这样的故障检测时间对某些应用来说是不可容忍的。BFD 提供了一个通用的、标准化的、与介质和协议均无关的快速故障检测机制，可在数毫秒内检测出网络中出现的通信故障。

5.3.1 BFD 报文格式

BFD 的检测机制如下：在两个系统间建立 BFD 会话，并沿它们之间的路径发送 BFD 报文，如果其中一个系统在既定的时间内没有收到 BFD 报文，则认为路径上发生了故障。BFD 报文封装在 UDP 报文中传送，目的端口号是 3784，源端口号是 49152～65535。BFD 报文格式如图 5-11 所示。

0比特	7比特								23比特	31比特
版本号	诊断字	状态	P	F	C	A	D	R	检测超时倍数	长度
本地标识符										
远端标识符										
期望最小发送间隔										
最小接收间隔										
最小回声接收间隔										

图 5-11 BFD 报文格式

其中各个字段的含义如下。

（1）版本号（Version）：表示 BFD 协议的版本，目前值为 1。

（2）诊断字（Diagnostic）：标明本地 BFD 系统最近一次会话状态发生变化的原因，用于故障诊断。其取值为 0～31，其中，值为 2 表示回声的参数错误，值为 5 表示链路出现故障。

（3）状态（State）：表示发送该 BFD 报文的设备的状态，其中，值为 0 表示 AdminDown，即手工关闭了 BFD 会话；值为 1 表示 Down，BFD 会话未建立或已断开；值为 2 表示 Init，BFD 会话正在初始化；值为 3 表示 Up，BFD 会话正常运行。

（4）P：确认请求标志位，值为 1 表示发送请求连接或参数改变，要求对方收到后确认。

（5）F：响应请求标志位，值为 1 表示对一个 P 标志位为 1 的 BFD 报文进行确认。

（6）C：转发/控制分离标志位。值为 1 表示控制平面的变化不影响 BFD 检测。例如，在 OSPF

协议中，即使 OSPF 协议重启或应用快速重路由，BFD 仍然可以继续监测链路状态。

（7）A：认证标志位，值为 1 表示 BFD 会话需要进行认证。

（8）D：查询请求标志位，表示是否希望通过查询模式对链路进行监测，值为 0 表示发送系统不希望或不能工作于查询模式，值为 1 表示发送系统希望工作于查询模式。

（9）R：为将来点到多点 BFD 检测预留的标志位，当前发送时标志位置为 0，接收时忽略该标志位。

（10）检测超时倍数（Detect Mult）：BFD 报文检测时间为 BFD 报文接收时间间隔乘以检测超时倍数。

（11）长度（Length）：表示 BFD 报文的长度，单位为字节。

（12）本地标识符（Local Discriminator）：BFD 会话连接本地标识符，是由发送系统产生的一个唯一的、非 0 鉴别值，用来对两个系统之间的多个 BFD 会话进行区分。

（13）远端标识符（Remote Discriminator）：BFD 会话连接远端标识符，是从远端系统接收到的鉴别值，即直接取接收到的 BFD 报文中的本地标识符字段的值，在收到对方发送的 BFD 报文前该值为 0。

（14）期望最小发送间隔（Desired Min TX Interval）：本地系统支持的最小 BFD 报文发送间隔，单位为 ms。

（15）最小接收间隔（Required Min RX Interval）：本地系统支持的最小 BFD 接收间隔，单位为 ms。

（16）最小回声接收间隔（Required Min Echo RX Interval）：本地系统支持的最小回声报文接收间隔，单位为 ms。如果本地不支持回声功能，则设置为 0。

5.3.2 BFD 工作原理

BFD 的工作原理是首先在两台检测设备间建立 BFD 会话，然后沿它们之间的路径周期性地发送 BFD 报文进行检测。如果其中一台设备在既定的时间内没有收到 BFD 报文，则 BFD 会话状态变为 Down，从而认为路径上发生了故障。下面依次从 BFD 会话建立、BFD 会话状态和 BFD 故障检测 3 个方面介绍 BFD 的工作原理。

1. BFD 会话建立

BFD 会话建立有静态方式和动态方式两种。这两种方式的主要区别是本地标识符（Local Discriminator）和远端标识符（Remote Discriminator）的配置方式不同。静态方式建立 BFD 会话是通过命令手工配置 BFD 会话参数，包括本地标识符和远端标识符等，然后手工下发 BFD 会话建立请求。动态方式建立 BFD 会话是通过上层应用（如 OSPF）的邻居发现机制，由上层应用将邻居信息发送给 BFD，BFD 会根据接收到的邻居信息自动创建会话。在动态方式下，系统对本地标识符和远端标识符的处理步骤如下。

（1）动态分配本地标识符。当应用动态方式建立 BFD 会话时，系统自动生成 BFD 会话的本地标识符，然后向对端发送远端标识符的值为 0 的 BFD 报文，进行会话协商。

（2）自学习远端标识符。当 BFD 会话的一端收到远端标识符的值为 0 的 BFD 报文时，判断该报文是否与本地 BFD 会话匹配，如果匹配，则学习接收到的 BFD 报文中本地标识符的值，作为远端标识符。

以 OSPF 协议与 BFD 联动为例，OSPF 协议触发动态建立 BFD 会话的过程如图 5-12 所示。R1 和 R2 配置了 OSPF 协议，并在 G0/0/0 接口下通过 ospf bfd enable 命令使能 OSPF 协议与 BFD 联动，此后 BFD 会话建立过程如下。

（1）OSPF 协议通过自己的 Hello 报文发现邻居并建立连接。

（2）OSPF 协议在建立了邻居关系后，将邻居信息通告给 BFD。

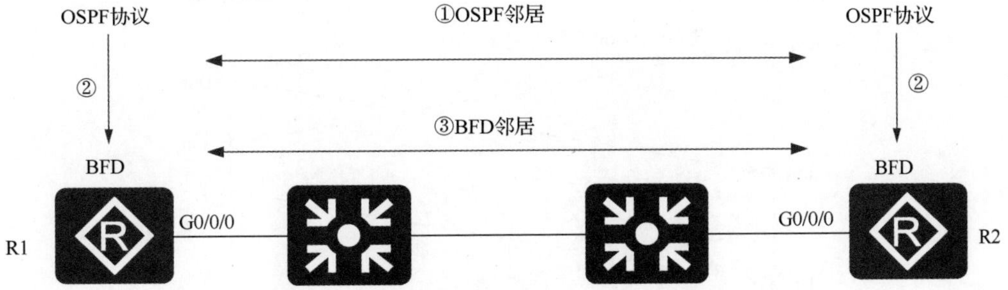

图 5-12　OSPF 协议触发动态建立 BFD 会话的过程

（3）BFD 根据收到的邻居信息建立会话，本地标识符均由系统生成并互相学习。会话建立以后，BFD 开始检测链路故障，并对故障做出快速反应。

另外，在两台设备直连的场景中，如果其中一台设备支持 BFD 功能，而另一台设备不支持 BFD 功能或者不方便配置 BFD 功能（如设备为运营商的设备），那么可以在支持 BFD 功能的设备上建立单臂回声（One-Arm-Echo）功能的 BFD 会话。此时支持 BFD 功能的设备将发送源地址与目的地址都为本机设备地址的特殊 BFD 报文，不支持 BFD 功能的设备在收到该报文后，直接将该报文环回，从而达到快速检测链路的目的，如图 5-13 所示。在单臂回声功能的 BFD 会话中，只存在本地标识符，不存在远端标识符。

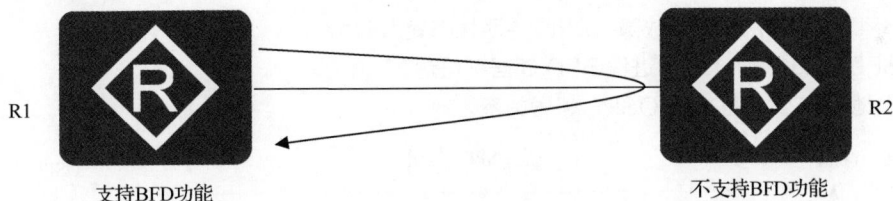

图 5-13　BFD 单臂回声功能

2. BFD 会话状态

BFD 会话有 4 种状态：Down、Init、Up 和 AdminDown。会话状态变化通过 BFD 报文的状态字段传递，系统根据自己本地的会话状态和接收到的对端 BFD 报文来更新状态。BFD 会话的建立和拆除都采用 3 次握手机制，以确保两端的系统都能感知状态的变化。BFD 会话状态变化过程如图 5-14 所示。

（1）R1 和 R2 各自启动 BFD 状态机，初始状态为 Down，发送状态为 Down 的 BFD 报文。对于静态方式建立的 BFD 会话，报文中的远端标识符的值是用户指定的；对于动态方式建立的 BFD 会话，远端标识符的值是 0。

（2）R2 收到状态为 Down 的 BFD 报文后，状态切换至 Init，并发送状态为 Init 的 BFD 报文。

（3）R2 收到状态为 Init 的 BFD 报文后，本地状态由 Init 切换至 Up，会话建立完成。

（4）R1 的 BFD 状态变化同 R2。

3. BFD 故障检测

BFD 会话建立后开始周期性地发送 BFD 报文，如果设备在检测时间内没有收到 BFD 报文，则认为该双向转发路径发生了故障，通知被服务的上层应用进行相应的处理。

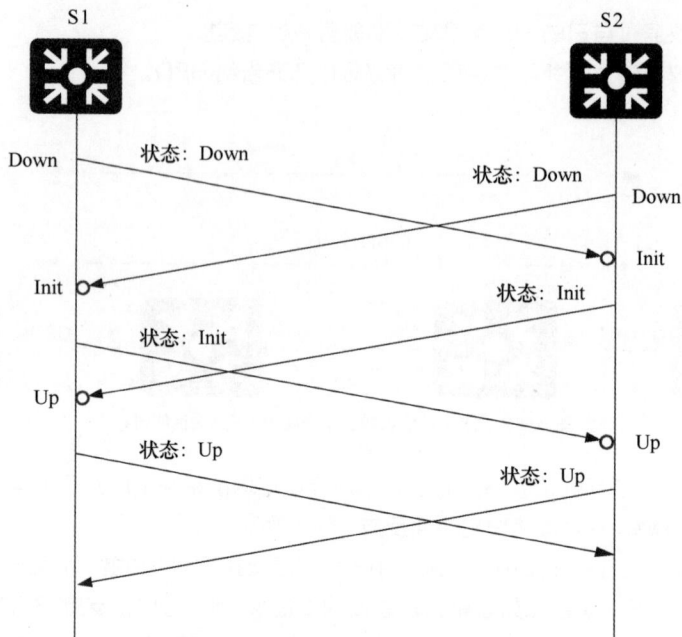

图 5-14　BFD 会话状态变化过程

下面仍以 OSPF 协议与 BFD 联动为例，介绍 BFD 故障检测处理过程。该过程如图 5-15 所示，R1 和 R2 配置了 OSPF 协议，并且使能 OSPF 协议与 BFD 联动，BFD 故障检测处理过程如下。

（1）链路出现故障。

（2）BFD 快速检测到链路故障，BFD 会话状态变为 Down。

（3）BFD 通知本地 OSPF 进程 BFD 邻居不可达。

（4）本地 OSPF 进程中断 OSPF 邻居关系。

图 5-15　BFD 故障检测处理过程

5.3.3　BFD 与 VRRP 联动

BFD 一般不独立运行，而是作为辅助机制与接口状态或路由协议联动使用，其中与 VRRP 联动是 BFD 的典型应用之一。

VRRP 的主要作用是当 Master 设备出现故障时，使得 Backup 设备能够快速接替 Master 设备的转发工作，减少业务中断时间。当 Master 设备出现故障时，Backup 设备依靠 VRRP 自身的超时时间来判断是否应该抢占，默认时间是 3s。如果将 BFD 应用于 VRRP，则可以实现对 Master 设备故障的快速检测，缩短用户流量中断时间。BFD 对 Backup 设备和 Master 设备之间的通信情况进行检测，如果通信不正常，则 Backup 设备认为 Master 设备已经不可用，升级成 Master 设备。VRRP 通过监视 BFD 会话状态实现主备快速切换，切换时间可以控制在 50ms 以内。

图 5-16 所示为 BFD 与 VRRP 联动示意。R1 和 R2 作为一个 VRRP 备份组。在出现故障前，R1 为 Master 交换机，R2 为 Backup 交换机，用户流量通过 R1 转发。在 R1 和 R2 之间建立 BFD 会话后，VRRP 备份组监视该 BFD 会话。当 R1、R2 和 S1 之间的链路出现故障时，BFD 将在毫秒级时间内上报给 VRRP 一个 BFD 检测 Down 状态，触发 R2 的优先级增加。于是 R2 立即切换为 Master 交换机，承担用户流量转发任务，从而实现 VRRP 的主备快速切换。

图 5-16　BFD 与 VRRP 联动示意

5.4　VRRP 和 BFD 基础配置命令

VRRP 和 BFD 既可以配置在路由器上，又可以配置在三层交换机上，配置过程与命令相同，区别在于 VRRP 在路由器上直接配置于三层接口下，而在交换机上配置于 VLANIF 接口下。

微课

1. VRRP 基本配置

[Huawei-GigabitEthernet0/0/0] vrrp vrid *virtual-router-id* virtual-ip *virtual-ip-address*

/*配置 VRRP 备份组号和虚拟 IP 地址。其中，virtual-router-id 为整数形式，取值为 1～255；virtual-ip-address 为虚拟 IP 地址*/

[Huawei-GigabitEthernet0/0/0] vrrp vrid *virtual-router-id* priority *priority-value*

//配置设备在 VRRP 备份组中的优先级，priority-value 默认值为 100，优先级高者成为 Master 设备

[Huawei-GigabitEthernet0/0/0] vrrp vrid *virtual-router-id* preempt-mode timer delay *delay-value*

[Huawei-GigabitEthernet0/0/0] vrrp vrid *virtual-router-id* preempt-mode disable

//配置备份组中路由器采用非抢占方式，默认采用抢占方式

[Huawei-GigabitEthernet0/0/0] vrrp vrid *virtual-router-id* timer advertise *advertise-interval*

//配置备份组中 Master 设备发送 VRRP 通告报文的时间间隔，默认时间间隔为 1s

[Huawei-GigabitEthernet0/0/0] vrrp vrid *virtual-router-id* track interface *interface-type interface-number* [increased *value-increased* | reduced *value-reduced*]

/*配置 VRRP 接口状态监测。increased/reduced 表示当被监测的接口状态变为 Down 时，设备的优先级增加/减少*/

[Huawei-GigabitEthernet0/0/0] vrrp vrid *virtual-router-id* authentication-mode { simple { *key* / plain *key* / cipher *cipher-key* } / md5 *md5-key* }

/*配置 VRRP 备份组的认证方式和认证字。simple 表示采用简单认证方式，md5 表示采用 MD5 认证方式，plain 表示使用明文存储认证字，cipher 表示使用密文存储认证字*/

[Huawei] display vrrp [interface *interface-type interface-number*] [*virtual-router-id*] [brief][verbose]

/*查看当前 VRRP 备份组的状态信息和配置参数。brief 表示显示简要信息，verbose 表示显示详细信息*/

2. BFD 基本配置

[Huawei] bfd   //全局使能 BFD 功能，并进入 BFD 视图

[Huawei] bfd *session-name* bind peer-ip *ip-address* interface *interface-type interface-number*

//建立 BFD 会话并进入 BFD 会话视图，配置 BFD 对端 IP 地址和本端出接口

[Huawei] bfd *session-name* bind peer-ip *ip-address* interface *interface-type interface-number* one-arm-echo

//建立单臂回声功能的 BFD 会话并进入 BFD 会话视图，配置 BFD 对端 IP 地址和本端出接口

[Huawei-bfd-session-name] discriminator local *discr-value*

//配置 BFD 会话的本地标识符，discr-value 为整数形式，取值为 1~8191

[Huawei-bfd-session-name] discriminator remote *discr-value*

//配置 BFD 会话的远端标识符，discr-value 为整数形式，取值为 1~8191

[Huawei-bfd-session-name] min-rx-interval *interval*

//配置 BFD 报文的接收间隔，单位是 ms，默认为 1000ms

[Huawei-bfd-session-name] min-tx-interval *interval*

//配置 BFD 报文的发送间隔，单位是 ms，默认为 1000ms

[Huawei-bfd-session-name] min-echo-rx-interval *interval*

//配置单臂回声功能的 BFD 报文的接收间隔，单位是 ms，默认为 1000ms

[Huawei-bfd-session-name] commit

/*提交 BFD 会话配置。任何 BFD 会话配置的改变，都需要在 BFD 会话视图下执行 commit 命令，才能使配置生效*/

[Huawei] display bfd session

//查看 BFD 会话信息，也可以通过 discriminator、peer-ip 等参数指定查看具体 BFD 会话信息

3. 配置 VRRP 与 BFD 联动

[Huawei] vrrp vrid *virtual-router-id* track bfd-session { *bfd-session-id* | session-name *bfd-session-name* } [increased *value-increased* | reduced *value-reduced*]

/*可以通过 bfd-session-id 和 bfd-session-name 将具体的 BFD 会话与 VRRP 绑定，其中 bfd-session-id 为 BFD 会话的本地标识符*/

🔍 项目实施

南京总部核心网络拓扑如图 5-1 所示。不同部门的终端通过连接交换机 S3 接入网络，S3 同时连接核心交换机 S1 和 S2。根据公司的网络规划，部门 1 使用 VLAN2，部门 2 使用 VLAN3。S1 为部门 1 的主网关，同时作为部门 2 的备用网关；S2 为部门 2 的主网关，同时作为部门 1 的备用网关。正常情况下，部门 1 的业务流量只通过 S1 转发，部门 2 的业务流量只通过 S2 转发，从而实现流量的负载分担。当 S1 或 S2 出现故障时，网关可以自动切换，各部门的业务网络均不受影响。运维工程师需要完成的主要任务如下。

（1）规划网络的基本参数。

（2）配置设备间的网络互通。

（3）配置 MSTP。

（4）配置 VRRP 备份组。

（5）配置 VRRP 与 BFD 联动。

（6）验证配置结果。

微课

任务 5.1 规划网络的基本参数

网络可靠性部署业务涉及的配置参数需要提前做好规划，主要配置项及参数规划如表 5-2 所示。

表 5-2 主要配置项及参数规划

设备	配置项	参数	描述
NJ	Router ID	1.1.1.1	OSPF 路由器 ID
	Loopback10	1.1.1.1/32	环回接口，用于测试
	G0/0/1	10.1.100.1/24	连接交换机 S1
	G0/0/2	10.1.200.1/24	连接交换机 S2
S1	Router ID	1.1.1.2	OSPF 路由器 ID
	VLANIF100	10.1.100.2/24	连接路由器 NJ
	VLANIF2	10.1.2.1/24	部门 1 终端所属的 VLAN
	VLANIF3	10.1.3.1/24	部门 2 终端所属的 VLAN
S2	Router ID	1.1.1.3	OSPF 路由器 ID
	VLANIF200	10.1.200.2/24	连接路由器 NJ
	VLANIF2	10.1.2.2/24	部门 1 终端所属的 VLAN
	VLANIF3	10.1.3.2/24	部门 2 终端所属的 VLAN
S1/S2	VRID	VLAN2：VRID 2 VLAN3：VRID 3	VLAN2 和 VLAN3 所分配的 VRID
	VRRP 虚拟 IP 地址	VRID 2：10.1.2.100 VRID 3：10.1.3.100	VRID 2 和 VRID 3 分别对应的虚拟 IP 地址
S1/S2/S3	MSTP	region-name：RG1 instance 1：VLAN 2 instance 2：VLAN 3	VLAN2 和 VLAN3 所分配的 MSTP 域名及 MSTP 实例

任务 5.2 配置设备间的网络互通

1. 配置核心交换机 S1 和 S2。

（1）创建 Eth-Trunk 逻辑链路，将 G0/0/23 和 G0/0/24 作为成员接口加入 Eth-Trunk 逻辑接口，G0/0/1 接口用于上连出口路由器 NJ，G0/0/2 接口用于下连交换机 S3，主要命令如下。

```
[S1]vlan batch 2 3 100
[S1]interface Eth-Trunk 1
[S1-Eth-Trunk1]trunkport GigabitEthernet 0/0/23 to 0/0/24
[S1-Eth-Trunk1]port link-type trunk
[S1-Eth-Trunk1]port trunk allow-pass vlan 2 3
[S1]interface GigabitEthernet0/0/2
[S1-GigabitEthernet0/0/2]port link-type trunk
[S1-GigabitEthernet0/0/2]port trunk allow-pass vlan 2 3
[S1]interface GigabitEthernet0/0/1
[S1-GigabitEthernet0/0/1]port link-type access
[S1-GigabitEthernet0/0/1]port default vlan 100

[S2]vlan batch 2 3 200
[S2]interface Eth-Trunk 1
[S2-Eth-Trunk1]trunkport GigabitEthernet 0/0/23 to 0/0/24
[S2-Eth-Trunk1]port link-type trunk
[S2-Eth-Trunk1]port trunk allow-pass vlan 2 3
[S2]interface GigabitEthernet0/0/2
[S2-GigabitEthernet0/0/2]port link-type trunk
[S2-GigabitEthernet0/0/2]port trunk allow-pass vlan 2 3
[S2]interface GigabitEthernet0/0/1
[S2-GigabitEthernet0/0/1]port link-type access
[S2-GigabitEthernet0/0/1]port default vlan 200
```

（2）配置 VLANIF 接口和 OSPF 路由，主要命令如下。

```
[S1]interface vlanif 2
[S1-Vlanif2]ip address 10.1.2.1 24
[S1]interface vlanif 3
[S1-Vlanif3]ip address 10.1.3.1 24
[S1]interface vlanif 100
[S1-Vlanif100]ip address 10.1.100.2 24
[S1]ospf 1 router-id 1.1.1.2
[S1-ospf-1]area 0
[S1-ospf-1-area-0.0.0.0]network 10.1.2.1 0.0.0.0
[S1-ospf-1-area-0.0.0.0]network 10.1.3.1 0.0.0.0
[S1-ospf-1-area-0.0.0.0]network 10.1.100.2 0.0.0.0

[S2]interface vlanif 2
[S2-Vlanif2]ip address 10.1.2.2 24
[S2]interface vlanif 3
[S2-Vlanif3]ip address 10.1.3.2 24
[S2]interface vlanif 200
[S2-Vlanif200]ip address 10.1.200.2 24
[S2]ospf 1 router-id 1.1.1.3
[S2-ospf-1]area 0
[S2-ospf-1-area-0.0.0.0]network 10.1.2.2 0.0.0.0
[S2-ospf-1-area-0.0.0.0]network 10.1.3.2 0.0.0.0
[S2-ospf-1-area-0.0.0.0]network 10.1.200.2 0.0.0.0
```

2. 配置接入交换机 S3。

在 S3 上批量创建 VLAN2 和 VLAN3，配置 G0/0/1 和 G0/0/2 为 Trunk 口并允许 VLAN2 和 VLAN3 通过，配置 G0/0/3 和 G0/0/4 接口为 Access 口，PVID 分别为 VLAN2 和 VLAN3，主要命令如下。

```
[S3]vlan batch 2 3
[S3]interface GigabitEthernet0/0/1
[S3-GigabitEthernet0/0/1] port link-type trunk
[S3-GigabitEthernet0/0/1] port trunk allow-pass vlan 2 3
[S3-GigabitEthernet0/0/1]interface GigabitEthernet0/0/2
[S3-GigabitEthernet0/0/2] port link-type trunk
[S3-GigabitEthernet0/0/2] port trunk allow-pass vlan 2 3
[S3-GigabitEthernet0/0/2]interface GigabitEthernet0/0/3
[S3-GigabitEthernet0/0/3]port link-type access
[S3-GigabitEthernet0/0/3]port default vlan 2
[S3-GigabitEthernet0/0/3]interface GigabitEthernet0/0/4
[S3-GigabitEthernet0/0/4] port link-type access
[S3-GigabitEthernet0/0/4] port default vlan 3
[S3-GigabitEthernet0/0/4] quit
```

3. 配置出口路由器 NJ。

配置路由器与核心交换机互连接口的 IP 地址，并配置环回接口 Loopback10 用于测试，主要命令如下。

```
[NJ]interface GigabitEthernet0/0/1
[NJ-GigabitEthernet0/0/1]ip address 10.1.100.1 24
[NJ-GigabitEthernet0/0/1]interface GigabitEthernet0/0/2
[NJ-GigabitEthernet0/0/2]ip address 10.1.200.1 24
[NJ-GigabitEthernet0/0/2]interface Loopback 10
[NJ –Loopback10]ip address 1.1.1.1 32
[NJ –Loopback10]quit
[NJ]ospf 1 router-id 1.1.1.1
[NJ –ospf-1]area 0
[NJ –ospf-1-area-0.0.0.0]network 10.1.100.1 0.0.0.0
[NJ –ospf-1-area-0.0.0.0]network 10.1.200.1 0.0.0.0
[NJ –ospf-1-area-0.0.0.0]network 1.1.1.1 0.0.0.0
```

任务 5.3 配置 MSTP

S1、S2 和 S3 都运行 MSTP，且位于同一个域内。为实现不同 VLAN 间的流量负载分担，MSTP 引入了多实例，通过设置 VLAN 映射表，可将 VLAN 和 MSTP 实例相关联。

1. 配置核心交换机 S1。

配置 S1、S2、S3 到域名为 RG1 的 MSTP 域内，创建 MSTP 实例，MSTP 实例 1 对应 VLAN2，MSTP 实例 2 对应 VLAN3；将 S1 配置为 MSTP 实例 1 的根桥，同时作为 MSTP 实例 2 的备份根桥，主要命令如下。

```
[S1]stp region-configuration
[S1-mst-region]region-name RG1
[S1-mst-region]revision-level 1
[S1-mst-region]instance 1 vlan 2
```

```
[S1-mst-region]instance 2 vlan 3
[S1-mst-region]active region-configuration
[S1-mst-region]quit
[S1]stp instance 1 root primary
[S1]stp instance 2 root secondary
```

2．配置核心交换机 S2。

S2 的 MSTP 域的配置与 S1 的相似，不同的是将 S2 配置为 MSTP 实例 2 的根桥，同时作为 MSTP 实例 1 的备份根桥，主要命令如下。

```
[S2]stp region-configuration
[S2-mst-region] region-name RG1
[S2-mst-region] revision-level 1
[S2-mst-region] instance 1 vlan 2
[S2-mst-region] instance 2 vlan 3
[S2-mst-region] active region-configuration
[S2-mst-region] quit
[S2] stp instance 2 root primary
[S2] stp instance 1 root secondary
```

3．配置接入交换机 S3。

S3 的 MSTP 域的配置与 S1 和 S2 的相似，主要命令如下。

```
[S3]stp region-configuration
[S3-mst-region] region-name RG1
[S3-mst-region] revision-level 1
[S3-mst-region] instance 1 vlan 2
[S3-mst-region] instance 2 vlan 3
[S3-mst-region] active region-configuration
```

任务 5.4　配置 VRRP 备份组

1．在 S1 和 S2 上为 VLAN2 创建 VRRP 备份组，备份组号为 2。配置 S1 为该备份组的 Master 设备，优先级为 120；配置 S2 为该备份组的 Backup 设备，优先级使用默认值 100，主要命令如下。

```
[S1] interface vlanif 2
[S1-Vlanif2]vrrp vrid 2 virtual-ip 10.1.2.100
[S1-Vlanif2]vrrp vrid 2 priority 120
[S1-Vlanif2]vrrp vrid 2 track interface GigabitEthernet0/0/1 reduced 40
//监视上行接口，当上行接口状态变为 Down 时，设备优先级降低 40，以触发主备切换

[S2] interface vlanif 2
[S2-Vlanif2] vrrp vrid 2 virtual-ip 10.1.2.100
```

2．在 S1 和 S2 上为 VLAN3 创建 VRRP 备份组，备份组号为 3。配置 S1 为该备份组的 Backup 设备，优先级使用默认值 100；配置 S2 为该备份组的 Master 设备，优先级为 120，主要命令如下。

```
[S1] interface vlanif 3
[S1-Vlanif3] vrrp vrid 3 virtual-ip 10.1.3.100

[S2] interface vlanif 3
[S2-Vlanif3]vrrp vrid 3 virtual-ip 10.1.3.100
[S2-Vlanif3]vrrp vrid 3 priority 120
[S2-Vlanif3]vrrp vrid 3 track interface GigabitEthernet0/0/1 reduced 40
```

任务 5.5 │ 配置 VRRP 与 BFD 联动

1. 为实现 VRRP 主备快速切换，在 S1 和 S2 上配置 VRRP 与 BFD 联动。先在 S1 和 S2 上创建静态 BFD 会话，主要命令如下。

```
[S1] bfd
[S1-bfd] quit
[S1] bfd vrid2 bind peer-ip 10.1.2.2 interface vlanif 2
//通过静态方式建立 BFD 会话，会话名为 vrid2，监测备份组之间的链路
[S1-bfd-session-vrid2] discriminator local 21
//配置 BFD 会话的本地标识符，S1 上的本地标识符需要与 S2 上的远端标识符一致
[S1-bfd-session-vrid2] discriminator remote 22
//配置 BFD 会话的远端标识符，S1 上的远端标识符需要与 S2 上的本地标识符一致
[S1-bfd-session-vrid2] min-rx-interval 100    //配置 BFD 报文的接收间隔为 100ms
[S1-bfd-session-vrid2] min-tx-interval 100    //配置 BFD 报文的发送间隔为 100ms
[S1-bfd-session-vrid2] commit    //提交 BFD 会话配置，使配置生效
[S1-bfd-session-vrid2] quit
[S1] bfd vrid3 bind peer-ip 10.1.3.2 interface vlanif 3
[S1-bfd-session-vrid3 ] discriminator local 31
[S1-bfd-session-vrid3 ] discriminator remote 32
[S1-bfd-session-vrid3 ] min-rx-interval 100
[S1-bfd-session-vrid3 ] min-tx-interval 100
[S1-bfd-session-vrid3 ] commit
[S1-bfd-session-vrid3 ] quit

[S2] bfd
[S2-bfd] quit
[S2] bfd vrid2 bind peer-ip 10.1.2.1 interface vlanif 2
[S2-bfd-session-vrid2] discriminator local 22
[S2-bfd-session-vrid2] discriminator remote 21
[S2-bfd-session-vrid2] min-rx-interval 100
[S2-bfd-session-vrid2] min-tx-interval 100
[S2-bfd-session-vrid2] commit
[S2-bfd-session-vrid2] quit
[S2] bfd vrid3 bind peer-ip 10.1.3.1 interface vlanif 3
[S2-bfd-session-vrid3] discriminator local 32
[S2-bfd-session-vrid3] discriminator remote 31
[S2-bfd-session-vrid3] min-rx-interval 100
[S2-bfd-session-vrid3] min-tx-interval 100
[S2-bfd-session-vrid3] commit
[S2-bfd-session-vrid3] quit
```

2. 配置 VRRP 与 BFD 联动实现主备快速切换。

（1）S2 作为 VRRP 备份组 2 的 Backup 设备需监视 BFD 会话 22；当 S1 出现故障后，BFD 会话状态变为 Down；S2 在 VRRP 备份组 2 中的优先级增加 40，状态将由 Backup 切换为 Master；主要命令如下。

```
[S2]interface vlanif 2
```

```
[S2-Vlanif2] vrrp vrid 2 track bfd-session 22 increased 40
```

（2）S1 作为 VRRP 备份组 3 的 Backup 设备需监视 BFD 会话 31；当 S2 出现故障后，BFD 会话状态变为 Down，S1 在 VRRP 备份组 3 中的优先级增加 40，状态将由 Backup 切换为 Master；主要命令如下。

```
[S1]interface vlanif 3
[S1-Vlanif3] vrrp vrid 3 track bfd-session 31 increased 40
```

任务 5.6 验证配置结果

1. 分别在 S1 和 S2 上执行 display vrrp brief 命令，可以看到 S1 在备份组 2 中的状态为 Master，在备份组 3 中的状态为 Backup；S2 在备份组 2 中的状态为 Backup，在备份组 3 中的状态为 Master，主要命令及显示信息如下。

```
[S1]display vrrp brief
VRID     State        Interface            Type        Virtual IP
----------------------------------------------------------------------
2        Master       Vlanif2              Normal      10.1.2.100
3        Backup       Vlanif3              Normal      10.1.3.100
----------------------------------------------------------------------
Total:2       Master:1      Backup:1      Non-active:0

[S2] display vrrp brief
VRID     State        Interface            Type        Virtual IP
----------------------------------------------------------------------
2        Backup       Vlanif2              Normal      10.1.2.100
3        Master       Vlanif3              Normal      10.1.3.100
----------------------------------------------------------------------
Total:2       Master:1      Backup:1      Non-active:0
```

2. 配置部门 1 的 PC1 的 IP 地址及网关，将网关设置为 VLAN2 的虚拟 IP 地址 10.1.2.100，并查看相应信息。

```
PC>ipconfig

Link local IPv6 address...........: fe80::5689:98ff:fe85:71d
IPv6 address.....................: :: / 128
IPv6 gateway.....................: ::
IPv4 address.....................: 10.1.2.10
Subnet mask......................: 255.255.255.0
Gateway..........................: 10.1.2.100
```

测试 PC1 与出口路由器 NJ 的连通性，使用 tracert 命令查看数据包经过的路径，可以看到数据包经过 S1 的接口 VLANIF2。PC1 的连通性测试结果如下。

```
PC>tracert 1.1.1.1

traceroute to 1.1.1.1, 8 hops max
(ICMP), press Ctrl+C to stop
 1  10.1.2.1    78 ms   31 ms   47 ms
 2  1.1.1.1     63 ms   62 ms   63 ms
```

3. 配置部门 2 的 PC2 的 IP 地址及网关，将网关设置为 VLAN3 的虚拟 IP 地址 10.1.3.100，并查看相应信息。

```
PC>ipconfig

Link local IPv6 address...........: fe80::5689:98ff:fee0:3ec8
IPv6 address.....................: :: / 128
IPv6 gateway.....................: ::
IPv4 address.....................: 10.1.3.10
Subnet mask......................: 255.255.255.0
Gateway..........................: 10.1.3.100
```

测试 PC2 与出口路由器 NJ 的连通性，使用 tracert 命令查看数据包经过的路径，可以看到数据包经过 S2 的接口 VLANIF3。PC2 的连通性测试结果如下。

```
PC>tracert 1.1.1.1

traceroute to 1.1.1.1, 8 hops max
(ICMP), press Ctrl+C to stop
 1  10.1.3.2    46 ms   47 ms   32 ms
 2  1.1.1.1     93 ms   78 ms   94 ms
```

4. 在 S1 的 G0/0/1 接口上执行 shutdown 命令，模拟链路出现故障。在 S1 和 S2 上分别执行 display vrrp brief 命令，可以看出 S1 在备份组 2 中的状态由 Master 变为 Backup，S2 在备份组 2 中的状态由 Backup 变为 Master。

```
[S1]interface GigabitEthernet0/0/1
[S1-GigabitEthernet0/0/1]shutdown

[S1] display vrrp brief
VRID   State      Interface          Type      Virtual IP
----------------------------------------------------------------------
2      Backup     Vlanif2            Normal    10.1.2.100
3      Backup     Vlanif3            Normal    10.1.3.100
----------------------------------------------------------------------

Total:2     Master:0     Backup:2     Non-active:0

[S2] display vrrp brief
VRID   State      Interface          Type      Virtual IP
----------------------------------------------------------------------
2      Master     Vlanif2            Normal    10.1.2.100
3      Master     Vlanif3            Normal    10.1.3.100
----------------------------------------------------------------------

Total:2     Master:2     Backup:0     Non-active:0
```

在 S1 的 G0/0/1 接口上执行 undo shutdown 命令，模拟故障恢复。等待数秒后，分别在 S1 和 S2 上执行 display vrrp brief 命令，可以看到 S1 在备份组 2 中的状态由 Backup 恢复为 Master，S2 在备份组 2 中的状态由 Master 恢复为 Backup。

```
[S1]interface GigabitEthernet0/0/1
[S1-GigabitEthernet0/0/1]undo shutdown

[S1] display vrrp brief
```

```
VRID   State       Interface              Type        Virtual IP
-------------------------------------------------------------------
2      Master      Vlanif2                Normal      10.1.2.100
3      Backup      Vlanif3                Normal      10.1.3.100
-------------------------------------------------------------------

Total:2      Master:1      Backup:1      Non-active:0


[S2] display vrrp brief
VRID   State       Interface              Type        Virtual IP
-------------------------------------------------------------------
2      Backup      Vlanif2                Normal      10.1.2.100
3      Master      Vlanif3                Normal      10.1.3.100
-------------------------------------------------------------------

Total:2      Master:1      Backup:1      Non-active:0
```

5. 在 S1 或 S2 上执行 display bfd session all 命令，可以看到 BFD 会话的状态为 Up。这里以 S1 的显示信息为例进行介绍。

```
[S1]display bfd session all
-------------------------------------------------------------------
Local    Remote    PeerIpAddr      State    Type      InterfaceName
-------------------------------------------------------------------

21       22        10.1.2.2        Up       S_IP_IF    Vlanif2
31       32        10.1.3.2        Up       S_IP_IF    Vlanif3
-------------------------------------------------------------------
    Total UP/DOWN Session Number : 2/0
```

将 S1 的配置保存后关机，模拟设备出现故障，此时在 S2 上检查 BFD 会话状态和 VRRP 状态，主要命令及显示信息如下。可以看出，BFD 会话状态已变为 Down，S2 在备份组 2 中的状态由 Backup 变为 Master。

```
[S2]display bfd session all
-------------------------------------------------------------------
Local    Remote    PeerIpAddr      State    Type      InterfaceName
-------------------------------------------------------------------

22       21        10.1.2.1        Down     S_IP_IF    Vlanif2
32       31        10.1.3.1        Down     S_IP_IF    Vlanif3
-------------------------------------------------------------------
    Total UP/DOWN Session Number : 0/2
 [S2]display vrrp brief
VRID   State       Interface              Type        Virtual IP
-------------------------------------------------------------------
2      Master      Vlanif2                Normal      10.1.2.100
3      Master      Vlanif3                Normal      10.1.3.100
-------------------------------------------------------------------

Total:2      Master:2      Backup:0      Non-active:0
```

6. 将 S1 开机，数秒后再次查看 S1 和 S2 的 VRRP 状态，可以发现 S1 恢复为 VRRP 备份组 2 的 Master 设备，而 S2 恢复为 VRRP 备份组 2 的 Backup 设备。

该测试验证了当网络中一台核心交换机上行链路或整台设备出现故障时，网络能够实现网关的自动切换，不影响终端业务。在故障恢复后，网络可以自动恢复为正常状态。

项目小结

本项目首先讲解了VRRP基础知识，包括VRRP简介、VRRP报文格式、VRRP工作原理、VRRP上行链路监测；接着介绍了VRRP基本组网架构；然后介绍了BFD基础知识，包括BFD报文格式、BFD工作原理和BFD典型应用；最后介绍了VRRP和BFD基础配置命令。在项目实施阶段，以真实工作任务为载体，依据项目需求对网络的基本参数进行规划，然后依据规划的网络参数，分别完成设备间的网络互通配置、MSTP配置、VRRP备份组配置、VRRP与BFD联动配置，最后对配置结果进行了验证。验证结果表明配置的网络实现了网关的自动切换，以及业务数据的负载分担，满足了项目需求。

拓展知识

HSRP 与 GLBP

VRRP 是路由冗余方面开放的标准协议。除了 IETF 提出的 VRRP 外，思科公司还开发了两种专有路由器备份协议，即热备份路由协议（Hot Standby Router Protocol，HSRP）和网关负载均衡协议（Gateway Load Balancing Protocol，GLBP），它们也可以实现网关冗余。HSRP 与 VRRP 非常相似，由 2 台以上的路由器组成一个"热备份组"，这个组形成一台虚拟路由器。每台物理路由器通过优先级来确定热备份组中的活跃路由器。当在预先设定的一段时间内，不能收到活跃路由器发送的 Hello 报文时，优先级最高的备份路由器变为活跃路由器。网络上的所有终端不感知路由器之间的报文交互。GLBP 与 HSRP 和 VRRP 不同，它允许多台路由器同时参与数据包的转发，实现网络资源的充分利用。GLBP 将多台路由器组成一个冗余组，并为每台路由器分配一个虚拟 MAC 地址。在 GLBP 中，优先级最高的路由器成为活跃虚拟网关（Active Virtual Gateway，AVG），负责响应 ARP 请求并分配虚拟 MAC 地址给其他路由器。除了 AVG 外，其他路由器成为活跃虚拟转发器（Active Virtual Forwarder，AVF），负责根据分配的虚拟 MAC 地址转发数据包。因此，与 HSRP 和 VRRP 不同的是，GLBP 支持负载均衡，它可以根据不同的负载分配策略（如轮询、主机相关性和最小连接数等）将流量分发到多台路由器。

知识巩固

一、选择题

1. 在华为设备上，以下（　　）是配置 Master 路由器的延迟抢占时间的命令。

　　A. vrrp vrid 1 timer delay 20　　　　　　B. vrrp vrid 1 preempt-timer 20

　　C. vrrp vrid 1 preempt-delay 20　　　　　D. vrrp vrid 1 preempt-mode timer delay 20

2. 下列关于 VRRP 的描述中错误的是（　　　）。

    A. 如果 Backup 路由器工作在非抢占方式下，则只要 Master 路由器没有出现故障，Backup 路由器即使随后被配置了更高的优先级也不会成为 Master 路由器

    B. 当两台优先级相同的路由器同时竞争 Master 时，比较接口标识地址大小，接口 IP 地址大者当选为 Master

    C. VRRP 根据优先级来确定虚拟路由器中每台路由器的地位

    D. 如果将 Backup 路由器配置为抢占方式，则即使备份组中已经存在 Master 路由器，Backup 路由器也会进行抢占

3. 华为 VRRP 设备在备份组中的默认优先级是（　　　）。

    A. 150   B. 100   C. 200   D. 0

4. 以下关于 BFD 会话建立方式的描述中错误的是（　　　）。

    A. 静态方式建立 BFD 会话是指通过命令手工配置 BFD 会话参数，包括本地标识符和远端标识符

    B. 可以通过配置本地和远端标识符的方式来区分静态方式建立的 BFD 会话及动态方式建立的 BFD 会话

    C. 动态方式建立 BFD 会话时，系统会动态分配本地标识符

    D. 检测采用静态路由实现三层互通的网络时，只能采用动态方式建立 BFD 会话

5. 以下关于 VRRP 负载分担的描述中错误的是（　　　）。

    A. 同一台 VRRP 设备在加入多个备份组时的优先级可以不相同

    B. 配置 VRRP 负载分担时，不同 VRRP 备份组中的 Master 路由器应该为同一台

    C. 为保证业务正常进行，每个 VRRP 备份组中有且只有一台 Master 路由器

    D. 一台 VRRP 设备可同时担任多个备份组的 Master 路由器

6. 在设备间建立 BFD 会话的过程中，不会经历（　　　）状态。

    A. Done   B. Down   C. Up   D. Init

7. 默认情况下，VRRP 备份组中 Master 路由器会周期性地发送 VRRP 通告报文的时间间隔是（　　　）。

    A. 1s   B. 3s   C. 10s   D. 100ms

8. 以下关于 VRRP Backup 设备的描述中正确的是（　　　）。（多选）

    A. 当收到优先级为 0 的 VRRP 报文时，Backup 设备会直接切换为 Master 设备

    B. Backup 设备会响应目的 IP 地址为虚拟 IP 地址的 IP 报文

    C. 当 Backup 设备收到 Master 设备发送的 VRRP 报文时，可判断 Master 设备的状态是否正常

    D. Backup 设备会丢弃目的 MAC 地址为虚拟 MAC 地址的 IP 报文

9. 以下关于 BFD 单臂回声功能的描述中正确的是（　　　）。（多选）

    A. BFD 单臂回声功能只能用于二层网络环境中的检测

    B. BFD 单臂回声功能可以用于一端支持 BFD 功能，另一端不支持 BFD 功能的场景中

    C. 创建 BFD 单臂回声功能需要在两端配置 BFD 会话

    D. 创建 BFD 单臂回声功能时需要配置本地标识符和远端标识符

10. 如果发现备份组中两台设备同时为 Master，则在排除故障时，（　　　）。（多选）

    A. 需要检查接口标识地址是否在同一网段

    B. 需要检查传递 VRRP 通告报文的交换机端口是否位于同一个 VLAN

   C. 需要检查 VRRP 备份组的虚拟 IP 地址是否相同
   D. 需要检查接口上的 VRRP 备份组 ID 是否相同

二、简答题

1. 请说明 VRRP 的使用场景。
2. VRRP 支持的认证方式有哪些?
3. 请描述 VRRP 的工作流程。

拓展任务

随着 A 企业业务规模的扩大，公司增加了新的部门，因此公司信息化部门需要对当前网络进行改造，需求如下。

（1）保持图 5-1 所示的拓扑基本不变。

（2）新增部门 3，对应 VLAN4，规划网段为 10.1.4.0/24。

（3）S1 作为部门 3 的主网关，S2 作为部门 3 的备用网关。正常情况下，部门 3 的业务流量只通过 S1 转发，当 S1 出现故障时，部门 3 的业务流量通过 S2 转发。

项目6
部署与实施无线局域网

06

学习目标

知识目标
1. 了解 WLAN 基础知识
2. 掌握 WLAN 基本组网方式
3. 理解 WLAN 工作流程
4. 熟悉 WLAN 基础配置命令

技能目标
1. 具备根据网络需求规划 WLAN 组网的能力
2. 掌握 WLAN 配置方法与过程
3. 具备 WLAN 验证与故障排除的能力

素养目标
1. 培养爱思考、勤动手的工作品质
2. 培养严谨细致的工作作风
3. 培养精益求精的工匠精神

项目概述

在数字化浪潮席卷全球的今天，互联网已成为推动社会进步、促进经济发展的重要力量。作为网络强国建设的关键一环，确保每一个角落都能享受到互联网带来的便利与机遇，是时代赋予运维工程师的重要使命。

目前A企业有线网络已基本建设完善。但随着笔记本电脑、平板电脑和手机在工作中的大量使用，信息化部门决定在现有有线网络架构的基础上进行无线局域网（Wireless Local Area Network，WLAN）的规划设计与部署工作，旨在整合有线与无线资源，构建一体化办公网络环境，以满足各类移动办公和灵活接入的需求，网络的具体需求如下。

（1）当前有线网络接入层、核心层和出口路由器的部署架构不发生变化，仍以核心交换机作为有线终端的DHCP服务器。

（2）采用无线接入控制器（Access Controller，AC）+无线接入点（Access Point，AP）的部署方案，AC旁挂在核心交换机上，AP统一接入以太网供电（Power over Ethernet，PoE）交换机中。

（3）无线终端与AP的地址统一由AC进行自动分配与管理。

（4）采用VLAN池模式，以应对未来可能不断增加的终端数量。

（5）将有线终端与无线终端划分到不同的VLAN中进行管理。

（6）有线终端与无线终端三层互通，通过核心交换机转发，且保证所有终端均能正常访问Internet。

基于以上需求，本项目核心网络拓扑如图6-1所示。

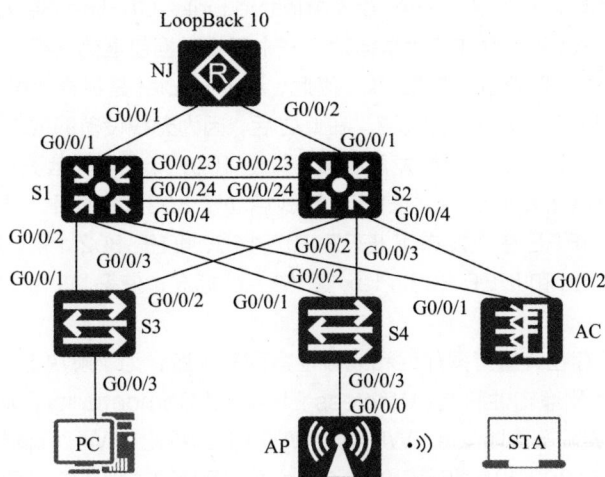

图6-1　项目6核心网络拓扑

知识图谱

本项目的知识图谱如图6-2所示。

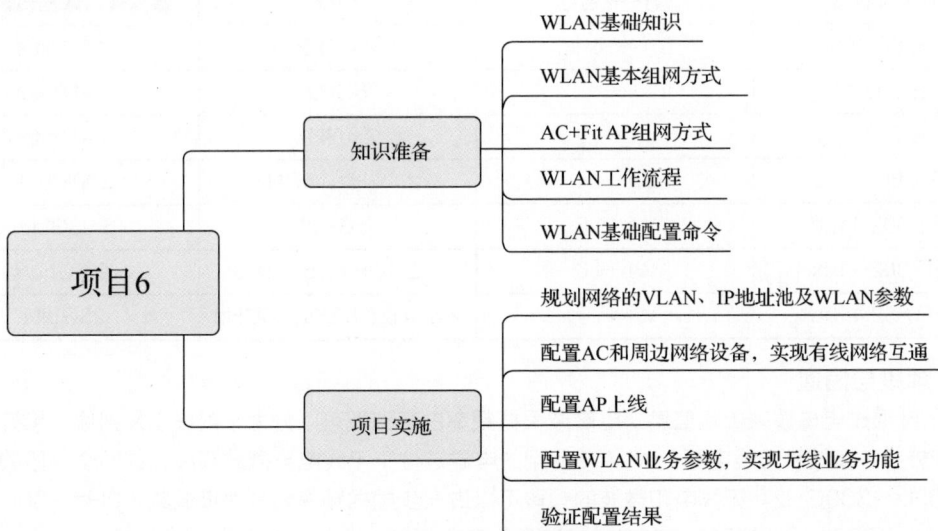

图6-2　项目6知识图谱

知识准备

本项目将依次介绍 WLAN 基础知识、WLAN 基本组网方式、WLAN 工作流程和 WLAN 基础配置命令，以期读者可以在学习完本项目后，理解并顺利完成基本的 WLAN 规划与部署。

6.1 WLAN 基础知识

1. WLAN 标准与 Wi-Fi

微课

WLAN 起源于 1971 年由夏威夷大学的教授诺曼·艾布拉姆森（Norman Abramson）所带领的团队创造的 ALOHAnet（Additive Links On-line Hawaii Area Network）。ALOHAnet 为夏威夷大学构建了一个无线数据包通信网络，把位于不同岛屿的校区通过无线网络连接了起来。因此，ALOHAnet 是世界上第一个无线计算机网络，也被视为 WLAN 的先驱。在此之后，因为无线设备的成本过高，且无线通信频谱的使用处于"无法可依"的状态，WLAN 发展缓慢。直至 1997 年，电气电子工程师学会（Institute of Electrical and Electronics Engineers，IEEE）正式启动了 802.11 项目，才推动了 WLAN 的快速发展。从 1999 年至今，IEEE 依次发布了 IEEE 802.11b、IEEE 802.11a、IEEE 802.11g、IEEE 802.11n、IEEE 802.11ac 和 IEEE 802.11ax 等 WLAN 标准，使得 WLAN 的性能不断提升，应用越来越广泛。

早期的 WLAN 产品存在大量互操作性和兼容性方面的问题，为了解决这些问题，1999 年，6 家技术公司成立了无线以太网兼容性联盟（Wireless Ethernet Compatibility Alliance，WECA），2000 年更名为 Wi-Fi 联盟（Wi-Fi Alliance，WFA）。Wi-Fi 联盟推出了 Wi-Fi 商标，负责 Wi-Fi 产品的认证测试，并分别把 IEEE 802.11n、IEEE 802.11ac、IEEE 802.11ax 和 IEEE 802.11be 等 WLAN 标准命名为 Wi-Fi 4、Wi-Fi 5、Wi-Fi 6 和 Wi-Fi 7。因此，在某些场合，可以用 Wi-Fi 名称来指代对应的 WLAN 标准。这些标准所规定的 WLAN 频段均为 2.4GHz 频段或 5GHz 频段。IEEE 802.11 各标准主要信息如表 6-1 所示。

表 6-1　IEEE 802.11 各标准主要信息

WLAN 标准	Wi-Fi 名称	频段	最高理论数据传输速率
IEEE 802.11b	—	2.4GHz	11Mbit/s
IEEE 802.11a	—	5GHz	54Mbit/s
IEEE 802.11g	—	2.4GHz	54Mbit/s
IEEE 802.11n	Wi-Fi 4	2.4GHz、5GHz	600Mbit/s
IEEE 802.11ac	Wi-Fi 5	5GHz	6.93Gbit/s
IEEE 802.11ax	Wi-Fi 6	2.4GHz、5GHz	9.6Gbit/s
IEEE 802.11be	Wi-Fi 7	2.4GHz、5GHz、6GHz	23Gbit/s

2. 频段与信道

WLAN 通过电磁波来传输信息。电磁波根据频率由高到低可以分为 γ 射线、X 射线、紫外线、可见光、红外线、微波和无线电等。WLAN 使用的电磁波位于无线电与微波频段，这两个频段的电磁波频率为 3Hz～300GHz。无线电和微波的频段可以进一步根据频率划分为极低频（3Hz～30Hz）、超低频（30Hz～300Hz）、特低频（300Hz～3kHz）、甚低频（3kHz～30kHz）、低频（30kHz～300kHz）、中频（300kHz～3MHz）、高频（3MHz～30MHz）、甚高频（30MHz～300MHz）、特高频（300MHz～3GHz）、超高频（3GHz～30GHz）和极高频（30GHz～300GHz）。WLAN 常用的 2.4GHz 频段和 5GHz 频段分别属于特高频和超高频。电磁波的分类如图 6-3 所示。

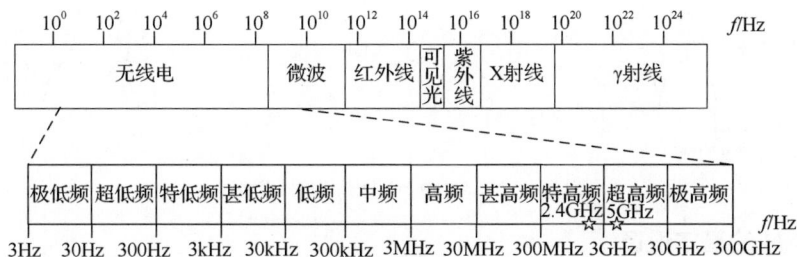

图 6-3 电磁波的分类

　　相同频率的电磁波在同一空间使用时会产生相互干扰,因此在使用大多数无线电频段时,需要向机构申请授权许可。为了促进无线通信的发展,美国联邦通信委员会（Federal Communications Commission,FCC）定义了工业、科学和医疗（Industrial Scientific and Medical,ISM）频段,此频段主要开放给工业、科学、医疗这 3 个领域,为免许可频段,无须授权即可被使用。除此之外,FCC 还定义了免许可国家信息基础设施（Unlicensed National Information Infrastructure,U-NII）频段,其中包括低频段 U-NII-1（5.150GHz～5.250GHz）、中频段 U-NII-2（5.250GHz～5.350GHz）和高频段 U-NII-3（5.725GHz～5.850GHz）。WLAN 所使用的 2.4GHz 频段和 5GHz 频段就位于 ISM 频段和 UNII 频段内。免许可频段降低了无线通信的使用成本,但同时带来了大量无线终端使用相同频段时产生的同频干扰问题。

　　为了避免信号间干扰,就必须对信道进行划分。WLAN 中 2.4GHz 频段的信道划分如图 6-4 所示。2.4GHz 频段的中心频率为 2.412GHz～2.484GHz,这个频段被划分为 14 个信道,其中 1～13 号信道的中心频率间隔为 5MHz,13～14 号信道的中心频率间隔为 12MHz。不同国家或地区规定的可使用信道略有差异。中国、欧洲和澳大利亚的可用信道是 1～13 号信道,美国和加拿大的可用信道是 1～11 号信道。14 号信道只有日本等少数国家或地区使用。每个信道的带宽按照 IEEE 802.11b 标准规定为 22MHz,其他标准规定为 20MHz。因此,对于 IEEE 802.11b 标准来说,1 号、6 号和 11 号信道是非重叠信道。对于其他标准来说,1 号、5 号、9 号和 13 号信道是非重叠信道。非重叠信道可以同时在同一空间部署而不会产生干扰。

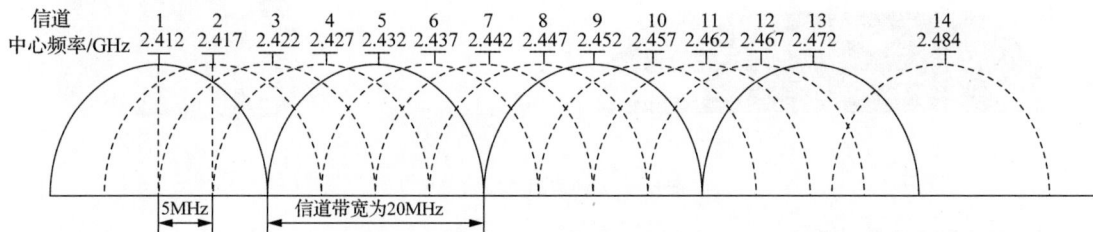

图 6-4 WLAN 中 2.4GHz 频段的信道划分

　　WLAN 中 5GHz 频段的信道划分如图 6-5 所示。5GHz 频段的中心频率为 5.180GHz～5.825GHz,相对于 2.4GHz 频段来说带宽更大,因此 5GHz 频段可以划分出更多的信道。目前各个国家或地区开放的 5GHz 频段信道并不相同。我国大部分地区在 5GHz 频段开放的信道有 13 个,分别是 36 号、40 号、44 号、48 号、52 号、56 号、60 号、64 号、149 号、153 号、157 号、161 号和 165 号这 13 个互不重叠的信道,每个信道带宽为 20MHz。

　　现网应用中,大多数终端同时支持 2.4GHz 频段和 5GHz 频段,且通常默认选择 2.4GHz 频段,这导致信道本身就少的 2.4GHz 频段更加拥挤,且负载较高,受到的干扰较大,而信道多且干扰小的 5GHz 频段的优势得不到发挥。因此,在高密度或者 2.4GHz 干扰严重的环境中,建议优先选择 5GHz 频段,以提升用户体验。

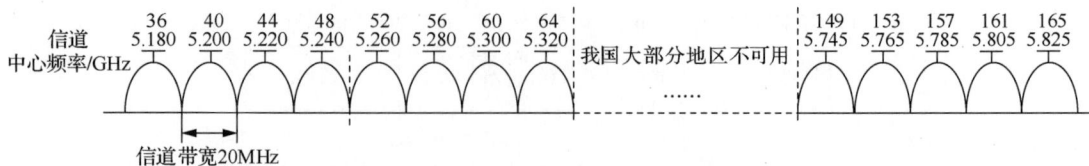

图 6-5　WLAN 中 5GHz 频段的信道划分

3. WLAN 的基本设备

企业级的 WLAN 产品如图 6-6 所示，主要包含 AC、AP 和远端单元（Remote Unit，RU）。AC 用于对 AP 和 RU 进行统一控制及配置下发，使得 AP 和 RU 可以零配置上线。AP 通过有线的方式连接 PoE 交换机，使用交换机的端口来进行供电和上行连接。AP 可以分为 Fat（胖）AP 和 Fit（瘦）AP。"胖"和"瘦"不是指 AP 产品的外形，而是指 AP 是否需要 AC 的管理。Fat AP 被视为独立的 WLAN 设备，管理平面、控制平面和数据平面的操作都集中于设备中。Fat AP 不需要 AC 的管理，可以独立工作，因此它的成本相对更低。但是 Fat AP 需要单独配置，缺少统一的控制，管理与维护都比较麻烦，只适用于家用或公寓式办公楼等小型 WLAN 组网场景。Fit AP 需要接受 AC 的统一管理，只提供物理层功能，负责无线信号的发射与接收。在企业网或园区网中一般采用 AC+Fit AP 的方案。因此，一般情况下，如无特别指明，可直接用 AP 指代 Fit AP。RU 用于敏捷分布式组网，以接受 AP 的管理。在房间密度大、墙体结构复杂的场景下，RU 可以部署在每个小房间里，实现低成本的高速无线网络覆盖。

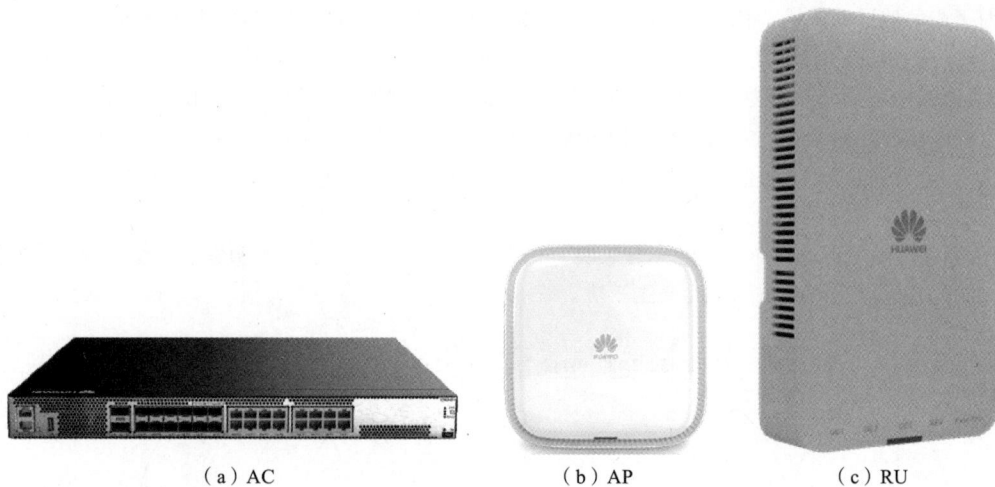

（a）AC　　　　　　　　（b）AP　　　　　　　　（c）RU

图 6-6　企业级的 WLAN 产品

4. CAPWAP 协议

无线接入点控制和配置（Control And Provisioning of Wireless Access Points，CAPWAP）协议是 AC 与 AP 间的专用通信协议。在 AC+AP 组网架构中，AC 利用 CAPWAP 协议实现对其所关联的 AP 进行集中管理，主要功能包括 AP 对 AC 的自动发现、AP 与 AC 间的状态维护、AC 的业务配置下发，以及无线终端的数据封装等。

CAPWAP 协议是应用层协议，传输层使用 UDP 封装。CAPWAP 报文类型包括控制报文和数据报文两种。其中，控制报文的作用是传输控制流量，包括 AC 对 AP 的配置信息下发、固件推送等，UDP 端口号是 5246；数据报文的作用是传输无线业务数据帧，UDP 端口号是 5247。

CAPWAP 报文格式如图 6-7 所示。数据报文可以选择是否使用数据报传输层安全（Datagram Transport Layer Security，DTLS）协议加密传输。控制报文除"发现请求"和"发现应答"报文外，其他报文强制使用 DTLS 协议加密传输。

控制报文	IP头部	UDP首部	CAPWAP前导	CAPWAP首部	控制首部	信息要素		

IP头部	UDP首部	CAPWAP前导	DTLS首部	CAPWAP首部	控制首部	信息要素	DTLS尾部

数据报文	IP头部	UDP首部	CAPWAP前导	CAPWAP首部	数据报文	

IP头部	UDP首部	CAPWAP前导	DTLS首部	CAPWAP首部	数据报文	DTLS尾部

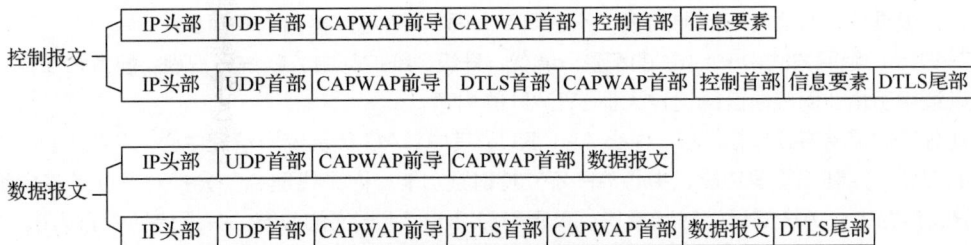

图 6-7　CAPWAP 报文格式

6.2 WLAN 基本组网方式

微课

完整的 WLAN 组网包括有线部分和无线部分，根据无线部分的不同部署形式，可以将 WLAN 组网分为 Fat AP 组网方式、AC+Fit AP 组网方式及敏捷分布式组网方式，如图 6-8 所示。

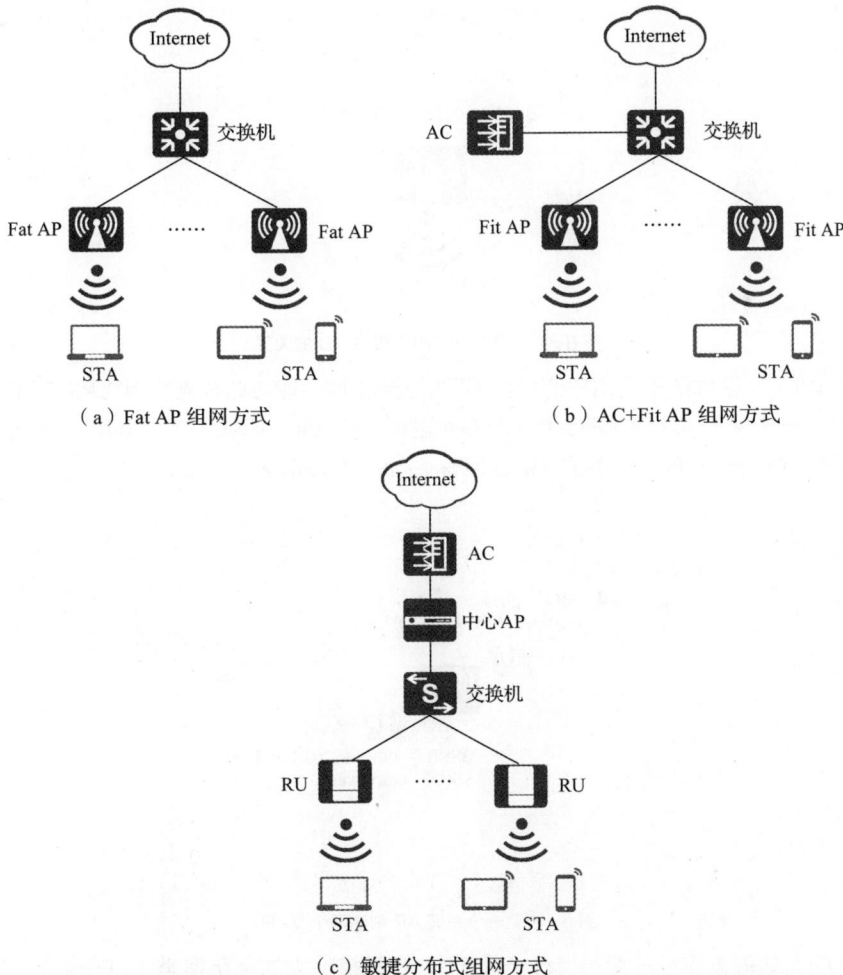

（a）Fat AP 组网方式

（b）AC+Fit AP 组网方式

（c）敏捷分布式组网方式

图 6-8　WLAN 的 3 种组网方式

Fat AP 组网方式具备较好的独立性，不需要另外部署集中控制设备，在构建小型 WLAN 时部署起来较方便，成本较低。但因为每个 Fat AP 需要独立部署，缺少统一的控制设备，在统一配置、无线调优、升级维护等方面有一定的局限，不适用于大面积 WLAN 覆盖的场景。

AC+Fit AP 组网方式中 Fit AP 的配置、调优、升级、维护都由 AC 统一管理，配置和部署都很方便，所以适用于企业网或园区网这种大型 WLAN 的构建。

敏捷分布式组网方式包括 AC、中心 AP、RU，其中，AC 负责统一管理中心 AP 和 RU，集中实现所有的安全、控制和管理功能；中心 AP 不支持射频功能，而是代理 AC 分担对 RU 的集中管理和协同；RU 作为中心 AP 的远端射频模块，负责空口 802.11 报文的收发，并透传给中心 AP。AC 与中心 AP 间可以跨越三层网络或二层网络，RU 和其接入的中心 AP 间必须二层可达。中心 AP 和 AC 以及 RU 和中心 AP 之间都采用 CAPWAP 协议进行通信。敏捷分布式组网方式适用于酒店、宿舍等存在大量房间且墙体较多的场景，因为此场景下无线信号容易被阻隔，而 RU 可以直接部署到每个房间中，实现低成本而高质量的 WLAN 覆盖。

在 WLAN 中，一个 AP 或 RU 提供服务的区域范围称为基本服务集（Basic Service Set，BSS）。以这个 AP 或 RU 的 MAC 地址作为该 BSS 的身份标识符（BSS Identifier，BSSID）。不过，通过 MAC 地址来标识 BSS 对于用户来说非常不方便。因此，WLAN 为每个 BSS 定义了一个方便用户使用的服务集标识符（Service Set Identifier，SSID）。BSS、BSSID、SSID 的关系如图 6-9 所示。

图 6-9　BSS、BSSID 和 SSID 的关系

将同一个 WLAN 区域的不同用户连接到不同的无线网络，能对这些无线网络用户分别进行接入控制和授权。因此，一个物理 AP 通常还支持创建多个虚拟 AP（Virtual Access Point，VAP），如图 6-10 所示，每个 VAP 对应一个 BSS，这些 BSS 拥有不同的 BSSID 和 SSID。

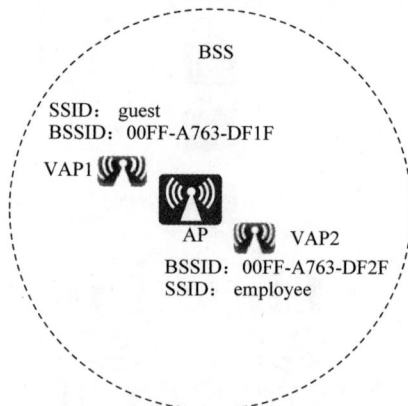

图 6-10　一个物理 AP 创建两个 VAP

一个 AP 的有效覆盖半径一般是 10m～15m，在规模稍大的场所很难通过一个 AP 进行信号覆盖。为了实现更大面积的覆盖，可以把无线网络通过多个 BSS 进行扩展。同时，为了消除用户对 BSS 变化的感知，可以让每个 BSS 都使用相同的 SSID，这样不管用户移动到哪里，都不用进行 WLAN 的切换。这种扩展 BSS 范围的方式称为扩展服务集（Extended Service Set，ESS）。ESS 以 BSS

为单位自由组合，让 WLAN 部署变得极为灵活。图 6-11 所示为两个 BSS 扩展为一个 ESS 的示意，ESS 的范围为所有 BSS 范围之和。

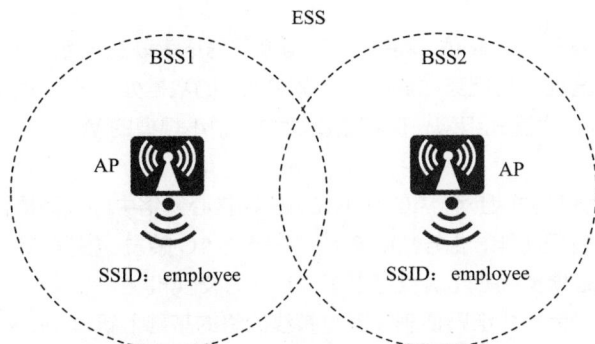

图 6-11　两个 BSS 扩展为一个 ESS 的示意

6.3　AC+Fit AP 组网方式

1.　二层组网与三层组网

根据 AC 和 AP 之间的连接方式不同，AC+Fit AP 组网方式可分为二层组网与三层组网。

（1）二层组网。

AC 与 AP 直连或 AC 与 AP 之间通过一个或多个二层网络连接的方式称为二层组网，如图 6-12（a）所示。二层组网比较简单，AP 和 AC 处在同一个广播域中，AP 很容易通过广播方式发现 AC，所以 AP 与 AC 之间不涉及三层路由或 DHCP 中继，简化了配置。但也因为 AC 与 AP 之间只能通过二层网络连接，所以这种组网方式的局限性比较大。因为在规模比较大的网络中，AP 的数量多达几十台甚至上百台，这时部署在企业机房中的 AC 很难与所有 AP 部署在同一个局域网中，因此二层组网只适用于规模比较小的网络。

（2）三层组网。

AC 与 AP 通过三层网络进行连接的组网方式称为三层组网，如图 6-12（b）所示。三层组网说明 AC 与 AP 之间存在一台或多台路由器。因为采用三层组网时 AC 与 AP 不在同一个广播域中，所以 AC 需要借助 DHCP 中继为 AP 分配 IP 地址，或者额外部署 DHCP 服务器为 AP 分配 IP 地址，然后 AP 通过静态方式或者 DHCP 方式获得 AC 的 IP 地址。在此过程中，需要保证 AP 与 AC 之间的路由可达。三层组网比较复杂，但是因为 AC 与 AP 可以放在不同的网络中，只要它们路由可达即可，所以部署起来比较灵活，适用于大型网络。

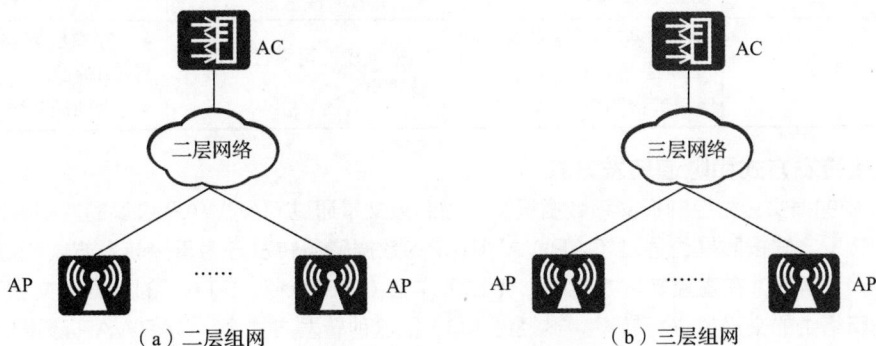

（a）二层组网　　　　　　　　　　　　　　（b）三层组网

图 6-12　二层组网与三层组网

2. 直连式组网和旁挂式组网

根据 AC 在网络中部署位置的不同，AC+Fit AP 组网方式可分为直连式组网和旁挂式组网。

（1）直连式组网。

图 6-13（a）所示为直连式组网，AP、AC 与上层网络串联在一起，无线终端的业务数据通过 AC 转发到达上层网络。直连式组网架构清晰，但是对 AC 的数据处理能力要求较高，AC 可能会成为整个无线网络带宽的瓶颈。直连式组网一般用于新建的、中小规模的 WLAN。

（2）旁挂式组网。

图 6-13（b）所示为旁挂式组网，AC 并不在 AP 和核心网络中间，而是位于网络的一侧。此时，AC 只需要承载对 AP 的管理功能，业务数据流可以不经过 AC 转发。根据 AC 所管控的区域和吞吐量的不同，AC 可以旁挂在汇聚交换机上，也可以旁挂在核心交换机上。考虑到可靠性问题，通常建议将 AC 旁挂在核心交换机上。旁挂式组网便于在原有有线网络的基础上新建 WLAN，不会改变原有拓扑。一般旁挂式组网的使用率更高。表 6-2 展示了直连式组网与旁挂式组网的对比。

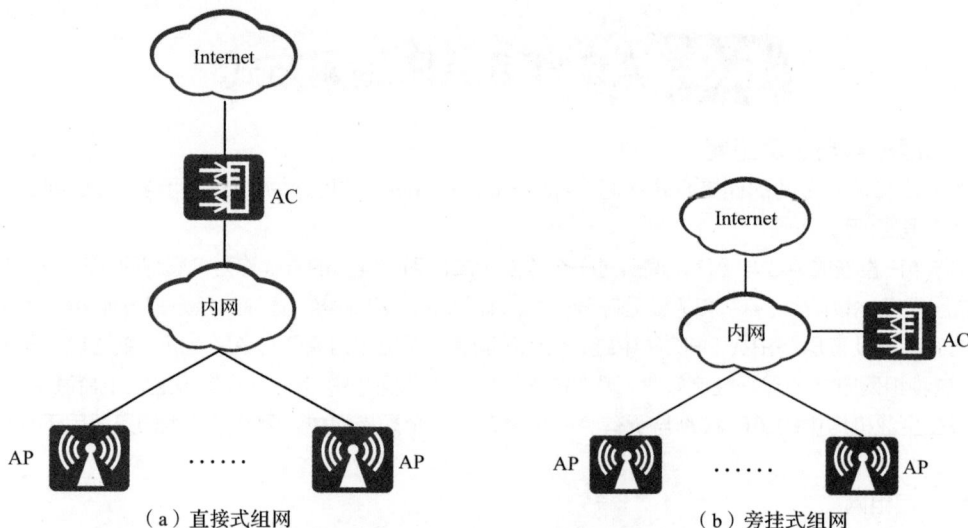

图 6-13　直接式组网与旁挂式组网

表 6-2　直连式组网与旁挂式组网的对比

组网类型	优点	缺点	适用场景
直连式组网	网络结构简单，AC 同时提供无线设备管理与业务数据转发能力	● 无线网络规模依赖 AC 单结点能力； ● 不易扩容	● 新建网络； ● 中小规模网络
旁挂式组网	● 方便在有线网络基础上新建 WLAN； ● 扩容简单	对交换机的可靠性与带宽要求高	● 在有线网络基础上新建 WLAN； ● 大规模网络

3. 直接转发方式和隧道转发方式

WLAN 中的报文分为控制报文和数据报文。控制报文是通过 CAPWAP 协议的控制隧道转发的，数据报文的转发方式按照是否通过 CAPWAP 协议的数据隧道转发分为直接转发方式和隧道转发方式。如图 6-14 所示，在直接转发方式中，无线工作站（STAtion，STA）的数据报文到达 AP 后，直接由有线网络中的交换机进行转发，不经过 AC。在这种转发方式中，CAPWAP 隧道仅用于封装 AP 与 AC 之间的控制报文，数据报文不经过 CAPWAP 隧道封装。在隧道转发方式中，不管是数据报文还是控制报文，全部经 AP 由 CAPWAP 隧道封装至 AC，再由 AC 发送至有线网络中的交换设备进行转发。所以，旁挂式组网下的隧道转发方式在逻辑上相当于直连式组网。因为核心交换机的转发能力比 AC 更强，所以实际部署中采用直接转发方式居多。表 6-3 展示了直接转发方式和隧道转发方式的对比。

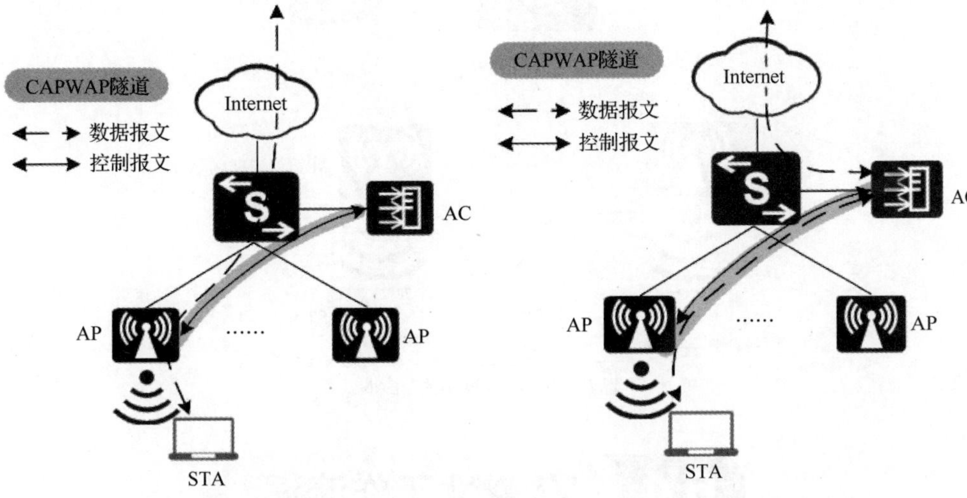

图 6-14　直接转发方式和隧道转发方式

表 6-3　直接转发方式和隧道转发方式的对比

转发方式	优点	缺点	适用场景
直接转发方式	AC 转发压力小，报文转发效率高	数据不便于集中管理和控制	适用于用户网关、用户策略管理、认证计费网关等角色都部署在有线网络中的场景
隧道转发方式	可以在 AC 上针对数据制定控制策略	AC 转发压力大，报文转发效率低	适用于需要 AC 承担用户网关、用户策略管理、认证计费网关等角色的场景

4. 管理 VLAN 与业务 VLAN

按照 VLAN 的用途，WLAN 中的 VLAN 可以分为管理 VLAN 和业务 VLAN 两类。

管理 VLAN 用于 AC 对 AP 的管理。为保证设备使用的安全和可靠，设备的管理、控制应与业务流量分开。因此，WLAN 上需要划分单独的 AP 管理 VLAN，用于 AC 与 AP 间的数据传输，包括 AC 与 AP 间的 DHCP 报文交换和 CAPWAP 报文交互等。如图 6-15 所示，AP 产生的数据进入交换机后会加上管理 VLAN 的标签，AC 发送给 AP 的管理数据在离开交换机后会去掉管理 VLAN 的标签。

业务 VLAN 是 WLAN 用户接入后所在的 VLAN，负责传输 WLAN 用户上网时产生的业务数据。如图 6-15 所示，STA 产生的数据将在进入 AP 后加上业务 VLAN 的标签，转发给 STA 的数据在 AP 转发给 STA 前去掉业务 VLAN 的标签。一个 SSID 可以对应一个 VLAN，也可以对应一个 VLAN 池，其中包含多个 VLAN，以应对大量用户的接入。为了方便 STA 的管理，业务 VLAN 推荐使用 VLAN 池，通常按照每 1000 人分配 1 个 VLAN 来评估 VLAN 池中实际需要的 VLAN 数目。

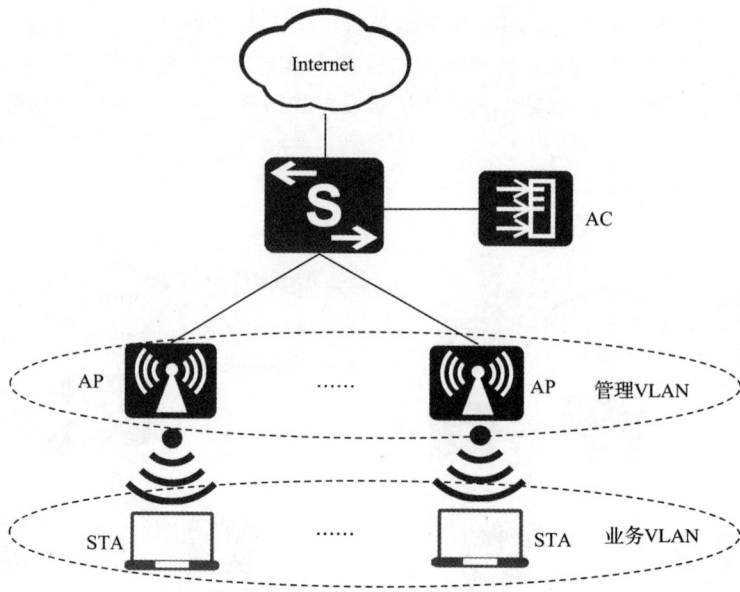

图 6-15　WLAN 中的 VLAN

6.4　WLAN 工作流程

WLAN 包含 AC、AP 与 STA 等多种设备，要想实现 STA 顺利访问 Internet，需要经过 AP 上线、WLAN 配置下发与无线用户接入等步骤。

6.4.1　AP 上线

AP 在接入有线网络后，首先需要完成上线过程，AC 才能实现对 AP 的管理和控制，以及业务下发。AP 上线过程包括 AP 获取 IP 地址、AP 发现 AC 与 AP 接入控制。

1. AP 获取 IP 地址

AP 必须拥有 IP 地址才能与 AC 进行通信。AP 可以通过静态方式获取 IP 地址，即登录 AP 设备并手工配置 IP 地址。AP 也可以作为 DHCP 客户端从 DHCP 服务器自动获取 IP 地址。一般情况下，AP 采用 DHCP 方式动态获取 IP 地址。

AP 通过 DHCP 方式动态获取 IP 地址的流程与有线网络中 DHCP 的工作方式相同。这里的 DHCP 服务器可以是企业部署的专门的 DHCP 服务器，也可以是三层交换机，还可以是 AC。如果 DHCP 服务器与 AP 不在同一个二层网络中，则需要部署 DHCP 中继。

2. AP 发现 AC

AP 在获得 IP 地址后，接下来需要发现 AC，即获得 AC 的 IP 地址并与 AC 建立 CAPWAP 隧道。AP 发现 AC 的方式也有静态方式和动态方式两类。

静态方式是运维工程师在 AP 上预先配置 AC 的 IP 地址列表，AP 分别发送发现请求（Discover Request）单播报文到预先配置的 AC IP 地址列表，AP 通过接收 AC 返回的发现响应（Discover Response）报文，依据返回报文中所带的 AC 优先级或者 AC 上当前 AP 的个数等，选择其中一个 AC 建立 CAPWAP 隧道。AP 通过静态方式发现 AC 的过程如图 6-16 所示。

微课

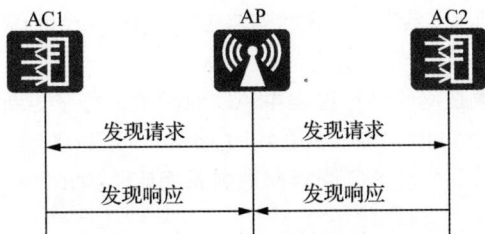

图 6-16　AP 通过静态方式发现 AC 的过程

　　如果 AP 上没有预先配置 AC 的 IP 地址列表，则 AP 会通过动态方式来获取 AC 的 IP 地址。动态方式包含 DHCP 方式和广播方式。DHCP 方式是在配置 AP 的 DHCP 服务器时，通过可选项 43（Option 43）配置 AC 的 IP 地址列表。这样，DHCP 服务器会在 DHCP Offer 和 DHCP ACK 报文中向 AP 发送 AC 的 IP 地址列表。此后，AP 向 AC 发送发现请求报文，AC 会以发现响应报文做出回应。AP 通过 DHCP 方式发现 AC 的过程如图 6-17 所示。

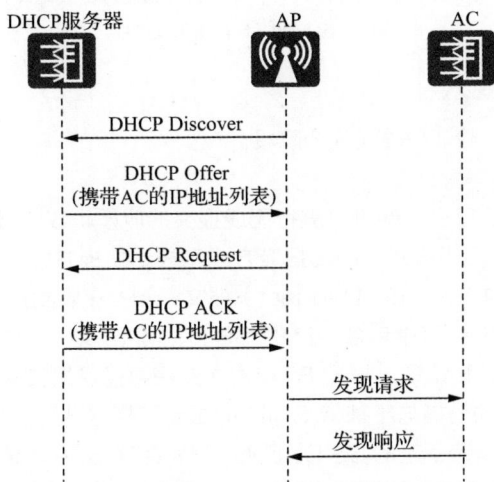

图 6-17　AP 通过 DHCP 方式发现 AC 的过程

　　DHCP 方式一般用于三层组网。在二层组网中，AP 可以通过广播方式发送发现请求报文，AC 收到 AP 的报文后，会向 AP 做出回应，即完成 AP 发现 AC 的过程。

3. AP 接入控制

　　AP 发现 AC 并建立 CAPWAP 隧道后，AP 会向 AC 发送接入请求（Join Request）报文，收到该报文的 AC 会对 AP 进行认证。AP 认证通过后，AC 即向 AP 回应接入响应（Join Response）报文，如图 6-18 所示。如果 AP 认证不通过，则会被 AC 放入未授权 AP 列表中，需运维工程师手工确认后，AC 才会回复接入响应报文允许或拒绝 AP 接入。

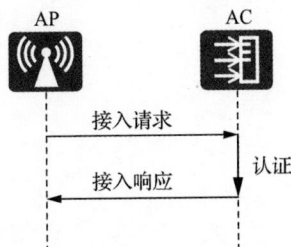

图 6-18　AP 接入控制过程

　　AC 回应的接入响应报文中会携带 AP 要求的软件版本号，如果 AP 发现自己的软件版本与要求的软件版本不一致，则 AP 会向 AC 发送一条版本更新请求，实现 AP 软件版本自动更新。

6.4.2　WLAN 配置下发

　　AP 的配置由 AC 统一下发。在完成 AP 上线后，AP 会主动向 AC 发送配置状态请求（Configuration Status Request）报文，如图 6-19（a）所示，该报文中包含 AP 当前的配置。如果 AP 当前的配置与 AC 要求的配置不符合，则 AC 会发送配置状态响应（Configuration Status Response）报文把配置信息下发给 AP。

在配置同步完成后，如果在网络运行过程中 AC 对配置进行了更新，则 AC 会主动向 AP 发送配置更新请求（Configuration Update Request）报文，如图 6-19（b）所示，该报文中包含所要更新的配置。AP 更新配置后会向 AC 回复配置更新响应（Configuration Update Response）报文。

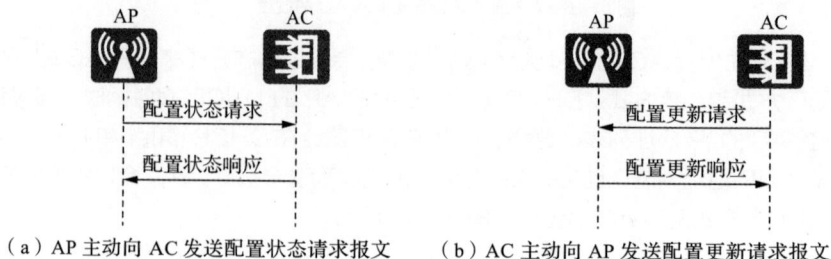

（a）AP 主动向 AC 发送配置状态请求报文　（b）AC 主动向 AP 发送配置更新请求报文

图 6-19　WLAN 配置下发过程

6.4.3　无线用户接入

无线用户接入包含扫描、验证和关联 3 个阶段。

1. 扫描

AP 接收到 AC 的配置信息后，便可以进行无线报文的收发。STA 通过扫描可以发现 AP 所发射的无线信号。STA 有两种扫描方式，即动扫描方式和被动扫描方式。主动扫描方式是 STA 依次向各个信道广播发送探寻请求（Probe Request）报文，AP 在收到探寻请求报文之后会定向回复探寻响应（Probe Ack）报文，其中包含 AP 的 SSID、MAC 地址、加密方式等信息，之后 STA 根据 AP 返回的信息进行连接和认证。根据 STA 发送的探寻请求报文中是否携带 SSID，可以将主动扫描分为携带 SSID 的主动扫描与不携带 SSID 的主动扫描这两种。携带 SSID 的主动扫描是指 STA 发送的探寻请求报文中携带指定的 SSID，因此，只有存在 STA 所请求 SSID 的 AP 才会回复探寻响应报文，如图 6-20（a）所示。不携带 SSID 的主动扫描是指 STA 发送的探寻请求报文中 SSID 为空，所有 AP 都会回复探寻响应报文，如图 6-20（b）所示。

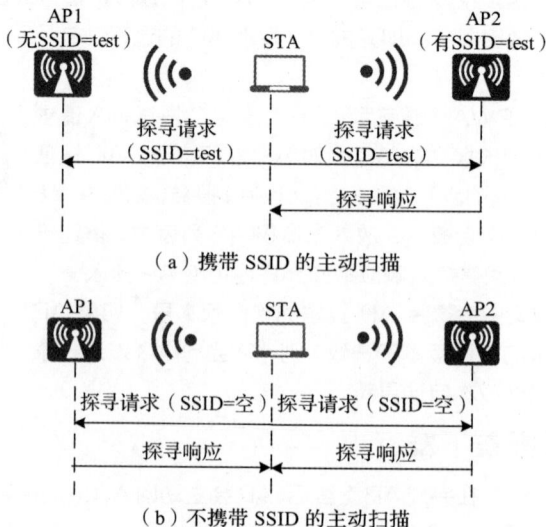

（a）携带 SSID 的主动扫描

（b）不携带 SSID 的主动扫描

图 6-20　主动扫描过程

主动扫描方式有助于 STA 更快地发现周围的 AP，但同时功耗也会很高。被动扫描方式是指 STA 不主动发送探寻请求，始终被动等待 AP 周期性发送的包含 SSID 信息的 Beacon（信标）帧。然后，STA 向该 AP 所在信道发送探寻请求，AP 回复探寻响应。默认情况下，AP 发送 Beacon 帧的时间间隔是 102.4ms。因此，被动扫描方式中 STA 的功耗较低，在现网中更为常用。被动扫描过程如图 6-21 所示。

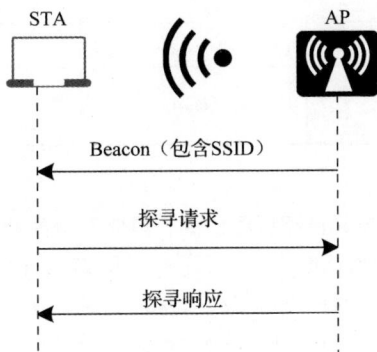

图 6-21 被动扫描过程

2. 验证

和有线网络相比，无线网络的介质是开放的，所以 STA 在接入无线网络时，需要接受验证，保证只有被允许的 STA 才能接入无线网络。无线网络验证的方式包含开放系统验证和安全策略验证。

开放系统验证实质就是 AP 不对 STA 进行验证，即允许任何 STA 接入无线网络。这种验证方式简单，但是不安全，一般只用于某些公网中。共享密钥验证是运维工程师事先在 AP 上配置验证密钥，STA 只有持有相同的密钥才能接入；且 STA 上线后，使用共享密钥对业务数据进行加密。因此共享密钥验证可以防止非法用户侵入或无线网络被窃听，一般用于企业内部员工或家庭接入 WLAN。

WLAN 安全策略验证包含有线等效保密（Wired Equivalent Privacy，WEP）、Wi-Fi 保护接入（Wi-Fi Protected Access，WPA）、WPA2 和 WPA3 这 4 种。

WEP 是一种无线网络加密标准，旨在保护无线网络的数据传输安全，使用 RC4 流密码算法，支持 64 位和 128 位密钥长度的加密。其设计初衷是提供与有线网络同等级别的安全性。然而，WEP 存在一些缺陷，其安全性无法达到预期的效果，为人熟知的缺陷是存在 WEP 密钥管理和初始向量（Initialization Vector，IV）的弱值冲突问题，因此不建议在安全要求高的网络中使用。

为了弥补 WEP 的缺陷，WPA 应运而生。WPA 采用了时限密钥完整性协议（Temporal Key Integrity Protocol，TKIP）作为加密方案，提供了更强的密钥管理和数据完整性保护。但是 TKIP 是一种基于 RC4 的加密算法，其密钥由 IV 和 WEP 密钥组成。其中，IV 放在帧内，且没有加密，再加上 IV 本身长度较短，只有 24 位，约为 1600 万个，在网络里容易出现重复，导致 TKIP 在一定程度上仍存在安全隐患。

随后，Wi-Fi 联盟又推出了 WPA2。WPA2 使用高级加密标准（Advanced Encryption Standard，AES）算法和计数器模式密码块链消息完整码协议（Counter CBC-MAC Protocol，CCMP）取代了 RC4 和 TKIP，全面提升了无线网络的安全性。

WPA3 是无线网络安全协议的新标准，相较于 WPA2 更为安全。自 2020 年 7 月起，Wi-Fi 联盟要求所有寻求 Wi-Fi 认证的设备都需支持 WPA3。WPA3 在 WPA2 的基础上引入了一系列更加安全的加密方案，包括采用 192 比特的 Suite-B 提升密码防御强度，采用 HMAC-SHA-384 进行密钥导出与确认，以及采用伽罗瓦计数器模式协议（Galois Counter Mode Protocol，GCMP）-256 加密算法等安全机制，提供了更高的安全性，可以用于政府、大型公司等对安全性要求极高的场景。表6-4 所示为 WLAN 安全策略说明。

表6-4　WLAN 安全策略说明

WLAN 安全策略	WEP	WPA	WPA2	WPA3
提出时间	1997 年	2003 年	2004 年	2018 年
加密算法	RC4	RC4	AES	AES 或 GCMP-256

3. 关联

完成验证后，STA 会继续发起链路服务协商，具体的协商通过关联（Association）消息实现，协商内容包括 STA 支持的速率及信道等。STA 关联过程如图 6-22 所示，AP 收到关联请求（Association Request）报文后对其进行 CAPWAP 封装，并上报给 AC。AC 判断是否需要进行用户的接入认证，回应关联响应（Association Response）报文，AP 再对关联响应报文进行 CAPWAP 隧道解封装，并发送给 STA，完成 STA 关联。

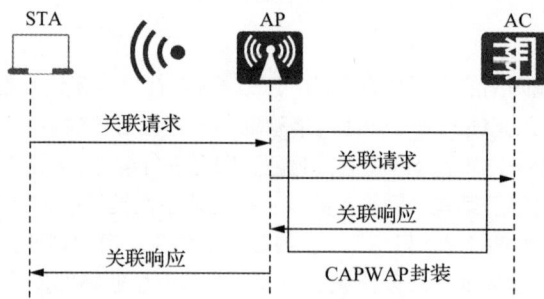

图 6-22　STA 关联过程

6.5　WLAN 基础配置命令

为了提升 WLAN 的配置效率，方便用户配置和维护 WLAN 的各个功能，WLAN 中设计了各种模板，这些模板统称为 WLAN 模板。本项目需要使用的模板包括域管理模板、安全模板、SSID 模板及 VAP 模板。

域管理模板提供对 AP 的地区码、调优信道集合等的配置。地区码用来标识 AP 射频所在的国家或地区，不同的国家或地区规定了不同的 AP 射频特性，包括 AP 的发送功率、支持的信道等。配置地区码是为了使 AP 的射频特性符合不同国家或区域的法律法规要求。

安全模板用于配置 WLAN 的安全策略，包括认证策略、认证方式和加密算法等。

SSID 模板主要用于配置 WLAN 的 SSID 相关信息，包括 SSID 名称、SSID 是否隐藏等。

物理 AP 是通过 VAP 来为 STA 提供无线接入服务的，因此 VAP 模板用来配置 STA 接入和转发方式等各项参数。

模板配置完成后需要应用于 AP 或 AP 组中才能生效，且不同模板间存在引用关系。本项目涉及的 WLAN 相关配置及模板间引用关系如图 6-23 所示。

微课

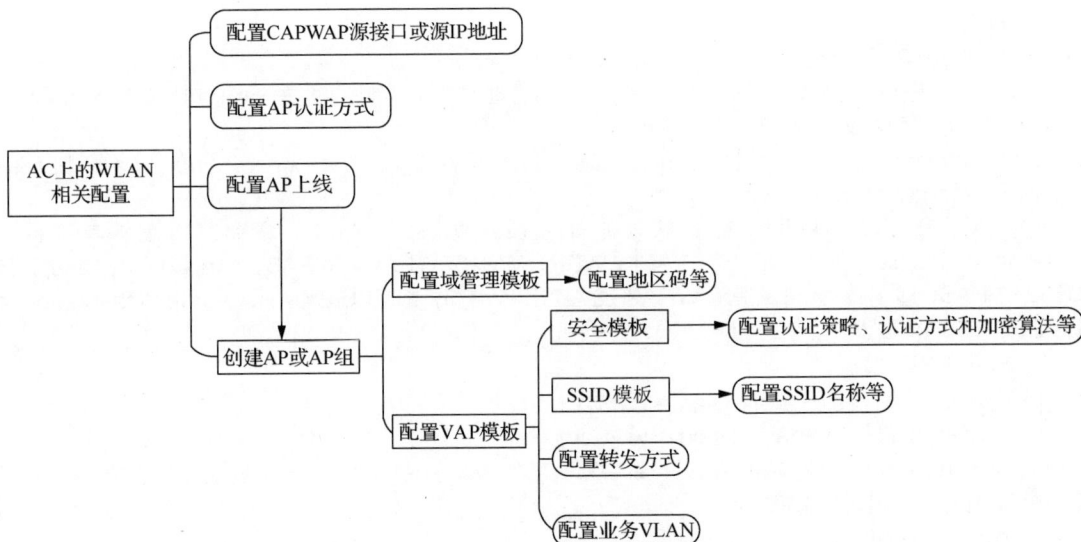

图 6-23　本项目涉及的 WLAN 相关配置及模板间引用关系

1.　配置 CAPWAP 源接口或源 IP 地址。

[AC] capwap source {interface vlanif *vlan-id* | ip-address *x.x.x.x*}
//配置 AC 以指定接口或 IP 地址与 AP 建立 CAPWAP 隧道

2.　配置 AP 认证方式。

[AC] wlan
//进入 WLAN 视图，WLAN 大部分命令是在 WLAN 视图下配置的
[AC-wlan-view] ap auth-mode {mac-auth | no-auth | sn-auth}
/*只有通过 AC 认证的 AP 才允许上线，AP 的认证方式包含 MAC 认证、序列号（Serial Number,
SN）认证和不认证。默认情况下，设备将采用 MAC 认证方式*/

3.　创建 AP 组。

[AC-wlan-view] ap-group name *group-name*
//通过将需要相同配置的 AP 加入同一 AP 组，可以实现 AP 批量配置，提升配置效率

4.　离线导入 AP，配置 AP 的 ID、名称并将该 AP 加入 AP 组。

[AC-wlan-view] ap-id *ap-id* [ap-mac *ap-mac* | ap-sn *ap-sn*]
/*给 AP 分配 ID 并配置 AP 的 MAC 地址或 SN，也可以同时配置 AP 的 MAC 地址和 SN，用于离线
导入 AP。AP 的 MAC 地址可以在 AP 上通过 display interface 命令进行查询，AP 的 SN 可以在 AP 上
通过 display sn 命令进行查询，也可以通过 AP 产品外包装进行查询。AP 导入成功之后，用户可以对 AP
进行离线参数配置，对应的 AP 自动上线后，将会采用离线配置好的参数对 AP 下发配置*/
[AC-wlan-ap-0] ap-name *ap-name*
/*在 ap-id 视图下，为 AP 配置名称。如果不配置名称，则默认以 AP 的 MAC 地址为其名称。一般
AP 的名称以它所部署的位置命名，这样运维工程师通过名称即可知道它是哪台 AP*/
[AC-wlan-ap-0] ap-group *group-name*
//在 ap-id 视图下，将 AP 加入某个 AP 组

5.　配置域管理模板。

[AC-wlan-view] regulatory-domain-profile name *profile-name*
//创建域管理模板，系统中默认存在名称为 default 的域管理模板可以直接使用
[AC-wlan-regulate-domain-name] country-code *country-code*
/*配置地区码。默认情况下，华为设备的地区码为 cn，即中国。因此，在我国大部分地区部署华为 AP
时，可以不用配置此命令*/

6. 配置安全模板。

[AC-wlan-view] security-profile name *profile-name*

/*创建安全模板并进入安全模板视图，系统中默认存在名称为 default 的安全模板可以直接使用。在安全模板视图下可以配置 WLAN 安全相关参数*/

[AC-wlan-sec-prof-name] security *authentication-policy* authentication-mode pass-phrase *password encryption-algorithm*

/*WLAN 支持众多认证策略、认证方式、加密算法，security 命令可以配置其组合。authentication-policy 包含 Open、WAPI、WEP、WPA、WPA2、WPA3，也可以配置其组合，如 WPA2-WPA3，即 STA 无论是使用 WPA2 还是使用 WAP3，都可以进行认证。authentication-mode 包含 PSK、dot1x 等*/

7. 配置 SSID 模板。

[AC-wlan-view] ssid-profile name *profile-name*

[AC-wlan-ssid-prof-name] ssid *ssid-name*

/*ssid-profile 用于创建 SSID 模板，系统中默认存在名称为 default 的 SSID 模板可以直接使用。SSID 模板中可以配置 WLAN 的 SSID*/

8. 配置 VAP 模板。

[AC-wlan-view] vap-profile name *profile-name*

//创建 VAP 模板，系统中默认存在名称为 default 的 VAP 模板可以直接使用

[AC-wlan-vap-prof-name] forward-mode { direct-forward | tunnel }

//在 VAP 模板视图下配置转发方式为直接转发或者隧道转发，默认为直接转发

[AC-wlan-vap-prof-name] service-vlan { vlan-pool *pool-name* | *vlan-id* }

/*绑定该 VAP 下 STA 加入的 VLAN，即业务 VLAN。业务 VLAN 可以配置为单个 VLAN，也可以配置为 VLAN 池。如果配置为 VLAN 池，则需先在 AC 系统视图下通过 vlan-pool 命令创建 VLAN 池*/

9. 将 VAP 模板应用于 AP 组。

[AC-wlan-view] ap-group name *group-name*

[AC-wlan-ap-group-name] vap-profile *profile-name* wlan *wlan-id* radio *radio-id*

/*VAP 配置完成后，需要将其应用于 AP 组中。其中，wlan-id 表示该 VAP 对应的 WLAN ID；radio-id 为该 VAP 对应的射频 ID，射频 ID 为 0 表示射频信号处于 2.4GHz 频段，射频 ID 为 1 表示射频信号处于 5GHz 频段，可以同时配置两个射频 ID，以表示该 VAP 同时支持两个频段接入*/

10. WLAN 的查询命令。

display ap { all | ap-group *group-name* }

/*查看在 AC 上配置的 AP 信息，包括 AP 的配置参数，如 AP 通过 DHCP 获得的 IP 地址、设备型号、状态、所连接的 STA 数量，以及 AP 上线时长等，也可以通过指定 AP 组名查看具体 AP 组下的信息*/

display ssid-profile { all | name *profile-name* }

//查看在 AC 上存在的所有 SSID 模板信息，也可以通过指定名称查询具体的 SSID 模板信息

display security-profile { all | name *profile-name* }

//查看在 AC 上存在的所有安全模板信息，也可以通过指定名称查询具体的安全模板信息

display vap-profile { all | name *profile-name* }

/*查看在 AC 上存在的所有 VAP 模板信息，也可以通过指定名称查询具体的 VAP 模板信息

display vap { all | ap-group *group-name* | ap-name *ap-name* | ap-id *ap-id* | ssid *ssid* }

/*查看在 AC 上存在的所有 VAP 信息，也可以通过指定 AP 组名称、AP 名称、AP ID 或者 SSID 查询具体的 VAP 信息*/

display station { ap-group *group-name* | ap-name *ap-name* | ap-id *ap-id* | ssid *ssid* | sta-mac *sta-mac-address* | vlan *vlan-id* | all }

/*查询 AC 上所有 STA 的信息，也可以通过指定 AP 组名称、AP 名称、AP ID 或者 SSID 等查询具体的 STA 信息*/

项目实施

本项目核心网络拓扑如图 6-1 所示。WLAN 业务采用旁挂式组网、直接转发方式。AC 同时连接到核心交换机 S1 和 S2 上，S1 为 Master 设备，S2 为 Backup 设备。当一台核心交换机出现故障时，WLAN 与有线网络业务均不受影响。有线终端全部接入交换机 S3，AP 全部接入 PoE 交换机 S4。AP 与无线终端的 IP 地址由 AC 作为 DHCP 服务器自动分配，有线终端的 IP 地址由核心交换机 S1 和 S2 作为 DHCP 服务器自动分配。运维工程师需要完成的主要任务如下。

（1）规划网络的 VLAN、IP 地址池及 WLAN 参数。
（2）配置 AC 和周边网络设备，实现有线网络互通。
（3）配置 AP 上线。
（4）配置 WLAN 业务参数，实现无线业务功能。
（5）验证配置结果。

任务 6.1 规划网络的 VLAN、IP 地址池及 WLAN 参数

WLAN 业务涉及的配置参数较多，需要提前做好规划。WLAN 相关配置项及参数规划如表 6-5 所示，其他未提及参数与之前项目配置相同。

微课

表 6-5　WLAN 相关配置项及参数规划

配置项	参数
有线业务 VLAN	VLAN2
AP 管理 VLAN	VLAN10
无线业务 VLAN	VLAN101、VLAN102
DHCP 服务器	AC 作为 DHCP 服务器为 AP 和 STA 分配 IP 地址；核心交换机 S1 和 S2 作为 DHCP 服务器为有线终端分配 IP 地址
有线终端的 IP 地址池	10.1.2.0/24
AP 的 IP 地址池	10.1.10.0/24
STA 的 IP 地址池	10.1.101.0/24，10.1.102.0/24
有线终端与无线终端的 DNS 服务器 IP 地址	1.1.1.1
AC 的 CAPWAP 源接口及 IP 地址	VLANIF10：10.1.10.1
域管理模板	• 名称：default • 地区码：cn
SSID 模板	• 名称：employee • SSID：employee
安全模板	• 名称：employee • 认证策略：WPA-WPA2 • 认证密码：huawei123 • 加密算法：AES

续表

配置项	参数
VAP 模板	• 名称：employee • 转发方式：直接转发方式 • 引用模板：SSID 模板 employee、安全模板 employee
AP 组	• 名称：ap-group1 • 引用模板：VAP 模板 employee、域管理模板 default

任务 6.2 配置 AC 和周边网络设备，实现有线网络互通

1. 配置核心交换机 S1 和 S2。

（1）批量创建 VLAN，将 G0/0/2、G0/0/3 和 G0/0/4 接口均配置为 Trunk 接口。G0/0/2 和 G0/0/3 接口允许 VLAN2、VLAN10、VLAN101 和 VLAN102 通过，G0/0/4 接口连接 AC，该接口上只有无线终端的数据通过，因此只允许 VLAN10、VLAN101 和 VLAN102 通过，主要命令如下。

```
[S1]vlan batch 2 10 100 to 102
/*其中，VLAN2 为有线业务 VLAN，VLAN10 为 AP 管理 VLAN，VLAN100 用于与路由器 NJ 通信，
VLAN101 和 VLAN102 为无线业务 VLAN*/
[S1]interface GigabitEthernet0/0/2
[S1-GigabitEthernet0/0/2]port link-type trunk
[S1-GigabitEthernet0/0/2]port trunk allow-pass vlan 2 10 101 102
[S1]interface GigabitEthernet0/0/3
[S1-GigabitEthernet0/0/3]port link-type trunk
[S1-GigabitEthernet0/0/3]port trunk allow-pass vlan 2 10 101 102
[S1]interface GigabitEthernet0/0/4
[S1-GigabitEthernet0/0/4]port link-type trunk
[S1-GigabitEthernet0/0/4]port trunk allow-pass vlan 10 101 102

[S2]vlan batch 2 10 101 102 200
/*其中，VLAN2 为有线业务 VLAN，VLAN10 为 AP 管理 VLAN，VLAN200 用于与路由器 NJ 通信，
VLAN101 和 VLAN102 为无线业务 VLAN*/
[S2]interface GigabitEthernet0/0/2
[S2-GigabitEthernet0/0/2]port link-type trunk
[S2-GigabitEthernet0/0/2]port trunk allow-pass vlan 2 10 101 102
[S2]interface GigabitEthernet0/0/3
[S2-GigabitEthernet0/0/3]port link-type trunk
[S2-GigabitEthernet0/0/3]port trunk allow-pass vlan 2 10 101 102
[S2]interface GigabitEthernet0/0/4
[S2-GigabitEthernet0/0/4]port link-type trunk
[S2-GigabitEthernet0/0/4]port trunk allow-pass vlan 10 101 102
```

（2）配置 S1 与 S2 之间的 Eth-Trunk 接口，主要命令如下。

```
[S1] interface Eth-Trunk1
[S1-Eth-Trunk1] trunkport GigabitEthernet 0/0/23 to 0/0/24
[S1-Eth-Trunk1] port link-type trunk
[S1-Eth-Trunk1] port trunk allow-pass vlan 2 10 101 102
```

```
[S2] interface Eth-Trunk1
[S2-Eth-Trunk1] trunkport GigabitEthernet 0/0/23 to 0/0/24
[S2-Eth-Trunk1] port link-type trunk
[S2-Eth-Trunk1] port trunk allow-pass vlan 2 10 101 102
```

（3）配置 VLAN 间路由和 VRRP。

① 在 S1 和 S2 上创建 VLAN101 及 VLAN102 的 VLANIF 接口，在接口下配置 IP 地址及 VRRP 备份组。本项目以 S1 为 VRRP 备份组 Master 设备，S2 为 VRRP 备份组 Backup 设备，主要命令如下。

```
[S1] interface vlanif 101
[S1-Vlanif101] ip address 10.1.101.1 24
[S1-Vlanif101] vrrp vrid 101 virtual-ip 10.1.101.254
[S1-Vlanif101] vrrp vrid 101 priority 120
[S1] interface vlanif 102
[S1-Vlanif102] ip address 10.1.102.1 24
[S1-Vlanif102] vrrp vrid 102 virtual-ip 10.1.102.254
[S1-Vlanif102] vrrp vrid 102 priority 120

[S2] interface vlanif 101
[S2-Vlanif101] ip address 10.1.101.2 24
[S2-Vlanif101] vrrp vrid 101 virtual-ip 10.1.101.254
[S2] interface vlanif 102
[S2-Vlanif102] ip address 10.1.102.2 24
[S2-Vlanif102] vrrp vrid 102 virtual-ip 10.1.102.254
```

② 在 S1 和 S2 上配置 DHCP 服务及其对应的 VRRP 备份组。有线终端以 S1 和 S2 作为 DHCP 服务器，采用接口地址池模式创建 DHCP 服务，网关需配置为 VLANIF2 接口下的 VRRP 虚拟 IP 地址，DNS 服务器以路由器 NJ 中的 Loopback10 接口 IP 地址进行模拟，主要命令如下。

```
[S1]dhcp enable
[S1] interface vlanif 2
[S1-Vlanif2] ip address 10.1.2.1 24
[S1-Vlanif2] vrrp vrid 2 virtual-ip 10.1.2.100
[S1-Vlanif2] vrrp vrid 2 priority 120
[S1-Vlanif2] dhcp select global
[S1] ip pool vlanif2
[S1-ip-pool-vlanif2] gateway-list 10.1.2.100
//以 VLANIF2 的 VRRP 虚拟 IP 地址作为有线终端的网关
[S1-ip-pool-vlanif2] network 10.1.2.0 mask 255.255.255.0
[S1-ip-pool-vlanif2] dns-list 1.1.1.1

[S2]dhcp enable
[S2] interface vlanif 2
[S2-Vlanif2] ip address 10.1.2.2 24
[S2-Vlanif2] vrrp vrid 2 virtual-ip 10.1.2.100
[S2-Vlanif2] dhcp select global
[S2] ip pool vlanif2
[S2-ip-pool-vlanif2] gateway-list 10.1.2.100
[S2-ip-pool-vlanif2] network 10.1.2.0 mask 255.255.255.0
[S2-ip-pool-vlanif2] dns-list 1.1.1.1
```

（4）配置上行接口 G0/0/1 为 Access 接口，S1 上创建 VLANIF100，S2 上创建 VLANIF200，

实现与路由器 NJ 的通信，主要命令如下。

```
[S1]interface GigabitEthernet0/0/1
[S1-GigabitEthernet0/0/1]port link-type access
[S1-GigabitEthernet0/0/1]port default vlan 100
[S1]interface vlanif 100
[S1-Vlanif100]ip address 10.1.100.2 24

[S2]interface GigabitEthernet0/0/1
[S2-GigabitEthernet0/0/1]port link-type access
[S2-GigabitEthernet0/0/1]port default vlan 200
[S2]interface vlanif 200
[S2-Vlanif200]ip address 10.1.200.2 24
```

（5）配置 OSPF 动态路由协议，实现所有 IP 地址的互通，主要命令如下。

```
[S1]ospf 1 router-id 1.1.1.2
[S1-ospf-1]area 0
[S1-ospf-1-area-0.0.0.0]network 10.1.2.1 0.0.0.0
[S1-ospf-1-area-0.0.0.0]network 10.1.3.1 0.0.0.0
[S1-ospf-1-area-0.0.0.0]network 10.1.100.2 0.0.0.0

[S2]ospf 1 router-id 1.1.1.3
[S2-ospf-1]area 0
[S2-ospf-1-area-0.0.0.0]network 10.1.2.2 0.0.0.0
[S2-ospf-1-area-0.0.0.0]network 10.1.3.2 0.0.0.0
[S2-ospf-1-area-0.0.0.0]network 10.1.200.2 0.0.0.0
```

2．配置接入交换机 S3 和 S4。

（1）因为 S3 只接入有线终端，所以 S3 只需要创建 VLAN2 即可。将 G0/0/1 和 G0/0/2 接口配置为 Trunk 接口并允许 VLAN2 通过。因为 G0/0/3 接口连接 PC，所以将其配置为 Access 接口，主要命令如下。

```
[S3]vlan 2
[S3]interface GigabitEthernet0/0/1
[S3-GigabitEthernet0/0/1]port link-type trunk
[S3-GigabitEthernet0/0/1]port trunk allow-pass vlan 2
[S3]interface GigabitEthernet0/0/2
[S3-GigabitEthernet0/0/2]port link-type trunk
[S3-GigabitEthernet0/0/2]port trunk allow-pass vlan 2
[S3]interface GigabitEthernet0/0/3
[S3-GigabitEthernet0/0/3]port link-type access
[S3-GigabitEthernet0/0/3]port default vlan 2
```

（2）在 S4 上批量创建 VLAN10、VLAN101 和 VLAN102，将 G0/0/1、G0/0/2 和 G0/0/3 接口配置为 Trunk 接口并允许所有配置的 VLAN 通过。需要注意的是，G0/0/3 接口是连接 AP 的接口，需要将 PVID 改成 VLAN10，因为从 AP 出来的控制报文是不带管理 VLAN 的标签的，需要在 G0/0/3 接口上加上管理 VLAN 的标签，主要命令如下。

```
[S4]vlan batch 10 101 102
[S4]interface GigabitEthernet0/0/1
[S4-GigabitEthernet0/0/1]port link-type trunk
[S4-GigabitEthernet0/0/1]port trunk allow-pass vlan 10 101 102
```

```
[S4]interface GigabitEthernet0/0/2
[S4-GigabitEthernet0/0/2]port link-type trunk
[S4-GigabitEthernet0/0/2]port trunk allow-pass vlan 10 101 102
[S4]interface GigabitEthernet0/0/3
[S4-GigabitEthernet0/0/3]port link-type trunk
[S4-GigabitEthernet0/0/3]port trunk allow-pass vlan 10 101 102
[S4-GigabitEthernet0/0/3]port trunk pvid vlan 10
```

3．配置 AC。

（1）批量创建 AP 管理 VLAN（VLAN10）和无线业务 VLAN（VLAN101、VLAN102），主要命令如下。

```
[AC]vlan batch 10 101 102
```

（2）创建 VLAN 池，将无线业务 VLAN 加入 VLAN 池中，主要命令如下。

```
[AC]vlan pool sta-pool
[AC-vlan-pool-sta-pool]vlan 101 102
```

（3）配置 G0/0/1 和 G0/0/2 接口为 Trunk 接口并允许 AP 管理 VLAN 和无线业务 VLAN 通过，主要命令如下。

```
[AC]interface GigabitEthernet0/0/1
[AC-GigabitEthernet0/0/1]port link-type trunk
[AC-GigabitEthernet0/0/1]port trunk allow-pass vlan 10 101 102
[AC]interface GigabitEthernet0/0/2
[AC-GigabitEthernet0/0/2]port link-type trunk
[AC-GigabitEthernet0/0/2]port trunk allow-pass vlan 10 101 102
```

（4）AC 作为 AP 和 STA 的 DHCP 服务器，需要创建 AP 管理 VLAN 和无线业务 VLAN 的 VLANIF 接口并配置 DHCP 服务，这里采用接口地址池模式。注意，因为 STA 的业务数据在核心交换机 S1 和 S2 上直接转发，所以 STA 的网关地址需要配置为 S1 和 S2 上对应 VLANIF 接口的 VRRP 虚拟 IP 地址，否则数据会被发送至 AC 并进行三层转发，主要命令如下。

```
[AC]dhcp enable
[AC]interface vlanif 10
[AC-Vlanif10]ip address 10.1.10.1 24
[AC-Vlanif10]dhcp select interface
[AC]interface vlanif 101
[AC-Vlanif101]ip address 10.1.101.3 24
[AC-Vlanif101]dhcp select interface
[AC-Vlanif101]dhcp server gateway-list 10.1.101.254      //STA 的网关为 VRRP 虚拟 IP 地址
[AC-Vlanif101]dhcp server dns-list 1.1.1.1
[AC]interface vlanif 102
[AC-Vlanif102]ip address 10.1.102.3 24
[AC-Vlanif102]dhcp select interface
[AC-Vlanif102]dhcp server gateway-list 10.1.102.254      //STA 的网关为 VRRP 虚拟 IP 地址
[AC-Vlanif102]dhcp server dns-list 1.1.1.1
```

（5）为了防止链路出现环路，需要在 AC、S1 和 S2 上配置 STP 功能，以使网络更加稳定。本项目仅配置简单的 STP 功能，主要命令如下。

```
[AC]stp enable                       //在 AC 上使能 STP 功能
Warning: The global STP state will be changed. Continue?[Y/N]:y
Info: This operation may take a few seconds. Please wait for a moment...done.
```

```
[S1]stp root primary                        //将 S1 设置为 STP 根桥

[S2]stp root secondary                      //将 S2 设置为 STP 备份根桥
```

4. 配置出口路由器 NJ。

作为出口路由器，NJ 负责转发企业内网设备与 Internet 的通信数据。

（1）在 G0/0/1 和 G0/0/2 接口下配置 IP 地址，主要命令如下。

```
[NJ]interface GigabitEthernet0/0/1
[NJ-GigabitEthernet0/0/1]ip address 10.1.100.1 24      //与 S1 的 VLANIF100 在同一个网段
[NJ]interface GigabitEthernet0/0/2
[NJ-GigabitEthernet0/0/1]ip address 10.1.200.1 24      //与 S2 的 VLANIF200 在同一个网段
```

（2）创建 Loopback10 接口，用于模拟公网地址，主要命令如下。

```
[NJ]interface Loopback10
[NJ-Loopback10]ip address 1.1.1.1 32
```

（3）配置动态路由，主要命令如下。

```
[NJ]ospf 1 router-id 1.1.1.1
[NJ -ospf-1]area 0
[NJ -ospf-1-area-0.0.0.0]network 10.1.100.1 0.0.0.0
[NJ -ospf-1-area-0.0.0.0]network 10.1.200.1 0.0.0.0
[NJ -ospf-1-area-0.0.0.0]network 1.1.1.1 0.0.0.0
```

至此，配置 AC 和周边网络设备实现有线网络互通任务已完成。有线终端可以通过 DHCP 服务器自动获取 IP 地址，网关为 VRRP 虚拟 IP 地址 10.1.2.100，并查看相应信息。

```
PC>ipconfig
Link local IPv6 address...........: fe80::5689:98ff:fe92:2111
IPv6 address.............................: :: / 128
IPv6 gateway...........................: ::
IPv4 address...........................: 10.1.2.253
Subnet mask..........................: 255.255.255.0
Gateway................................: 10.1.2.100
Physical address.....................: 54-89-98-92-21-11
DNS server............................: 1.1.1.1
```

配置完成后，在有线终端上可以"ping 通"网关、DNS 服务器 IP 地址以及所有 VLAN101 和 VLAN102 内的 IP 地址。如果"ping 不通"，则说明配置存在问题，需要在定位并修复问题后，继续进行接下来的配置任务。

任务 6.3 配置 AP 上线

1. 创建 AP 组。

AP 组用于将需要进行相同配置的 AP 都加入 AP 组，实现统一配置，提升配置效率，主要命令如下。

```
[AC]wlan
[AC-wlan-view]ap-group name ap-group1
```

2. 配置 AC 的系统参数。

AC 的系统参数包括地区码、AC 与 AP 之间的 CAPWAP 隧道的源接口等。

（1）创建域管理模板，这里直接使用系统中默认存在的 default 域管理模板，主要命令如下。

```
[AC-wlan-view]regulatory-domain-profile name default
```

```
[AC-wlan-regulate-domain-default]country-code cn
```
/*系统中默认存在 default 域管理模板，地区码默认为 cn，因此以上两条命令在实际中可以不配置，此
处仅为示例*/

（2）将域管理模板绑定到 AP 组中，主要命令如下。

```
[AC-wlan-view]ap-group name ap-group1
[AC-wlan-ap-group-ap-group1]regulatory-domain-profile default
Warning: Modifying the country code will clear channel, power and antenna gain
configurations of the radio and reset the AP. Continue?[Y/N]:y
```

（3）配置 AC 与 AP 建立 CAPWAP 隧道的源接口地址为管理 VLAN 的 VLANIF 接口地址，主
要命令如下。

```
[AC]capwap source ip-address 10.1.10.1
```

3．配置 AP 上线的认证方式。

（1）配置 AP 认证方式为 MAC 认证，主要命令如下。

```
[AC-wlan-view]ap auth-mode mac-auth
```
//该配置为默认配置，实际中可以不用配置

（2）配置 ap-id 为 0，并配置 AP 的 MAC 地址，主要命令如下。

```
[AC-wlan-view]ap-id 0 ap-mac 00e0-fcbc-2130        /*AP 的 MAC 地址需与实际的 MAC 地址
```
保持一致*/

（3）此时自动进入 ap-id 视图，在该视图下继续配置该 AP 的名称并加入 AP 组，主要命令如下。

```
[AC-wlan-ap-0]ap-name area_1
[AC-wlan-ap-0]ap-group ap-group1
Warning: This operation may cause AP reset. If the country code changes, it will clear channel,
power and antenna gain configurations of the radio, Whether to continue? [Y/N]:y
```

至此，AP 上线所有配置已完成，等待 1～2min 后，执行 display ap all 命令会显示如下信息。
从显示信息可以看出，AP 已获取 IP 地址 10.1.10.6，状态为"nor"表示 normal（正常），说明
AP 已正常上线。如果等待数分钟后，AP 还没有正常上线，则需要定位问题并排除故障，再进行接
下来的任务。

```
[AC]display ap all
Info: This operation may take a few seconds. Please wait for a moment.done.
Total AP information:
nor   : normal          [1]
-----------------------------------------------------------------------------
ID  MAC           Name     Group     IP        Type       State STA Uptime
-----------------------------------------------------------------------------
0   00e0-fcbc-2130  area_1   ap-group1  10.1.10.6  AP6050DN   nor  0   0H:31M:52S
-----------------------------------------------------------------------------
Total: 1
```

任务6.4 配置 WLAN 业务参数，实现无线业务功能

1．在 WLAN 视图下创建安全模板，配置 STA 关联时的认证策略和认证密码。这里创建了名
称为"employee"的安全模板，配置了 WPA-WPA2 认证策略，即 STA 无论是使用 WPA 还是
使用 WAP2，都可以进行认证。认证密码为"huawei123"，采用 AES 作为加密算法，主要命令
如下。

```
[AC-wlan-view]security-profile name employee
[AC-wlan-sec-prof-employee]security wpa-wpa2 psk pass-phrase huawei123 aes
```

2. 创建 SSID 模板，并配置名称、SSID 都为 "employee"，主要命令如下。

```
[AC-wlan-view]ssid-profile name employee
[AC-wlan-ssid-prof-employee]ssid employee
```

3. 创建 VAP 模板，配置转发方式为直接转发，业务 VLAN 指定为 VLAN 池，并引用安全模板和 SSID 模板，主要命令如下。

```
[AC-wlan-view]vap-profile name employee
[AC-wlan-vap-prof-employee]forward-mode direct-forward
[AC-wlan-vap-prof-employee]service-vlan vlan-pool sta-pool
[AC-wlan-vap-prof-employee]security-profile employee
[AC-wlan-vap-prof-employee]ssid-profile employee
```

4. 进入 AP 组，绑定 VAP 模板，配置 WLAN ID 和射频 ID，主要命令如下。

```
[AC-wlan-view]ap-group name ap-group1
[AC-wlan-ap-group-ap-group1]vap-profile employee wlan 1 radio 0
[AC-wlan-ap-group-ap-group1]vap-profile employee wlan 1 radio 1
```

任务 6.5　验证配置结果

WLAN 业务参数在 AC 配置后会自动下发给 AP。查看 SSID 为"employee"的 VAP 信息，当 Status 字段显示为"ON"时，表示 AP 对应的射频上的 VAP 已创建成功，主要命令及显示信息如下。

```
[AC-wlan-view]display vap ssid employee
Info: This operation may take a few seconds, please wait.
WID : WLAN ID
--------------------------------------------------------------------------------
AP ID  AP name  RfID  WID    BSSID         Status  Auth type      STA  SSID
--------------------------------------------------------------------------------
0      area_1   0     1      00E0-FCBC-2130  ON    WPA/WPA2-PSK   0    employee
0      area_1   1     1      00E0-FCBC-2140  ON    WPA/WPA2-PSK   0    employee
--------------------------------------------------------------------------------
Total: 2
```

此时，在 STA 上可以搜索到 SSID 为 "employee" 的无线网络信号，输入密码 huawei123 并正常关联后，无线终端可以自动获取由 AC 分配的 IP 地址，有线终端和无线终端可以互相 "ping 通"并可以访问 Internet。

在 AC 上也可以查询到上线的 STA 信息。

```
[AC-wlan-view]display station ssid employee
Rf/WLAN: Radio ID/WLAN ID
Rx/Tx: link receive rate/link transmit rate(Mbps)
--------------------------------------------------------------------------------
STA MAC         AP ID  Ap name  Rf/WLAN  Band   Type  Rx/Tx  RSSI  VLAN  IP address
--------------------------------------------------------------------------------
5489-986d-4ef6  0      area_1   0/1      2.4G    -    -/--   -     101   10.1.101.100
--------------------------------------------------------------------------------
Total: 1 2.4G: 1 5G: 0
```

在 S1 和 S2 上分别查看 VRRP 信息，主要命令及显示信息如下。可以看出，S1 为所有 VRRP

备份组中的 Master 设备，S2 为所有 VRRP 备份组中的 Backup 设备。

```
<S1>display vrrp brief
VRID      State       Interface      Type          Virtual IP
------------------------------------------------------------------------
2         Master      Vlanif2        Normal        10.1.2.100
101       Master      Vlanif101      Normal        10.1.101.254
102       Master      Vlanif102      Normal        10.1.102.254
------------------------------------------------------------------------
Total:3   Master:3    Backup:0       Non-active:0

<S2>display vrrp brief
VRID      State       Interface      Type          Virtual IP
------------------------------------------------------------------------
2         Backup      Vlanif2        Normal        10.1.2.100
101       Backup      Vlanif101      Normal        10.1.101.254
102       Backup      Vlanif102      Normal        10.1.102.254
------------------------------------------------------------------------
Total:3   Master:0    Backup:3       Non-active:0
```

将核心交换机 S1 的配置保存后关闭，模拟 S1 出现故障。在 S2 上检查 VRRP 状态，主要命令及显示信息如下。可以看出，S2 已切换为 VRRP 备份组中的 Master 设备，VRRP 功能正常。

```
<S2>display vrrp brief
VRID      State       Interface      Type          Virtual IP
------------------------------------------------------------------------
2         Master      Vlanif2        Normal        10.1.2.100
101       Master      Vlanif101      Normal        10.1.101.254
102       Master      Vlanif102      Normal        10.1.102.254
------------------------------------------------------------------------
Total:3   Master:3    Backup:0       Non-active:0
```

🔍 项目小结

　　本项目首先讲解了WLAN基础知识，包含WLAN标准与Wi-Fi、频段与信道、WLAN的基本设备和CAPWAP协议；接着介绍了WLAN基本组网方式，包括Fat AP组网方式、AC+Fit AP组网方式和敏捷分布式组网方式，其中企业中常用的是AC+Fit AP组网方式，因此对该组网方式的关键技术进行了重点讲解，通过该部分讲解，期望读者能根据企业网络需求设计合适的网络架构；最后讲解了WLAN工作流程和WLAN基础配置命令，期望读者可以掌握WLAN命令、配置过程与方法，以顺利完成无线网络配置、维护与故障诊断工作。在介绍完WLAN理论知识之后，在项目实施阶段，首先对项目中所要搭建网络的VLAN、IP地址池及WLAN参数进行了规划；然后依据规划的参数，分别完成了有线网络互通的配置、AP上线的配置、WLAN业务参数的配置；最后对配置结果进行了验证，分别验证了有线终端与无线终端的互相通信及其访问Internet的功能，还对网络的冗余备份功能进行了验证。

174

拓展知识

CSMA/CA 协议

在以太网中，使用带冲突检测的载波侦听多路访问（Carrier Sense Multiple Access with Collision Detection，CSMA/CD）协议作为介质访问控制协议。它可以用于协调多台设备在共享介质上的通信，避免数据碰撞和冲突。然而，CSMA/CD 协议需要每台设备都能够侦听信道并检测碰撞。在无线通信环境中，使用 CSMA/CD 协议可能会遇到困难。首先，无线信号在传输过程中容易受到多种因素的影响，如多路径传播、信号衰减、干扰等，这使得准确地检测碰撞变得非常困难。其次，并非所有的站点在无线通信中都能够侦听到对方，这使得 CSMA/CD 协议中"所有站点都能够听见对方"这一基础假设在无线通信环境中无法成立。因此，由于无线通信环境的特性和 CSMA/CD 协议本身的局限性，WLAN 选择了带冲突避免的载波感应多路访问（Carrier Sense Multiple Access with Collision Avoidance，CSMA/CA）协议而不是 CSMA/CD 协议作为其介质访问控制协议。

CSMA/CD 协议与 CSMA/CA 协议的主要区别在于处理冲突的方式不同。CSMA/CD 协议在发送数据前和发送数据时都进行碰撞检测，一旦检测到碰撞，设备就会立即停止发送数据，并等待一段随机时间后重新尝试发送。CSMA/CD 协议主要着眼于碰撞的检测，通过尽可能保证信道上同时只有一台设备发送数据来减小数据碰撞发生的概率。而 CSMA/CA 协议采用冲突避免的工作方式，通过一系列机制来尽量避免碰撞的发生。在发送数据之前，设备会先侦听信道是否空闲，并等待一段随机时间，以进一步降低多台设备同时发送数据导致碰撞的可能性。此外，CSMA/CA 协议采用了清空信道、确认和重传等机制来进一步协调设备之间的通信。

知识巩固

一、选择题

1. Wi-Fi 6 对应的是 IEEE 的（　　）标准。
   A. IEEE 802.11a　　　　　　　　　　B. IEEE 802.11g
   C. IEEE 802.11ax　　　　　　　　　　D. IEEE 802.11ac
2. （　　）标准可以工作在 2.4GHz 频段。（多选）
   A. IEEE 802.11a　　　　　　　　　　B. IEEE 802.11g
   C. IEEE 802.11n　　　　　　　　　　D. IEEE 802.11ac
3. （　　）标准可以工作在 5GHz 频段。（多选）
   A. IEEE 802.11a　　　　　　　　　　B. IEEE 802.11g
   C. IEEE 802.11n　　　　　　　　　　D. IEEE 802.11ax
4. WLAN 使用的 2.4GHz 频段属于（　　）。
   A. 高频　　　　B. 甚高频　　　　　　C. 超高频　　　　　　D. 特高频
5. WLAN 使用的 5GHz 频段属于（　　）。
   A. 高频　　　　B. 甚高频　　　　　　C. 超高频　　　　　　D. 特高频

6. WLAN 常用的组网设备包括（　　　）。（多选）

   A. AC　　　　　　B. AP　　　　　　　　C. RU　　　　　　D. AU

7. 以下对 CAPWAP 协议描述正确的是（　　　）。（多选）

   A. CAPWAP 是 AC 与 AP 间的专用通信协议

   B. CAPWAP 是 AP 与 STA 间的专用通信协议

   C. CAPWAP 是应用层协议

   D. 其传输层基于 TCP

8. WLAN 组网方式包括（　　　）。（多选）

   A. Fat AP 组网方式　　　　　　　　B. AC+Fit AP 组网方式

   C. 敏捷分布式组网方式　　　　　　　D. 星形组网方式

9. STA 连接到 WLAN 时，是通过（　　　）来选择无线网络的。

   A. SSID　　　　　B. BSSID　　　　　C. BSS　　　　　　D. ESS

10. 以下关于 WLAN 转发方式的描述中正确的是（　　　）。

   A. 直接转发方式是指数据报文直接由 AC 转发

   B. 直接转发方式是指控制报文直接由交换设备转发

   C. 隧道转发方式是指数据报文经 CAPWAP 协议封装先发送至 AC，再由 AC 转发

   D. 隧道转发方式是指控制报文经 CAPWAP 协议封装先发送至交换机，再由交换机转发

二、填空题

1. WLAN 中 2.4GHz 频段被划分为_____个信道，IEEE 802.11b 标准规定的每个信道带宽为_____MHz，其他标准规定的每个信道带宽为_____MHz。

2. 在 WLAN 的 5GHz 频段中，我国大部分地区可以使用的信道数为_____。

3. 根据 AC 在网络中部署位置的不同，可分为_____组网和_____组网。

4. 按照 VLAN 用途，WLAN 中的 VLAN 可以分为_____VLAN 和_____VLAN。

5. 在通过 DHCP 服务器发现 AC 的过程中，通过配置 DHCP 可选项_____来配置 AC 地址列表。

三、简答题

1. 请比较 AC+Fit AP 组网方式下的二层组网与三层组网的区别及其适用场景。

2. 试着解释以下名词：BSS、BSSID、ESS、VAP、SSID、PoE。

3. 请描述 WLAN 的工作流程。

拓展任务

随着 A 企业业务规模的扩大，公司信息化部门决定对 WLAN 业务进行改造，需求如下。

（1）拓扑保持为图 6-1 基本不变。

（2）把 AP 与 AC 间的二层组网改造成三层组网。

（3）在原来一个 SSID 的基础上，增加名称为"Guest"的 SSID 供访客接入，验证方式选择开放系统验证。

项目7
部署与实施IPv6网络

07

学习目标

知识目标
1. 了解 IPv6 基本概念
2. 掌握 IPv6 地址相关知识
3. 掌握 OSPFv3 相关知识
4. 熟悉 IPv6 和 OSPFv3 的基础配置命令

技能目标
1. 掌握 IPv6 路由配置的命令与方法
2. 具备根据网络需求规划 IPv6 参数的能力
3. 掌握使用 IPv6 和 OSPFv3 配置命令实现网络需求的方法

素养目标
1. 培养勤劳踏实的工作品质
2. 培养与时俱进的进取精神
3. 践行网络强国建设理念

项目概述

　　"十四五"时期是加快数字化发展、建设网络强国和数字中国的重要战略机遇期,也是我国IPv6实现新的更大发展的关键时期。中央网络安全和信息化委员会办公室等三部门联合印发了《关于加快推进互联网协议第六版(IPv6)规模部署和应用工作的通知》,明确了"十四五"时期全面深入推进IPv6规模部署和应用的总体要求、重点任务及保障措施。A企业正为将来全面部署IPv6做准备,计划在徐州分部先行开展IPv6网络部署试点。A企业信息化部门计划在徐州分部的园区网络中部署IPv6地址,运行OSPFv3协议。徐州分部核心网络拓扑如图7-1所示,具体需求如下。

　　(1)将徐州分部所有区域的路由器和交换机的接口地址配置为IPv6地址。

　　(2)在徐州分部园区网络内配置OSPFv3协议,包括网络类型和静默接口,同时配置默认路由。

　　(3)在徐州分部验证OSPFv3路由配置状态及参数。

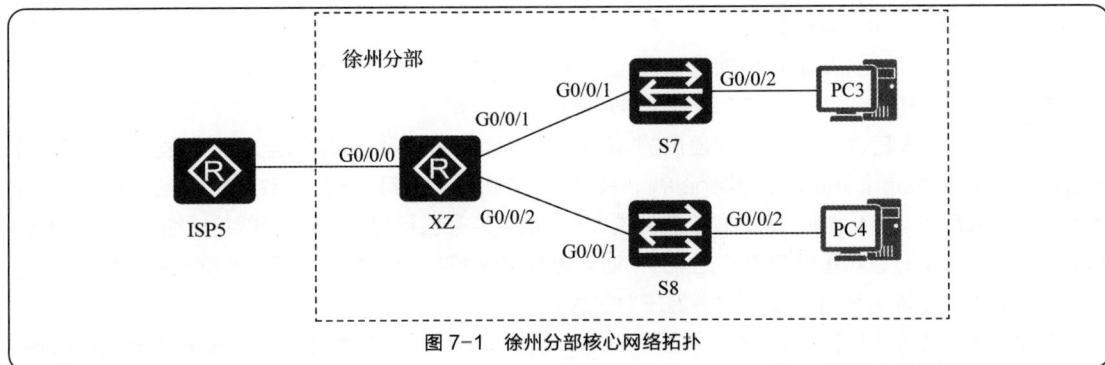

图 7-1　徐州分部核心网络拓扑

知识图谱

本项目的知识图谱如图 7-2 所示。

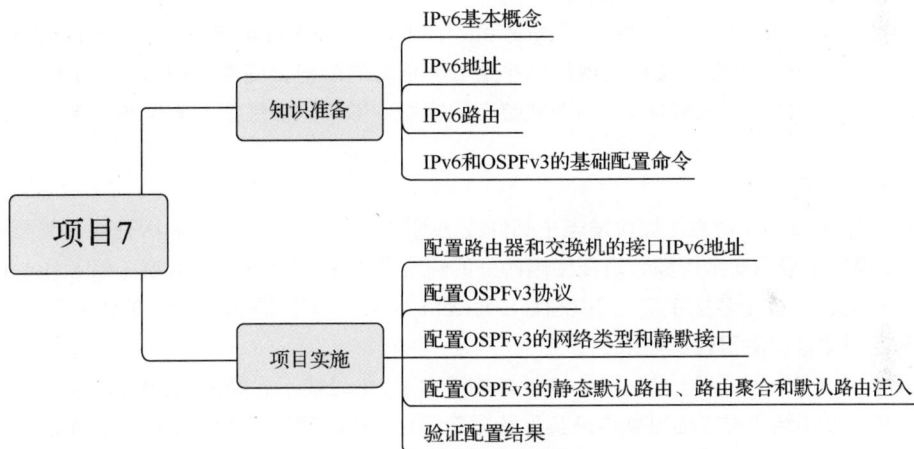

图 7-2　项目 7 知识图谱

知识准备

本项目将依次介绍 IPv6 基本概念、IPv6 地址、IPv6 路由及基础配置命令，以期读者可以在学习完本项目后，理解并顺利完成 IPv6 网络的部署与实施。

7.1　IPv6 基本概念

IPv6 是 IETF 设计的用于替代 IPv4 的下一代 IP。IPv6 为何要替代 IPv4？两者有什么不同？IPv6 有哪些优势？下面将对其进行讲解。

微课

7.1.1　IPv6 与 IPv4 对比

1. IPv4 的局限性

IPv4 是 IP 开发过程中的第 4 个修订版本，也是此协议第一个被广泛部署的版本。IPv4 的使用非常广泛，自 20 世纪 80 年代初起，IPv4 就始终伴随着互联网的迅猛发展。然而，随着 Internet 的扩张和新应用的不断推出，IPv4 逐渐显现出局限性，主要表现在以下 5 个方面。

（1）能够提供的地址空间枯竭。

在 IPv4 中，32 位的地址结构理论上可以提供 2^{23}（约 42.9 亿）个地址，其中有约 2.7 亿个多播地址不能被分配使用，约 1800 万个地址是专用网络地址。

2011 年 2 月 3 日，IANA 宣布将最后的 468 万个 IPv4 地址平均分配给全球 5 个区域性互联网注册管理机构（Regional Internet Registry，RIR）；2019 年 11 月 25 日，欧洲网络信息中心从可用池中进行了最后的 IPv4 地址分配，表示区域性 IPv4 地址库存已耗尽。至此，全球共计约 43 亿个 IPv4 地址都已分配完毕，意味着没有更多的 IPv4 地址可分配给 ISP 和其他大型网络基础设施提供商。

（2）Internet 骨干路由器路由表容量压力过大。

在 Internet 发展初期，IPv4 地址被设计成一种扁平结构，并没有考虑到地址规划的层次结构性，以及地址块的可聚合性，使得 Internet 骨干路由器不得不维护非常庞大的 BGP 路由表。在无类别域间路由（Classless Inter-Domain Routing，CIDR）技术出现之后，IPv4 的地址规划才有了一定的层次结构性。但是并没有从根本上解决问题，Internet 骨干路由器上的 BGP 路由表条目不断增多，造成网络设备的寻址压力愈发巨大，转发效率低下。

（3）网络地址转换技术破坏了端到端应用模型

网络地址转换（Network Address Translation，NAT）技术在解决 IPv4 地址紧缺问题时得到了普遍应用。NAT 通过建立大量私有地址到小量公网地址的映射，使得使用私有地址的用户能够访问 Internet。但是 NAT 存在破坏 IP 的端到端应用模型、影响网络性能、降低端到端的网络安全性等问题。

（4）安全性不足。

用户在访问 Internet 资源（如收发电子邮件或访问网上银行）时，很多私人信息是需要受到保护的。IPv4 本身并不提供安全保障，需要使用额外的安全技术[如互联网安全协议（Internet Protocol Security，IPSec）、安全套接字层（Secure Socket Layer，SSL）等]来提供安全保障。

（5）服务质量难以满足现实需求。

由于 IPv4 本身的一些缺陷，如 IPv4 地址结构不合理、地址块不易聚合、路由选择效率不高、IPv4 报头不固定等，使用结点难以通过硬件来实现数据流识别，从而使得当大量业务使用网络时，IPv4 无法在网络时延、抖动、带宽、差错率等方面提供较好的 QoS 保障。

2. IPv6 的优势

IPv4 的局限性使人们认识到，需要设计一种新的协议来替代它，且这种新的协议与 IPv4 的区别不能仅仅是扩大了地址空间而已。1992 年初，IETF 建议设计用于替代 IPv4 的下一代 IP，把 IP 地址长度由 32 比特增加到 128 比特。下一代 IP 称为 IPv6，其地址数量多到可以为全世界的每一粒沙子分配一个地址。IPv6 的优势主要体现在以下 7 个方面。

（1）地址空间近似无限扩充。

与 IPv4 相比，这是 IPv6 最显著的优势之一。IPv6 地址由 128 比特构成，即可以提供约 3.4×10^{38} 个地址。单从数量级来说，IPv6 所提供的地址数量是 IPv4 的约 2^{96} 倍，几乎是无限的，可以满足未来网络的海量应用。

（2）端到端网络更完整。

由于 IPv6 拥有近乎无限的地址数量，因此不再需要应用 NAT 技术，网络监管等将变得简单。与此同时，应用程序也不需要开发复杂的 NAT 适配代码，端到端网络的完整性更好。

（3）报文的扩展更灵活。

用户可以在 IPv6 基本报头之后根据需要添加扩展报头，添加的扩展报头虽然不是主数据包的一部分，但是在必要的时候，这些扩展报头会插在 IPv6 基本报头和上层协议数据单元之间，协助 IPv6 实现移动、加密、最优路径选择、QoS 等功能，并协助提高报文转发效率。

（4）层次化的地址设计。

为避免出现类似 IPv4 地址分配不连续的问题，IPv6 地址在规划时采用了类似于 CIDR 的分层分级结构，其组成方式类似于电话号码。由于 IPv6 网络前缀可以进一步细分成多个级别的网络，因此其分级寻址结构非常灵活，能有效地对地址进行聚合、简化路由，从而减少路由器必须维护的路由表条目并加快路由的收敛速度，大大减轻了 Internet 骨干路由器的路由表容量压力。

（5）支持自动配置与即插即用。

相对于 IPv4 的分配 IP 地址方式为手工配置或者 DHCP 自动获取，IPv6 支持无状态地址自动配置（Stateless Address Auto Configuration，SLAAC）。结点可以根据本地链路上相邻的 IPv6 路由器发布的网络信息，自动配置 IPv6 地址和默认路由。这种方式不需要人工干预，也不需要部署 DHCP 服务器，简单易行，使 IPv6 结点的迁移及地址的增改更易实现，显著降低了网络维护成本。

（6）安全机制增强。

IPSec 最初是为 IPv6 设计的，IPv4 通过叠加 IPSec 等安全技术的解决方案来保障安全。而 IPv6 将 IPSec 作为其自身的组成部分，基于 IPv6 的各种协议报文[如路由协议报文、邻居发现协议（Neighbor Discovery Protocol，NDP）报文等]，都可以端到端地加密，从而使 IPv6 具有内在的安全机制。

（7）QoS 功能得到增强。

除了保留 IPv4 所有的 QoS 功能之外，IPv6 新增了一个 20 比特的全新 Flow Label（流标签）字段，加上相同的源 IP 地址和目的 IP 地址，能够对某个数据流的数据包进行标记，使得路由器在不查看传输层的情况下就可以识别数据流，显著提高转发效率。即使数据包有效载荷得到加密，仍可以实现对 QoS 的支持。

7.1.2　IPv6 数据包格式

IPv6 数据包一般由 3 个部分组成：基本报头（IPv6 Header）、扩展报头（Extension Header）和上层协议数据单元（Upper Layer Protocol Data Unit）。IPv6 数据包的有效载荷是指紧跟 IPv6 基本报头后的数据包，包括扩展报头和上层协议数据单元。例如，有效载荷可以是第 6 版互联网控制报文协议（Internet Control Message Protocol version 6，ICMPv6）报文、TCP6 报文或 UDP6 报文。IPv6 数据包中也可以没有扩展报头，也就是说，IPv6 数据包只包含基本报头和上层协议数据单元，只需在基本报头的下一个报头字段指明上层协议类型即可。IPv6 数据包格式如图 7-3 所示。

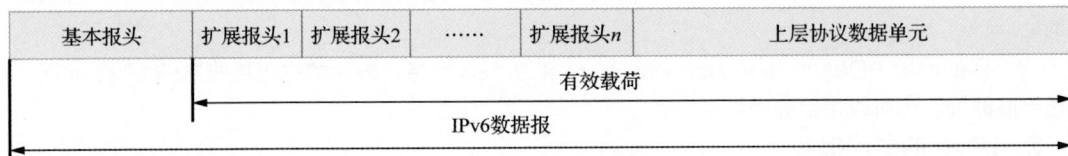

基本报头	扩展报头1	扩展报头2	……	扩展报头n	上层协议数据单元

有效载荷

IPv6数据报

图 7-3　IPv6 数据包格式

注意，扩展报头并不属于 IPv6 数据包基本报头部分，而是和上层协议数据单元合并起来构成 IPv6 数据包的有效载荷。

1. IPv6 的基本报头

IPv6 的基本报头也称为固定报头。每一个 IPv6 数据包都必须包含基本报头，用于提供报文转发的基本信息，路由器通过解析基本报头就能完成绝大多数的报文转发任务。基本报头包含 8 个字段，总长度固定为 40 字节。IPv6 基本报头格式如图 7-4 所示。

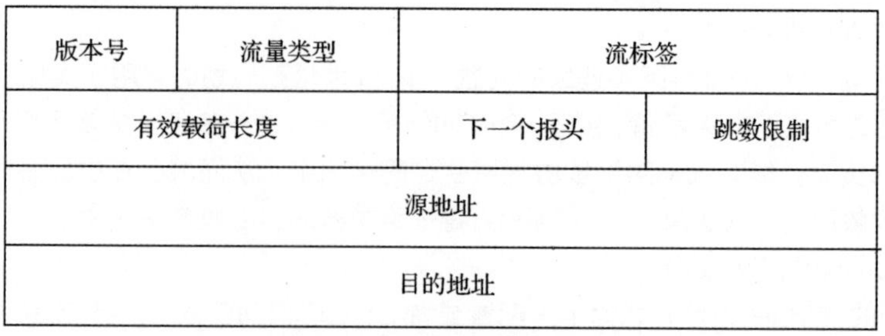

版本号	流量类型	流标签	
有效载荷长度		下一个报头	跳数限制
源地址			
目的地址			

图 7-4　IPv6 基本报头格式

与 IPv4 基本报头格式相比，IPv6 基本报头格式有很大的改进，取消了 IPv4 基本报头的头部长度、标识、片偏移、协议、校验和选项等字段，将 IPv4 基本报头的版本号、源地址和目的地址等字段保留下来，区分服务和总长度字段在名称及功能上进行了改进，新增了流标签字段。具体来说，IPv6 基本报头各个字段的含义如下。

（1）版本号（Version）：长度为 4 比特。IPv6 的版本号为 6。

（2）流量类型（Traffic Class）：长度为 8 比特。使用 DSCP 区分不同类型或优先级的 IPv6 数据包，以指明该数据包应当如何处理。该字段的功能等同于 IPv4 报头中的 ToS 区分服务字段，主要用于提供 QoS 服务。

（3）流标签（Flow Label）：长度为 20 比特。该字段是 IPv6 基本报头的新增字段，用来标记 IPv6 的一个数据流。流标签+源 IP 地址+目的 IP 地址可以唯一确定一条数据流，路由器或交换机可以根据流标签更加高效地区分数据流。

（4）有效载荷长度（Payload Length）：长度为 16 比特。有效载荷是指紧跟在 IPv6 的基本报头后面的数据包的其他部分，包括扩展报头和上层协议数据单元。IPv4 的总长度字段包括报头和数据两部分的长度，而 IPv6 的有效载荷长度不包括 IPv6 基本报头部分的长度。

（5）下一个报头（Next Header）：长度为 8 比特。该字段定义了紧跟在 IPv6 基本报头后面的第 1 个扩展报头的类型，或者上层协议数据单元中的协议类型，类似于 IPv4 的协议字段，且与 IPv4 的协议字段使用相同的协议值。

（6）跳数限制（Hop Limit）：长度为 8 比特。该字段定义了 IPv6 数据包所能经过的最大跳数。每经过一台路由器，该数值减去 1。当该字段的值为 0 时，数据包将被丢弃，类似于 IPv4 中的 TTL 字段。但是对于 IPv6 来说，丢弃数据包时，会给数据包的源端发送一条 ICMPv6 超时信息。

（7）源地址（Source Address）：长度为 128 比特，表示数据包发送方的 IPv6 地址，必须是单播地址。

（8）目的地址（Destination Address）：长度为 128 比特，表示数据包接收方的 IPv6 地址，可以是单播地址，也可以是组播地址。

2．IPv6 的扩展报头

IPv6 将 IPv4 的选项字段从报头中剥离出来，放到了扩展报头中，从而大大提高了路由器的处理效率。一个 IPv6 报文可以包含任意数量的扩展报头。通常 IPv6 报文不具有扩展报头，仅当需要路由器或目的结点做某些特殊处理时，才由发送方添加扩展报头。与 IPv4 选项字段不同，IPv6 扩展报头长度任意，不受固定长度 40 字节的限制，以便于日后扩充新增选项。但是为了提高处理扩展报头和传输层协议的性能，扩展报头长度总是 8 字节的整数倍。IPv6 扩展报头格式如图 7-5 所示。

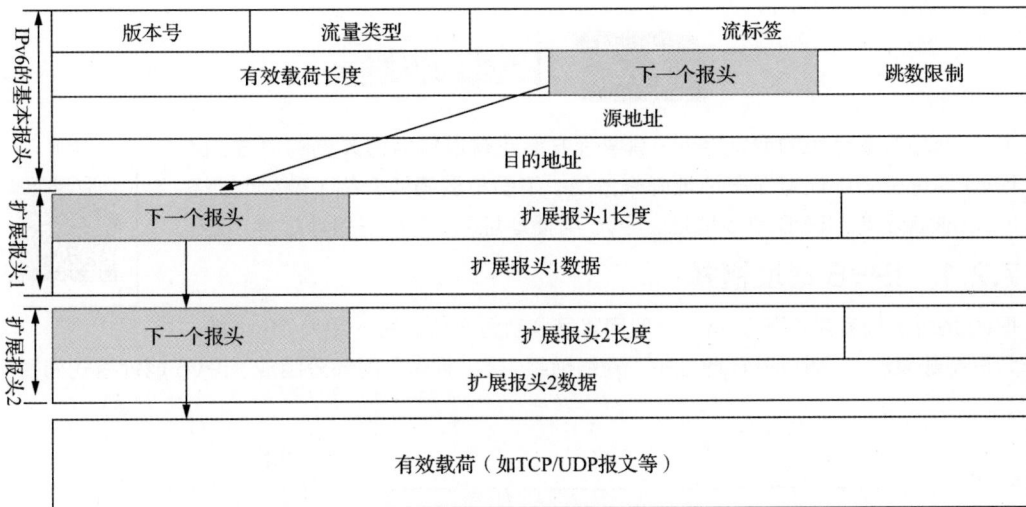

图 7-5 IPv6 扩展报头格式

（1）扩展报头长度（Extension Header Length）：长度为 8 比特，表示扩展报头（不包含下一个报头字段）的长度。

（2）扩展报头数据（Extension Header Data）：该字段长度可变，表示扩展报头的内容，为一系列选项字段和填充字段的组合。

（3）下一个报头（Next Header）：当 IPv6 数据报文包含多个扩展报头时，前一个报头的下一个报头字段指明下一个扩展报头的类型，这样就形成了链状的报头列表。

RFC2460 定义了以下 6 种 IPv6 扩展报头，且规定当超过一种扩展报头被用在同一个 IPv6 报文里时，扩展报文必须按照以下顺序出现。

（1）逐跳选项扩展报头：报头类型值为 0，该扩展报头用于传递那些在路径中每个结点都需检测的可选信息，路径上的所有结点都要读取并处理该字段。目前在路由告警与 Jumbo 帧（巨帧）处理中使用了逐跳选项扩展报头。

（2）目的选项扩展报头：报头类型值为 60，该扩展报头携带了一些只有目的结点才会处理的信息，可包含多种选项，如移动 IPv6（Mobile IPv6）的家乡地址选项。

（3）路由选择扩展报头：报头类型值为 43，该扩展报头用于指定源路由，类似 IPv4 Loose Source and Record Route 选项，包含 IPv6 数据包到达目的地的路径上所有经过的中间结点，可以强制数据包必须经过哪些结点。

（4）分片扩展报头：报头类型值为 44，该扩展报头用于标识数据包的分段。当报文长度超过 MTU 时就需要将报文分片发送。

（5）认证扩展报头：报头类型值为 51，该扩展报头由 IPSec 使用，主要用于提供无连接的完整性检查、数据源认证和抗重放保护服务。

（6）封装安全载荷扩展报头：报头类型值为 50，该扩展报头也由 IPSec 使用，主要用于提供报文验证、完整性检查和 IPv6 数据包加密服务。

另外，RFC2460 规定，除目的选项扩展报头外，每种扩展报头只能出现一次。目的选项扩展报头最多可以出现两次，一次在路由选择扩展报头之前，另一次在上层协议数据单元之前。如果没有路由选择扩展报头，则只能出现一次。

7.2 IPv6 地址

IPv6 地址有着巨大的地址空间，其寻址方案还有很多值得改进的地方。目前，IPv6 地址空间中还有很多地址尚未分配。下面将要简要介绍 IPv6 地址格式、IPv6 地址分类、IPv6 单播地址、IPv6 组播地址和 IPv6 任播地址等内容。

7.2.1 IPv6 地址格式

IPv6 地址的长度为 128 比特，一般用冒号分割为 8 段，每一段为 16 比特，用十六进制数表示。一个 IPv6 地址由"网络前缀+接口标识"两部分组成。IPv6 地址格式如图 7-6 所示。

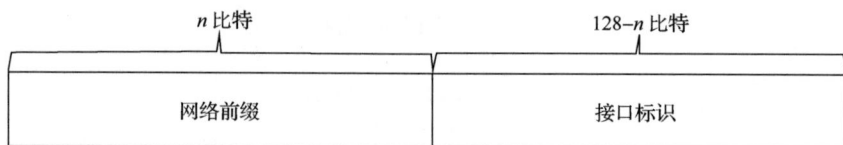

图 7-6　IPv6 地址格式

1. 网络前缀

网络前缀共 n 比特，用来标识 IPv6 网络，相当于 IPv4 中的网络号。n 的数值不固定，较常用的子网前缀为 64 位，也就是 $n=64$。鉴于 IPv4 地址在规划和分配上的局限性，IETF 对 IPv6 地址类型进行了精细划分，不同类型的 IPv6 地址被赋予了不同的前缀，且受地址分配机构的严格管理。常用的 IPv6 地址或前缀如表 7-1 所示。

表 7-1　常用的 IPv6 地址或前缀

IPv6 地址或前缀	含义
2000::/3	全球单播地址前缀，类似于 IPv4 公网地址
FC00::/7	唯一本地地址前缀，用于本地网络
FE80::/10	链路本地地址前缀，用于本地链路范围内的通信
FF00::/8	组播地址前缀，用于 IPv6 组播
::/128	未指定地址，类似于 IPv4 中的 0.0.0.0
::1/128	环回地址，类似于 IPv4 中的 127.0.0.1

2. 接口标识

接口标识共 $128-n$ 比特，用于标识接口，相当于 IPv4 中的主机号。接口标识可通过 3 种方式生成：手工配置、系统自动生成、基于 IEEE EUI-64（64-比特 Extended Unique Identifier）规范生成。其中，基于 IEEE EUI-64 规范自动生成接口标识的方式较为常用，该方式将接口的 MAC 地址转换为 IPv6 接口标识。

基于 IEEE EUI-64 规范自动生成接口标识的过程如图 7-7 所示。首先，在 MAC 地址的组织唯一标识符（高 24 位）和结点 ID（低 24 位）中间插入 FFFE，产生一个 EU1-64 标识符；其次，将 MAC 地址的第 7 位（U/L 位）反转（0 变成 1，1 变成 0），使它成为一个 IPv6 接口标识。

MAC地址（十六进制）	3C-92-82-49-7E-9D
MAC地址（二进制）	00111100-10010010-10000010-01001001-01111110-10011101

① 插入FFFE

00111100-10010010-10000010-11111111-11111110-01001001-01111110-10011101

EUI-64规范（二进制）

② 第7比特取反

00111110-10010010-10000010-11111111-11111110-01001001-01111110-10011101

EUI-64规范（十六进制）	3E-92-82-FF-FE-49-7E-9D

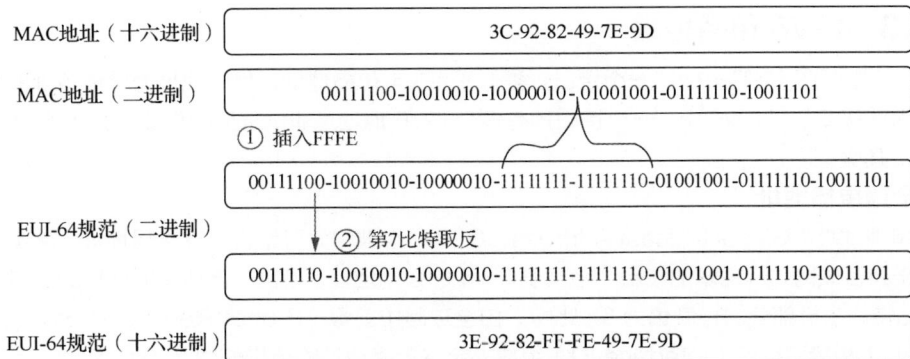

图 7-7　基于 IEEE EUI-64 规范自动生成接口标识的过程

这种基于 IEEE EUI-64 规范自动生成接口标识的方式可以减少配置的工作量，只需要获取一个 IPv6 前缀就可以与接口标识形成 IPv6 地址，缺点是可以通过二层 MAC 地址推算出三层 IPv6 地址，易受到恶意攻击。

与 IPv4 地址类似，IPv6 地址也用"IPv6 地址/掩码长度"的方式来表，例如：

FE80:0210:1100:0006:1230:4567:89AB:CDEF/64

由于 IPv6 地址长度较长，书写时较为不便，因此，IPv6 提供了以下缩写规则来简化 IPv6 地址的书写。

（1）每组 16 比特的单元中的前导 0 可以省略，但是如果单元中的所有比特都为 0，那么至少要保留一个"0"字符；拖尾的"0"不能被省略。例如：

缩写前：2001:0DB8:0000:1234:FB00:0000:5000:4500
缩写后：2001:DB8:0:1234:FB00:0:5000:4500

（2）一个或一个以上连续的 16 比特字符为 0 时，可用"::"表示，但整个 IPv6 地址缩写中只允许有一个双冒号"::"存在。例如，以上例子可以进一步进行简写。

缩写前：2001:0DB8:0000:1234:FB00:0000:5000:4500
缩写后：2001:DB8:0:1234:FB00:0:5000:4500
进一步缩写：2001:DB8::1234:FB00:0:5000:4500 或 2001:DB8:0:1234:FB00::5000:4500

又如：

缩写前：2001:0DB6:0000:13D4:FB00:0000:4000:32EF
缩写后：2001:DB6::13D4:FB00:0:4000:32EF 或 2001:DB6:0:13D4:FB00::4000:32EF

7.2.2　IPv6 地址分类

相较于 IPv4，IPv6 地址分类更加简单明了，不再分为 A 类、B 类、C 类等 5 种类型，而是根据 IPv6 地址前缀，将 IPv6 地址分为 IPv6 单播（Unicast）地址、IPv6 组播（Multicast）地址和 IPv6 任播（Anycast）地址。IPv6 没有定义广播地址。IPv6 地址分类如图 7-8 所示。

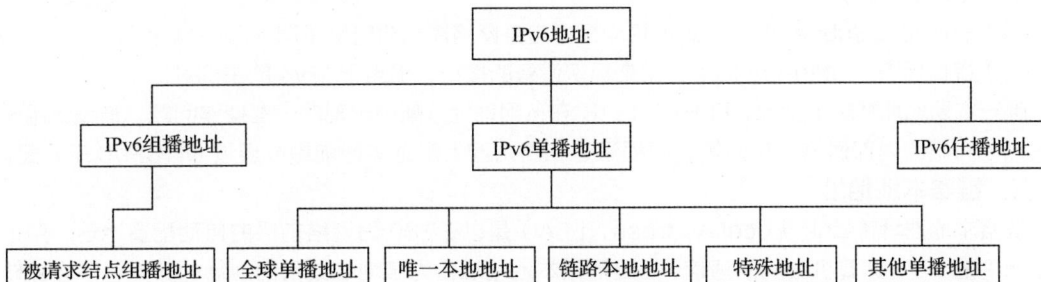

图 7-8　IPv6 地址分类

7.2.3　IPv6 单播地址

IPv6 单播地址用来唯一标识一个接口，类似于 IPv4 单播地址。目的地址为单播地址的报文会被送到被标识的接口。在 IPv6 中，一个接口拥有多个 IPv6 地址是非常常见的现象。IPv6 单播地址可以细分为以下几类。

1. 全球单播地址

全球单播地址（Global Unicast Address，GUA）也被称为可聚合全球单播地址。该类地址全球唯一，用于有互联网访问需求的主机，相当于 IPv4 的公网地址。通常，全球单播地址的网络部分的长度为 64 比特，主机部分的长度也为 64 比特，由全球路由前缀（Global Routing Prefix）、子网 ID（Subnet ID）和接口标识（Interface ID）组成。全球单播地址的结构如图 7-9 所示。

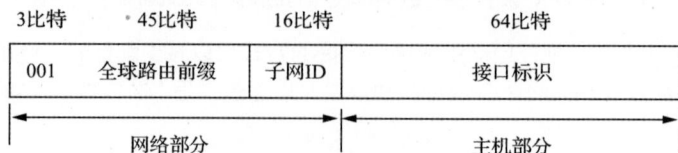

图 7-9　全球单播地址的结构

（1）全球路由前缀：被指定给一个组织机构，通常全球路由前缀至少为 48 比特，目前已经分配的全球路由前缀的前 3 比特均为 001，地址范围为 2000::/3，占整个 IPv6 地址空间的 1/8。

（2）子网 ID：组织机构根据自身网络需求划分子网。如果子网 ID 的长度为 16 比特，那么可以划分出 65535 个子网，但是每个子网都是 64 比特的主机号未免太过于浪费，所以需要针对客户的需求进行具体的分配。

（3）接口标识：用来标识设备的接口。

2. 唯一本地地址

唯一本地地址（Unique Local Address，ULA）是 IPv6 的私网地址，只能够在内网中使用。唯一本地地址在 IPv6 公网中不可被路由，因此不能直接访问公网。唯一本地地址使用 FC00::/7 地址块，目前仅使用了 FD00::/8 地址段。FC00::/8 预留为以后拓展使用。唯一本地地址的结构如图 7-10 所示。

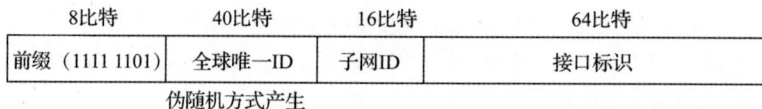

图 7-10　唯一本地地址的结构

（1）前缀（Prefix）：长度为 8 比特，目前使用特定的前缀 1111 1101，即 FD00/8。

（2）全球唯一 ID（Global ID）：通过伪随机方式产生，但是冲突概率很低，依然可以保证唯一本地地址的全球唯一性。

（3）子网 ID（Subnet ID）：组织机构根据自身网络需求自定义子网 ID。

（4）接口标识（Interface ID）：用来标识设备的接口，相当于 IPv4 的主机号。

唯一本地地址解决了 IPv4 和 RFC1918 在私网地址分配中出现的一些操作问题，被设计用于企业站点或有限的内部通信、私网等，必须通过在路由器上配置本地前缀或通过 DHCPv6 来分配。

3. 链路本地地址

链路本地地址（Link-Local Address，LLA）是以 FE80 为网络前缀的自动配置地址，用于同一子网中的 IPv6 计算机之间的通信。使用链路本地地址作为源地址或目的地址的数据包不会被转发到始发的链路之外，也就是说，链路本地地址的有效范围为本地链路。链路本地地址的结构如图 7-11

所示，使用了特定的子网前缀 FE80::/10，接口标识可基于 IEEE EUI-64 规范自动生成，也可以手工配置。

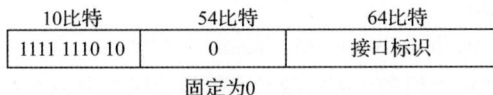

10比特	54比特	64比特
1111 1110 10	0	接口标识

固定为0

图 7-11　链路本地地址的结构

　　链路本地地址常用于 NDP 和 SLAAC，任何需要将数据包发往单一链路上的设备和不希望将数据包发往链路范围外的协议都可以使用链路本地地址。

　　与全球单播地址相同的是，链路本地地址也能够标识一个网络结点，但只有在该结点所在的网络环境中才有意义。与全球单播地址不同的是，链路本地地址并不用于在互联网中进行通信，而是与IPv4的私有地址类似，属于非公网地址。链路本地地址在扩展性、安全性和协议支持性等方面拥有更多的优点和特性，读者可自行学习。

7.2.4　IPv6 组播地址

1. 组播地址的构成

　　IPv6 组播地址通常为 IPv6 组播服务，与 IPv4 的通信不同，IPv6 不再使用广播，而是通过组播来实现广播。

　　IPv6 组播地址用于标识一组接口，目的 IP 地址是组播地址的数据包，会被属于该组的所有接口接收。IPv6 组播地址由前缀、标志（Flag）、范围（Scope）以及组播组 ID（Group ID）4 个部分组成，其格式如图 7-12 所示。

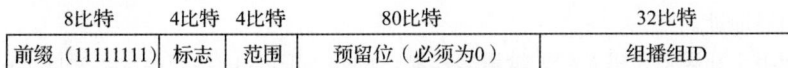

8比特	4比特	4比特	80比特	32比特
前缀（11111111）	标志	范围	预留位（必须为0）	组播组ID

图 7-12　IPv6 组播地址的格式

　　其中各个字段的含义如下。

　　（1）前缀：前 8 比特是固定的地址前缀 FF::/8。

　　（2）标志：长度为 4 比特，目前只使用了最后一个比特（前 3 比特必须置 0），当该比特值为 0 时，表示当前的组播地址是由 IANA 所分配的一个永久分配地址；当该比特值为 1 时，表示当前的组播地址是一个临时组播地址（非永久分配地址）。

　　（3）范围：长度为 4 比特，用来限制组播数据流在网络中发送的范围，其值及地址访问范围对应关系如表 7-2 所示。

表 7-2　范围字段的值及地址访问范围对应关系

范围字段的值（二进制）	含义	地址访问范围
0000	Unsigned or reserved（预留）	预留
0001	Node（结点）	结点本地范围，单个接口有效，仅用于 Loopback 接口
0010	Link（链路）	链路本地范围，如 FF02::1
0101	Site（站点）	站点本地范围
1000	Organization（组织）	组织本地范围
1110	Global（全球）	全球范围
其他	Unsigned or reserved（未分配）	

（4）预留位：长度为 80 比特。目前不使用，所有比特均置 0。

（5）组播组 ID：长度为 112 比特，用以标识组播组。

2. 被请求结点组播地址

被请求结点组播地址（Solicited-Node Multicast Address）是一种特殊的组播地址，对于结点上配置的每一个单播或任播地址，都会对应生成一个被请求结点组播地址，并且自动加入其单播或多播地址所在的组播组。本地链路地址也会生成一个被请求结点组播地址。

被请求结点组播地址由前缀 FF02:FF00:0/104 和单播地址或任播地址的最后 24 比特组成，其中 FF02:1:FF00:0 为固定前缀，共 104 比特。将 IPv6 单播地址或任播地址的最后 24 比特复制下来填充到后面，就生成了被请求结点组播地址。被请求结点组播地址的结构如图 7-13 所示。

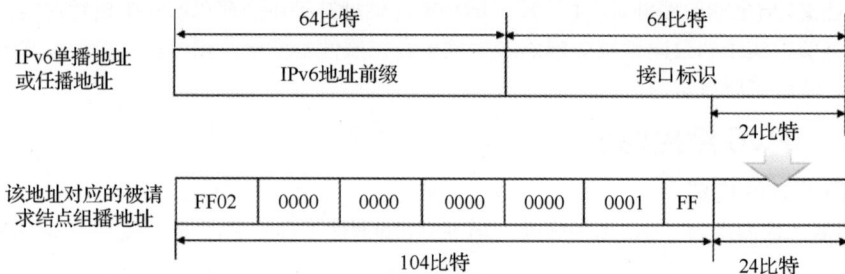

图 7-13　被请求结点组播地址的结构

由于一个单播地址或任播地址对应一个被请求结点组播地址，并且在本地链路上被请求结点组播地址中一般只有一个接口，因此 IPv6 的结点只要知道了一个结点的 IPv6 单播地址，就能计算出对应的被请求结点组播地址。

该地址主要用于邻居发现机制和地址重复检测。例如，IPv6 的结点请求多播地址替代了 IPv4 的 ARP 目标广播地址 255.255.255.255，当设备需要请求某个 IPv6 地址对应的 MAC 地址时，设备依然需要发送请求报文，而在 IPv6 中结点请求信息报文的目标链路层地址就是从被请求结点组播地址的后 24 比特中映射得到的。因为只有目标结点才会侦听这个被请求结点组播地址，所以该组播报文可以被目标结点所接收，同时不会占用其他非目标结点的网络。

7.2.5　IPv6 任播地址

与组播地址类似，IPv6 任播地址也用于标识一组接口（通常属于不同的结点）。但是它与组播地址的区别在于，发往任播地址的报文只会发送到离地址标识最近的那个接口，而不是发送给组内的所有接口。

IPv6 没有为任播地址规定单独的地址空间，任播地址与单播地址使用相同的地址空间，因此任播地址的格式与单播地址的格式没有任何区别，在配置地址时必须明确表明它是任播地址，以此区分单播地址和任播地址。

IPv6 任播地址可以同时被分配给多台设备，也就是说，多台设备可以拥有相同的任播地址，以该任播地址为目标的数据包会通过路由计算被路由到路由开销值最小（即路径最短）的拥有该任播地址的设备上。任播地址的作用如图 7-14 所示，服务器 1、服务器 2 和服务器 3 的接口配置相同的任播地址，根据对路由开销值的计算，用户最终访问该任播地址时选择的是路径上只有一台路由器的前往服务器 3 的路径。

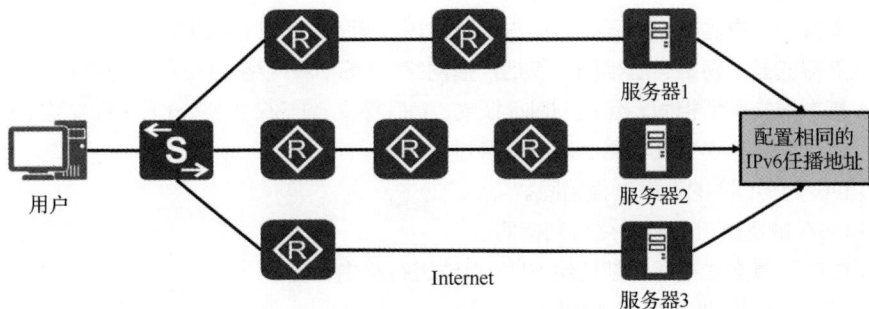

图 7-14　任播地址的作用

目前，任播地址不能用作源地址，只能作为目的地址。任播地址设计用来在多台主机或者多个结点对服务的需求相同时提供冗余和负载分担功能。目前，通过共享单播地址方式来使用任播地址。将一个单播地址分配给多台设备，使网络中存在多条该地址路由，当发送方发送以任播地址为目的 IPv6 地址的数据报文时，发送方无法控制哪台设备能够收到该报文，因为这取决于整个网络中路由计算的结果。任播地址不仅缩短了服务响应的时间，还降低了网络的流量负载。

7.3　IPv6 路由

与 IPv4 网络一样，为了保证网络的畅通，IPv6 网络需要配置静态路由或者使用动态路由协议学习非直连网络的路由。

7.3.1　IPv6 静态路由

静态路由是一种需要运维工程师手工配置的特殊路由，IPv6 静态路由也不例外。在一些结构比较简单的小型 IPv6 网络中，可以通过手工配置 IPv6 静态路由达到网络互联的目的。相对于使用动态路由协议来说，这样做可以节省带宽。

在配置 IPv6 静态路由时，可以同时指定出接口和下一跳，或者只指定出接口或只指定下一跳。对于 P2P 接口，一般只指定出接口，而对于组播类接口，则只指定下一跳。在配置相同目的地址的多条 IPv6 静态路由时，如果指定相同优先级，则可实现 IPv6 静态路由的负载分担；如果指定不同优先级，则可实现 IPv6 静态路由的备份。

7.3.2　OSPFv3 基础

与 IPv4 路由协议类似，IPv6 路由协议也分为 IGP 和 EGP。IPv6 常用的 IGP 包括 RIP 提供的下一代 RIP（Routing Information Protocol next generation，RIPng）、OSPF 协议用于 IPv6 网络的链路状态路由协议 OSPFv3，以及分布式链路状态路由协议 IS-IS 的版本 6；IPv6 常用的 EGP 主要包括 BGP 提供的 BGP4+。

其中，OSPFv3 是部署 IPv6 的企业网络中应用非常广泛的路由协议。OSPFv3 是针对 IPv6 网络的链路状态路由协议，遵循的标准是 RFC2740，主要用于在 IPv6 网络中提供路由功能。OSPFv3 在针对 IPv4 的协议 OSPFv2 的基础上进行了增强，是一种独立的路由协议，两者并不兼容。

1. OSPFv3 和 OSPFv2 的相同点

OSPFv3 的工作原理和 OSPFv2 基本保持一致，两者的相同点包括以下方面。

（1）路由协议类型相同，会在通告的路由中携带子网掩码，都是无类别链路状态路由协议。

（2）区域划分管理方式相同，支持的区域类型也相同，包括普通区域、末节区域、完全末节区域和 NSSA。

（3）支持的路由器类型相同，包括内部路由器、BR、ABR、ASBR。

（4）支持的基本网络类型相同，包括广播网络、NBMA 网络、P2P 网络和 P2MP 网络。

（5）基本报文类型相同，包括 Hello 报文、DD 报文、LSR 报文、LSU 报文和 LSAck 报文。

（6）邻居关系的建立及邻居状态的转换过程相同。

（7）DR 与 BDR 的选举过程相同。

（8）LSA 的泛洪机制和老化机制相同。

（9）路由计算方式相同，都使用 SPF 算法进行路由计算。

（10）Router ID 的地址格式相同。

2. OSPFv3 和 OSPFv2 的不同点

尽管 OSPFv3 和 OSPFv2 在工作原理上基本保持一致，但是为了支持 IPv6 的地址格式，OSPFv3 协议也做了大量的改动，两者的不同点主要表现在如下几个方面。

（1）OSPFv3 基于链路运行。与 OSPFv2 在 IPv4 上基于网段运行不同，OSPFv3 在 IPv6 上基于链路运行。在配置 OSPFv3 时，不需要考虑设备是否配置在同一网段，只要在同一链路，就可以直接建立 OSPF 邻居关系。

（2）OSPFv3 将拓扑计算与全局 IPv6 地址解耦。OSPFv3 建立邻居关系是基于链路本地地址，而不是基于全局 IPv6 地址。OSPFv3 LSDB 仅描述链路和节点之间的连接关系，不包含具体的 IPv6 地址信息。因此，即使接口未配置全局 IPv6 地址，OSPFv3 仍能建立邻居关系并计算拓扑，实现拓扑计算与全局 IPv6 地址的分离。这种解耦机制增强了 IPv6 的灵活性和可扩展性，使其更好地适应复杂的网络环境需求。

（3）OSPFv3 新增了两类 LSA。一类是 Link LSA，用于路由器通告各个链路上对应的链路本地地址及其所配置的 IPv6 全局地址，仅在链路内泛洪。另一类是 Intra Area Prefix LSA，用于向其他路由器通告本路由器或本网络（广播网络及 NBMA 网络）的 IPv6 全局地址信息，在区域内泛洪。

（4）OSPFv3 的 LSA 中添加了泛洪范围。与 OSPFv2 不同，OSPFv3 在 LSA 头部的 LSA 类型中添加了 LSA 的泛洪范围。这使得路由器更加灵活，可以处理不能识别的类型的 LSA。例如，路由器 A 和路由器 B 都可以识别某类型的 LSA，它们之间通过路由器 C 连接，但路由器 C 不可以识别该类型的 LSA。当路由器 A 泛洪该类型的 LSA 时，路由器 C 虽然不可以识别，但还是可以将该类型的 LSA 泛洪给路由器 B，路由器 B 收到 LSA 后继续对其进行处理。而在使用 OSPFv2 时，该类型的 LSA 因为路由器 C 不能识别只能丢弃，所以路由器 B 根本不能收到该类型的 LSA。

（5）OSPFv3 移除了所有认证字段。OSPFv3 报文头部移除了 OSPFv2 报文头部中的 OSPF 认证方式和 OSPF 认证信息字段，而是直接使用 IPv6 的扩展报头来实现认证及安全处理。

（6）OSPFv3 单链路支持多实例。一个 OSPFv2 物理接口只能和一个实例绑定。但一个 OSPFv3 物理接口可以和多个实例绑定，并用不同的实例 ID 区分，即 OSPFv3 单条链路支持运行多个 OSPFv3 实例。这些运行在同一条物理链路上的多个 OSPFv3 实例，分别与链路对端设备建立邻居关系及发送报文，且互不干扰，可以充分利用该链路的资源。

7.3.3 OSPFv3 报文格式

1. OSPFv3 报文头部格式

与 OSPFv2 一样，OSPFv3 的 5 种报文都有相同的报文头部，只是报文中的字段有些不同。OSPFv3 报文头部格式如图 7-15 所示。

OSPF版本	OSPF报文类型	OSPF报文长度	
路由器ID			
区域ID			
校验和		实例ID	0

图 7-15 OSPFv3 报文头部格式

OSPFv3 报文头部大部分字段的含义与 OSPFv2 的一致，OSPFv3 报文头部的改变主要包括以下几点。

（1）改变了版本号（Version）：版本号从 2 升级到 3。

（2）增加了实例 ID（Instance ID）：长度为 1 字节，默认值为 0。OSPFv3 允许在一个链路上运行多个 OSPFv3 的实例，因此每个实例必须具有唯一的 Instance ID。Instance ID 只在本地链路上有意义。

（3）移除了所有的认证字段：与 OSPFv2 报文头部相比，OSPFv3 报文头部长度缩短了 8 字节，这是因为 OSPFv3 去掉了所有的认证字段。OSPFv3 的认证可以使用 IPv6 的认证及安全处理，也可以通过 OSPFv3 自身机制来完成报文认证。

2. OSPFv3 Hello 报文格式

Hello 报文是较为常用的一种报文，其作用为建立和维护邻居关系，周期性地在使能了 OSPFv3 的接口上发送。Hello 报文内容包括时间间隔、DR、BDR 以及自己已知的邻居。

与 OSPFv2 Hello 报文相比，OSPFv3 Hello 报文删去了网络掩码字段，增加了接口标识字段，用来标识发送该 Hello 报文的接口标识。OSPFv3 Hello 报文格式如图 7-16 所示。

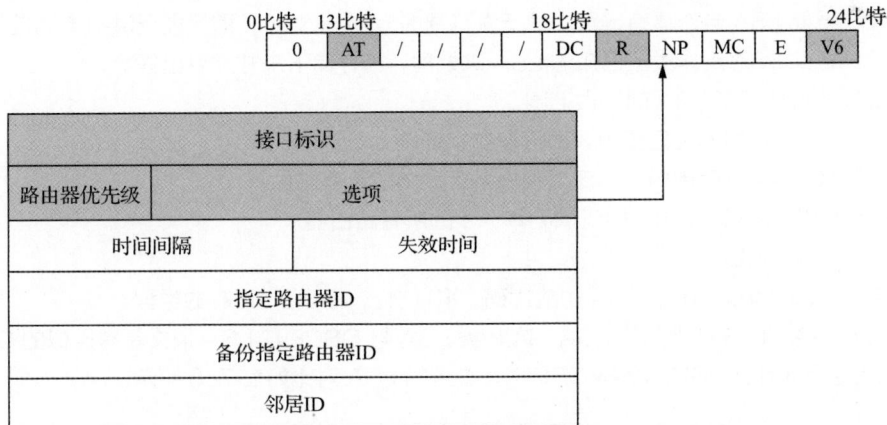

0比特	13比特					18比特					24比特
0	AT	/	/	/	/	DC	R	NP	MC	E	V6

接口标识	
路由器优先级	选项
时间间隔	失效时间
指定路由器ID	
备份指定路由器ID	
邻居ID	

图 7-16 OSPFv3 Hello 报文格式

（1）接口标识（Interface ID）：长度为 4 字节。唯一标识了建立连接的接口（即 Hello 报文发送方）的接口信息，仅用来区分同一路由器上的不同接口，不包含地址信息。

（2）路由器优先级（Router Priority）：长度为 1 字节，默认为 1，优先级高者会被选为 DR；如果该值设置为 0，则路由器不能参与 DR 或 BDR 的选举。

（3）选项（Options）： OSPFv3 将选项字段扩展到 3 字节，与 OSPFv2 Hello 报文对应字段相比，增加了 AT 位、R 位和 V6 位。这 3 个新增标志位的含义如下。

① AT 位用于表示是否支持 OSPFv3 认证。

② R 位用于指明始发路由器是否具备转发能力。

③ V6 位表示是否参与 IPv6 路由计算。

3. OSPFv3 LSA 头部格式

OSPF 区域主要通过泛洪 LSA、同步 LSDB 实现学习路由，达到全网互通的目的。在 AS 内的每台设备会根据设备的路由器类型产生一种或一种以上的 LSA，这些 LSA 的集合就是 LSDB。

LSA 主要由 LSA 头部（LSA 摘要）和链路状态组成。OSPFv3 的 LSA 头部扩充了链路状态类型（LS Type）字段，使用链路状态类型、链路状态 ID 和通告路由器三元组唯一标识一个 LSA。OSPFv3 LSA 头部格式如图 7-17 所示。

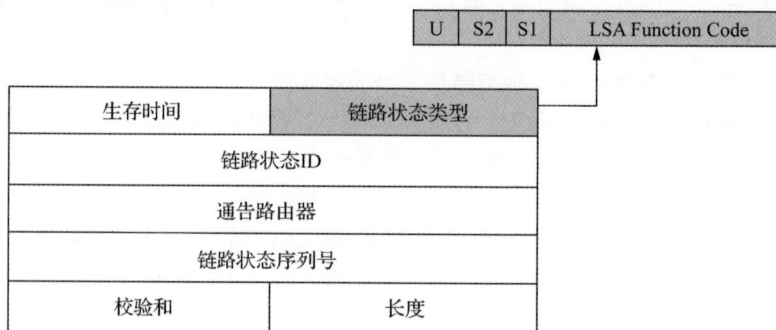

图 7-17　OSPFv3 LSA 头部格式

OSPFv3 的链路状态类型字段的长度扩展到 2 字节，该字段的高 3 位标识了 LSA 的通用属性，剩下的位标识了 LSA 的特定功能，具体字段功能如下。

（1）U 位标识了对未知 LSA 的处理方法，即标识了无法识别 LSA 功能代码的路由器应如何处理此 LSA。

① U=0：把此 LSA 当作具有链路本地泛洪范围的 LSA 来对待，即只能泛洪到本地链路上。

② U=1：把此 LSA 当作类型已知的 LSA 来处理，即存储下来并泛洪出去。

（2）S2/ S1 位标识了 LSA 的泛洪范围。

① S2 S1=00：链路本地范围内，即只在始发链路上泛洪。

② S2 S1=01：区域范围内，即泛洪到始发区域内的所有路由器。

③ S2 S1=10：AS 范围内，即泛洪到本 AS 的所有路由器。

④ S2 S1=11：预留。

（3）LSA Function Code：LSA 功能代码，13 比特，标识了 LSA 的类型。

OSPFv3 一共支持 8 种类型的 LSA。这 8 类 LSA 与 OSPFv2 LSA 报文具有类似的 LSA 名称，但是在功能上略有区别。OSPFv2 与 OSPFv3 支持的 LSA 对比如表 7-3 所示。

表 7-3　OSPFv2 与 OSPFv3 支持的 LSA 对比

OSPFv2 支持的 LSA		OSPFv3 支持的 LSA		对比情况
类型	名称	类型	名称	
1	路由器 LSA	0x2001	路由器 LSA	作用与名称相同，但 OSPFv3 不描述地址信息，仅描述拓扑结构
2	网络 LSA	0x2002	网络 LSA	
3	网络汇总 LSA	0x2003	区域间前缀 LSA（Inter Area Prefix LSA）	作用类似，名称不同

OSPFv2 支持的 LSA		OSPFv3 支持的 LSA		对比情况
类型	名称	类型	名称	
4	ASBR 汇总 LSA	0x2004	区域间路由器 LSA（Inter Area Router LSA）	
5	AS 外部 LSA	0x4005	AS 外部 LSA	作用与名称完全相同
7	NSSA 外部 LSA	0x2007	NSSA 外部 LSA	
8	—	0x0008	链路 LSA（Link LSA）	OSPFv3 新增类型
9	—	0x2009	区域内前缀 LSA（Intra Area Prefix LSA）	

OSPFv3 DD 报文、LSR 报文、LSU 报文和 LSAck 报文的格式与 OSPFv2 中对应报文的格式相比变化不大，此处不赘述。

微课

7.4 IPv6 和 OSPFv3 的基础配置命令

下面主要介绍 IPv6 的基础配置命令、IPv6 静态路由的基础配置命令和 OSPFv3 的基础配置命令。

7.4.1 IPv6 的基础配置命令

1. 启用设备或接口的 IPv6 报文转发功能。

[Huawei] ipv6
//使能设备转发 IPv6 报文，包括本地 IPv6 报文的发送与接收
[Huawei-GigabitEthernet0/0/0] ipv6 enable
//在接口视图下使能该接口的 IPv6 功能

2. 配置接口的 IPv6 全球单播地址。

[Huawei-GigabitEthernet0/0/0] ipv6 address { ipv6-address prefix-length | ipv6-address | prefix-length }
/*在接口视图下，通过手工方式配置接口的 IPv6 全球单播地址。注意：每个接口下最多可以配置 16 个全球单播地址*/
[Huawei-GigabitEthernet0/0/0] ipv6 address auto　global [local-identifier][default]
//在接口视图下，通过自动（有状态或无状态）的方式，配置接口的 IPv6 全球单播地址

3. 配置接口的链路本地地址。

[Huawei-GigabitEthernet0/0/0] ipv6 address ipv6-address link-local
[Huawei-GigabitEthernet0/0/0] ipv6 address auto link-local
//在接口视图下，通过手工或者自动的方式，配置接口的 IPv6 链路本地地址

4. 查看接口的 IPv6 信息。

[Huawei] display ipv6 interface [interface-type interface-number | brief]

5. 查看 IPv6 邻居表项信息。

[Huawei] display ipv6 neighbors

7.4.2 IPv6 静态路由的基础配置命令

1. 在公网中配置 IPv6 静态路由的常用命令。

[Huawei] ipv6 route-static dest-ipv6-address prefix-length

{ *interface-type interface-number* [*nexthop-ipv6-address*]| *nexthop-ipv6-address*
| vpn-instance *vpn-instance-name nexthop-ipv6-address* }
[preference *preference*][tag *tag*]* [description *text*]
/* 其 中 ， dest-ipv6-address 为目的 IPv6 地址； prefix-length 为地址前缀长度；
interface-type interface-number 为某一端口；nexthop-ipv6-address 为指定设备的下一跳 IPv6 地址；
vpn-instance 为指定使能 IPv6 地址族的 VPN 实例的名称；preference 用于指定路由协议的优先级，取
值为 1~255，默认值是 60；tag 用于指定静态路由的 tag 属性值；description 用于指定静态路由的描述
信息*/

2．在私网中配置 IPv6 静态路由的常用命令。

[Huawei]ipv6 route-static vpn-instance *vpn-source-instance-name dest-ipv6-address*
prefix-length { [*interface-type interface-number* [*nexthop-ipv6-address*]]
| *nexthop-ipv6-address* [public]
| vpn-instance *vpn-instance-name nexthop-ipv6-address* }
[preference *preference*] [tag *tag*]* [description *text*]
//public 用于指定 nexthop-ipv6-address 是公网地址，而不是源 VPN 中的地址

需要注意的是，如果将目的地址与前缀长度都配置为全 0（∷0），则表示配置的是默认路由。

7.4.3　OSPFv3 的基础配置命令

1．启用设备的 OSPFv3 功能。

[Huawei] ospfv3 [*process-id*] [vpn-instance *vpn-instance-name*]
/*此命令用于在设备上创建并运行 OSPFv3 进程，同时可以将创建的 OSPFv3 进程与 VPN 实例进行
绑定（可选）。OSPFv3 支持多进程，一台路由器上启动的多个 OSPFv3 进程之间由不同的进程号区分。
OSPFv3 进程号在启动 OSPFv3 时进行设置，它只在本地有效，不影响与其他路由器之间的报文交换*/

2．配置 OSPFv3 进程使用的 Router ID。

[Huawei-ospfv3-1] router-id *router-id*
/*此命令用于配置设备在该 OSPFv3 进程中所使用的 Router ID。需要注意的是，与 OSPFv2 不同，
OSPFv3 的 Router ID 必须手工配置，如果没有配置 Router ID，则 OSPFv3 无法正常运行*/

3．在接口上启用 OSPFv3 的进程，并指定所属区域。

[Huawei-GigabitEthernet0/0/0] ospfv3 *process-id* area *area-id* [instance *instance-id*]
/*此命令用于在接口上启用 OSPFv3 的进程，并指定所属区域，也可以指定接口所属的实例 ID。实例
ID 取值范围为 0~255，默认为 0。OSPFv3 增加了实例 ID 来标识接口，用户配置时需要保证两个建立邻
居关系的设备的实例 ID 一致*/

4．进入 OSPFv3 区域视图。

[Huawei-ospfv3-1] area *area-id*
/*此命令用于进入 OSPFv3 区域视图，其中 area-id 可以采用十进制整数或 IPv4 地址形式输入，但
显示时采用 IPv4 地址形式*/

5．配置接口的 OSPFv3 网络类型。

[Huawei-GigabitEthernet0/0/0] ospfv3 network-type { broadcast | nbma | p2mp | p2p } [instance
instance-id]
/*此命令用于配置接口的 OSPFv3 网络类型。以太网接口的默认网络类型为 broadcast，串行端口（封
装 PPP 或 HDLC 协议时）的默认网络类型为 P2P*/

6．查看 OSPFv3 的接口信息。

[Huawei] display ospfv3 [*process-id*] interface [area *area-id*] [*interface-type interface-
number*]
/*此命令用于查看 OSPFv3 的接口信息，process-id 用于指定 OSPFv3 进程号，area-id 用于指定
区域的标识，interface-type interface-number 用于指定接口类型和接口号。如果不指定接口，则显示

OSPFv3 所有接口信息*/

7. 查看 OSPFv3 的邻居信息。

[Huawei] display ospfv3 [*process-id*] [**area** *area-id*] **peer** [*interface-type interface-number* | *neighbor-id*] [**verbose**]

//neighbor-id 用于指定邻居的 Router ID

8. 查看 OSPFv3 的 LSDB 信息。

[Huawei] display ospfv3 [*process-id*] lsdb [**area** *area-id*]
[[**originate-router** *advertising-router-id* | **hostname** *hostnamestr*] | **self-originate**]
[{router|network|inter-prefix|inter-router|link|intra-prefix|grace|router-information |nssa|
e-router } [*link-state-id*]] [**age** { **min-value** *min-age-value* | **max-value** *max-age-value* } *]

/*该命令用来查看 OSPFv3 的链路状态数据库信息。其中，originate-router 用于指定发布 LSA 的设备的 Router ID，hostname 用于指定 OSPFv3 的主机名，self-originate 用于显示自生成的链路状态信息，router、network、inter-prefix 等分别用于显示数据库中各类细节信息，此处不再一一解释，link-state-id 是链路状态 ID，age 表示显示 age 范围内的 LSA 信息，min-value 表示仅显示 age 等于或大于 min-age-value 的 LSA 信息，max-value 表示仅查看 age 等于或小于 max-age-value 的 LSA 信息*/

9. 查看 OSPFv3 的路由表信息。

[Huawei] display ospfv3 [*process-id*] **routing** [**verbose**]

10. 配置 OSPFv3 的静默接口。

[Huawei-ospfv3-1] silent-interface { **all** | { *interface-name* | *interface-type interface-number* } }

/*此命令用来配置静默接口，即禁止此类端口或接口接收和发送 OSPFv3 报文。其中，all 用于指定同一进程下所有的接口。若指定某一接口，则需要使用 interface-name 或 interface-type interface-number 指定接口类型和编号*/

11. 配置 OSPFv3 的路由聚合。

[Huawei-ospfv3-1-area-0.0.0.1] abr-summary *ipv6-address prefix-length*

/*此命令用来配置 ABR 对区域内路由进行路由聚合。其中，ipv6-address 用于指定聚合路由的 IPv6 地址，prefix-length 用于指定聚合路由的前缀长度*/

12. 通告 OSPFv3 的默认路由。

[Huawei-ospfv3-1] default-route-advertise type *type*

/*此命令用来将默认路由通告到 OSPFv3 路由区域。type 用于指定外部路由的类型，1 为第一类外部路由，2 为第二类外部路由，默认值是 2*/

🔍 项目实施

A 企业计划在徐州分部先行开展 IPv6 网络部署试点，路由协议选择 OSPFv3 协议。运维工程师负责部署和实施 OSPFv3 协议，徐州分部的园区网络规划为骨干区域（area 0），核心网络拓扑如图 7-1 所示，IPv6 地址规划如表 7-4 所示。

表 7-4   IPv6 地址规划

设备	RouterID	设备接口	IPv6 地址	备注
路由器 ISP5	5.5.5.5	G0/0/1	2023:1::1/64	连接路由器 XZ 的 G0/0/0
核心路由器 XZ	3.3.3.1	G0/0/0	2023:1::2/64	连接路由器 ISP5 的 G0/0/1
		G0/0/1	2022:1300::1/64	连接交换机 S7 的 G0/0/1
		G0/0/2	2022:1310::1/64	连接交换机 S8 的 G0/0/1
交换机 S7	3.3.3.2	VLANIF130	2022:1300::7/64	VLANIF 接口
		VLANIF30	2001:3030::7/64	VLANIF 接口

设备	RouterID	设备接口	IPv6 地址	备注
交换机 S8	3.3.3.3	VLANIF131	2022:1310::8/64	VLANIF 接口
		VLANIF40	2001:4040::8/64	VLANIF 接口
PC3			2001:3030::254/64	IPv6 网关：2001:3030::7
PC4			2001:4040::254/64	IPv6 网关：2001:4040::8

运维工程师需完成的主要任务如下。

（1）将路由器和交换机的接口地址配置为 IPv6 地址。

（2）在区域 0 内配置 OSPFv3 协议。

（3）配置 OSPFv3 的网络类型和静默接口。

（4）配置 OSPFv3 的静态默认路由、路由聚合和默认路由。

（5）在区域 0 内验证 OSPFv3 路由配置结果。

任务 7.1　配置路由器和交换机的接口 IPv6 地址

1. 配置路由器 XZ 和 ISP5 的接口 IPv6 地址。

在路由器 XZ 和 ISP5 上全局启用 IPv6 报文转发功能，并在接口上逐一启用接口的 IPv6 功能及配置单播地址，主要命令如下。

```
[XZ]ipv6                                      //启用设备的 IPv6 报文转发功能
[XZ]interface GigabitEthernet0/0/0
[XZ-GigabitEthernet0/0/0]ipv6 enable    //启用接口的 IPv6 功能
[XZ-GigabitEthernet0/0/0]ipv6 address 2023:1::2/64    //配置接口 IPv6 地址
[XZ-GigabitEthernet0/0/0]quit
[XZ]interface GigabitEthernet0/0/1
[XZ-GigabitEthernet0/0/1] ipv6 enable
[XZ-GigabitEthernet0/0/1]ipv6 address 2022:1300::1/64
[XZ-GigabitEthernet0/0/1]quit
[XZ]interface GigabitEthernet0/0/2
[XZ-GigabitEthernet0/0/2] ipv6 enable
[XZ-GigabitEthernet0/0/2]ipv6 address 2022:1310::1/64

[ISP5] ipv6
[ISP5]interface GigabitEthernet0/0/1
[ISP5-GigabitEthernet0/0/1]ipv6 enable
[ISP5-GigabitEthernet0/0/1]ipv6 address 2023:1::1/64
[ISP5-GigabitEthernet0/0/1]quit
```

2. 配置徐州分部交换机的接口 IPv6 地址。

在交换机 S7 和 S8 上全局启用 IPv6 报文转发功能，并在 VLANIF 接口上逐一启用接口的 IPv6 功能及配置单播地址，主要命令如下。

```
[S7]vlan batch 30 130
[S7]interface GigabitEthernet 0/0/1
[S7-GigabitEthernet0/0/1]port link-type access
[S7-GigabitEthernet0/0/1]port default vlan 130
[S7-GigabitEthernet0/0/1]interface GigabitEthernet 0/0/2
```

微课

```
[S7-GigabitEthernet0/0/2]port link-type access
[S7-GigabitEthernet0/0/2]port default vlan 30
[S7]ipv6                          //启用设备的 IPv6 报文转发功能
[S7]interface vlanif 130
[S7-Vlanif130]ipv6 enable          //启用接口的 IPv6 功能
[S7-Vlanif130]ipv6 address 2022:1300::7/64
[S7-Vlanif130]quit
[S7]interface vlanif 30
[S7-Vlanif30]ipv6 enable           //启用接口的 IPv6 功能
[S7-Vlanif30]ipv6 address 2001:3030::7/64


[S8]vlan batch 40 131
[S8]interface GigabitEthernet 0/0/1
[S8-GigabitEthernet0/0/1]port link-type access
[S8-GigabitEthernet0/0/1]port default vlan 131
[S8-GigabitEthernet0/0/1]interface GigabitEthernet 0/0/2
[S8-GigabitEthernet0/0/2]port link-type access
[S8-GigabitEthernet0/0/2]port default vlan 40
[S8]ipv6
[S8]interface vlanif 131
[S8-Vlanif131]ipv6 enable
[S8-Vlanif131]ipv6 address 2022:1310::8/64
[S8-Vlanif131]quit
[S8]interface vlanif 40
[S8-Vlanif40]ipv6 enable
[S8-Vlanif40]ipv6 address 2001:4040::8/64
[S8-Vlanif40]quit
```

3. 查询 IPv6 接口信息。配置完成后，一定要逐一检查 IPv6 接口的配置情况，以路由器 XZ 和交换机 S7 为例，主要命令及显示信息如下。

```
[XZ] display ipv6 interface brief
*down: administratively down
(l): loopback
(s): spoofing
Interface                    Physical              Protocol
GigabitEthernet0/0/0          up                    up
[IPv6 Address] 2023:1::2
GigabitEthernet0/0/1          up                    up
[IPv6 Address] 2022:1300::1
GigabitEthernet0/0/2          up                    up
[IPv6 Address] 2022:1310::1


[S7] display ipv6 interface brief
*down: administratively down
(l): loopback
(s): spoofing
Interface                    Physical              Protocol
Vlanif30                      up                    up
[IPv6 Address] 2001:3030::7
```

Vlanif130	up	up
[IPv6 Address] 2022:1300::7		

任务 7.2　配置 OSPFv3 协议

1. 配置核心路由器 XZ。

启动 OSPFv3 协议进程，修改开销值参考带宽，并指定所属区域，主要命令如下。

```
[XZ] ospfv3 1                              //运行 OSPFv3 协议进程，进入 OSPFv3 协议视图
[XZ-ospfv3-1]router-id 3.3.3.1            //配置 OSPFv3 协议 Router ID
[XZ-ospfv3-1]bandwidth-reference 1000
//修改 OSPFv3 协议的开销值参考带宽，单位为 Mbit/s，默认值为 100Mbit/s
[XZ-ospfv3-1]quit
[XZ] interface GigabitEthernet0/0/1
[XZ-GigabitEthernet0/0/1] ospfv3 1 area 0 //在接口上启动 OSPFv3 协议的进程，并指定所属区域
[XZ-GigabitEthernet0/0/1] quit
[XZ] interface GigabitEthernet0/0/2
[XZ-GigabitEthernet0/0/2] ospfv3 1 area 0
[XZ-GigabitEthernet0/0/2] quit
```

2. 配置交换机 S7，主要命令如下。

```
[S7] ospfv3 1
[S7-ospfv3-1]router-id 3.3.3.2
[S7-ospfv3-1] bandwidth-reference 1000
[S7-ospfv3-1] quit
[S7] interface vlanif 130
[S7-Vlanif130] ospfv3 1 area 0
[S7-Vlanif130] quit
[S7] interface vlanif 30
[S7-Vlanif30] ospfv3 1 area 0
[S7-Vlanif30] quit
```

3. 配置交换机 S8，主要命令如下。

```
[S8] ospfv3 1
[S8-ospfv3-1]router-id 3.3.3.3
[S8-ospfv3-1] bandwidth-reference 1000
[S8-ospfv3-1] quit
[S8] interface vlanif 131
[S8-Vlanif131] ospfv3 1 area 0
[S8-Vlanif131] quit
[S8] interface vlanif 40
[S8-Vlanif40] ospfv3 1 area 0
[S8-Vlanif40] quit
```

任务 7.3　配置 OSPFv3 的网络类型和静默接口

1. 将区域 0 中设备之间链路接口的 OSPFv3 协议网络配置为 P2P 网络。

OSPFv3 协议默认的网络类型是广播网络，需要进行 DR 选举，收敛速度较慢，修改为 P2P 网络可以加快以太网的收敛速度，主要命令如下。

```
[XZ]interface GigabitEthernet0/0/1
[XZ- GigabitEthernet0/0/1]ospfv3 network-type p2p
[XZ- GigabitEthernet0/0/1]quit
[XZ]interface GigabitEthernet0/0/2
[XZ- GigabitEthernet0/0/2] ospfv3 network-type p2p
[XZ- GigabitEthernet0/0/2]quit

[S7] interface vlanif 130
[S7-Vlanif130] ospfv3 network-type p2p
[S7-Vlanif130]quit

[S8] interface vlanif 131
[S8-Vlanif131] ospfv3 network-type p2p
[S8-Vlanif131] quit
```

2. 配置 OSPFv3 协议的静默接口。

在 OSPFv2 中，静默接口是指被配置为不发送和接收路由更新信息的接口。OSPFv3 协议同样支持静默接口，若路由器接口不需要接收网络中其他路由器发布的路由更新信息，则可以通过 silent-interface 命令抑制此接口收发 OSPFv3 协议报文，从而提高网络收敛效率，节省设备开销。本项目中，将交换机 S7 和 S8 所有连接 PC 的接口都设置为静默接口，主要命令如下。

```
[S7]ospfv3 1
[S7-ospfv3-1]silent-interface vlanif 30
[S8] ospfv3 1
[S8-ospfv3-1]silent-interface vlanif 40
```

任务 7.4 配置 OSPFv3 的静态默认路由、路由聚合和默认路由注入

1. 配置 IPv6 静态默认路由。在路由器 XZ 与 ISP5 之间的链路上设置静态默认路由，以保证链路的连通性，主要命令如下。

```
[XZ]ipv6 route-static  ::  0  2023:1::1              //配置静态默认路由
[ISP5]ipv6 route-static ::  0   2023:1::2            //配置静态默认路由
```

2. 在核心路由器 XZ 上配置 OSPFv3 协议区域 0 的 ABR 路由聚合，主要命令如下。

```
[XZ] ospfv3 1
[XZ-ospfv3-1]area 0
[XZ-ospfv3-1-area-0.0.0.0]abr-summary 2001::   16
```

3. 向 OSPFv3 协议网络注入默认路由，主要命令如下。

```
[XZ] ospfv3 1
[XZ-ospfv3-1]default-route-advertise type 1
//向 OSPFv3 网络注入去往运营商 ISP5 的默认路由，路由类型为 1
```

任务 7.5 验证配置结果

1. 查看接口 IPv6 信息。
以路由器 XZ 的 G0/0/1 接口为例查看接口 IPv6 信息，主要命令及显示信息如下。

```
[XZ]display ipv6 interface GigabitEthernet 0/0/1
GigabitEthernet0/0/1 current state : UP
IPv6 protocol current state : UP
IPv6 is enabled, link-local address is FE80::2E0:FCFF:FEF4:7AF5
  //接口启用 IPv6 功能之后，通过 IEEE EUI-64 规范自动生成了接口的链路本地地址
  Global unicast address(es):
   2022:1300::1, subnet is 2022:1300::/64
  //本接口上配置的 IPv6 全球单播地址和网络前缀
  Joined group address(es):
   FF02::5
   FF02::1:FF00:1
   FF02::2
   FF02::1
   FF02::1:FFF4:7AF5
   //以上为本接口加入的所有组播地址，包括 IPv6 地址的被请求结点组播地址
  MTU is 1500 bytes                    //MTU 即最大传输单元
  ND DAD is enabled, number of DAD attempts: 1
  //表示系统进行重复地址检测时发送邻居请求报文功能已启用，以及显示重复地址探测的次数
  ND reachable time is 30000 milliseconds          //邻居可达时间
  ND retransmit interval is 1000 milliseconds        //重传时间间隔
  Hosts use stateless autoconfig for addresses        //主机使用无状态自动配置获取 IPv6 地址
```

2. 查看 OSPFv3 协议邻居的简要信息。

以路由器 XZ 为例查看 OSPFv3 协议邻居的简要信息，主要命令及显示信息如下。

```
[XZ]display ospfv3 peer
OSPFv3 Process (1)              //OSPFv3 协议进程号
OSPFv3 Area (0.0.0.0)            //OSPF v3 协议区域 ID
Neighbor ID   Pri   State       Dead Time   Interface   Instance ID
3.3.3.2       1     Full/-      00:00:31    GE0/0/1     0
3.3.3.3       1     Full/-      00:00:38    GE0/0/2     0
```

从显示信息可以看出，路由器 XZ 在区域 0 中有两个 OSPFv3 协议邻居，邻居 ID 分别为 3.3.3.2（交换机 S7）和 3.3.3.3（交换机 S8）。其中，Pri 表示邻居路由器的优选级，用于选举 DR 与 BDR，默认值为 1。

3. 查看 OSPFv3 协议邻居的详细信息。

以路由器 XZ 的 G0/0/1 接口为例查看 OSPFv3 协议邻居的详细信息，主要命令及显示信息如下。

```
[XZ] display ospfv3 interface GigabitEthernet 0/0/1
GigabitEthernet0/0/1 is up, line protocol is up
  Interface ID 0x4      //接口标识
  Interface MTU 1500    //接口 MTU
  IPv6 Prefixes            //IPv6 前缀
    FE80::2E0:FCFF:FEF4:7AF5 (Link-Local Address)        //链路本地地址
    2022:1300::1/64                          //全球单播地址
  OSPFv3 Process (1), Area 0.0.0.1, Instance ID 0
    Router ID 3.3.3.1, Network Type POINT-TO-POINT, Cost: 1
    //接口所属的网络类型是 P2P
    Transmit Delay is 1 sec, State Point-To-Point, Priority 1 //传输延迟时间、接口状态和优先级
    No designated router on this link              //链路上没有 DR
```

No backup designated router on this link   //链路上没有 BDR
Timer interval configured, Hello 10, Dead 40, Wait 40, Retransmit 5
　　Hello due in 00:00:06
Neighbor Count is 1, Adjacent neighbor count is 1   //邻居数量和邻接数量
Interface Event 4, Lsa Count 2, Lsa Checksum 0x60ld
//接口上事件的数量、接口上 LSA 的数量和 LSA 的校验和
Interface Physical BandwidthHigh 0, BandwidthLow 1000000000
//物理带宽最大值和物理带宽最小值

4. 查看 OSPFv3 协议的区域信息。

以路由器 XZ 为例查看 OSPFv3 协议的区域信息，主要命令及显示信息如下。

[XZ] display ospfv3 1 area 0
OSPFv3 Process (1)
　Area 0.0.0.0(BACKBONE)   Active
　　　Number of interfaces in this area is 2   //属于区域 0 的接口个数
　　　SPF algorithm executed 22 times
　　　Number of LSA 6.   Checksum Sum 0x2EFC1
　　　Number of Unknown LSA 0
　　　Area Bdr Router count: 0   //区域中 ABR 的数量
　　　Area ASBdr Router count: 1   //区域中 ASBR 的数量
　　　Next SPF Trigger Time 500 millisecs

5. 查看 OSPFv3 协议 ABR 的引入路由聚合信息。

[XZ]display ospfv3 abr-summary-list
OSPFv3 Process (1)
Area ID　：　0.0.0.0
Prefix   Prefix-Len Matched   Status
2001::   16   0[NoActive]   Advertise
//信息包括汇聚路由前缀、前缀长度、匹配的明细路由数量和聚合后路由的状态、聚合路由的发布状态

6. 查看 OSPFv3 协议的路由表信息。

以路由器 XZ 为例查看 OSPFv3 协议的路由表信息，主要命令及显示信息如下。

[XZ]display ospfv3 routing
　Codes : E2 - Type 2 External, E1 - Type 1 External, IA - Inter-Area, N - NSSA, U -
Uninstalled
　/*路由代码：E2 表示第二类外部路由，E1 表示第一类外部路由，IA 表示区域间路由，N 表示 NSSA
路由，U 表示不下发 OSPFv3 协议路由到 IPv6 路由表中*/
　OSPFv3 Process (1)
　　Destination   Metric   Next-hop
　2001:3030::/64   2   via FE80::4E1F:CCFF:FED6:1E00, GigabitEthernet0/0/1
　2001:4040::/64   2   via FE80::4E1F:CCFF:FEC7:4AA, GigabitEthernet0/0/2
　2022:1300::/64   1   directly connected, GigabitEthernet0/0/1
　2022:1310::/64   1   directly connected, GigabitEthernet0/0/2

7. 查看 IPv6 地址的连通情况。

以 ISP5 路由器为例，通过 ping 远端终端 PC3 的 IPv6 地址，查看区域 0 中 IPv6 地址的连通情况，主要命令行及显示信息如下。

[ISP5]ping ipv6 -a 2023:1::1 2001:3030::254
　PING 2001:3030::254 : 56   data bytes, press CTRL_C to break
　　Reply from 2001:3030::254

```
        bytes=56 Sequence=1 hop limit=253    time = 110 ms
        Reply from 2001:3030::254
        bytes=56 Sequence=2 hop limit=253    time = 50 ms
        Reply from 2001:3030::254
        bytes=56 Sequence=3 hop limit=253    time = 40 ms
        Reply from 2001:3030::254
        bytes=56 Sequence=4 hop limit=253    time = 50 ms
        Reply from 2001:3030::254
        bytes=56 Sequence=5 hop limit=253    time = 50 ms

        --- 2001:3030::254 ping statistics ---
        5 packet(s) transmitted
        5 packet(s) received
        0.00% packet loss
        round-trip min/avg/max = 40/60/110 ms
```

项目小结

　　本项目首先介绍了IPv6基本概念，包含IPv6与IPv4对比、IPv6数据包格式，接着介绍了IPv6地址，包括IPv6地址格式、IPv6地址分类、IPv6单播地址、IPv6组播地址和IPv6任播地址，然后介绍了IPv6路由，包括IPv6静态路由、OSPFv3基础及OSPFv3报文格式，通过该部分理论知识的讲解，期望读者能够根据企业网络需求设计合适的网络架构。最后讲解了IPv6及OSPFv3协议的基础配置命令，期望读者可以掌握IPv6配置的命令和相关参数，以顺利完成IPv6网络部署与实施维护的工作。

　　在介绍完IPv6理论知识之后，在项目实施阶段，首先根据项目需要，完成对网络中路由器和交换机的接口IPv6地址的配置，OSPFv3协议的配置等，OSPFv3的网络类型和静默接口的配置，OSPFv3的静态默认路由、路由聚合和默认路由注入的配置最后对配置结果进行了验证，分别验证了IPv6接口及路由的配置结果，以及OSPFv3协议的配置结果。

拓展知识

IPv6 地址配置方式

　　IPv6 地址配置方式分为静态地址配置和动态地址配置。其中，动态地址配置又可以分为无状态地址自动配置（Stateless Address Autoconfiguration，SLAAC）和 DHCPv6 自动配置。

　　1. SLAAC

　　SLAAC 是不需要 IPv6 地址分配服务器保存和管理每个结点的状态信息的一种 IPv6 地址自动配置方式，一般基于 NDP 来实现。基于 NDP 的 IPv6 地址 SLAAC 通过交互 RS 报文和 RA 报文完成，其过程如图 7-18 所示。

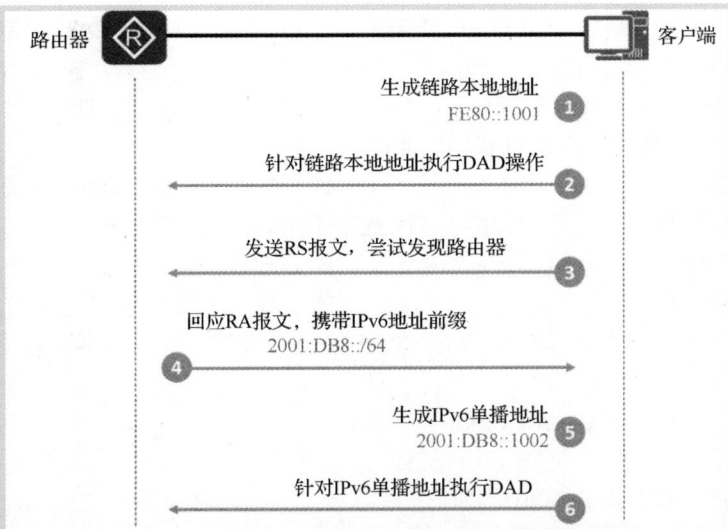

图 7-18 基于 NDP 的 IPv6 地址 SLAAC 的过程

（1）客户端根据本地的接口标识自动生成链路本地地址，本例中链路本地地址为FE80::1001。

（2）客户端针对该链路本地地址执行重复地址检测（Duplicate Address Detection，DAD）操作，如果该地址无冲突则可启用，此时客户端具备 IPv6 连接能力。

（3）客户端发送 RS 报文，尝试在链路上发现 IPv6 路由器。

（4）路由器回应 RA 报文（携带可用于 SLAAC 的 IPv6 地址前缀。路由器在没有收到 RS 报文时也能够主动发送 RA 报文）。本例中，该前缀为 2001:DB8::/64。

（5）客户端解析路由器发送的 RA 报文，获得 IPv6 地址前缀，使用该前缀加上链路本地地址的接口标识生成 IPv6 单播地址，本例中为 2001:DB8::1002。

（6）客户端对生成的 IPv6 单播地址执行 DAD 操作，如果没有检测到冲突，则启用该 IPv6 地址。

2．DHCPv6 自动配置

DHCPv6 自动配置又分为 DHCPv6 无状态自动配置（Stateless DHCPv6）和 DHCPv6 有状态自动配置（Stateful DHCPv6）两种。

① DHCPv6 有状态自动配置：DHCPv6 服务器自动配置 IPv6 地址/前缀及其他网络配置参数，类似 IPv4 中的 DHCP。

② DHCPv6 无状态自动配置：主机 IPv6 地址仍然通过路由通告的方式自动生成，DHCPv6 服务器只分配除 IPv6 地址以外的配置参数，包括 DNS 服务器等参数。该方式主要用于在主机已通过 SLAAC 获得全局唯一 IPv6 地址后，获取其他网络配置信息。

知识巩固

一、选择题

1．IPv6 的基本报头长度为（   ）字节。

   A．32   B．40   C．48   D．64

2. 基于 IEEE EUI-64 规范自动生成接口标识时，在 MAC 地址的前 24 位和后 24 位之间插入的固定数值是（　　）。

    A. FFFE   B. EFFF   C. EEEE   D. FFFF

3. IPv6 地址中不包括（　　）类型的地址。

    A. 单播   B. 组播   C. 广播   D. 任播

4. 以下 IPv6 地址（　　）可以被手工配置在路由器接口上。（多选）

    A. FE80:13DC::1/64   B. FF00:8A3C::9B/64

    C. ::1/128   D. 2001:12E3:1B02::21/64

5. 关于 IPv6 地址 2031:0000:720C:0000:0000:09E0:839A:130B，以下缩写正确的是（　　）。（多选）

    A. 2031:0:720C:0:009E0:839A:130B

    B. 2031:0:720C:0:9E:839A:130B

    C. 2031::720C::9E:839A:130B

    D. 2031:0:720C::9E0:839A:130B

6. 关于 IPv6 的描述正确的是（　　）。

    A. IPv6 地址的长度为 64 位

    B. IPv6 地址的长度为 125 位

    C. IPv6 地址有状态配置使用 DHCP 服务器分配地址和其他设置

    D. IPv6 地址有状态配置使用 DHCPv6 服务器分配地址和其他设置

7. IPv6 的基本报头的下一个报头字段的值是 6，表示交给传输层的（　　）报文承载。

    A. TCP   B.UDP   C. FTP   D. HTTP

8. IPv6 地址 FE80::E0:F726:4E58 为（　　）。

    A. 链路本地地址 B. 唯一本地地址   C. 全球单播地址   D. 广播地址

9. 在 IPv6 中，OSPFv3 不再支持（　　）。

    A. 多区域划分   B. Router ID

    C. 认证功能   D. 以组播方式发送协议报文

10. 以下关于 IPv6 地址缩写的说法正确的有（　　）。（多选）

    A. 双冒号只能使用一次

    B. 一个或一个以上连续的零的字符可以用双冒号表示

    C. 用冒号将 128 比特分割成 8 个 16 比特的字段，每个字段包括 4 位的十六进制数

    D. 每个 16 位的字段中开头的零可以省略

二、填空题

1. 相较于 IPv4 地址，IPv6 地址不单在地址数量上增多了，更重要的是在功能上增强了，IPv4 地址长度是 32 位，IPv6 地址长度是_____位。

2. IPv6 报文由 IPv6 基本报头、_____和上层 PDU 组成。

3. IPv6 地址是由两部分组成的，即_____和_____。

4. IPv6 完整地址 2001:0410:0000:0001:0000:0000:45FF 的缩写可表示为_____。

5. IPv6 地址的配置方式有两种，即静态地址配置和动态地址配置，其中动态地址配置又分为_____配置和_____。

三、简答题

1. IPv6 基本报头中的下一报头字段的作用是什么？

2. 请简述 IPv6 相对 IPv4 的具体改进。

拓展任务

随着 A 企业徐州分部业务规模的扩大，公司信息化部门决定对 IPv6 业务进行改造，需求如下。

（1）拓扑区域 0 保持基本不变，在路由器 XZ 上增加区域 1。

（2）把区域 1 作为信息化部门，增加多台服务器，在区域 1 的设备上部署接口 IPv6 地址。

（3）在区域 1 上部署 OSPFv3 协议，保证与其他区域的路由互通。

项目8
实现网络自动化运维

08

项目概述

随着云计算相关技术和软件定义网络（Software Defined Network，SDN）技术的发展，信息技术系统日趋复杂，网络架构也在不断更新，这意味着需要维护的网络的规模不断扩大。交换机、路由器、防火墙等网络设备的数量成倍增加，使用传统的人工方式进行网络维护面临着巨大挑战，网络自动化运维势在必行。因此，运维工程师需要具备一定的编程能力，通过软件辅助传统的人工维护。

本项目计划对A企业总部网络先行开展网络自动化运维部署。本项目涉及的总部网络拓扑如图8-1所示。当前企业网络基本业务已经部署完成，总部用户能够通过网络正常办公。本项目要实现的网络自动化运维需求如下。

（1）网络设备例行巡检。每天定时采集设备信息，便于及时发现问题。

（2）设备自动配置。由于总部不断增加员工，现有接入设备不足，需要增加新的接入设备。运维工程师需要对网络进行扩容，在新接入的设备上配置接入业务，确保新员工能正常接入网络。

（3）收集并分析网络设备数据，协助运维工程师分析数据转发路径，便于问题定位。

尽管使用传统的命令行接口（Command Line Interface，CLI）方式或者Web网管方式也可以完成上述需求，但效率较低。运维工程师需要使用Python编程语言进行自动化运维，以提高工作效率。

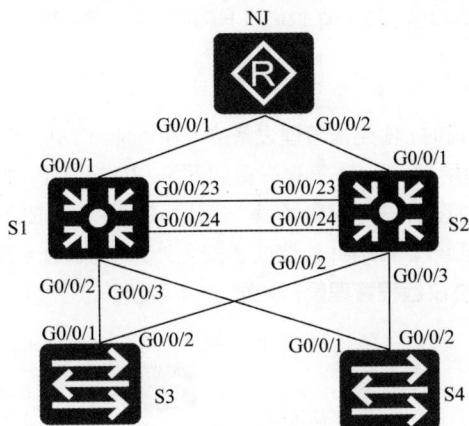

图 8-1 本项目涉及的总部网络拓扑

知识图谱

本项目的知识图谱如图 8-2 所示。

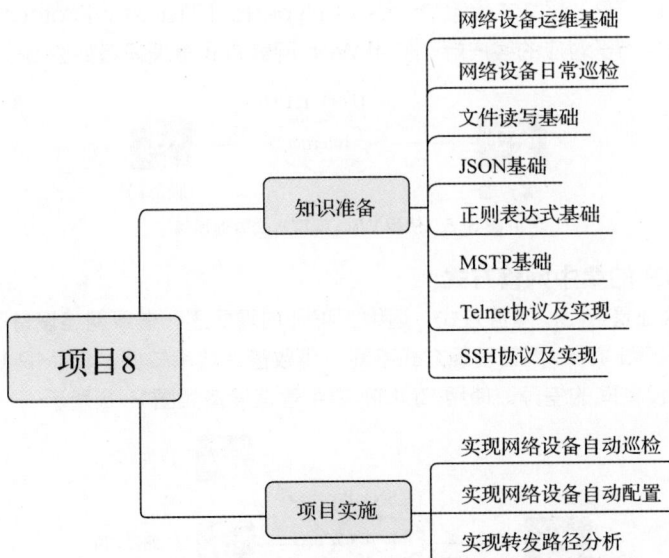

图 8-2 项目 8 知识图谱

知识准备

8.1 网络设备运维基础

一个网络项目的生命周期包括规划、设计、实施、运维优化 4 个阶段。在实施与运维优化阶段，运维工程师需要对具体的网络设备进行配置管理和维护，保证设备正常工作。网络设备常用管理方式包括 CLI 方式、Web 网管方式、基于简单网络管理协议（Simple Network Management Protocol，SNMP）的集中网管方式。

微课

1. CLI 方式

通过 CLI 方式管理网络设备时，使用被管理设备的 Console 口进行管理，管理主机与被管理设备之间通过 Console 线缆连接。使用 Console 管理设备如图 8-3 所示。这种方式是管理网络设备的基本方式，适用于首次使用设备时对设备进行配置管理。通过 Console 口配置设备管理接口 IP 地址与 Telnet/SSH 业务功能后，便可通过 Telnet 协议或者安全外壳（Secure Shell，SSH）协议对设备进行远程管理。使用 Telnet/SSH 协议远程管理设备如图 8-4 所示。

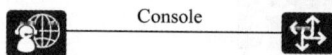

图 8-3　使用 Console 管理设备

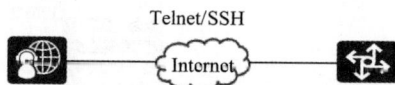

图 8-4　使用 Telnet/SSH 协议远程管理设备

2. Web 网管方式

CLI 方式适用于专业的运维工程师对设备进行管理。在网络设备日常运维中，如果希望网络设备的配置、运维以图形化的直观方式显示，使非专业人士也能对设备进行管理，则可以使用 Web 网管方式。Web 网管方式可以理解为 CLI 方式的网页版呈现，其功能仅支持常用的配置与查询业务，是 CLI 方式支持配置功能的子集。在 Web 网管方式中，被管理设备相当于超文本传输协议（Hypertext Transfer Protocol，HTTP）/超文本传输安全协议（Hypertext Transfer Protocol Secure，HTTPS）的服务器，管理主机相当于对应的客户端。使用 Web 网管方式管理设备如图 8-5 所示。

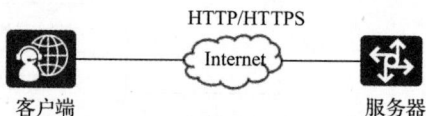

图 8-5　使用 Web 网管方式管理设备

3. 基于 SNMP 的集中网管方式

无论是 CLI 方式还是 Web 网管方式，运维工程师均需要逐一登录网络设备后再进行管理，并且不同厂商设备的命令行和 Web 网管呈现方式不同，导致管理效率较低。SNMP 规范了网络管理的接口，屏蔽了不同厂商设备间的差异。使用 SNMP 集中管理设备如图 8-6 所示。

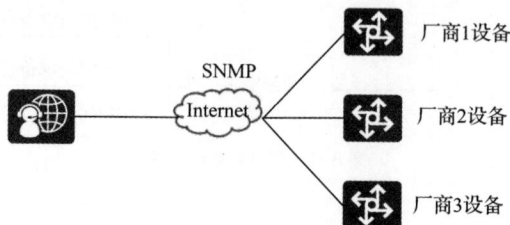

图 8-6　使用 SNMP 集中管理设备

基于 SNMP 管理的网络架构模型如图 8-7 所示，主要分为网络管理系统（Network Management System，NMS）与被管理设备。被管理设备中有一个代理进程 Agent 负责与 NMS 交互，运维工程师可以通过 NMS 对设备进行配置/查询，当设备出现问题时，也可以主动向 NMS 上报告警信息。被管理设备维护一个管理信息库（Management Information Base，MIB），其中包含被管理设备能提供的配置信息和查询信息，这些信息以一种通用的树状数据结构来组织，该树被称为对象命名树（Object Naming Tree）。树中每个结点代表特定的被管理对象，这也是 SNMP 能管理不同厂商设备的重要原因之一。

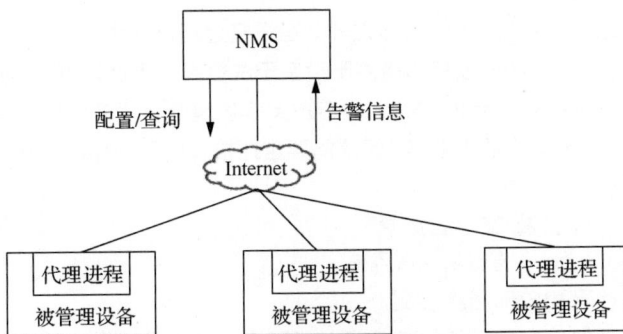

图 8-7 基于 SNMP 管理的网络架构模型

随着业务需求与网络架构的日益复杂，运维工程师对网络运维方式有了更高的要求。传统的 CLI 方式提供了简单、直观的设备操作途径，但 CLI 方式返回的是非结构化数据，虽方便运维工程师查看，但不利于对数据进行进一步的处理。Web 网管方式的呈现方式较好，有利于非专业的运维工程师使用，但是功能不全。基于 SNMP 的集中网管方式能屏蔽不同厂商设备间的差异，能实现同时管理多台设备的功能，且能以直观的形式展现网络拓扑、每台设备的状态等数据，是管理大型网络的有效工具。但基于 SNMP 的网管软件需要额外购买。另外，虽然 SNMP 提供了跨厂商设备管理的途径，但实际上被管理设备与同厂商的基于 SNMP 的网管软件兼容性更好，特别是每个厂商都会有自己的私有 MIB，对于私有 MIB 的被管理对象，其他厂商也无法兼容。因此，如果有一种方式能让运维工程师根据网络的实际情况编写程序进行运维，能够对设备返回的数据进行呈现或加工处理，网络管理将更加高效灵活。Python 编程语言提供了这样一种方式，运维工程师在掌握网络设备管理知识的基础上，再熟练掌握使用 Python 编程语言开发程序，就能够根据实际网络状况构建自动化运维系统。

8.2 网络设备日常巡检

网络设备日常巡检分为硬件巡检和软件巡检两部分。硬件巡检首先关注的是设备运行的物理环境，如供电情况、温度、湿度等，这需要运维工程师到现场巡检，有时需要借助专业工具进行观察和测量。在硬件巡检过程中，运维工程师还需要关注网络设备的指示灯是否异常，如电源、风扇、业务接口等的指示灯是否颜色异常、是否闪烁异常等。软件巡检包括设备基本状态巡检、设备端口状态巡检及设备业务状态巡检。软件巡检不需要运维工程师到现场巡检，在设备正常联网后远程操作即可。下面主要介绍软件巡检的具体内容。

1. 设备基本状态巡检

设备基本状态巡检主要包括设备运行情况检查、设备资源占用率检查、设备单板状态检查和内部温度检测、设备复位情况检查等。

（1）设备运行情况检查。

检查内容包括设备当前配置、运行的软件版本等，它们对应的查询命令如下。

```
display current-configuration    //查看设备当前配置
display version    //查看设备运行的软件版本
display startup    //查看设备当前启动的软件包、补丁和许可证文件，以及下次启动的相关文件名
display patch-information    //查看当前系统的补丁信息，包括补丁版本号、补丁状态等
display license    //查看当前系统中的许可证文件激活情况
```

（2）设备资源占用率检查。

CPU 占用率是衡量设备性能的重要指标之一。在设备运行过程中，CPU 占用率过高常常会导致业务异常，如 BGP 震荡、VRRP 频繁切换甚至设备无法登录，因此运维工程师需要定期查看 CPU 占用率，以保证设备能够运行在稳定的状态。内存占用率也是衡量设备性能的重要指标之一，内存占用率过高会导致业务异常，无法开展新业务，因此需要定期检查内存占用率以保证设备稳定运行。CPU 占用率和内存占用率的查询命令如下。

```
display cpu-usage    //查看 CPU 占用率
display memory-usage    //查看内存占用率
```

（3）设备单板状态检查和内部温度检测。

单板及其相关部件硬件信息和工作状态正常，是网络设备正常工作的前提。设备单板状态检查和内部温度检测命令如下。

```
display device    //检查设备单板状态
display temperature all    //检测内部温度
```

（4）设备复位情况检查。

网络设备在运行过程中可能由于某些故障复位。设备会在日志中记录复位原因和复位具体发生时间，查看复位信息有助于及时进行故障定位和修复。设备的复位信息查询命令如下。

```
display reboot-info    //查看设备的复位信息，路由器上对应"display reset-reason"命令
```

2. 设备端口状态巡检

端口是承载网络流量的通道，端口状态良好是业务正常运行的前提。运维工程师通过查看端口状态能够了解端口是否正常工作，通过端口在一定时间内收发报文的数量能够掌握端口的负载情况。端口查询的主要命令如下。

```
display interface brief    /*查看端口的物理状态、协议状态、接收方向和发送方向、最近一段时间的带宽利用率、接收和发送的错误报文数*/
display counters    //查看端口的流量统计数
display counters rate    //查看端口入方向或出方向的流量速率
display current-configuration interface    //查看端口的当前配置
```

3. 设备业务状态巡检

设备业务状态主要指业务运行中产生的业务表项或状态，运维工程师根据这些信息能够进行业务流量转发路径分析、故障定位等。具体收集的信息以实际部署业务为准，常用的设备业务状态查询命令如下。

```
display vlan    //查看 VLAN 基本信息，包括创建的 VLAN 和 VLAN 内的端口
display mac-address    //查看 MAC 地址表项信息
display stp    //查看生成树状态
display ip routing-table    //查看 IP 单播路由表的信息
display l2-multicast forwarding-table vlan vlanid    //查看二层组播转发表
display multicast routing-table    //查看 IP 组播路由表的信息
```

8.3 文件读写基础

对于网络设备日常巡检结果，运维工程师不一定能实时查看，因此需要把巡检结果保存到文件中，便于后续查看、分析。Python 提供的内置函数 open()用于打开或创建文件对象，通过文件对象提供的方法，能够对文件进行一系列的访问和管理操作。文件打开方法如下。

```
f=open(file, mode='r', buffering=-1, encoding=None)
```

其中，file 为要打开或创建的文件的名称，包括文件所在的具体路径；mode 是文件打开模式，参数包括 r、w、a，分别表示读（read）、写（write）、追加（add）操作；buffering 表示是否使用缓存（默认值为-1，表示使用系统默认大小的缓冲区）；encoding 是文件的编码方式，仅在采用文本方式读写数据的情况下有效，在采用二进制方式读写数据的情况下不可指定。文本的编码方式有很多，常用的有 UTF-8、美国信息交换标准代码（American Standard Code for Information Interchange，ASCII）、汉字国标扩展码（Chinese character GB extended code，GBK）等。常用的文件打开模式及其含义如表 8-1 所示。

表 8-1 常用的文件打开模式及其含义

文件打开模式	含义
r/rb	以只读方式打开文本文件/二进制文件，若文件不存在则报错
w/wb	以只写方式打开文本文件/二进制文件，若文件已存在则重写文件，否则创建新文件
a/ab	以只写方式打开文本文件/二进制文件，在文件末尾追加数据，若文件不存在则创建新文件
r+/rb+	以读/写方式打开文本文件/二进制文件，若文件不存在则报错
w+/wb+	以读/写方式打开文本文件/二进制文件，若文件已存在则重写文件，否则创建新文件
a+/ab+	以读/写方式打开文本文件/二进制文件，在文件末尾追加数据，若文件不存在则创建新文件

与 open()相对应的操作是 close()，文件打开后不再使用时需要主动使用 close()方法将其关闭。为防止在文件打开后遗漏文件关闭操作，也可使用 with 语句管理文件，实现文件的自动关闭。文件打开后使用读写方法可以对文件进行管理。常用的文件读写方法如下，其中每个方法中的"f"表示的是事先通过 open()方法打开文件获得的文件对象。

（1）f.read()：从 f 中读取剩余内容直到文件结尾，返回一个字符串。

（2）f.read(n)：从 f 中读取 n 个字符，返回一个字符串。如果 n 为负数或 None，则读取内容直到文件结尾。

（3）f.readline()：从 f 中读取一行内容，返回一个字符串。

（4）f.readlines()：从 f 中读取所有数据，返回一个列表，列表的每个元素对应文件中的一行内容。

（5）f.write(data)：向 f 中写入指定字符串 data。

（6）f.writelines(lines)：向 f 中写入列表 lines 中的数据，lines 中是事先定义好的字符串或者可以被转换为字符串的对象。

8.4 JSON 基础

1. JSON 可以表示的数据

JavaScript 对象表示法（JavaScript Object Notation，JSON）是一种轻量级的数据交换格式，

易于阅读和编写，可以在多种编程语言之间进行数据交换，也易于机器解析和生成。JSON 格式的数据和 Python 中的字典相似，但 JSON 中键（key）的数据类型必须为字符串并需要使用双引号引起来，JSON 可以表示数值、字符串、数组、对象等数据。

（1）JSON 表示数值。

格式：{ "key" : value}。

示例：

```
{
    "interfaceID1":1,
    "interfaceID2":2
}
```

（2）JSON 表示字符串。

格式：{ "key" : "value"}。

示例：

```
{
    "Vendor1":"Huawei",
    "Vendor2":"Cisco"
}
```

（3）JSON 表示数组。

格式：{ "key" : [value]}，其中，value 为列表数据。

示例：

```
{
    "interfaceID":[1,2],
    "Vendor":["Huawei","Cisco"]
}
```

（4）JSON 表示对象。

格式：{ "key" : {value}}，其中，value 为字典数据。

示例：

```
{
    "device1":{
    "interfaceID":[1,2],
        "Vendor":["Huawei"]
    },
    "device2":{
        "interfaceID":[3,4],
        "Vendor":["Cisco"]
    }
}
```

2. JSON 格式数据的操作方法

Python 中使用 JSON 模块对 JSON 格式的数据进行读写，读写方法主要分为两类，一类是将 Python 对象转换成 JSON 格式的字符串，可以理解为编码器（Encoder）；另一类是将 JSON 格式的字符串转换成 Python 对象，可以理解为解码器（Decoder）。JSON 格式数据的操作方法主要包括 dumps()、dump()、loads()和 load()这 4 种。

（1）json.dumps()。

json.dumps()用于将 Python 字典对象转换成 JSON 对象，返回的是字符串。

```
import json
```

```
x = {"interfaceID1":1, "Vendor1":"Huawei"}
//使用 dumps()将 Python 字典对象转换成 JSON 字符串并输出
print(json.dumps(x))
print(type(x))
print(type(json.dumps(x)))
```

执行以上代码得到的输出结果如下。

```
{"interfaceID1": 1, "Vendor1": "Huawei"}
<class 'dict'>
<class 'str'>
```

（2）json.dump()。

json.dump()用于将 Python 字典对象转换后的 JSON 字符串存储到文件中。

```
import json
x = {"interfaceID1":1, "Vendor1":"Huawei"}
//将 Python 对象转换后的 JSON 对象存储到文件中
filename = 'device.json'
with open(filename, 'w') as f:
    json.dump(x, f)
```

执行以上代码后会在代码源文件相同的目录下生成 device.json 文件，打开该文件后，可发现存储的 JSON 文件内容如图 8-8 所示。

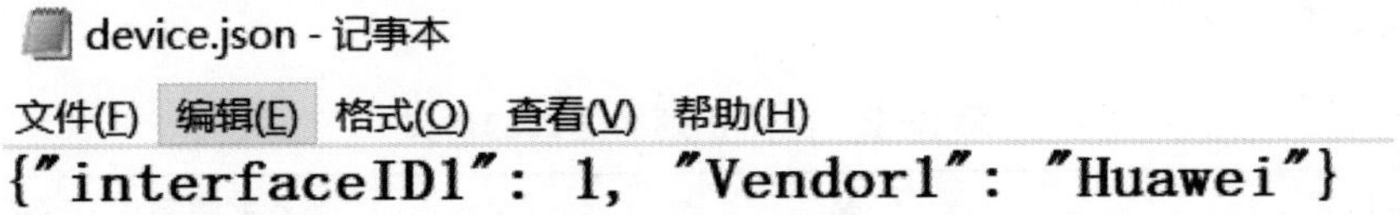

📒 device.json - 记事本

文件(F)　编辑(E)　格式(O)　查看(V)　帮助(H)

```
{"interfaceID1": 1, "Vendor1": "Huawei"}
```

图 8-8　JSON 文件内容

（3）json.loads()。

json.loads()用于针对内存对象，将 JSON 格式的字符串转换成 Python 字典对象。

```
import json
x = {"interfaceID1":1, "Vendor1":"Huawei"}
//使用 dumps()将 Python 字典对象转换成 JSON 字符串
x = json.dumps(x)
print(x)
print(type(x))
//使用 loads()将 JSON 格式的字符串转换成 Python 字典对象
y=json.loads(x)
print(y)
print(type(y))
```

将字符串表示的 JSON 格式数据作为参数传入 loads()方法，得到 Python 字典对象，执行以上代码得到的输出结果如下。

```
{"interfaceID1": 1, "Vendor1": "Huawei"}
<class 'str'>
{'interfaceID1': 1, 'Vendor1': 'Huawei'}
<class 'dict'>
```

（4）json.load()。

json.load()用于针对文件句柄，从 JSON 格式的文件中读取数据并将其转换成 Python 字典对象。

```
import json
x = {"interfaceID1":1, "Vendor1":"Huawei"}
filename = 'device.json'
with open (filename,'w') as f:
    json.dump(x,f)
with open (filename) as f_1:
    y=json.load(f_1)
    print(y)
    print(type(y))
```

执行以上代码得到的输出结果如下。

```
{'interfaceID1': 1, 'Vendor1': 'Huawei'}
<class 'dict'>
```

8.5 正则表达式基础

正则表达式是对字符串进行操作的一种逻辑公式，用事先定义好的一些特定字符及这些特定字符的组合构成一个"规则字符串"。这个"规则字符串"用来表达对字符串的一种过滤逻辑。正则表达式的灵活性和逻辑性很强，可以迅速用简单的方式实现字符串的复杂控制。正则表达式由普通字符（如字符 a~z）和特殊字符组成，常用正则表达式的含义如表 8-2 所示。

表 8-2 常用正则表达式的含义

正则表达式的形式	含义	表达式样例	匹配的实例
.	除换行符\n 外的任意一个字符	a.c	abc
\	转义字符，将后一个字符标记为原意字符或特殊字符	a\.c	a.c
[...]	方括号中的任意字符	a[bcd]e	abe、ace、ade
\d	0~9 中的任意数字	a\dc	a8c
\D	任意非数字	a\Dc	adc
\s	空白字符（包括\r、\n、\t、\v 或\f，\r 表示一个回车符，\n 表示一个换行符，\t 表示一个制表符（"Tab"键），\v 表示一个垂直制表符，\f 表示一个换页符	a\sc	a c
\S	任意非空白字符	a\Sc	abc
\w	表示数字 0~9，字母 A~Z、a~z 或下画线	a\wc	aBc
\W	表示非字母、非数字、非下画线的字符	a\Wc	a c
^	匹配字符串开头或在多行模式中匹配每一行的开头	^abc	abc
$	匹配字符串末尾或在多行模式中匹配每一行的末尾	abc$	abc
*	匹配前一个字符 0 次或无限次	abc*	ab、abccc
+	匹配前一个字符 1 次或无限次	abc+	abc、abcc
?	匹配前一个字符 0 次或 1 次	abc?	ab、abc
{m}	匹配前一个字符 m 次	ab{2}c	abbc
{m,n}	匹配前一个字符 m~n 次	ab{1,2}c	abc、abbc

Python 中的 re 模块提供正则表达式来匹配、处理字符串。

1. 生成正则表达式对象

语法格式：re_pattern=re.compile(pattern,flags=0)。

其中，各个参数的含义如下。

pattern：正则表达式字符串。

flags：可选参数，控制正则表达式的匹配方式，如字母大小写、多行模式等。

该函数返回一个 Pattern 对象，使用该对象的 match()、search()、findall()等方法可以实现字符串的匹配、查找。

2. 根据正则表达式匹配目标字符串内容

（1）re.findall()。

语法格式：re.findall(pattern,string,flags=0)。

其中，各个参数的含义如下。

pattern：正则表达式字符串或 re.compile()返回的 Pattern 对象。

string：目标字符串。

flags：可选参数。

该函数的返回值是匹配到的内容列表，如果正则表达式对象有子组，则只能匹配子组对应的内容。

（2）re_pattern.findall()。

语法格式：re_pattern.findall(string,pos,endpos)。

这里的 re_pattern 为使用 re.compile()返回的 Pattern 对象。其中，各个参数的含义如下。

string：目标字符串。

pos：目标字符串的开始匹配位置。

endpos：目标字符串的结束匹配位置。

3. 匹配目标字符串第一个符合的内容

（1）re.search()。

语法格式：re.search(pattern,string,flags=0)。

其中，各个参数的含义如下。

pattern：正则表达式字符串或 re.compile()返回的 Pattern 对象。

string：目标字符串。

flags：可选参数。

（2）re_pattern.search()。

语法格式：re_pattern.search(string,pos,endpos)。

这里的 re_pattern 为使用 re.compile()返回的 Pattern 对象。

其中，各个参数的含义如下。

string：目标字符串。

pos：目标字符串的开始匹配位置。

endpos：目标字符串的结束匹配位置。

假设想找出一个字符串中的所有数字，使用 re 模块编码实现如下。

```
import re
pattern = re.compile('\d+')        //使用 re.compile()创建一个 Pattern 对象
str = '12hello 456,Python'         //待匹配的目标字符串
result = re.findall(pattern,str)   //根据正则表达式匹配目标字符串
```

```
print(result)
```

输出结果为字符串中所有数字组成的列表，具体如下。

```
['12', '456']
```

Python 中的 TextFSM 模块是一个基于模板的状态机引擎。TextFSM 模块基于正则表达式原理，但降低了正则表达式的难度，可以方便地处理文本块，相比 re 模块逐行处理文本效率更高。本项目使用 TextFSM 模块提取文本中的网络设备信息。TextFSM 类是模板管理器，它允许用户自己制作模板来处理文本，在网络运维中使用该类可以将网络设备输出的信息改造成符合要求的有序数据格式。

使用 TextFSM 需要编写的正则表达式模板匹配文件主要包括以下 4 部分。

① Value 值（自定义，内容为命令输出后想要筛选的关键字，默认为全大写）。

② Start（开始匹配的位置）。

③ 正则表达式匹配规则。

④ 文件结束标志（End Of File，EOF）（相当于 -> Record，结束匹配）。

在编写正则表达式模板匹配文件时要注意的事项如下。

（1）Start 语句后面必须以^开头。

（2）^ 后的$用来调用前面设置好的 Value 并匹配该变量。

（3）Start 下一行的^前面必须空两格。

8.6 MSTP 基础

在以太网中，网络环路会带来广播风暴、MAC 地址表震荡、重复数据帧等问题。为解决网络环路问题，IEEE 在 IEEE 802.1d 标准中推出了生成树协议（Spanning Tree Protocol，STP）。运行 STP 的设备通过相互交换协议报文发现网络中的环路，并对环路上的某个端口进行阻塞，最终将环形拓扑修剪成树状拓扑，从而避免环路带来的问题。STP 存在的缺陷是收敛速度慢，因此 IEEE 在 2001 年发布了 IEEE 802.1w 标准，在其中定义了快速生成树协议（Rapid Spanning Tree Protocol，RSTP）。RSTP 在 STP 基础上进行了改进，实现了网络拓扑快速收敛。STP 与 RSTP 均是在网络中生成一棵树，在实际应用中会出现次优路径或链路使用不充分问题，2002 年推出的 IEEE 802.1s 标准中定义的 MSTP 能够在网络中生成多棵树，在解决环路问题时避免单生成树的缺陷。

MSTP 把一个交换网络划分成多个域，每个域内生成多棵树，每棵树之间相互独立。每棵生成树叫作一个多生成树实例（Multiple Spanning Tree Instance，MSTI），每个域叫作一个 MST 域。一个多生成树实例是一个或多个 VLAN 的集合。在实际部署中，将具体的 VLAN 与生成树实例绑定，如果一个 VLAN 对应一个多生成树实例，则理论上以太网络中最多可以有 4094 个多生成树实例。

在 MSTP 中，每棵生成树有自己的阻塞点和转发路径，MSTP 多实例转发路径示意如图 8-9 所示。多生成树实例 MSTI1 中包含 VLAN200，多生成树实例 MSTI2 中包含 VLAN300 与 VLAN400。MSTI1 的根桥为交换机 A，MSTI2 的根桥为交换机 B。对于分别属于不同 VLAN 的 HostA、HostB 与 HostC 来说，对应的多生成树实例具有不同的转发路径。了解多生成树实例的转发路径对问题定位与网络优化非常重要，而当多生成树实例多了以后，人工分析所有多生成树实例的转发路径无疑会带来很大的工作量，这时需要一些辅助手段来协助，如编写脚本程序进行自动分析。

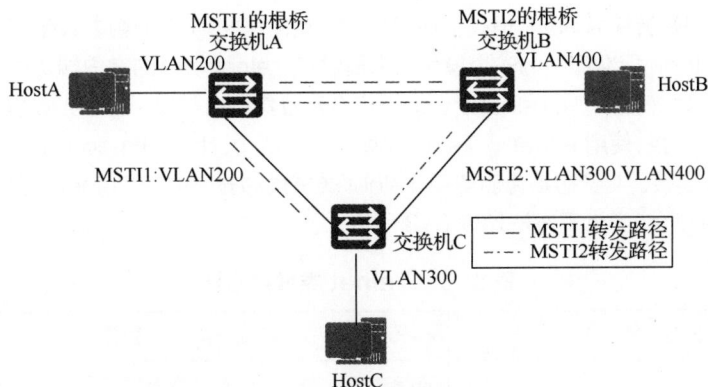

图8-9　MSTP 多实例转发路径示意

8.7 Telnet 协议及实现

　　Telnet 协议是 TCP/IP 协议栈中的一员，是 Internet 远程登录服务器的标准协议和主要方式，协议的具体细节可参考 RFC854。在网络运维中，运维工程师通常使用 Telnet 协议远程登录网络设备进行配置管理。Telnet 协议通过客户端与服务器之间交互报文完成通信过程，总体上分为建立连接、执行命令和断开连接3个部分。Telnet 客户端与 Telnet 服务器交互过程如图 8-10 所示，每个步骤的含义如下。

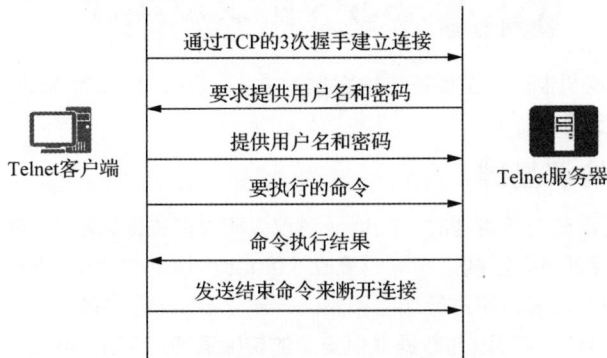

微课

图8-10　Telnet 客户端与 Telnet 服务器交互过程

　　（1）Telnet 客户端通过 TCP 的 3 次握手与 Telnet 服务器建立连接，端口号默认为 23。
　　（2）连接建立后，Telnet 客户端需要使用用户名和密码在 Telnet 服务器上完成认证才能开始会话，因此 Telnet 服务器要求 Telnet 客户端提供用户名和密码。
　　（3）Telnet 客户端提供用户名和密码登录 Telnet 服务器，认证通过后 Telnet 客户端即可进行后续操作。
　　（4）Telnet 客户端向 Telnet 服务器发送要执行的命令。
　　（5）Telnet 服务器收到 Telnet 客户端发送的命令后开始执行命令，并将命令执行结果返回给 Telnet 客户端。
　　（6）Telnet 客户端不再需要远程执行命令，发送结束命令来断开连接。
　　为尽量缩小不同终端之间的差异，Telnet 协议使用网络虚拟终端（Network Virtual Terminal，

NVT）将不同类型终端转换为 NVT 格式，使得不同类型的终端都可以通过 Telnet 协议通信。

　　telnetlib 是 Python 标准库中的一个模块，它提供了 Telnet 协议的客户端功能。使用 telnetlib 模块，可以通过 Python 来建立 Telnet 会话、执行命令及收集输出结果。telnetlib 模块提供了一个实现 Telnet 协议的 Telnet 类，使用 telnetlib.Telnet(host=None, port=0 [,timeout])进行类实例的初始化，即创建一个 Telnet 连接。实例初始化后使用 Telnet 类提供的方法进行 Telnet 相关操作，从而实现对设备的配置管理。Telnet 类常用方法如表 8-3 所示。

表 8-3　Telnet 类常用方法

方法	说明
open(host, port=23[, timeout])	连接主机。第二个可选参数是端口号，默认为 23。注意，不要尝试重新打开一个已经连接的实例
read_until(expected, timeout=None)	读取直到遇到给定字节串 expected 或已经过 timeout 秒
read_all()	读取数据，直到遇到 EOF；连接关闭前都会保持阻塞
read_some()	在遇到 EOF 前，读取至少一字节的数据
read_very_eager()	在不阻塞输入输出（Input/Output，I/O）的情况下读取所有的内容（eager）
write(buffer)	向套接字写入一字节的字符串
close()	关闭连接对象

8.8　SSH 协议及实现

　　Telnet 协议没有加密机制，无法保证传输数据的安全。SSH 协议为 TCP 连接提供加密和认证机制，为数据传输提供安全通道。

8.8.1　SSH 协议基础

　　使用 Telnet 协议对设备进行管理时，Telnet 协议以明文形式传输数据，不提供加密机制，任何位于数据传输路径上的结点都可以拦截、窃取或篡改 Telnet 会话中的信息，因此 Telnet 不是一种安全的协议。SSH 协议通过对网络数据进行加密和验证，建立 SSH 客户端和 SSH 服务器之间的安全隧道，可以代替 Telnet 协议，也可以为数据提供安全的传输通道。SSH 协议工作过程分为连接建立、版本协商、算法协商、密钥交换、用户认证、会话请求、会话交互 7 个阶段。SSH 客户端与 SSH 服务器交互过程如图 8-11 所示。

　　在连接建立阶段，SSH 服务器会在指定端口侦听连接请求。SSH 客户端向 SSH 服务器的指定端口发送连接请求后，双方建立 TCP 连接，后续会通过该端口通信。默认情况下，SSH 服务器使用 22 号端口。

　　在版本协商阶段，SSH 客户端与 SSH 服务器协商是使用 SSHv1 还是 SSHv2。在算法协商阶段，SSH 服务器依次匹配 SSH 客户端支持的算法，包括密钥交换算法（如 Diffie-Hellman），公钥算法（如非对称加密算法 RSA），对称加密算法[如高级加密标准（Advanced Encryption Standard，AES）]，消息认证算法[如哈希运算消息认证码（Hash-based Message Authentication Code，HMAC）]，若算法可以成功匹配，则协商成功，否则协商失败。

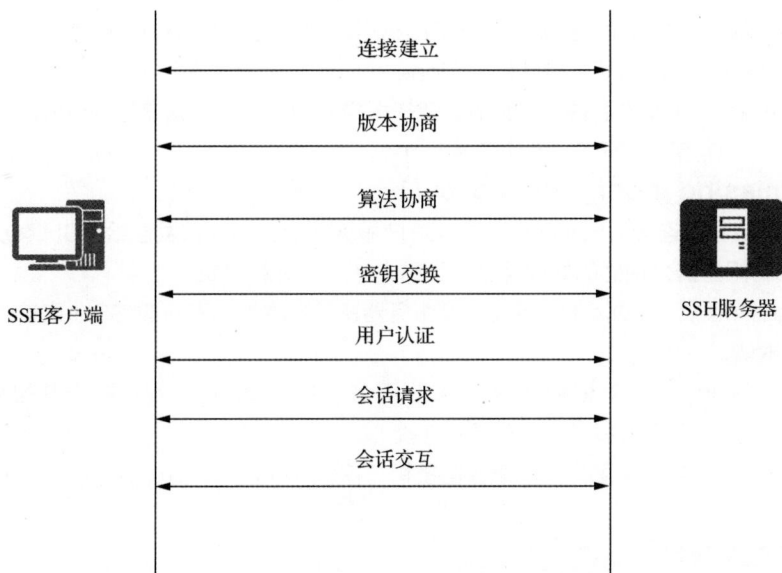

图 8-11　SSH 客户端与 SSH 服务器交互过程

在密钥交换阶段，SSH 客户端与 SSH 服务器动态地产生会话密钥用于后续会话加密。密钥交换阶段之后交互的所有报文均为会话密钥加密过的报文。

在用户认证阶段，SSH 客户端向 SSH 服务器发起认证请求，SSH 服务器对 SSH 客户端进行认证。SSH 支持密码认证方式和密钥认证方式。密码认证方式中，SSH 客户端将加密后的用户名和密码发送给 SSH 服务器，SSH 服务器解密后与本地保存的用户名和密码进行对比，并向 SSH 客户端返回认证成功或失败的消息。密钥认证方式中，SSH 服务器使用 SSH 客户端发送的公钥对随机内容加密，SSH 客户端使用自己的私钥解密并发送解密后的信息给 SSH 服务器以证实自己的身份，SSH 服务器对信息进行认证。

在会话请求阶段，SSH 客户端向 SSH 服务器发送会话请求，请求 SSH 服务器提供某种类型的服务，即请求与 SSH 服务器建立相应的会话。SSH 服务器根据 SSH 客户端的会话请求进行回复。

在会话交互阶段，SSH 客户端与 SSH 服务器基于建立的会话进行信息交互。SSH 具体的实现细节可参考标准 RFC4250～RFC4254。

8.8.2　Paramiko 模块实现

Python 中使用 SSH 协议进行设备远程管理的一个模块为 Paramiko。Paramiko 是 SSHv2 协议的实现，它支持口令认证和公钥认证两种方式，可以实现安全的远程命令执行、文件传输等功能。Paramiko 中常用的两个类为 SSHClient 和 SFTPClient，分别提供安全远程管理和安全文件传输功能。本项目使用 SSHClient 类对网络设备进行远程配置，该类的主要方法有以下 4 个。

1. connect()

该方法用于实现与 SSH 服务器的连接与认证，方法中的 hostname 是必选参数，其他参数是可选参数。部分参数及其默认值的说明如下。

hostname：连接的目标主机。

port：指定端口，默认值为 22。

username：验证的用户名，默认值为 None。

password：验证的密码，默认值为 None。

look_for_keys：是否自动查找本地目录下的私钥，默认值为 True（自动查找）。

pkey：用于身份验证的私钥，默认值为 None。

key_filename：一个文件名或文件列表，用于指定私钥文件，默认值为 None。

timeout：TCP 连接超时时间，默认值为 None。

2. set_missing_host_key_policy()

当 SSH 客户端首次连接 SSH 服务器时，SSH 服务器会将其公钥发送给 SSH 客户端。该方法用于设置客户端没有服务器公钥时的处理策略，目前支持如下 3 种策略。

① AutoAddPolicy：自动添加服务器名及服务器密钥到本地，即新建 SSH 连接时不需要再输入 yes 或 no 进行确认。

② WarningPolicy：用于记录一个未知的服务器密钥的 Python 警告并接受，功能上和 AutoAddPolicy 类似，但是会提示该连接是新连接。

③ RejectPolicy：自动拒绝未知的服务器密钥，依赖 load_system_host_key 的配置，为该方法的默认参数。

3. invoke_shell()

该方法用于创建一个交互式 Shell 会话，返回值为一个类型为 Channel 的对象。Channel 对象提供 send()、recv()等方法用于与 SSH 通道进行交互。SSHClient 类的 exec_command()方法也可以用于执行命令，就执行单条命令而言，它的作用与 invoke_shell()方法的作用相同。exec_command()每次通过创建一个新的 Channel 对象来执行传输的命令，执行后会退出当前的 Shell。如果想在当前的 Shell 下根据输出提示持续输入，则需要使用 invoke_shell()方法。因此 exec_command()方法适用于非交互式命令，而如果要基于前面的输出结果来判断后续要执行的命令，则需要使用 invoke_shell()方法。

4. close()

该方法用于关闭远程连接。

8.8.3 Netmiko 模块实现

Python 中实现 SSH 协议远程管理的模块主要有两个，一个是 8.8.2 小节提到的 Paramiko 模块，另一个是 Netmiko 模块。Netmiko 是工程师柯克·拜尔斯（Kirk Byers）于 2015 年发布的一个用于简化众多厂商的网络设备的 CLI 连接（通过 SSH、Telnet 或 Console 方式连接）的模块。Netmiko 支持并行执行任务、配置模板、自动创建备份、传输文件等多种功能，大大提高了网络管理效率。Netmiko 模块基于 Paramiko 模块开发，帮助用户简化常用设备通信功能的使用，如简化命令回显内容读取、简化网络设备的配置命令等。

Netmiko 使用 ConnectHandler()方法进行设备连接，该方法会返回一个设备连接对象，用于后续对设备进行管理。ConnectHandler()的 4 个必选参数为 device_type、ip、username 和 password，其中，device_type 表示设备类型，ip 表示设备管理地址，username 表示登录使用的用户名，password 表示登录使用的密码。Netmiko 支持众多厂商的设备，包括 Arista、Cisco、华为、新华三、Alcatel 等。某些厂商产品中的不同平台也可以通过 device_type 表示，如华为 VRP5 产品的 device_type 为"huawei"，而华为 VRP8 产品的 device_type 为"huawei_vrpv8"。

Netmiko 对设备进行配置管理主要通过 4 个方法进行：send_command()、send_config_set()、send_config_from_file()和 send_command_timing()。

1. send_command()

该方法只支持向设备发送一条命令。发送命令后，默认情况下该函数会一直等待直到接收到设备的完整回显内容。如果在读取超时时间内没有接收到完整回显内容，则 Netmiko 会抛出异常。读取超时时间和预期的回显结束信息可以分别通过参数 delay_factor 和 expect_string 设置。其主要参数说明如下。

　　command_string：待执行的命令。

　　expect_string：预期的回显结束信息，默认是设备的提示符，如华为设备上为"<huawei>"。

　　read_timeout：读取超时时间。

　　delay_factor：延迟因子，读取超时时间会延迟 2×delay_factor 秒，但官方说明表示在 Netmiko 4.x 及后续版本中会弃用该参数。

2. send_config_set()

该方法支持向设备发送一条或一条以上的命令，其参数通常为命令列表。其主要参数说明如下。

config_commands：待执行的命令列表，可以是字符串序列或其他可迭代对象。

exit_config_mode：命令完成时是否退出配置模式，默认为 True。

read_timeout 和 delay_factor 参数与 send_command()中对应参数的说明相同。

3. send_config_from_file()

该方法用于从配置文件中读取命令并发送到设备，通常用于命令数量比较多的场景。其主要参数说明如下。

config_file：配置文件路径。

4. send_command_timing()

该方法和 send_command()类似，只向设备发送一条命令，区别在于 send_command()会一直等待完整回显内容，而 send_command_timing()会自动调节，如果没有从设备那里收到更多新的回显内容，则继续等待 2s，然后自动停止运行，不会抛出异常。其主要参数说明如下。

command_string：待执行的命令。

last_read：设置自上次操作后等待回显内容的最大秒数，默认值为 2。

🔍 项目实施

任务 8.1　实现网络设备自动巡检

【任务描述】

运维工程师在网络维护中需要对网络设备进行例行巡检，以便及时发现并消除网络中存在的缺陷或隐患，保证网络稳定、可靠地运行。传统的巡检工作需要通过 SecureCRT 等远程登录工具，依次远程登录每台网络设备，逐条输入巡检命令并手工收集设备巡检信息。这种方式需要耗费运维工程师大量的时间，效率较低。本任务将带领读者使用 Python 编程语言编写程序进行设备信息自动收集，提升运维工程师的工作效率。通过对本任务的学习，读者能够了解巡检工作中需要收集的信息，掌握 telnetlib 模块的功能及使用方法，学会编写 Python 程序将信息记录到文件中。需要注意的是，作为网络数据处理者的运维工程师是网络数据的安全责任主体，应当依照国家相关法律和规定保护收集的数据，避免网络数据被非法获取和利用。

当前总部的有线业务属于 VLAN2 和 VLAN3，使用 MSTP 进行流量分担，VLAN2 属于实例 1，VLAN3 属于实例 2;S1 与 S2 使用 VRRP 形成虚拟网关备份组，其中 S1 为 VRPP 备份组 2 的 Master 设备，S2 为 VRRP 备份组 3 的 Master 设备;出口路由器 NJ 与 S1、S2 之间使用 OSPF 协议进行互通。本任务以收集 A 企业总部网络中设备 NJ、S1、S2 的信息为例开展任务实施，总部网络拓扑如图 8-1 所示，需要完成的主要事项如下。

（1）在设备上启用 Telnet 功能。

（2）完成巡检工作准备。

（3）使用 telnetlib 模块编写 Python 代码实现自动巡检。

（4）验证与结果展示。

【任务实施】

1. 在设备上启用 Telnet 功能。

以交换机 S1 为例，其他设备的配置过程与 S1 的类似。

（1）使能设备的 Telnet 功能并配置虚拟终端线路（Virtual Terminal Line，VTY）用户视图。

```
[S1]telnet server enable                        //使能 Telnet 服务器功能
[S1]user-interface vty 0 4
//进入 VTY 用户视图，0 和 4 分别是起始、结束虚拟终端编号，可根据设备支持的规格来设置
[S1-ui-vty0-4]authentication-mode aaa
//配置认证模式为 AAA，即可在 AAA 视图下配置用户认证信息
[S1-ui-vty0-4]user privilege level 15
//配置用户权限等级，这里配置为最高等级 15，设备操作不受任何限制
[S1-ui-vty0-4]protocol inbound telnet          //配置虚拟终端的接入协议为 Telnet
```

（2）创建本地用户 yunwei_1，并配置用户服务类型。

```
[S1]aaa                 //进入 AAA 视图
[S1-aaa]local-user yunwei_1 password cipher yunwei@123
//创建一个本地用户，并配置用户名和密码
[S1-aaa]local-user yunwei_1 service-type telnet
//设置用户名为 yunwei_1 的用户用于 Telnet 服务
[S1-aaa]quit
```

（3）通过在交换机 S2 上对 S1 进行 Telnet 访问，验证 Telnet 功能是否成功启用。

```
<S2>telnet 10.1.100.2
Trying 10.1.100.2 ...
Press CTRL+K to abort
Connected to 10.1.100.2 ...

Login authentication

Username:yunwei_1
Password:
Info: The max number of VTY users is 5, and the number
     of current VTY users on line is 1.
     The current login time is 2024-06-22 18:22:29.
<S1>
```

2. 完成巡检工作准备。

使用 Telnet 客户端登录网络设备收集信息，需要确定每台网络设备的设备名称、设备类型，登录的设备 IP 地址、登录 Telnet 用户名和密码、设备类型等信息，用列表 device_list 存放这些信息。

```
device_list=[
{
    "device_name":"NJ",
```

```
    "device_type":"router",
    "ip":"10.1.100.1",
    "username":"yunwei_1",
    "password":"yunwei@123"
},
{
    "device_name":"S1",
    "device_type":"switch",
    "ip": "10.1.100.2",
    "username":"yunwei_1",
    "password":"yunwei@123"
}
,
{
    "device_name":"S2",
    "device_type":"switch",
    "ip": "10.1.200.2",
    "username":"yunwei_1",
    "password": "yunwei@123"
}
]
```

将每台设备上需要收集的信息对应的命令存入文件,由于路由器和交换机部署业务、巡检关注点及部分命令有差异,因此使用两个文件分别存放巡检命令。

路由器巡检命令文件 commands_router.txt 内容如下。

```
display version
display startup
display patch-information
display license
display memory-usage
display device
display temperature all
display reset-reason
display interface brief
display ospf peer brief
display ip routing-table
```

交换机巡检命令文件 commands_switch.txt 内容如下。

```
display version
display startup
display memory-usage
display device
display reboot-info
display stp brief
display mac-address
display vrrp
display ospf peer brief
display ip routing-table
```

3. 使用 telnetlib 模块编写 Python 代码实现自动巡检。

在编写 Python 代码前导入需要用到的模块。

```
import telnetlib        #导入 telnetlib 库
import time             #导入时间库，获取当前时间、休眠等
import datetime         #导入日期库
```

定义函数 send_query_command()，使用 Telnet 对象收集数据，并将其存放到指定文件中。

```
def send_query_command(tn,device_type,file):
#tn 为 Telnet 对象，device_type 为设备类型，file 为目标文件
#根据设备类型获取对应的巡检命令
    if device_type=='router':
        file_name='commands_router.txt'
    else:
        file_name='commands_switch.txt'
    try:
        with open(file_name,'r') as f:
            commands=f.readlines()
    except Exception as errors: #捕获文件打开时产生的异常
        print("Error occurred in opening file, error: %s"%errors)
    for command in commands:
        tn.write(command.encode('ascii')+b"\n")
        #使用 sleep()函数延时，保证数据读取完毕
        time.sleep(0.5)
        result=tn.read_very_eager().decode('ascii')
        print(result)#使用 print(result) 可以在调试过程中输出结果
        file.write(result)
```

编写主函数，遍历每台设备收集的巡检信息，并将其保存到文件中。为便于后续查看，文件名中包含设备信息和收集时间。

```
if __name__=="__main__":
    for device in device_list:
        with telnetlib.Telnet(device['ip']) as tn:
            #读取到显示需要输入 Username 和 Password 的位置，输入用户名和密码
            tn.read_until(b'Username:')
            tn.write(device['username'].encode('ascii') + b"\n")
            tn.read_until(b'Password:')
            tn.write(device['password'].encode('ascii') + b"\n")
            #取消分屏显示
            tn.write(b"screen-length 0 temporary\n")
            #用"设备名称_IP 地址_日期"作为巡检结果文件的文件名
            file_name = device['device_name'] + '_' + device['ip'] + '_' + datetime.datetime.now().strftime(\'%Y-%m-%d_%H-%M-%S') + '.txt'
            with open(file_name, 'w') as file:
                device_type=device['device_type']
                send_query_command(tn, device_type, file)
```

4. 验证与结果展示。

本任务对 3 台设备 NJ、S1 和 S2 进行巡检，执行程序后在与代码源文件相同的目录下可以看到设备巡检结果文件如图 8-12 所示，这 3 个文件均以"设备名称–IP 地址–日期"作为文件名。

📄 S2_10.1.200.2_2024-06-22_22-57-49.txt	2024-6-22 22:57	文本文档	7 KB
📄 S1_10.1.100.2_2024-06-22_22-57-44.txt	2024-6-22 22:57	文本文档	7 KB
📄 NJ_10.1.100.1_2024-06-22_22-57-39.txt	2024-6-22 22:57	文本文档	5 KB

图 8-12　设备巡检结果文件

　　打开 3 台设备对应的巡检文件，可以看到需要采集的信息都被记录到文件中。这里以交换机 S1 为例，展示程序收集的巡检信息。

```
        Info: The max number of VTY users is 5, and the number
            of current VTY users on line is 1.
            The current login time is 2024-06-22 22:57:44.
<S1>screen-length 0 temporary
Info: The configuration takes effect on the current user terminal interface only.
<S1>display version
Huawei Versatile Routing Platform Software
VRP (R) software, Version 5.110 (S5700 V200R001C00)
Copyright (c) 2000-2011 HUAWEI TECH CO., LTD

Quidway S5700-28C-HI Routing Switch uptime is 0 week, 0 day, 0 hour, 53 minutes
<S1>
<S1>display startup
MainBoard:
    Configured startup system software:      flash:/V200R001C00.cc
    Startup system software:                 flash:/V200R001C00.cc
    Next startup system software:            flash:/V200R001C00.cc
    Startup saved-configuration file:        flash:/vrpcfg.zip
    Next startup saved-configuration file:   flash:/vrpcfg.zip
    Startup paf file:                        NULL
    Next startup paf file:                   NULL
    Startup license file:                    NULL
    Next startup license file:               NULL
    Startup patch package:                   NULL
    Next startup patch package:              NULL
<S1>
<S1>display memory-usage
    Memory utilization statistics at 2024-06-22 22:57:46-08:00
    System Total Memory Is: 171493452 bytes
    Total Memory Used Is: 124584604 bytes
    Memory Using Percentage Is: 72%
<S1>
<S1>display device
S5700-28C-HI's Device status:
Slot  Sub Type    Online   Power     Register     Status    Role
- - - - - - - - - - - - - - - - - - - - - - - - - - - - - - - - - - - - - - - - -
0     -   5728C   Present  PowerOn   Registered   Normal    Master
<S1>
<S1>display reboot-info
Slot ID  Times      Reboot Type        Reboot Time(DST)
=================================================================
```

```
0          1              POWER          2024/01/30 19:19:56
====================================================================
Total    1
return
<S1>
<S1>display stp brief
MSTID   Port                      Role      STP State       Protection
   0    GigabitEthernet0/0/1      DESI      FORWARDING      NONE
   0    GigabitEthernet0/0/2      DESI      FORWARDING      NONE
   0    GigabitEthernet0/0/3      ALTE      DISCARDING      NONE
   0    Eth-Trunk1                ROOT      FORWARDING      NONE
   1    GigabitEthernet0/0/2      DESI      FORWARDING      NONE
   1    Eth-Trunk1                DESI      FORWARDING      NONE
   2    GigabitEthernet0/0/3      DESI      DISCARDING      NONE
   2    Eth-Trunk1                ROOT      FORWARDING      NONE
<S1>
<S1>display mac-address
MAC address table of slot 0:
--------------------------------------------------------------------
MAC Address      VLAN/      PEVLAN CEVLAN    Port          Type      LSP/LSR-ID
                 VSI/SI                                              MAC-Tunnel
--------------------------------------------------------------------
5489-982c-2265   100         -      -        GE0/0/1       dynamic   0/-
4c1f-cc6e-10a4   2           -      -        Eth-Trunk1    dynamic   0/-
4c1f-cc94-056e   3           -      -        Eth-Trunk1    dynamic   0/-
0000-5e00-0102   3           -      -        Eth-Trunk1    dynamic   0/-
4c1f-cc6e-10a4   3           -      -        Eth-Trunk1    dynamic   0/-
--------------------------------------------------------------------
Total matching items on slot 0 displayed = 5
<S1>
<S1>display vrrp
  Vlanif2 | Virtual Router 2
    State : Master
    Virtual IP : 10.1.2.100
    Master IP : 10.1.2.1
    PriorityRun : 120
    PriorityConfig : 120
    MasterPriority : 120
    Preempt : YES    Delay Time : 0 s
    TimerRun : 1 s
    TimerConfig : 1 s
    Auth type : NONE
    Virtual MAC : 0000-5e00-0102
    Check TTL : YES
    Config type : normal-vrrp
    Create time : 2024-02-07 09:49:40 UTC-08:00
    Last change time : 2024-02-07 09:49:57 UTC-08:00
```

```
  Vlanif3 | Virtual Router 3
    State : Backup
    Virtual IP : 10.1.3.100
    Master IP : 10.1.3.2
    PriorityRun : 100
    PriorityConfig : 100
    MasterPriority : 120
    Preempt : YES    Delay Time : 0 s
    TimerRun : 1 s
    TimerConfig : 1 s
    Auth type : NONE
    Virtual MAC : 0000-5e00-0103
    Check TTL : YES
    Config type : normal-vrrp
    Create time : 2024-02-07 09:49:40 UTC-08:00
Last change time : 2024-02-07 09:56:59 UTC-08:00
<S1>
<S1>display ospf peer brief

        OSPF Process 1 with Router ID 1.1.1.2
              Peer Statistic Information
--------------------------------------------------------------

Area Id        Interface          Neighbor id      State
0.0.0.0        Vlanif2            1.1.1.3          Full
0.0.0.0        Vlanif3            1.1.1.3          Full
0.0.0.0        Vlanif100          1.1.1.1          Full
--------------------------------------------------------------

<S1>
<S1>display ip routing-table
Route Flags: R - relay, D - download to fib
--------------------------------------------------------------

Routing Tables: Public       Destinations : 12      Routes : 15
Destination/Mask   Proto    Pre   Cost   Flags   NextHop      Interface
10.1.2.0/24        Direct   0     0      D       10.1.2.1     Vlanif2
10.1.2.1/32        Direct   0     0      D       127.0.0.1    Vlanif2
10.1.2.100/32      Direct   0     0      D       127.0.0.1    Vlanif2
10.1.3.0/24        Direct   0     0      D       10.1.3.1     Vlanif3
10.1.3.1/32        Direct   0     0      D       127.0.0.1    Vlanif3
10.1.3.100/32      OSPF     10    2      D       10.1.2.2     Vlanif2
                   OSPF     10    2      D       10.1.3.2     Vlanif3
10.1.100.0/24      Direct   0     0      D       10.1.100.2   Vlanif100
10.1.100.2/32      Direct   0     0      D       127.0.0.1    Vlanif100
10.1.200.0/24      OSPF     10    2      D       10.1.100.1   Vlanif100
                   OSPF     10    2      D       10.1.2.2     Vlanif2
                   OSPF     10    2      D       10.1.3.2     Vlanif3
11.0.0.0/30        OSPF     10    2      D       10.1.100.1   Vlanif100
127.0.0.0/8        Direct   0     0      D       127.0.0.1    InLoopback0
127.0.0.1/32       Direct   0     0      D       127.0.0.1    InLoopback0
```

任务 8.2 实现网络设备自动配置

【任务描述】

随着企业业务的不断发展，企业对网络功能和网络规模的需求也不断发生变化。当现有网络不能满足企业需求时，运维工程师需要对网络进行优化调整。本任务将带领读者使用 Paramiko 模块对设备进行批量配置。

现公司总部新入职了一批员工，因此需要新增一批办公计算机接入公司网络。由于现有的接入交换机端口数量已经不足，因此需要增加新的接入交换机 S5 与 S6。增加接入交换机后的网络拓扑如图 8-13 所示，交换机 S5 与 S6 的端口 G0/0/1 和 G0/0/2 分别用于接入汇聚交换机 S1 和 S2，其余的端口 G0/0/3～G0/0/24 均作为下行端口供员工办公计算机接入。本任务需要在新增设备上完成的事项如下。

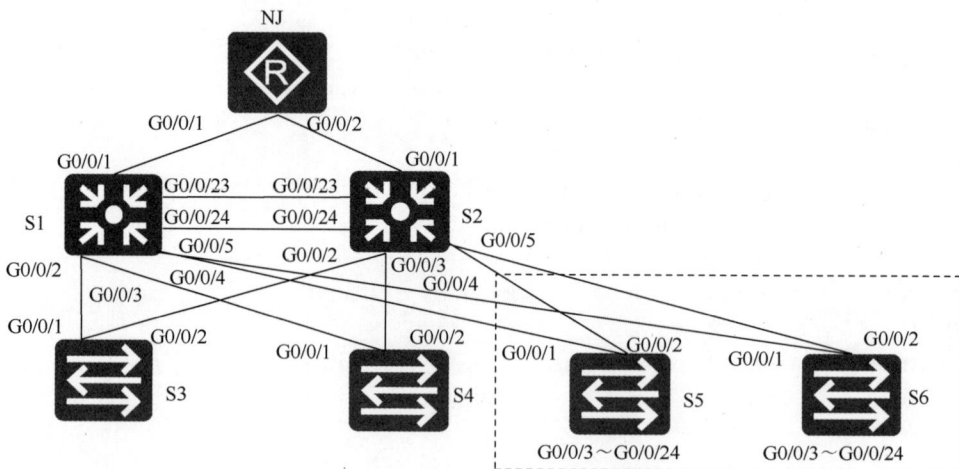

图 8-13 增加接入交换机后的网络拓扑

（1）设备基础配置。

（2）设备启用 SSH 功能。

（3）使用 Paramiko 模块进行自动配置。

（4）验证与结果展示。

【任务实施】

1. 设备基础配置。

交换机接入网络后，运维工程师首先需要使用 Console 口登录设备进行基础配置，保证交换机 S5 和 S6 能够远程访问。交换机 S1 与 S2 连接交换机 S5、S6 的端口 G0/0/4、G0/0/5 配置为允许相应的 VLAN 通过，以交换机 S1 的配置为例，主要命令如下，S2 的配置与 S1 的类似。

```
[S1]interface GigabitEthernet 0/0/4
[S1-GigabitEthernet0/0/4]port link-type trunk
[S1-GigabitEthernet0/0/4]port trunk allow-pass vlan 3
[S1]interface GigabitEthernet 0/0/5
[S1-GigabitEthernet0/0/5]port link-type trunk
[S1-GigabitEthernet0/0/5]port trunk allow-pass vlan 3
```

交换机 S5 和 S6 下行口连接的用户业务为有线业务，属于 VLAN3，在 S5 和 S6 上创建业务 VLAN3，对应的上行端口 G0/0/1 与 G0/0/2 配置允许该业务 VLAN 通过，并创建管理 VLANIF 接口用于远程接入，以 S5 的配置为例，主要命令如下，S6 的配置与 S5 的类似，需要注意的是，S6 的管理 IP 地址为 10.1.3.201。

```
[S5]vlan 3
[S5]interface GigabitEthernet 0/0/1
[S5-GigabitEthernet0/0/1]port link-type trunk
[S5-GigabitEthernet0/0/1]port trunk allow-pass vlan 3
[S5-GigabitEthernet0/0/1]quit
[S5]interface GigabitEthernet 0/0/2
[S5-GigabitEthernet0/0/2]port link-type trunk
[S5-GigabitEthernet0/0/2]port trunk allow-pass vlan 3
[S5-GigabitEthernet0/0/2]quit
[S5]interface Vlanif 3
[S5-Vlanif3]ip address 10.1.3.200 24
```

2．设备启用 SSH 功能。

交换机 S5 和 S6 完成基础配置后，便可以进行远程管理。为保证远程管理的安全性，需要在交换机 S5 和 S6 上使用 SSH 方式登录，以 S5 的配置为例，S6 的配置与 S5 的类似。

启用 SSH 功能及配置 VTY 用户视图的认证方式等，主要命令如下。

```
[S5]stelnet server enable //启用 SSH 功能
[S5]user-interface vty 0 4
[S5-ui-vty0-4]authentication-mode aaa
[S5-ui-vty0-4]user privilege level 15
[S5-ui-vty0-4]protocol inbound ssh //配置 VTY 的接入协议为 SSH
[S5-ui-vty0-4]quit
```

创建本地用户用于 SSH 服务，主要命令如下。

```
[S5]aaa
[S5-aaa]local-user yunwei password cipher yunwei@123
[S5-aaa]local-user yunwei service-type ssh
[S5-aaa]quit
```

创建 SSH 用户，配置认证方式和服务类型，主要命令如下。

```
[S5]ssh user yunwei authentication-type password
[S5]ssh user yunwei service-type stelnet
```

3．使用 Paramiko 模块进行自动配置。

新增交换机 S5 与 S6 除了进行基础配置外还需要进行业务配置。为实现新接入的办公计算机正常访问企业网络，为交换机 S5 与 S6 的端口 G0/0/3～G0/0/24 配置接入 VLAN3。为了充分利用网络带宽同时避免环路，交换机 S5、S6 与 S3、S4 类似，需要配置 MSTP。由于以上配置较多，考虑使用 Python 编程语言编写程序实现，提高运维工程师的工作效率。

（1）确定目标设备。

任务 8.1 使用列表存放目标设备的登录信息，当设备数量较多时列表会较长，放在代码中不利于阅读与维护。因此本任务使用 JSON 文件存放目标设备信息，将待配置的交换机 S5 与 S6 的登录信息放在 devices.json 中，文件主要内容如下。

```
{
   "S5":{
   "ip":"10.1.3.200",
   "username":"yunwei",
   "password":"yunwei@123"
   },
```

```
    "S6":{
    "ip":"10.1.3.201",
    "username":"yunwei",
    "password":"yunwei@123"
    }
}
```

（2）确定设备 MSTP 配置。

交换机 S5 与 S6 的 MSTP 配置相对较少，因此将 MSTP 配置放在列表中。

```
commands_mstp = ["system-view", "stp region-configuration", "region-name hw",
    "instance 1 vlan 2", "instance 2 vlan 3", "active region-configuration", "quit"]
```

使用 S_config.txt 文件存放交换机 S5 与 S6 的接入端口下的配置。由于每个端口下的配置相同，因此创建临时端口组进行批量配置。S_config.txt 文件的内容如下。

```
system-view
port-group group-member GigabitEthernet 0/0/3 to GigabitEthernet 0/0/24
port link-type access
port default vlan 3
```

（3）导入代码中需要使用的模块。

```
import paramiko
import time
import json
```

（4）编写函数 get_commands_fromfile()从文件中读取配置命令。

```
def get_commands_fromfile(filename):
    result=[]
    try:
        #打开文件
        with open(filename) as f:
            #按行读取所有配置命令
            commands=f.readlines()
            for command in commands:
                result.append(command.strip())
        return result
    except FileNotFoundError:
        print("File not found!")
```

（5）编写函数 config_device()对指定设备进行配置。

```
def config_device(ip,username,password,commands,sleeptime):
#sleeptime 用于设置等待时间，根据执行命令数量进行设置
    try:
        #创建 SSH 客户端
        ssh_client=paramiko.SSHClient()
        ssh_client.set_missing_host_key_policy(paramiko.AutoAddPolicy())
        ssh_client.connect(hostname=ip,username=username,\
        password=password,look_for_keys=False)
        #创建交互式 Shell 会话
        remote_connection=ssh_client.invoke_shell()
        #取消显示分屏
        remote_connection.send('screen-length 0 temporary\n')
        #遍历每条命令并向服务器发送
```

```
        for command in commands:
            remote_connection.send(command+"\n")
        #休眠等待命令执行结果
        time.sleep(sleeptime)
        #获取回显内容
        result=remote_connection.recv(65535).decode()
        #可选，输出回显内容，可用于调试
    print(result)
    #关闭 SSH 客户端
    ssh_client.close()
except paramiko.ssh_exception.AuthenticationException:  #捕获认证异常
        print("Authentication fail for device",ip)
```

（6）编写主函数，遍历并使用 SSH 方式登录每台设备，向设备发送配置命令。

```
if  __name__=="__main__":
    try:
        #打开存放目标设备信息的 JSON 文件
        with open('devices.json','r') as f:
            data=json.load(f)
            for item,content in data.items():
                ip=content['ip']
                username=content['username']
                password=content['password']
                print("Now begin to config device %s!"%item)
                config_device(ip, username, password, commands_mstp,1)
                commands=get_commands_fromfile("S_config.txt")
                config_device(ip,username,password,commands,2)
    except Exception as errors:
        print("Error occurred in opening file, error: %s"%errors)
```

4．验证与结果展示。

执行主函数后，手工登录交换机 S5 与 S6，验证配置命令是否成功执行。以交换机 S5 为例，查看配置发现 MSTP 配置已经成功。

```
stp region-configuration
region-name hw
instance 1 vlan 2
instance 2 vlan 3
active region-configuration
```

查看 VLAN 配置，发现端口 G0/0/3～G0/0/24 已在 VLAN3 中且是 Untagged 形式，主要命令及显示信息如下。

```
<S5>display vlan 3
-------------------------------------------------------------------------------
U: Up;          D: Down;          TG: Tagged;          UT: Untagged;
MP: Vlan-mapping;               ST: Vlan-stacking;
#: ProtocolTransparent-vlan;         *: Management-vlan;
-------------------------------------------------------------------------------
VID  Type    Ports
-------------------------------------------------------------------------------
3    common  UT:GE0/0/3(D)    GE0/0/4(D)        GE0/0/5(D)        GE0/0/6(D)
```

	GE0/0/7(D)	GE0/0/8(D)	GE0/0/9(D)	GE0/0/10(D)
	GE0/0/11(D)	GE0/0/12(D)	GE0/0/13(D)	GE0/0/14(D)
	GE0/0/15(D)	GE0/0/16(D)	GE0/0/17(D)	GE0/0/18(D)
	GE0/0/19(D)	GE0/0/20(D)	GE0/0/21(D)	GE0/0/22(D)
	GE0/0/23(D)	GE0/0/24(D)		
	TG:GE0/0/1(U)	GE0/0/2(U)		

```
VID  Status  Property     MAC-LRN  Statistics  Description
-------------------------------------------------------------
3    enable  default      enable   disable     VLAN 0003
```

任务 8.3　实现转发路径分析

【任务描述】

在网络维护时，如果有网络问题需要定位，则通常需要运维工程师根据部署业务分析梳理转发路径并分析问题所在，在网络拓扑复杂时工作量较大。借助 Python 编程语言编写程序可以实现网络设备相关转发信息自动收集，但如果信息不加过滤，则运维工程师从大量的信息中提取有效信息要耗费大量时间。通过对本任务的学习，读者能够学会正则表达式的使用，利用 TextFSM 模块实现信息过滤，进而分析 MSTP 转发路径，同时掌握使用另一 SSH 模块 Netmiko 实现设备远程管理。

公司总部网络 MSTP 部署如图 8-14 所示。总部网络部署了 MSTI1 与 MSTI2 两个 MSTP 实例，其中，MSTI1 包含 VLAN2，根桥为交换机 S1；MSTI2 包含 VLAN3，根桥为交换机 S2。交换机 S3 接入的有线业务属于 VLAN2，交换机 S4、S5、S6 接入的有线业务属于 VLAN3。本任务需要使用 Python 编写程序分析 MSTI1 和 MSTI2 的信息，获取各生成树实例转发路径。本任务需要完成的事项如下。

（1）明确需要分析的设备。

（2）编写过滤信息的模板文件。

（3）导入需要使用的模块。

（4）使用 Netmiko 模块连接设备获取 MSTP 信息。

（5）使用 TextFSM 过滤信息。

（6）验证与结果展示。

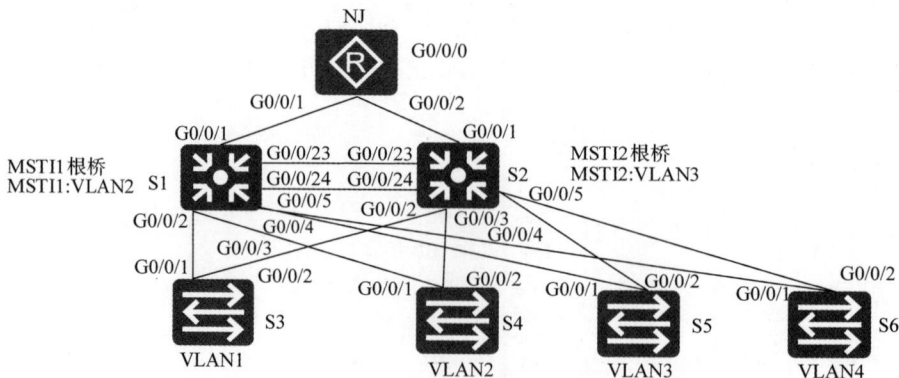

图 8-14　公司总部网络 MSTP 部署

【任务实施】

如果想在交换机 S1～S6 上通过生成树信息分析转发路径，则首先要在设备上启用 SSH 功能，该功能的启用在任务 8.2 中已详细说明，这里不赘述。启用 SSH 功能后，经过数据采集、分析处理，能够获得可供运维工程师查看的直观信息。

1. 明确需要分析的设备。

本任务需要综合交换机 S1～S6 上所有设备的多生成树实例转发路径，把待分析的设备的登录信息存放到 devices_netmiko.json 文件中。

```json
{
    "S1":{
    "device_type":"huawei",
    "ip":"10.1.100.2",
    "username":"yunwei",
    "password":"yunwei@123"
    },
    "S2":{
    "device_type":"huawei",
    "ip":"10.1.200.2",
    "username":"yunwei",
    "password":"yunwei@123"
    },
    "S3":{
    "device_type":"huawei",
    "ip":"10.1.2.200",
    "username":"yunwei",
    "password":"yunwei@123"
    },
    "S4":{
    "device_type":"huawei",
    "ip":"10.1.3.199",
    "username":"yunwei",
    "password":"yunwei@123"
    },
    "S5":{
    "device_type":"huawei",
    "ip":"10.1.3.200",
    "username":"yunwei",
    "password":"yunwei@123"
    },
    "S6":{
    "device_type":"huawei",
    "ip":"10.1.3.201",
    "username":"yunwei",
    "password":"yunwei@123"
    }
}
```

2. 编写过滤信息的模板文件。

MSTP 中每个多生成树实例的转发路径的确定都需要清楚根桥的位置及交换机上每个端口的角色与转发状态。根桥相当于树的根，根桥确定后，生成树以根桥为根进行生长，设备端口的角色确定了其转发状态，MSTP 域内端口角色与转发状态对应关系如表 8-4 所示。

表 8-4　MSTP 域内端口角色与转发状态对应关系

端口角色	转发状态
根端口	转发
指定端口	转发
替代端口	阻塞
备份端口	阻塞
边缘端口	转发

手工确定根桥可以通过命令查看 MSTP 全局信息实现，如在华为交换机上通过 display stp instance 1 命令能够查询多生成树实例 1 的所有 MSTP 信息，如果其中的"MSTI Bridge ID"与"MSTI RegRoot"字段的值相同，则说明本设备的桥 ID 与根桥 ID 相同，本设备就是根桥。

```
-------[MSTI 1 Global Info]-------
MSTI Bridge ID            : 0.4c1f-ccc9-3eef
MSTI RegRoot/IRPC         : 0.4c1f-ccc9-3eef / 0
MSTI RootPortId           : 0.0
MSTI Root Type            : Primary root
Master Bridge             : 32768.4c1f-cc42-149a
Cost to Master            : 20000
TC received               : 21
TC count per hello        : 0
Time since last TC        : 0 days 0h:9m:0s
Number of TC              : 16
Last TC occurred          : Eth-Trunk1
```

从表 8-4 中可以看出，除了替代端口与备份端口，其余类型端口都可以参与数据转发。在华为设备上可以通过 display stp instance 1 brief 命令查看端口能否进行数据转发。如果"STP State"为"DISCARDING"表示该端口不参与数据转发。

```
MSTID   Port                    Role    STP State       Protection
  1     GigabitEthernet0/0/1    ROOT    FORWARDING      NONE
  1     GigabitEthernet0/0/2    ALTE    DISCARDING      NONE
```

使用正则表达式可以进行文本信息过滤，在 TextFSM 中需要使用模板来承载这些正则表达式。编写模板文件确定本设备是否为某 MSTP 实例的根桥，文件名为 mstp_global.template，内容如下。

```
Value LOCALID (\S+)        #定义变量 LOCALID，匹配所有非空字符
Value ROOTID (\S+)         #定义变量 ROOTID，匹配所有非空字符
Start
  #将 MSTI Bridge ID 行冒号后的值作为 LOCALID 的值
  ^MSTI Bridge ID\s*:${LOCALID}
  #将 MSTI RegRoot/IRPC 行冒号后的值作为 ROOTID 的值
  ^MSTI RegRoot/IRPC\s*:${ROOTID}   -> Record
```

文件中的"LOCALID"与"ROOTID"为字符串变量,表示交换机自身的桥 ID 与根桥 ID,在查看 MSTP 信息时,只需筛选出"MSTI Bridge ID"与"MSTI RegRoot/IRPC"这两个字段即可判断交换机是否为根桥。

编写模板文件过滤掉端口转发状态为"DISCARDING"的端口,文件名为 mstp_port.template,内容如下。

```
#定义 4 个变量,MSTID 匹配纯数字字符,PORT 和 ROLE 匹配非空字符,STATE 匹配固定字符串
Value MSTID (\d+)
Value PORT (\S+)
Value ROLE (\S+)
Value STATE (FORWARDING)


Start
#提取所有接口 STATE 状态为 FORWARDING 的行
    ^\s+${MSTID}\s+${PORT}\s+${ROLE}\s+${STATE} -> Record
```

文件中的"MSTID""PORT""ROLE""STATE"4 个变量分别表示 MSTP 实例号、端口号、端口角色与转发状态,其中转发状态需要为"FORWARDING"。

3. 导入需要使用的模块。

```
from netmiko import ConnectHandler
from netmiko import NetmikoTimeoutException
from netmiko import NetmikoAuthenticationException
import textfsm
import json
from tabulate import tabulate
```

tabulate 模块是 Python 提供的将数据转换为格式良好的文本表格的应用模块。函数 tabulate() 语法如下。

tabulate(data, headers=None, tablefmt='simple', numalign='decimal')

其参数说明如下。

data:需要转换为表格的数据,可以是列表、元组或字典等类型。

headers:表头,可以是列表或元组类型。

tablefmt:输出格式,默认格式为简单(simple)格式,还支持其他格式,如 html、latex 等。

numalign:数字对齐方式,默认对齐方式为小数(decimal)对齐,还支持右(right)对齐和左(left)对齐。

4. 使用 Netmiko 模块连接设备获取 MSTP 信息。

编写 get_info()函数用于连接目标设备,发送命令获取 MSTP 全局信息和端口信息,参数 device_name 表示设备名称,device_info 中包含设备类型、设备连接 IP 地址、登录用户名和密码,instance 表示多生成树实例号。

```
def get_info(device_name,device_info,instance):
    try:
        #ConnectHandler()用于初始化连接对象,**device_info 表示传入的参数是字典类型的
        with ConnectHandler(**device_info) as connect:
            print("Begin to get info from MSTP instance %d on\
            device%s(ip:%s)......"%(instance,device_name,device_info['ip']))
            #获取 MSTP 全局信息
            output_global=connect.send_command('display stp instance %d'%instance)
            #获取 MSTP 端口信息
```

```
            output_port=connect.send_command('display stp instance %d brief'%instance)
            return output_global,output_port
    #捕获连接中的常见异常
    except (NetmikoTimeoutException,NetmikoAuthenticationException) as errors:
        print("Login failed on device %s(ip:%s),error: %s"%(device_name,device_info['ip'],errors))
```

上述代码使用方法 ConnectHandler()进行连接对象初始化，该方法参数较多，除了必需的设备类型、设备 IP 地址、登录用户名和密码等基本信息外，还包括 SSH 密钥和连接超时等参数信息。Paramiko 在发送命令后需要休眠一段时间再获取信息，而 Netmiko 在调用 send_command()方法后可以直接获取返回数据。

5. 使用 TextFSM 过滤信息。

（1）编写 filter_global_info()函数过滤 MSTP 全局信息。

filter_global_info()可从 MSTP 全局信息中筛选出本设备的桥 ID 与根桥 ID，用于判断本设备是否为根桥。

```
def filter_global_info(output):   #筛选出根桥 ID 和本设备的桥 ID
    try:
        with open('mstp_global.template') as template_global:
            #根据模板初始化 TextFSM 对象
            re_table = textfsm.TextFSM(template_global)
            #获取表头信息
            header = re_table.header
            #获取匹配内容结果，参数为待匹配的文本
            result = re_table.ParseText(output)
            print(tabulate(result,headers=header))    #以表格形式输出结果
    except Exception as errors:
        print("Error occurred in opening template file, error: %s" % errors)
```

TextFSM 类的对象初始化方法以模板文件对象作为参数，该类的两个常用方法为 ParseText()和 ParseTextToDicts()，分别返回结果的列表形式和字典形式。

（2）编写 filter_port_info()函数过滤 MSTP 端口信息。

编写 filter_port_info()函数过滤掉转发状态为"DISCARDING"的端口，只保留转发状态为"FORWARDING"的端口。该函数的实现与 filter_global_info()的类似，均使用模板文件与 TextFSM 类进行过滤。

```
def filter_port_info(output):
    try:
        with open('mstp_port.template') as template_port:
            #根据模板初始化 TextFSM 对象
            re_table = textfsm.TextFSM(template_port)
            #获取表头信息
            header = re_table.header
            #获取匹配内容结果，参数为待匹配的文本
            result = re_table.ParseText(output)
            #以表格形式输出结果
            print(tabulate(result, headers=header))
    except Exception as errors:
        print("Error occurred in opening template file, error: %s" % errors)
```

6. 验证与结果展示。

交换机 S1~S6 上启用了 MSTP 实例 1 与 MSTP 实例 2，在主函数中循环获取这两个 MSTP 实例的全局信息和端口信息，用于分析转发路径。

```python
if __name__=="__main__":
    mstp_instances=[1,2]
    try:
            with open('devices_netmiko.json', 'r') as f:
                    data = json.load(f)   #从 JSON 文件中加载设备信息
                    for i in mstp_instances:
                            for device_name,device_info in data.items(): #遍历设备
                                    output_global,output_port=get_info(device_name, device_info,i)
                                    #获取根桥 ID 和本设备的桥 ID
                                    filter_global_info(output_global)
                                    #只保留 FORWARDING 状态的端口
                                    filter_port_info(output_port)
    except Exception as errors:
            print("Error occurred in opening file, error: %s"%errors)
```

运行以上代码，得到所有设备的 MSTP 信息。

```
Begin to get info from MSTP instance 1 on device S1(ip:10.1.100.2)......
LOCALID                        ROOTID
------------------             ----------------
0.4c1f-ccc9-3eef               0.4c1f-ccc9-3eef
MSTID       PORT                           ROLE        STATE
-------     --------------------           ------      ----------
   1        GigabitEthernet0/0/2           DESI        FORWARDING
   1        Eth-Trunk1                     DESI        FORWARDING
Begin to get info from MSTP instance 1 on device S2(ip:10.1.200.2)......
LOCALID                        ROOTID
------------------             ----------------
32768.4c1f-cc6e-10a4           0.4c1f-ccc9-3eef
MSTID       PORT                           ROLE        STATE
-------     --------------------           ------      ----------
   1        GigabitEthernet0/0/2           DESI        FORWARDING
   1        Eth-Trunk1                     ROOT        FORWARDING
Begin to get info from MSTP instance 1 on device S3(ip:10.1.2.200)......
LOCALID                        ROOTID
------------------             ----------------
32768.4c1f-cc89-7259           0.4c1f-ccc9-3eef
MSTID       PORT                           ROLE        STATE
-------     --------------------           ------      ----------
   1    GigabitEthernet0/0/1       ROOT        FORWARDING
Begin to get info from MSTP instance 1 on device S4(ip:10.1.3.199)......
LOCALID             ROOTID
---------           --------
MSTID       PORT        ROLE        STATE
-------     ------      ------      -------
Begin to get info from MSTP instance 1 on device S5(ip:10.1.3.200)......
```

```
LOCALID          ROOTID
---------        --------

MSTID       PORT       ROLE       STATE
-------     ------     ------     -------

Begin to get info from MSTP instance 1 on device S6(ip:10.1.3.201)......
LOCALID          ROOTID
---------        --------

MSTID       PORT       ROLE       STATE
-------     ------     ------     -------

Begin to get info from MSTP instance 2 on device S1(ip:10.1.100.2)......
LOCALID                    ROOTID
-----------------          ----------------

32768.4c1f-ccc9-3eef       0.4c1f-cc6e-10a4
MSTID       PORT                         ROLE       STATE
-------     --------------------         ------     ----------
    2   GigabitEthernet0/0/3         DESI     FORWARDING
    2   GigabitEthernet0/0/4         DESI     FORWARDING
    2   GigabitEthernet0/0/5         DESI     FORWARDING
    2   Eth-Trunk1                   ROOT     FORWARDING
Begin to get info from MSTP instance 2 on device S2(ip:10.1.200.2)......
LOCALID                    ROOTID
-----------------          ----------------

0.4c1f-cc6e-10a4           0.4c1f-cc6e-10a4
MSTID       PORT                         ROLE       STATE
-------     --------------------         ------     ----------
    2   GigabitEthernet0/0/3         DESI     FORWARDING
    2   GigabitEthernet0/0/4         DESI     FORWARDING
    2   GigabitEthernet0/0/5         DESI     FORWARDING
    2   Eth-Trunk1                   DESI     FORWARDING
Begin to get info from MSTP instance 2 on device S3(ip:10.1.2.200)......
LOCALID          ROOTID
---------        --------

MSTID       PORT       ROLE       STATE
-------     ------     ------     -------

Begin to get info from MSTP instance 2 on device S4(ip:10.1.3.199)......
LOCALID                    ROOTID
-----------------          ----------------

32768.4c1f-cc42-149a       0.4c1f-cc6e-10a4
MSTID       PORT                         ROLE       STATE
-------     --------------------         ------     ----------
    2       GigabitEthernet0/0/2                 ROOT     FORWARDING
Begin to get info from MSTP instance 2 on device S5(ip:10.1.3.200)......
LOCALID                    ROOTID
-----------------          ----------------

32768.4c1f-cc94-056e       0.4c1f-cc6e-10a4
MSTID       PORT                         ROLE       STATE
-------     --------------------         ------     ----------
```

```
       2          GigabitEthernet0/0/2                    ROOT          FORWARDING
Begin to get info from MSTP instance 2 on device S6(ip:10.1.3.201)......
LOCALID                              ROOTID
--------------------                 -----------------
32768.4c1f-cc83-785d                 0.4c1f-cc6e-10a4
MSTID       PORT                                ROLE         STATE
------      --------------------                ------       ----------
       2          GigabitEthernet0/0/2                    ROOT          FORWARDING
```

根据以上信息可知，交换机 S1 为实例 1 的根桥，交换机 S2 为实例 2 的根桥。结合根桥信息与端口状态可以分析出实例 1 的转发路径如图 8-15 所示，实例 2 的转发路径如图 8-16 所示。由于交换机 S4、S5、S6 上没有创建 VLAN2，因此它们不在实例 1 的生成树上。同理，交换机 S3 不在实例 2 的生成树上。

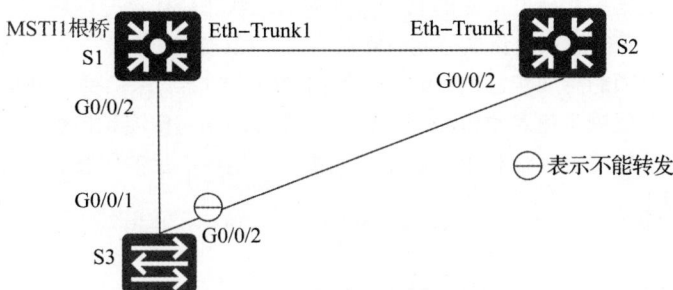

图 8-15　实例 1 的转发路径

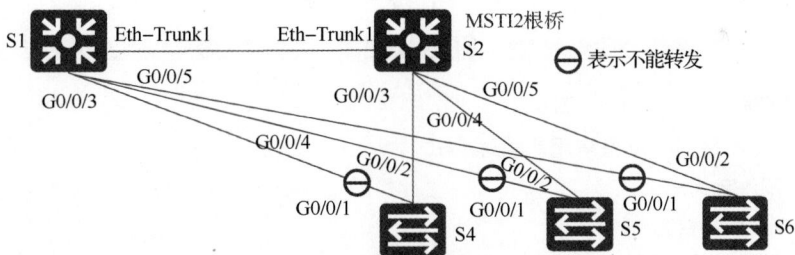

图 8-16　实例 2 的转发路径

项目小结

　　本项目对网络自动化运维常见需求进行了分析与实现。首先介绍了网络设备常用管理方式，分析了每种管理方式的特点和自动化运维的优点。接着介绍了网络设备日常巡检中运维工程师需要做的工作，并分析这些工作哪些可以用远程管理或自动化运维实现。然后介绍了文件读写基础、JSON基础、正则表达式基础、MSTP基础、Telnet协议及实现、SSH协议及实现。这些知识能够帮助读者完成网络设备自动巡检任务和网络扩容场景下网络设备的自动配置，以及协助运维工程师分析转发路径。本项目的3个任务覆盖了网络自动化运维中的典型场景，期望读者在学习完本项目后，能够根据网络业务需求独立完成自动化运维程序的编写。

拓展知识

网络设备管理方式演进

本项目涉及的网络设备管理方式包括 CLI 方式、Web 网管方式、基于 SNMP 的集中网管方式，以及编写代码进行远程自动化运维，都属于传统方式，也是目前网络设备管理的主要方式。随着智能技术的发展，网络领域也在寻求创新，SDN 为网络设备提供了一种转发控制分离的实现架构，旨在满足用户业务的快速落地或灵活定制，为网络应用的创新提供了基础架构。SDN 架构自上而下分为应用层、控制器层和设备层。应用层完成各种网络应用协同，不关注网络设备的具体位置，通过调用控制器层提供的下发网络控制需求；控制器层是整个架构的核心，负责网络设备信息的维护和转发策略的制定，根据网络状态变化调整网络转发路径，使得网络处于正常服务状态；设备层只负责执行用户数据转发。和现有独立设备不同，SDN 架构中的网络设备不负责转发表项的生成和管理，这些任务完全由控制器层来负责。SDN 出现后，网络设备集中管理理念已不局限于信息收集和问题定位，而是向网络自治和自愈的方向发展。因此，自动驾驶网络的概念被提出，也有部分设备厂商进行了相应产品的研发，但相应产品要全面商用还有很长的路要走。

知识巩固

一、选择题

1. （　　）不是网络设备常用的管理方式。
    A. CLI 方式
    B. Web 网管方式
    C. 基于 SNMP 的集中网管方式
    D. SDN 方式

2. 正则表达式是一个特殊的字符序列，能够帮助开发者检查目标字符串是否与某种模式匹配。在 Python 中使用正则表达式时，以下（　　）的描述是错误的。
    A. ^表示匹配字符串的开始位置
    B. *表示匹配零次到多次
    C. $表示匹配单个字符
    D. +表示匹配一次到多次

3. Paramiko 模块实现了 SSH 协议，关于其中的 SSHClient 类的作用，下列描述正确的是（　　）。
    A. 与 SSH 代理有关
    B. 与数据包处理有关
    C. 与字节流编码有关
    D. 与远程管理 SSH 服务器有关

4. 如果想通过编写 Python 程序实现远程登录到设备上查看运行配置,则下列描述正确的是( )。

    A. telnetlib 模块可以实现该功能

    B. 使用 telnetlib.Telnet(host)可以连接到设备

    C. 可以使用 telnet.write(b"display current-configuration \n")向设备中输入查看当前配置的命令

    D. 使用 telnet.read_all()表示在不阻塞 I/O 的情况下读取全部内容

5. SSH 默认使用( )号端口进行通信。

    A. 20   B. 22   C. 23   D. 80

6. 使用 Netmiko 库连接网络设备时,需要提供( )。

    A. 设备类型、IP 地址、用户名和密码

    B. IP 地址和私钥

    C. 用户名和密码

    D. 设备名称和密码

7. JSON 是一种轻量级的数据交换格式,它使用类似于 Python 中( )的数据结构进行表示。

    A. 数组   B. 栈   C. 队列   D. 字典

8. TextFSM 模板中的正则表达式用来实现( )功能。

    A. 匹配输入文本   B. 格式化输出

    C. 定义模板说明   D. 控制循环和条件

9. 对于如下 Python 代码,描述正确的是( )。(多选)

```
f=open("test.txt","w+")
input_content=input("Please input the content: ")
f.write(input_content)
f.close()
```

    A. 使用"w+"方式打开 test.txt 文件时,表示打开文件的方式为写

    B. 若本地不存在 test.txt 文件,则代码会报错

    C. f.write()的作用为向文件写入字符串

    D. 这段代码正确执行后,控制台输入内容被写入文件 test.txt

10. 设备的 CPU 占用率过高后会发生( )等问题。(多选)

    A. BGP 震荡   B. VRRP 频繁切换

    C. 设备无法登录   D. 数据转发异常

11. 以下关于 MSTP 的说法正确的是( )。(多选)

    A. MSTP 与 RSTP 相比最大的特点是多实例化

    B. 一个多生成树实例可以绑定多个 VLAN

    C. 一个交换网中可以有多个 MST 域

    D. 每棵 MSTI 的生成树可以有不同的根和不同的转发路径拓扑

12. Netmiko 是一个第三方库,基于 Paramiko,提供了更高层次的抽象。Netmiko 可以用于实现( )功能。(多选)

    A. SSH 连接和执行命令

    B. Telnet 连接和执行命令

    C. 网络设备自动化配置

    D. 文件传输

13. （　　）模块在连接到远程设备进行命令设置时需要休眠等待回显结果。（多选）

A. telnetlib　　　　B. Paramiko　　　　C. Netmiko　　　　D. Requests

二、简答题

1. 试阐述 Telnet 协议和 SSH 协议的功能及其优缺点。

2. 请比较 Python 中远程管理设备的 3 个主要模块 telnetlib、Paramiko 和 Netmiko 的特点。

240

拓展任务

1. 请对 A 企业总部的所有 VRRP 实例进行信息收集和过滤，告知运维工程师当前 VRRP 的主备情况。

2. 请使用 Netmiko 模块完成任务 8-1，观察当收集信息很多、设备返回时间较长时，Netmiko 和 telnetlib 两个模块的处理情况。